Titre original :
The War Between the Tates

ISBN 1re publication : 2-86930-355-6
ISBN : 2-86930-468-4
ISSN : 1140-1591

27, rue de Fleurus - 75006 Paris
10, rue Fortia - 13001 Marseille

Conflits de famille

Ce livre intitulé en anglais *The War Between the Tates* est l'un des plus célèbres romans d'Alison Lurie. Avant *Liaisons étrangères* (Prix Pulitzer 1985) et *La Vérité sur Lorin Jones* (Prix Femina étranger 1989), Alison Lurie avait publié en 1975 un roman qui satirise toute l'Amérique des années soixante et soixante-dix, pendant la guerre du Viêt-nam. On retrouve certains personnages de ses premiers romans et le cadre de la ville universitaire de Corinth, lieu de querelles sanglantes et comiques au sein d'une même famille : les Tate. Des conflits de générations séparent, au-delà de la seule incompréhension, les enfants des parents. Brian Tate, un sévère intellectuel, ne comprend pas le comportement de ses enfants Matilda et Jeffrey. Sa femme, Erica, quant à elle, s'interroge sur sa relation avec Brian, qu'elle soupçonne (avec raison) d'avoir une liaison avec l'une de ses étudiantes. Dans cette famille, chacun adopte des stratégies guerrières pour piéger l'autre ou le confondre. Tout le monde est en guerre avec tout le monde. Les découvertes combinées de l'adultère et des joies du sexe, d'une part, des exigences d'indépendance confrontées avec la vie de famille d'autre part, font de cette peinture-satire une drôlissime comédie, comme dans les livres de John Updike. La critique américaine ne s'était pas trompée en saluant l'événement que fut ce livre d'Alison Lurie.

"Voilà la délicieuse Miss Lurie à son sommet de finesse, marrante, contemporaine, dans l'un des rares romans américains que Jane Austen aurait sûrement appréciés."

Truman Capote

Alison Lurie est l'auteur de sept romans dont Liaisons étrangères *(Prix Pulitzer 1985). Elle enseigne la littérature anglaise à Cornell University et partage son temps entre New York, Londres et la Floride.*
La Vérité sur Lorin Jones *a obtenu le Prix Femina étranger en 1989. Alison Lurie vient de publier un essai sur la littérature enfantine,* Ne le dites pas aux grands *(à paraître chez Rivages en novembre 1991), et travaille à un recueil de nouvelles.*

Alison Lurie

Conflits de famille

Traduit de l'anglais
par Marie-Claude Peugeot

Rivages

Du même auteur
chez le même éditeur :

Liaisons étrangères
Les Amours d'Emily Turner
La Ville de nulle part
Des gens comme les autres
La Vérité sur Lorin Jones
Des amis imaginaires

Pour Dino Read
Nell Moore
Peggy Ashford

Au fond du miroir nous percevons une ligne très ténue et la couleur de cette ligne sera une couleur qui ne ressemblera à aucune autre. Après, les autres formes commenceront à se réveiller. Elles différeront peu à peu de nous, nous imiteront de moins en moins. Elles briseront les barrières de verre ou de métal et cette fois elles ne seront pas vaincues.
D'autres pensent qu'avant l'invasion nous entendrons au fond des miroirs une rumeur d'armes.

Jorge Luis Borges
Manuel de zoologie fantastique [1]

---

1. Christian Bourgois, 1981.

1

20 mars. Matin froid de printemps. Chez les Tate, la pluie d'hier soir a crevé la croûte de neige qui recouvre la pelouse, tout est mouillé et scintille : l'allée de gravier fin, la rigole gelée qui la borde, les branches d'orme dépouillées devant la fenêtre de la salle de bains. Le soleil illumine la maison de biais, d'une lumière radieuse et franche. En le voyant par la fenêtre de la cuisine quand elle descend préparer le petit déjeuner, Erica Tate sent son moral, anormalement bas ces derniers temps, remonter de plusieurs degrés.

« Demain, c'est le printemps », dit-elle à Jeffrey Tate, quinze ans, qui entre d'un pas chancelant en boutonnant sa chemise.

« Qu'est-ce qu'on mange ?

– Des œufs, des toasts et de la confiture.

– Y a pas de saucisses ?

– Pas aujourd'hui, non. » Erica essaie de garder une voix gaie.

« Y a jamais rien à manger dans cette maison », bougonne Jeffrey, en se laissant choir sur sa chaise comme une masse.

Renonçant à diverses réponses possibles à cette remarque, Erica pose une assiette devant son fils et se tourne vers l'escalier. « Matilda ! Il est huit heures moins vingt.

– Ça va ! Tu me l'as déjà dit.

– Regarde ce soleil », dit Erica à sa fille quelques instants plus tard. « Demain, c'est le premier jour du printemps. »

Pas de réponse. Erica pose une assiette devant Matilda, qui aura treize ans le mois prochain.

« Pas question que je mange ça. Ça fait grossir.

– Mais non, ça ne fait pas grossir. Des œufs, des toasts, c'est comme d'habitude. De toute façon, tu n'es pas grosse.

– Y a une tonne de beurre sur ces trucs. Ça nage dans la graisse.

– Ah, tais-toi, Mouflette, tu vas me faire gerber. »

De nouveau, Erica renonce à diverses répliques.

« Veux-tu que je te fasse un toast sans beurre ? » demanda-t-elle d'une voix sans timbre.

« Ouais, si ça prend pas des heures. »

Le soleil illumine toujours la cuisine. Debout à côté du grille-pain, Erica contemple ses enfants, qu'elle considérait jadis comme les deux êtres les plus beaux du monde. Jeffrey a de grandes mèches blondes sales et emmêlées qui lui tombent sur les yeux à l'avant, et dans le cou à l'arrière ; il se tient mal à table, la tête dans les épaules, il avale ses œufs au plat comme un goinfre, et il fait du bruit en mangeant. Matilda, qui arbore un air grognon et un chandail orange délavé dont on croirait qu'on a craché dessus, détache toute la croûte de son toast avec ses doigts. Et casse, et crisse, et craque.

Ces bruits résonnent dans la tête d'Erica ; encore plus fort, comme amplifiés : et CASSE, et CRISSE et CRAQUE. Non. Ça vient du dehors. Elle va à la fenêtre. Dans le champ, au fond du verger, elle voit bouger quelque chose de jaune.

« Tiens, le bulldozer est revenu, s'écrie Jeffrey.

– Ils vont sans doute construire une nouvelle villa », dit sa sœur.

Le ton est neutre, c'est même le ton de la conversation ; et pourtant, ces deux remarques, Erica les trouve encore plus grossières et plus cyniques que tout ce qu'elle vient déjà d'entendre ce matin. « Vous vous moquez pas mal de ce qu'ils font de notre petite route ! s'écrie-t-elle. Est-ce possible d'être aussi égoïste, aussi insensible ? Vous vous en fichez complètement, l'un comme l'autre ! »

Ses enfants continuent à manger. Peu importe, en effet, c'est clair.

Et casse ; et broie. Au-dessus de l'évier, la pendule va bientôt marquer huit heures. Jeffrey et Matilda se lèvent en ronchonnant, ils attrapent leur veste et leurs livres, et ils vont prendre leur car pour le lycée. Restée seule dans la cuisine, Erica débarrasse la table. Elle se verse une tasse de café, elle met sur une assiette propre le toast dont Matilda n'a pas voulu, et elle s'assied. Elle tend la main vers le sucrier, mais elle n'achève pas son geste. Elle pose la tête sur la table à côté des éclaboussures de lait et des gouttes de confiture de cerises, et elle pleure amèrement. Les larmes roulent de biais sur ses jolis traits délicats, un peu tirés, et vont se perdre dans ses cheveux bruns et crépus.

Il n'y a personne pour l'entendre. Son mari et ami, Brian Tate, est parti faire un cours de politique étrangère à Dartmouth. S'il était là, se dit-elle, il comprendrait pourquoi elle s'est mise en colère avec les enfants, il ne lui reprocherait pas (comme ça arrive parfois ces temps-ci) de ne pas savoir les prendre. Il l'écouterait, il partagerait ses sentiments, et ensuite il la consolerait – sur l'oreiller peut-être. Dernièrement, les Tate ont pris l'habitude de faire à la fois l'amour et la conversation, le matin, en semaine, avant le départ de Brian pour l'Université. Le soir, qui sait si les enfants ne tendent pas l'oreille pour entendre, du salon, une exclamation incontrôlée, un éclat de voix ; et plus tard, en haut, le bruit sourd et le grincement de la literie.

Il fut un temps où Erica aimait la perméabilité sonore de cette vieille maison, car elle était certaine d'entendre pleurer Mouflette ou Jeffo si jamais ils étaient réveillés par une indigestion ou un mauvais rêve. Maintenant, le soir, Brian et elle n'osent plus ni rire ni pleurer. Parfois, dans le noir, en pyjama, ils commencent à parler ou à se toucher : « Aujourd'hui, ils ont été d'une grossièreté », soupire Erica. « Ce connard de McGruder, mon assistant, tu sais ce qu'il a fait... » commence Brian. Mais le plancher grince en haut, et il se tait ; ou bien il cesse de caresser le sein de sa femme. « Nous vivons dans la même maison, nous dormons dans le même lit et nous ne nous voyons plus jamais », lui a dit Erica à l'oreille un soir, récemment.

Mais pour l'instant, il est huit heures un quart. Brian est à Hanover, dans le New Hampshire, et elle est assise dans la cuisine, la tête sur la table, en larmes, essayant de comprendre ce qui se passe. Comment en est-elle arrivée là ? Elle, douce, raisonnable, d'humeur égale, ne se laissant jamais aller à des sentiments violents – autrefois, du moins. De toute sa vie, elle ne se souvient pas avoir éprouvé autant d'aversion qu'elle en éprouve maintenant pour Jeffrey et Matilda. En cinquième, elle s'était mise à détester une grosse fille du nom de Rita, qui mangeait des rouleaux entiers de bonbons fondants couleur pastel et qui la tyrannisait ; en première année de fac, un garçon qui parlait du nez, portait des chemises de nylon jaunies, la suivait partout, et voulait sortir avec elle. Dans l'abstrait, elle haïssait Hitler, Joseph McCarthy, Lee Harvey Oswald, etc., mais elle n'avait jamais haï des êtres avec qui elle était obligée de vivre et qu'elle aurait dû aimer – qu'elle avait de fait tendrement chéris des années durant.

Autrefois, songe-t-elle, ils formaient une famille heureuse. Jeffrey et Matilda étaient de beaux bébés bien portants ; des bambins charmants ; des enfants intelligents, vifs, affectueux. Il y a des albums de photos, des liasses entières de dessins, de rédactions et de bulletins scolaires pour en témoigner. Et puis, l'année dernière, quand Jeffrey a eu quatorze ans et Matilda douze, ils ont commencé à changer ; ils sont devenus impolis, grossiers, égoïstes, insolents, mauvais, épais, et ils ont grandi. Elle se serait crue dans un mauvais rêve, à la tête d'une pension de famille où ses enfants, qu'elle avait tant aimés, se muaient en affreux pensionnaires – des pensionnaires qui ne payaient pas et qu'on ne pouvait pas mettre à la porte. Ils étaient affreux à la maison et au-dehors ; en société et dans l'intimité ; matin, midi et soir.

Mais le pire pour Erica, c'était la nuit, quand ils dormaient. Elle entrait dans leur chambre pour fermer une fenêtre à cause de la pluie ou du vent, ou pour s'assurer qu'ils étaient bien couverts. Dans la lumière tamisée qui venait du couloir, leur visage d'enfant, qu'elle se rappelait si bien, était à nouveau reconnaissable sous les marques d'acné qui l'épaississaient. Mouflette et Jeffo, ses deux chéris, étaient toujours bien là, sous l'enveloppe de ces pensionnaires monstrueux qui s'étaient emparés de leur corps et de leur esprit, comme dans un des magazines de science-fiction de Jeffrey.

Récemment, un soir de vent, après cette transformation, Erica venant se recoucher auprès de son mari, lui a demandé s'il ne lui était jamais venu à l'idée d'essayer d'avoir un autre enfant avant qu'ils n'en aient passé l'âge. Mais il a répondu qu'ils avaient déjà passé l'âge. En admettant qu'ils conçoivent cet enfant maintenant, Brian aurait dépassé l'âge de la retraite quand ce dernier-né terminerait ses études. Et puis il fallait penser à la situation démographique. Il s'est abstenu de tout commentaire sur ce qu'ont donné leurs deux premiers, et il a bien fait, car Erica aurait sûrement rétorqué : « Oui, mais avant d'en arriver là, on aurait au moins douze ans de bon. »

Affreux, ils le sont autant l'un que l'autre, mais chacun à sa manière. Jeffrey est revêche, agité, et parfois violent. Matilda est boudeuse, paresseuse, et parfois malhonnête. Jeffrey ne s'intéresse qu'aux inventions et à l'espace ; Matilda aux chiffons et à la musique pop. Matilda est dépensière et gâcheuse ; Jeffrey pingre et mesquin. Jusqu'à présent, Jeffrey est bon élève, tandis que sa sœur a des notes déplorables ; par contre, Matilda est généralement plus soignée que son frère.

Il fut un temps où ils l'aimaient, Erica le sait et s'en souvient. Ils aimaient aussi Brian. Maintenant, de toute évidence, ils n'aiment plus ni père ni mère. Et ils ne s'aiment pas non plus l'un l'autre ; ils se disputent sans arrêt, et se reprochent mutuellement leurs défauts respectifs.

Le pire pour Erica c'est que tout cela est de sa faute. Tous les spécialistes s'accordent à le dire. Dans leur innocence de jadis, Brian et elle avaient tenu leurs parents pour responsables de leurs propres travers, tout en revendiquant pour eux seuls le mérite de leurs réussites. Ils étaient très critiques vis-à-vis des gens de leur entourage dont les enfants n'étaient pas aussi gentils que Mouflette et Jeffo – mais qui n'en aurait pas fait autant ? Avoir été affligé de parents insupportables excusait vos travers ; être affligé d'enfants insupportables les soulignait encore plus. La responsabilité des parents n'était pas toujours absolument évidente ; de l'extérieur, ils avaient parfois l'air de gens charmants, gentils et intelligents – mais, comme Mr. Hyde, ils avaient un double visage.

De plus, il était reconnu que Mrs. Hyde était pire que son mari ; plus coupable, du moins. Le père, lui, avait quelques chances d'échapper à l'accusation d'avoir des enfants épouvantables – la mère aucune. Après tout, ils faisaient partie du « champ opérationnel » maternel, pour reprendre la formule de Brian. Admirateur des premières œuvres de George Kennan, il était depuis longtemps partisan de la doctrine des sphères d'influence séparées, tant sur le plan national que sur le plan domestique ; c'est à cette doctrine qu'il attribuait en partie le succès de leur vie conjugale. Pour les décisions importantes, il lui arrivait de conseiller Erica, mais en général il lui faisait confiance pour diriger la maison, et elle-même se gardait bien d'intervenir dans la vie professionnelle de son mari. S'il perdait son poste (ce qui avait toujours été peu probable et ne risquait plus de se produire, maintenant qu'il était titulaire de sa chaire) c'était sa faute à lui. Si les enfants devenaient ingouvernables, c'était sa faute à elle.

Le fait que tout se soit très bien passé jusqu'à l'année dernière n'arrangeait rien. Erica avait lu abondamment sur le sujet, elle savait qu'il y avait plusieurs explications possibles, qui ne valaient pas mieux les unes que les autres. Pas plus tard que la semaine dernière, elle était tombée sur un article qui parlait d'une tendance, chez les femmes mariées avec un homme plus âgé qu'elles, à vouloir rester enfant. (Brian a maintenant quarante-six ans, sept ans de plus qu'elle.) Ces femmes-là, disait-on, cherchent à s'identifier étroitement avec leurs enfants, « de manière symbiotique même ». L'auteur de l'article verrait sans doute actuellement chez Jeffrey et Matilda la volonté d'échapper à une névrose de symbiose. Selon d'autres spécialistes, Erica leur aurait peut-être jeté un sort par dépit, par jalousie de leur jeunesse, de leur énergie, de leur « sexualité en éveil » ; d'autres encore prétendraient que Brian et elle se sont servis des enfants pour liquider une absence de sociabilité refoulée. Et ces spécialistes, certains d'entre eux, ou tous à la fois, pourraient bien avoir raison. Erica ne reconnaît rien de tout cela en elle, mais ce n'est pas une preuve ; ce sont des choses dont on n'est pas conscient, bien entendu.

Ce ne sont plus, à présent, que vaines interrogations, car maintenant elle est bien consciente de ne plus aimer ses enfants, ce qui, en soi, suffirait à les dénaturer sur le plan spirituel, moral, et affectif. Elle ne les aime plus à cause de ce qu'ils sont devenus, et parce qu'ils ont fait d'elle une femme haïssable, névrotique, et coupable. Si la vérité venait à être découverte, comment en effet échapperait-elle à cette réputation ?

Dehors, le bulldozer continue ses ravages. Et craque, et crisse, et broie. Arrachant les buissons de mûrier et de sumac, creusant de larges plaies boueuses dans l'herbe hivernale longue et blême. Pour Erica, le sort de Jones Creek Road et celui de ses enfants ne font qu'un : elle voit leur beauté naturelle, leur innocence, englouties par une croissance hideuse, artificielle, tandis qu'impuissante, elle assiste au désastre.

Il y a huit ans, quand les Tate sont venus habiter Corinth, c'est le long de cette petite route perdue qu'ils ont découvert une grande ferme abandonnée, grise, à demi effondrée, étouffée sous des pins sombres aux branches cassées. Elle était à vendre depuis plus d'un an, mais ils ont été les premiers à voir ce qu'on pouvait en tirer. Les arbres élagués, la maison restructurée et peinte en jaune, ils se sont soudain trouvés à la tête d'une belle propriété, assez superbe même, et relativement proche du campus universitaire.

Trop proche, s'est-il avéré. Il y a trois ans, la route a été élargie, le revêtement a été refait, et les premières villas, franchissant le coteau à l'ouest, ont continué lentement leur avance vers eux, leur cachant le coucher du soleil. Prenant conscience de la situation, Brian et Erica ont essayé de racheter du terrain autour de leurs cinq mille mètres carrés. Trop tard ; le promoteur ne voulait plus vendre. Depuis, chaque année, les bulldozers viennent plus près ; bientôt ce sera l'encerclement total.

Les Tate ont songé à déménager, bien sûr ; mais maintenant, pour être tranquilles, il faudrait qu'ils aillent à quinze ou vingt kilomètres de la zone universitaire. De plus, Erica ne peut pas se résoudre à quitter sa maison ; les boiseries de châtaignier qu'elle a grattées, décapées, reteintées ; les jonquilles doubles et les narcisses blancs qu'elle a plantés sous les vieux arbres ; les planches d'asperges et de fraisiers – des heures, des années d'un travail fait avec amour.

Ce n'est pas seulement le saccage du paysage qui est si désolant, c'est aussi la transformation de tout ce quartier, rebaptisé *Les Hauts de Glenvue* – et tout ce que cela implique désormais d'habiter là. Non que les Tate soient entourés de toute une racaille de gens pauvres – en fait, presque tous leurs nouveaux voisins ont plus d'argent qu'eux. La villa modèle « Charleston », à gauche de chez eux, avec ses piliers blancs en toc et ses balcons en ferronnerie collés sur la façade, vaut deux fois plus cher que leur maison au moment où ils l'ont achetée ; et la « Paul Revere » juste à côté est presque aussi chère. Elles sont toutes équipées d'une foule d'appareils coûteux ; leurs abris à voiture regorgent de bateaux à moteur et de skidoos. Les enfants de ces gens-là regardent tous les soirs la télé en couleur sur des écrans de 65 cm, et leurs yeux reflètent ces lumières de cirque artificielles. Jeffrey et Matilda vont la regarder chez eux quand on le leur permet. « C'est pas par principe que t'es contre la télé, t'as juste pas envie de dépenser ton fric. Tu veux nous faire vivre aux crochets des Gobright et des Kaiser », a dit Jeffrey récemment d'un ton accusateur, exprimant une opinion qu'Erica soupçonne ses voisins de partager. Elle sait bien que les résidents de Glenvue, qui ne sont généralement pas des universitaires, la trouvent peu aimable et plutôt bizarre ; et pourtant elle s'efforce d'entretenir des relations cordiales, et n'a jamais dit tout haut qu'elle les croit en partie responsables de l'horrible changement survenu chez ses enfants. D'ailleurs, si c'est le cas, elle n'en est pas disculpée pour autant, car cela ne fait que prouver les insuffisances ou l'impuissance de l'hérédité et du milieu chez les Tate. Et à quoi bon le dire ? Il est déjà trop tard, et ça ira de mal en pis.

Jeffrey a encore presque quatre ans à passer à la maison. Matilda va vivre encore presque six ans avec eux. Alors qu'Erica réfléchit à cette perspective, la tête sur la table mouillée, le téléphone sonne.

Elle se redresse, s'essuie les yeux, et répond.

« Allô, ici Helen, au secrétariat de Sciences Politiques, comment allez-vous ?... Très bien moi aussi... Voilà, j'ai une lettre pour Brian, avec la mention URGENT PERSONNEL, et je me demandais... Alors s'il doit vous appeler ce soir, c'est parfait... C'est une bonne idée. Je vais téléphoner tout de suite à Mme Zimmern au Département de Français pour qu'elle passe la chercher... Je vous en prie... »

Cette conversation, si banale soit-elle, lui remonte le moral – lui rappelant qu'elle forme avec Brian un couple réussi, alors qu'Helen est veuve, et que sa meilleure amie Danielle Zimmern est divorcée ; que son mari est un professeur de haut rang qui reçoit des lettres urgentes ; et qu'il téléphone chez lui tous les soirs quand il n'est pas en ville.

Cela lui redonne du courage pour se lever, débarrasser la table, faire la vaisselle et entreprendre ses tâches de la journée. Elle range la maison, en laissant de côté les chambres des enfants, elle lave deux pulls ; elle dessine pendant une heure et demie ; et elle se fait un sandwich au poulet. Après déjeuner, elle va faire les courses et passe à la banque, en conduisant prudemment, car le ciel s'est assombri à nouveau et il tombe une bruine glacée. Son moral aussi est tombé, et une parodie d'un poème d'Auden composée il y a quelques années par son amie Danielle lui trotte dans la tête de façon agaçante :

Les lèvres de Cléopâtre reçoivent les baisers
cependant que l'épouse obscure note au bas de sa liste de courses « ma vie ne me plaît pas ».

Elle rentre chez elle, range l'épicerie, fait une mousse à la framboise et, alors qu'elle prépare sa pâte pour des biscuits au citron, la Peugeot de Danielle remonte l'allée.

« Tu parles d'une journée, hein ? Le printemps, d'après le calendrier... Ah tiens, avant d'oublier, voilà la lettre pour Brian », dit Danielle en quittant ses bottes dégoulinantes dans la véranda avant d'entrer dans la cuisine en collants violets.

« Merci. Comment ça va ? (Erica pose la lettre sur une étagère devant ses livres de cuisine sans la regarder.) Tu veux un café ?

– Ah oui, formidable. Les petites ne rentrent pas avant quatre heures, Dieu merci. » Danielle ôte son manteau avec l'énergie désinvolte et furieuse qu'elle met dans tout ce qu'elle fait depuis un certain temps, et elle le jette sur une chaise. Il y a vingt ans, quand elles se sont connues, elle était déjà ainsi, mais à cette époque-là, c'était une énergie sans fureur, pleine de gaieté.

Erica et Danielle s'étaient rencontrées pendant leurs études, sans devenir intimes – Danielle ayant une année d'avance et faisant partie d'un autre groupe. Une fois diplômées, elles s'étaient perdues de vue ; en automne 1964, quand le mari de Danielle est entré dans le Département de Littérature Anglaise à Corinth et que toute la famille est venue y vivre, Erica n'en a rien su ; et Danielle n'a pas pensé qu'Erica y était déjà installée. Quelques semaines après leur rencontre fortuite chez Atwater, le supermarché local, chacune accompagnée d'une fillette de neuf ans, elles avaient l'impression de ne s'être jamais quittées.

Danielle, de même qu'Erica, est décrite par ses admirateurs comme une belle grande femme brune. Mais tandis qu'Erica est étroite d'épaules et de hanches, Danielle a une large carrure et une poitrine généreuse ; elle est campée sur des jambes robustes au modelé baroque. Ses longs cheveux lourds et lisses ont un reflet cuivré ; sa peau garde un éclat un peu doré même en hiver dans ce climat nordique, alors qu'Erica devient d'une pâleur laiteuse. Les gens qui n'aiment guère Erica admettent qu'elle est jolie, tandis que ceux (plus nombreux) qui n'aiment guère Danielle admettent qu'elle est belle.

Etudiantes, elles s'étaient un peu évitées, comme le font souvent les jolies femmes qui ont des genres de beauté incompatibles – pour la même raison que, chez Atwater, on ne verra jamais les boîtes de glace et de sorbet à côté des packs de bière. Mais maintenant qu'elles ont toutes deux été achetées et rangées à la maison, ça n'a plus d'importance.

Ce jour où elles s'étaient retrouvées, Erica avait accompagné Danielle chez elle et elle y était restée, à prendre le café et à bavarder pendant deux heures. Bientôt elles se virent ou se téléphonèrent presque tous les jours. Erica recommanda à Danielle son pédiatre, son garagiste, sa femme de ménage, et celles de ses relations qu'elle trouvait dignes de cet honneur. Elles se prêtèrent des livres, allèrent ensemble avec les enfants dans les fêtes foraines, aux matinées théâtrales, dans les ventes. Mouflette Tate et Ruth Zimmern (connue sous le nom de Rou) devinrent inséparables elles aussi.

Tout aussi agréable, et plus étonnante, fut l'amitié qui naquit entre Brian et Leonard Zimmern. Depuis des années, Erica et Danielle avaient le même problème : leur mari ne supportait guère les maris de leurs amies. Elles s'apercevaient maintenant, avec soulagement, que ce n'était pas une question de préjugés ou de mauvais caractère. Tout simplement, on ne pouvait pas demander à des hommes de leur âge (Leonard avait quarante-trois ans et Brian quarante et un) de devenir intimes avec tous ces blancs-becs de rédacteurs, de juristes, d'artistes ou de professeurs qu'avaient épousés les amies de leur femme.

Comme ils appartenaient à des secteurs différents de l'université, Leonard et Brian n'avaient pas de préoccupations communes en tant que collègues ; mais cela même excluait les intrigues et les rivalités, et cette tendance à parler boutique, si fastidieuse pour les épouses. Aucun des deux n'avait le pouvoir d'entraver ni de favoriser la carrière de l'autre ; ce qui leur permettait de ne pas être nécessairement d'accord et d'exprimer librement leur avis. Les différences de tempérament et de culture dont Erica et Danielle avaient redouté qu'elles ne soient cause de mésentente entre les deux hommes les rendaient en fait chers l'un à l'autre – et chers à eux-mêmes. Leonard se félicitait d'être assez curieux et assez large d'esprit pour pouvoir s'entendre avec un politologue de vieille souche protestante américaine, et Brian avait le même sentiment en sens inverse. De plus, l'existence de leur amitié leur prouvait à tous deux que l'hostilité qu'ils rencontraient parfois professionnellement chez certains juifs new-yorkais arrivistes ou certains goys imbéciles et prétentieux était une affaire de personnes et non de race.

Que Danielle n'eût pas une sympathie particulière pour Brian ; et qu'Erica, tout en aimant bien Leonard, ne lui trouvât aucun attrait physique (trop maigre et tous ces poils noirs et drus sur le corps), cela même était un facteur de stabilité dans leur relation. Le genre de complications qui survient souvent lorsque deux couples passent beaucoup de temps ensemble se trouvait ainsi évité tout naturellement, par consentement mutuel.

« Ils remettent ça, à ce que je vois. » Danielle montre de la tête le champ voisin. Le bulldozer a maintenant ouvert une plaie qui paraît incurable, hérissée de racines blanches d'arbrisseaux, semblables à des os brisés. « Je pensais que vous étiez tranquilles pour cette année, à voir la hausse des prix de la construction.

– C'est ce que j'espérais moi aussi.

– Tu sais quoi, tu devrais planter des arbustes à feuilles persistantes ; comme ça tu ne verras plus rien.

– Ça ne m'empêcherait pas de savoir que c'est là. »
Erica sourit tristement.

« Ou alors tu pourrais mettre une clôture en séquoia », poursuit Danielle qui, depuis le départ de Leonard, a appris à voir les choses avec réalisme et à sauver ce qu'elle peut. « Ça irait plus vite. Et en le faisant maintenant, avant que les gens n'emménagent, ils ne pourraient pas se vexer.

– Ouais », marmonne Erica sans conviction en servant une tasse de café à son amie. Pour elle, les clôtures en séquoia ne valent guère mieux que les villas neuves.

« Merci. (Danielle s'assied, étalant sa jupe large en tweed violet.) Tiens, tu étais en train de dessiner », dit-elle en jetant un coup d'œil dans le cellier, où le bloc d'Erica est resté ouvert sur la planche. « Fais voir.

– Ça n'est qu'une ébauche. J'essayais de trouver quelque chose, c'est pour le Groupe de Danse ; Debby m'a demandé de leur faire un programme pour leur spectacle de printemps. Un truc chouette, naturellement.

– C'est bath ! »

Entre elles, Danielle et Erica parlent encore comme au temps où elles étaient étudiantes ; leurs expressions d'enthousiasme d'autrefois sont devenues une sorte de raccourci ironique.

« C'est Virginia Carey qui leur fait l'affiche, mais il paraît qu'elle n'a pas le temps de faire le programme.

– Putain ! » A leur argot démodé de jadis, Danielle, depuis qu'elle enseigne, mêle celui de la génération actuelle.

« En fait c'est aussi bien. Je suis plus à l'aise dans le petit format. Ça, je le sais.

– Remarque les affiches, on les jette, dit Danielle d'un ton encourageant. Tandis que les programmes, les gens les gardent pendant des années. (Pas de réponse d'Erica, pas même un sourire.) Tu ne crois pas que tu devrais faire un autre livre ?

– Je ne sais pas. » Erica soupire en remuant son café. Elle a déjà écrit et illustré trois livres sur les aventures d'une autruche du nom de Sanford qui vient vivre dans une famille américaine de banlieue. Ces livres ont été publiés et ont connu un certain succès. (« Charmant, astucieux, amusant, pour jeunes de 4 à 6 ans. » « Les illustrations sont colorées, pleines de finesse et de gaieté. ») Mais le dernier de la série est sorti il y a plus de deux ans, Erica en a assez d'écrire sur Sanford. D'une part, elle ne voit pas ce qu'elle pourrait encore inventer. Et puis elle en a assez d'écrire sur Mark et Spencer, les enfants chez qui vit cette autruche. Elle sait qu'ils ont grandi, forcément, et elle imagine ce qu'ils ont pu devenir.

Silence, qui n'est rompu que par le bourdonnement régulier du nouveau frigidaire. Consciente de ne pas être très drôle, ni même sympathique, Erica fait un effort.

« Comment marche ton cours ? demande-t-elle.

– Oh, ça va. En fait, tu sais, j'adore enseigner ; ce qui me démolit, c'est de Gaulle. » (Allusion au chef du Département de Français, qui ne s'appelle pas de Gaulle.) Il m'a encore demandé aujourd'hui où en était ma thèse, avec son espèce de sourire menaçant. Impossible d'y travailler, tu sais bien, tant que je n'ai pas de temps pour moi, or je ne peux pas m'offrir ça. Mais lui, il n'a pas la moindre idée de la vie que je mène. A l'heure qu'il est, je devrais être à l'épicerie, il n'y a rien à manger à la maison.

– Tu veux dîner avec nous ? Amène Rou et Linotte. Brian ne rentre que vendredi.

– Ma foi – oui, pourquoi pas ? A moins que vous ne veniez tous chez moi. Il faut que je fasse des courses de toute façon.

– Non, dînons ici. Il faudrait que je sois à la maison quand Brian appellera.

– D'accord. »

Toutes deux se taisent quelques instants en pensant la même chose : maintenant, Danielle est obligée de venir dîner en cachette de Brian, ce qui est fort désagréable. Mais tandis que Danielle tient Brian pour entièrement responsable de ce désagrément, Erica considère que Danielle et son ex-mari sont en partie responsables l'un et l'autre.

Il y a bientôt deux ans que les choses ont commencé à se gâter entre Danielle et Leonard Zimmern. Au début, comme c'est souvent le cas, leur mésentente les a rapprochés de leurs meilleurs amis. Danielle faisait ses confidences à Erica, et Leonard faisait les siennes à Brian ; les Tate passaient des heures à savoir qui avait tort et qui avait raison, et ils passaient plus de temps encore à faire part de leurs conclusions aux Zimmern. Ils étaient convaincus, et ils le répétaient, que Danielle et Leonard étaient tous deux des gens très bien, intelligents et sincères, qui avaient l'un pour l'autre une profonde affection et que, si on les y aidait, ils réussiraient à surmonter leurs difficultés.

Mais plus le temps passait, plus il devenait évident que ces difficultés étaient insurmontables. C'était une chose très déprimante et très contrariante pour Erica et pour Brian qui avaient consacré tant d'attention et d'énergie à l'affaire, et dont on avait ignoré les avis et les conseils. Finalement ils firent savoir à Leonard et à Danielle qu'il était vain de continuer à discuter de leurs problèmes ; restait à espérer que le temps arrangerait cela. Cette fin de non-recevoir eut pour effet des rapports désormais tendus et artificiels entre les deux couples. Chaque fois qu'ils se voyaient, ils se comportaient en partisans convaincus de deux causes adverses, le Mariage et le Divorce, qui, d'un commun accord, auraient décidé de ne pas parler politique. Cet accord ne les empêchait pas de porter leurs badges et de déployer leurs banderoles. Brian et Erica, sans le vouloir, se surprenaient à manifester sans bruit leur position en faveur du Mariage de façon quelque peu théâtrale : échangeant des sourires tendres un peu trop souvent, se rangeant à l'avis de l'autre, se tenant la main au cinéma, etc., tandis que Leonard et Danielle, de façon plus tapageuse, manifestaient dans l'autre sens.

Quand Leonard est parti, au début de l'année dernière, la situation s'est encore aggravée. La supériorité du Divorce, politiquement parlant, est le dernier point sur lequel les Zimmern soient restés d'accord. Ont suivi de violentes querelles pour des questions d'argent et de partage d'objets ; les récriminations et les justifications, les tromperies et les illusions. Les amis et connaissances du couple Zimmern ont commencé à prendre parti pour Leonard ou pour Danielle, déclarant, selon le cas, que l'un ou l'autre s'était, après tout, comporté de façon impardonnable et que, par conséquent, on aurait tort de leur pardonner.

Les Tate, quant à eux, ont refusé de prendre parti. Ils ont décrété qu'ils avaient toujours autant d'estime et d'amitié pour les Zimmern et qu'ils entendaient rester amis avec l'un comme avec l'autre. Cette noble et généreuse impartialité a naturellement agacé tout le monde. Chacun des deux intéressés a soupçonné les Tate de prendre en réalité le parti de l'autre, en faisant semblant de porter aux deux une sympathie égale. Peut-être même jouaient-ils délibérément les espions. En tout cas, Leonard a fini par s'avouer peiné et surpris que les sentiments de Brian et d'Erica à l'égard de Danielle n'aient pas changé après ce qu'elle lui avait fait et ce qu'elle avait fait aux enfants. Danielle n'en pensait pas moins, dans l'autre sens ; et elle le faisait savoir chaque fois qu'ils se revoyaient, ce qui arrivait de moins en moins fréquemment.

L'affection réciproque de leurs maris, qui avait jadis contribué à cimenter l'amitié entre Erica et Danielle, menaçait désormais de la défaire. Entendre Danielle énumérer continuellement les travers et les torts de Leonard n'émouvait pas Brian. Leonard était son ami, finit-il par lui déclarer tout de go, et il se refusait à porter un jugement sur son caractère et son comportement – et même, dorénavant, à en parler.

Il y avait aussi des difficultés d'ordre mondain. Si les Tate invitaient Danielle à une de leurs soirées, ils ne pouvaient pas inviter Leonard, et inversement. En outre, s'il s'agissait d'un dîner, il fallait trouver un convive supplémentaire qui ne déplaise pas à Danielle comme voisin de table, et dont elle ne puisse pas penser qu'il était là « à son intention », ou les deux à la fois. L'idée que ses amis veuillent lui trouver un mari n'inspirait à Danielle que du mépris ; elle n'avait besoin de personne pour régler ce problème, déclarait-elle. Il devint donc plus commode de l'inviter à dîner dans l'intimité, seule ou avec ses enfants, ce qui coupait court aux soupçons de ce genre.

Par contre, si c'était Leonard qui venait dîner, il demandait généralement s'il pouvait amener une amie, jamais la même, et toujours détestable. Ces filles n'étaient généralement pas détestables en soi ; mais pour Erica, c'était insupportable de les voir assises à table à la place de Danielle toute une soirée, dévorant Leonard des yeux fièrement – exactement comme Danielle autrefois – pendant qu'il discourait sur la politique ou sur l'art. Elle cessa donc de le recevoir à dîner, et ne l'invita plus que lorsqu'elle avait beaucoup de monde, ce qui lui permettait d'ignorer avec qui il était venu.

Mais quand Danielle eut vent de ces soirées par des connaissances communes, elle en fut ulcérée, et comme il n'est pas dans sa nature de cacher ce qu'elle pense, elle en parla dès qu'elle fut à nouveau conviée à dîner. Elle en profita pour demander à quoi ressemblait la petite amie du moment, ce qui n'était pas très honnête. Une autre fois elle déclara avec amertume qu'elle comprenait parfaitement pourquoi les Tate avaient invité Leonard plutôt qu'elle-même à leur dernière grande soirée : c'était un professeur et un critique littéraire de renom, alors qu'elle n'était qu'une mère de famille abandonnée, sous-payée à enseigner le français à la fac.

Ce soir-là, après le départ de Danielle, Brian annonça qu'il ne voulait plus la voir. Erica répondit qu'elle ne voulait plus voir Leonard et ses petites amies. Après ample discussion, il apparut qu'il serait sans doute plus sage de prendre ses distances pour un temps d'un côté comme de l'autre.

Ce qui, concrètement, signifia que Brian continua à voir Leonard et Erica à voir Danielle, chacun évitant cependant d'en faire état. Brouillard de silence gêné sur toute cette région, se dissipant légèrement l'automne dernier quand Leonard est reparti seul à New York.

Erica est restée la meilleure amie de Danielle et réciproquement, mais maintenant leur amitié, comme du gruyère, est pleine de trous dans lesquels sont logés les sujets à ne pas aborder et à contourner soigneusement. Dans un des trous, et des plus gros, se trouve Brian. Il est passé du côté de Leonard : il en veut à Danielle car c'est son entêtement et la légèreté de sa conduite qui ont chassé son ami de Corinth. Erica, par contre, penche pour la version de Danielle, à savoir que Leonard l'a amenée avec ses filles dans le fin fond de cette province, où il les abandonne maintenant, exprès sans doute, les laissant vivre de macaronis au gratin, pendant que lui est retourné à New York où il dîne tous les soirs dans des restaurants gastronomiques.

Danielle rompt le silence.

« Il reste du café ?

– Comment ? »

Elle répète sa question.

« Oui, bien sûr, excuse-moi. » Erica se lève. Au ralenti, elle tâte la cafetière en pyrex blanc de ses mains fines et pâles, elle la soulève, et verse, à côté. Une rigole brune et tiède coule sur la toile cirée à fleurs bleues. « Oh ! pardon ! Ce que je suis maladroite ! » Elle attrape une éponge et essuie lentement la table, elle presse l'éponge au-dessus de l'évier, et elle se rassied.

Danielle regarde Erica, et s'aperçoit qu'aujourd'hui elle a l'air éteinte, lessivée même. Selon son habitude, elle aborde le sujet tête baissée. « Il y a quelque chose qui ne va pas, dis-moi ?

– Non, rien de particulier. Ça va comme ci comme ça. Le temps, sans doute, et... » Erica s'interrompt. Le climat de la région, l'empiètement constant des villas de Glenvue, ce vrai dessin d'art qu'on lui a demandé de faire, et pas bénévolement, ce sont là des choses trop courantes pour expliquer son humeur.

« Et Brian qui n'est pas là, ça... » Elle ravale la fin de sa phrase, en pensant soudain que Leonard, lui, n'est plus jamais là, et que, du point de vue de Danielle, elle n'a guère de raison de se plaindre. « Et les enfants.

– Ah oui ?

– Ils m'ont un peu énervée ce matin. Avec leur tapage. Et leur grossièreté aussi, en fait. Avant, j'aimais bien me lever et petit-déjeuner en même temps qu'eux, mais maintenant... quoi que je leur prépare, ils ne sont jamais contents ; ils veulent toujours autre chose. Si tu savais comment ils se traitent ; et moi, ils ne m'aiment pas beaucoup non plus. Et par moments, je ne les aime plus. Quelquefois j'ai l'impression de les détester. » Erica se met à rire, pour dédramatiser cet aveu, qu'elle n'avait pas l'intention de faire. Qu'elle déteste ses propres enfants, c'est là son secret le plus ténébreux, le plus soigneusement gardé. Même à Danielle, elle ne l'a jamais dévoilé entièrement. En public, elle s'adresse à ses enfants, comme tout le monde, en leur faisant mille recommandations ou en jouant avec humour les mères désespérées. Ses amis et connaissances lui disent qu'au contraire, Jeffrey et Matilda sont toujours très polis (apparemment ils peuvent encore faire semblant de l'être à l'occasion). Et puis, sur un ton léger et badin, on se lamente en plaisantant sur la chambre de John ou la façon dont Jerry fait ses devoirs. et alors Erica se demande si tous ces gens-là n'abriteraient pas eux aussi de monstrueux pensionnaires. Quand Susan raconte avec le sourire que ses enfants sont « vraiment terribles », veut-elle dire qu'ils lui inspirent réellement de la terreur ? Quand Jane déclare que sa fille est « désespérante », a-t-elle vraiment perdu tout espoir ?

« Les adolescents ne devraient pas avoir le droit de vivre en famille. Ça devrait être interdit par la loi », dit-elle, revenant au mode d'expression habituel.

« Ne m'en parle pas. Hier soir, pendant qu'on se chamaillait pour savoir ce qu'on allait faire de nos tortues d'eau, je me disais, ah si seulement je pouvais aussi caser Rou à Reed Park, et les hamsters, le caméléon et Pogo avec. On pourrait les mettre tous ensemble dans la même cage et il y aurait bien des braves gens pour leur donner à manger à travers les barreaux. »

Contrairement à Erica, Danielle peut clamer en toute franchise combien ses enfants sont épouvantables. A qui la faute ? Ça crève les yeux, ceux de Danielle du moins : c'est la faute de leur père, qui les a abandonnées et en a fait des névrosées, avec le résultat que, maintenant, Rou préfère les animaux aux gens, y compris son ex-meilleure amie Matilda Tate, et que Celia, à huit ans, est devenue timide et renfermée.

Erica s'esclaffe. « Moi aussi je voudrais bien les envoyer là-bas quelquefois. Tous les deux. » Elle se retourne d'un air coupable pour regarder la pendule, mais il n'est que trois heures. Jeffrey et Matilda ne rentrent pas avant une demi-heure. « Ça n'est pas vraiment que je ne les aime plus, ment-elle. Mais je ne sais plus comment les prendre. Et c'est ma faute, je le sais bien, s'ils sont aussi pénibles.

– Ta faute ? Et pourquoi pas la faute de Brian ?

– Eh bien, parce que je suis la mère. Je ne fais sûrement pas ce qu'il faut – j'en suis même certaine. Ce matin, par exemple, ils étaient en retard, et ils ont commencé à s'énerver après moi, alors je me suis énervée moi aussi.

– Ça arrive à tout le monde de perdre patience, bon sang ! Tu ne peux pas toujours être parfaite.

– Hum », répond Erica, qui ne veut pas acquiescer. Sa plus grande ambition, c'est d'être parfaite ; d'être dans le vrai, avec sérieux, en permanence. Jusqu'à ces derniers temps, elle avait l'impression qu'elle y réussissait généralement. « C'est pareil à la maison. Ces temps-ci, on dirait que je ne peux plus rien faire de bien. » Elle se force à rire.

« Allons donc, tu es la meilleure femme d'intérieur que je connaisse.

– Plus maintenant. J'oublie sans arrêt d'acheter de la lessive, je laisse les lanternes de la voiture allumées, je perds les livres de la bibliothèque. Brian se demande ce qui m'arrive.

– Il ne t'arrive rien du tout, déclare Danielle. Qui ne ferait pas ce genre d'oubli de temps en temps ? Brian essaie de te culpabiliser, c'est tout.

– Oh non, sûrement pas. Pas consciemment en tout cas.

– Même inconsciemment, les hommes ont l'art de nous culpabiliser, de nous faire croire que nous sommes idiotes et incompétentes. Parce qu'au fond, c'est ça qu'ils pensent des femmes.

– Beuh », désapprouve Erica. Elle regrette bien d'avoir parlé de Brian. Mais c'est trop tard : une fois de plus, Danielle a enfourché son nouveau dada – les hommes sont des ordures. Erica se représente ce bidet comme un grand cheval de bois gris souris monté sur bascules rouges, agressif et dépourvu de charme féminin.

« C'est la vérité. Et le pire, c'est que nous nous laissons persuader. Ils s'arrangent pour nous faire croire en bloc que nous sommes incapables de faire quoi que ce soit et que par conséquent tout est de notre faute.

– A t'entendre, on croirait qu'il s'agit d'une conspiration internationale », dit Erica en souriant.

Danielle hoche la tête. « Pas besoin de conspiration. Tout ça dure depuis tant de siècles que c'est instinctif chez eux. » Elle se penche en avant ; Erica l'imagine talonnant la vieille jument grise et faisant flotter sauvagement dans le vent les crins blancs et rudes de sa monture, et sa propre crinière brune. « Tu sais, mon entrevue de lundi avec Mme Schmidt, l'institutrice de Celia ? Eh bien, au départ, tu te rappelles, je trouvais qu'elle dramatisait un peu. Pour moi, Celia ne souffrait pas de son surnom. Elle savait bien que, venant de nous, ça voulait être gentil, que personne ne la prenait vraiment pour une linotte, pas plus qu'on ne prenait sa sœur pour un kangourou. Or hier je parlais avec Joanne – tu sais cette femme que j'ai rencontrée à la dernière réunion des FUINES.

– Han, han. » Depuis quelque temps Danielle va régulièrement aux réunions d'un groupe de réflexion à la fac, qui s'intitule Femmes Unies pour l'Indépendance, la Non-discrimination et l'Egalité des Sexes ; Brian les appelle les Fouines.

« Eh bien, d'après Joanne, si Celia était un garçon, ça ne serait venu à l'idée de personne de l'appeler Linotte. Les hommes n'ont jamais des surnoms comme ça. Même étudiants, ils ne se retrouvent jamais avec des surnoms du genre Bouboule, Cani ou Collargol, comme on en donnait à nos copines.

– Non, convient Erica.

– Et pour nous, tu sais, ton nom ou le mien – ça n'est pas mieux. Ce ne sont pas des vrais noms, ce sont juste des diminutifs féminins de noms d'hommes. La Petite Eric et la Petite Daniel.

– Je n'avais jamais vu ça sous cet angle, dit Erica.

– Non, moi non plus. Mais maintenant que je le sais, je trouve ça franchement gênant. Je n'aime pas l'idée qu'on m'appelle la Petite Daniel toute ma vie. (Elle rit.) Je me disais que je devrais peut-être changer de prénom.

– Qu'est-ce que tu choisirais ?

– Sarah sans doute. C'est mon deuxième prénom.

– Je me demande si je pourrais m'y habituer. Pour moi, tu t'appelles Danielle.

– Moi aussi je me demande... Ah, merde ! Il faut que je parte. Linotte va rentrer. Celia, pardon. Tu as raison ; ça ne va pas être facile. Allez, à tout à l'heure »

En regardant, par la fenêtre de la cuisine, la voiture de son amie qui s'éloigne dans le froid et la pluie, Erica pense à Leonard Zimmern, elle est furieuse après lui. Voilà une chose de plus à lui reprocher : il a braqué Danielle contre les hommes en général – puisque c'est d'après le comportement de leur mari que les femmes jugent les hommes en général.

Mais au fond, cette hostilité déclarée de Danielle est encore préférable à ce qu'Erica a connu dans son enfance : les mensonges et les subterfuges auxquels sa mère a eu recours pour affronter une situation identique, le besoin désespéré de jouer la comédie, les feintes, la flatterie – Erica se rembrunit, fixant du regard le jardin désert. Elle ne pense plus très souvent à sa mère ; Lena Parker est morte depuis sept ans. Même de son vivant, Erica pensait à elle le moins souvent possible. A présent elle repense à elle : une grande femme mince, anguleuse, au visage distingué, aux yeux un peu globuleux ; toujours bien habillée et soigneusement fardée ; originale, intelligente mais peu cultivée, aimante avec exubérance et spontanéité. Depuis son adolescence, Erica n'avait jamais eu beaucoup d'affection pour elle. C'était peut-être injuste : Lena Parker n'avait pas eu la vie facile, certes. Peut-être Erica paie-t-elle maintenant, à travers Jeffrey et Matilda, la terrible rançon de ce manque d'amour pour sa mère.

Il n'en avait pas toujours été ainsi, bien sûr. Pendant les dix premières années de sa vie, tout avait été paisible et normal. Comme Dick et Jane dans les manuels de lecture, elle habitait une jolie maison avec son Papa et sa

Maman, sa petite sœur et son chien Brownie, dans une jolie rue de Larchmont. Les choses commencèrent à changer en 1940 quand le Papa, autant sans doute par besoin de bouger que par sympathie politique, s'enrôla dans l'armée canadienne. Les années suivantes il revint à Larchmont de temps à autre, mais de plus en plus rarement. Bientôt, il ne revint plus du tout. Non qu'il ait été tué à la guerre, porté disparu, ou même blessé – encore que plus tard Lena Parker ait parfois laissé s'accréditer ces versions-là. En fait il avait épousé une Canadienne et il était parti vivre avec elle dans l'Ontario, mais pendant longtemps Lena ne voulut pas l'avouer, même à ses filles. Loin d'avouer à quiconque, y compris à elle-même peut-être, que son mari l'avait délaissée sans que la réciproque fût vraie, elle revendiquait une part de responsabilité égale, ou même plus grande, dans leur séparation (« Harold est tombé d'accord avec moi que ce serait mieux ainsi... »). Même aujourd'hui, Erica n'est toujours pas absolument sûre que l'idée ne soit pas venue de Lena, ou au moins qu'elle n'ait pas eu ce désir secret.

Quoi qu'il en soit, Lena s'était adaptée rapidement à la situation. Dans le mois même de son divorce, elle travaillait *chez Manon,* une boutique de mode de la ville ; deux ans plus tard elle était sous-directrice, cinq ans plus tard directrice. Elle avait mis au point une forme particulière d'amabilité – mélange égal de douceur et de fermeté – grâce à quoi elle réussissait à vendre des vêtements à une clientèle de femmes aisées qu'elle flattait et bousculait à la fois. Elle apprit à persuader ses clientes que les chemises, les écharpes et les petites robes fabriquées à l'étranger qui étaient la spécialité de *Manon* étaient à la fois très mode et sans âge, délicates et d'un bon usage, bien plus que les articles de fabrication américaine. Elle apprit à s'en persuader elle-même, ainsi que de tout ce que cela impliquait, au sens le plus large.

Avec le temps, cette prédilection de Lena Parker pour

tout ce qui était étranger ne fit que croître et embellir, comme une plante exotique importée qui végète au début, et puis prospère et étouffe les fleurs du pays, et à la longue grimpe au mur du jardin et, telle une mauvaise herbe, devient un fléau. Quand l'usure se fit sentir, Lena remplaça d'abord sa garde-robe et celle de ses filles par des vêtements fabriqués à l'étranger, puis ses livres et son ameublement, et enfin ses amis. Elle se mit à émailler sa conversation professionnelle de mots français (« Magnifique ! » « Mais non ! ») et elle finit par parler l'anglais, même chez elle, avec un accent étranger.

Pour Erica, qui entrait au collège dans un esprit de patriotisme du style Ballades de la Vieille Amérique, sans la tenue vestimentaire appropriée, tout cela était faux, écœurant, et odieux. Non seulement sa mère l'habillait avec les rebuts de la boutique, mais elle stockait du sucre et des boîtes de conserve dans un placard au sous-sol. Elle rabiotait des tickets d'essence ; elle trichait sur la marchandise par des procédés mesquins, enlevant les étiquettes et faisant passer les mélanges de rayonne pour de la pure soie – Erica l'avait entendue s'en vanter. Le pire, c'est qu'elle se justifiait de tout ce qu'elle faisait. Si encore elle n'avait rien dit, c'eût été un moindre mal.

Pour Erica, les difficultés financières de sa mère n'étaient pas une excuse. Elle aurait préféré une jupe et un pull ordinaires, tout simples, mais bien américains, à toutes ses robes venant de l'étranger, tarabiscotées, ridicules, ourlées à la main et doublées de soie, et elle le disait. Mais Lena ne supportait pas de gâcher son argent pour « des articles de série de mauvaise qualité » – et puis, c'était contraire à ses principes. Ayant décidé de continuer à vivre dans sa jolie maison de la jolie rue, mais avec des revenus diminués de moitié, elle avait fait cette découverte qu'il est plus difficile d'estimer la valeur d'un article étranger. L'équivalent mexicain d'un fauteuil en osier ou d'une porcelaine de Prisunic, l'équivalent indien d'un jeté de lit en imprimé grossier et d'une minable carpette effrangée, peuvent passer pour avoir un certain chic bohème qui fait oublier qu'ils sont sans valeur. Une soupe aux légumes, pourvu qu'on lui donne un nom français et qu'on y ajoute quelques dés de toasts rassis, peut tenir lieu de tout un repas, et revient encore moins cher que des hot-dogs.

Les visiteurs chantaient les louanges de Lena auprès de ses filles pour la façon merveilleuse dont elle menait ses affaires, et ils la qualifiaient de femme remarquable – par quoi ils entendaient, entre autres, une femme sur qui on fait des remarques. Erica avait horreur de ces remarques, et des hommes qui les faisaient. Eux aussi venaient presque tous de l'étranger, souvent d'obscurs pays d'album de timbres comme le Guatemala ou l'Estonie, fuyant ce que sa mère nommait la Persécution Fasciste. Ils mangeaient la soupe aux légumes et s'asseyaient dans les fauteuils en osier. Certains empruntaient les vêtements qu'avait laissés le père d'Erica et ils ne les rapportaient pas ; l'un d'eux, originaire d'Albanie, et qui sentait l'oignon, avait même essayé de la prendre dans ses bras dans le coin derrière le piano.

Une autre chose gênait Erica : que son père ait quitté leur foyer et que sa mère travaille dans un magasin. Les heures qu'elle passait *chez Manon* après l'école avec sa sœur Marian, dans le fouillis de l'arrière-boutique, parce que Lena ne voulait pas qu'elles restent seules à la maison et qu'elle n'avait pas les moyens de les faire garder, ces moments-là avaient été les pires de son existence. Tout lui faisait horreur : l'envers des rideaux de velours beige, semblable au ventre d'un vieux chat crasseux ; le contre-plaqué taché et rayé de la table de coupe à un bout de laquelle on l'installait pour faire ses devoirs ; toutes ces robes suspendues qui se pressaient contre elle comme des femmes sans-gêne (c'était le genre de boutique où l'on garde en réserve la plupart des articles afin de pouvoir les présenter par petites quantités avec tout un art de la mise en valeur).

Marian, elle, qui était plus jeune de quelques années et d'un tempérament plus docile, ne détestait pas être *chez Manon*. Elle jouait par terre parmi les caisses de cintres en bois peint, les piles de sacs décorés de roses beiges et roses, et les monceaux de feuilles de carton glacé beige et rose sur une face, prêtes à plier pour faire des boîtes à robes ; elle habillait ses poupées avec les chutes des retouches. Ça ne la gênait pas qu'on l'exhibe dans la boutique, comme une robe, devant quelque cliente particulièrement bien vue, à qui on la présentait sous le nom de « Marianne ». Mais pour Erica, c'était la honte, l'abomination, d'entendre son nom appelé par la voix perçante de Lena, avec son intonation faussement étrangère ; de faire semblant de ne pas entendre pour se dérober ; et finalement d'être tirée ou poussée de force par la vendeuse entre les rideaux crasseux en peau de chat – maigrichonne, gauche, muette, en chaussettes et bonnes grosses chaussures d'école, affublée d'une de ces horribles robes à remplis, et festons. « *Voyez,* cette merveilleuse enfant qui a trop grandi, si *jolie,* mais je ne peux rien tirer d'elle ! » s'écriait Lena – feignant le désespoir, tout artifice – tandis qu'Erica jetait un rapide coup d'œil autour de la pièce pour voir si le pire n'était pas arrivé, s'il n'y avait pas là quelque visage connu pour assister à la scène.

Pendant ces longues heures passées dans l'arrière-boutique, Erica résolut de devenir aussi différente que possible de sa mère. Quoi qu'il arrive, elle aborderait les choses avec honnêteté et franchise. Elle se tiendrait à l'écart et se méfierait de tout ce qui n'était pas américain, les choses comme les gens.

Ce préjugé dura des années, et fut lourd de conséquences. Il fut en partie la cause de ses réticences initiales vis-à-vis de Danielle, qui était à moitié française de naissance. Quant à Brian, ce ne fut pas le moindre de ses charmes au départ que d'appartenir à une famille établie en Amérique depuis des générations, et de se consacrer à l'étude du gouvernement américain. En outre (contrairement à tant d'autres amis d'Erica), il n'était pas tombé sous le charme de Lena et il ne l'avait pas trouvée remarquable. Cela jouait même en sa faveur que Lena ne soit pas enchantée par lui. Elle n'en laissait rien paraître, naturellement : elle lui souriait, elle le flattait, elle prenait des poses et se ralliait à son avis, comme avec tous les hommes ; et quand Erica avait annoncé ses fiançailles, elle avait redoublé d'amabilité. Mais ce qui déplaisait à sa mère chez Brian, Erica le savait, c'était précisément des traits de caractère qui lui plaisaient à elle ; pour Lena, il manquait d'humour, c'était un homme grave, froid, trop critique.

Elle laissa paraître son sentiment véritable le matin du mariage. Il se mit à pleuvoir à verse, de sorte qu'au lieu de pouvoir donner la réception dans le jardin sous un dais à rayures, ils allaient tous devoir s'entasser à l'intérieur au milieu des meubles en osier minables et des rideaux en toile de jute. Debout devant la fenêtre dans sa longue robe de satin blanc, les yeux fixés sur ce déluge, exactement comme en ce moment, Erica avait fondu en larmes, d'énervement et de dépit. Et Lena, qui était déjà en tenue de circonstance (soie plissée abricot et dentelle véritable), avait posé la main sur l'épaule nue de sa fille en disant : « Ne pleure pas. Si jamais ça ne marche pas, tu pourras toujours divorcer. »

Enfin, à quoi bon lui garder rancune ? Cela fait sept ans qu'elle est morte. Erica sort la pâte à biscuits du frigidaire, elle la dispose sur une plaque à pâtisserie, et elle l'enfourne. Elle va passer dans la pièce voisine pour se mettre au repassage quand son regard tombe sur la lettre de l'université adressée à Brian. Elle devrait peut-être l'ouvrir tout de suite pour savoir ce qu'ils veulent, comme ça, ce soir, quand il téléphonera, il n'y aura pas de temps perdu.

A l'intérieur de la longue enveloppe à l'air officiel, avec sa mention URGENT PERSONNEL en rouge mercurochrome, se trouvent plusieurs feuilles de papier machine pliées n'importe comment et couvertes d'un bord à l'autre d'une grosse écriture ronde au même feutre vermillon.

Samedi

Cher Monsieur le Professeur Tate !

Je suis passée vous voir cet aprèm' avant de partir, mais pas de réponse, manque de bol. J'ai laissé votre JS Mill chez M. Cushing à côté, désolée de l'avoir gardé si longtemps.

J'arrête pas de penser à vous, comment ça va là-bas ? Moi ici, ça va pas très fort ; cette ambiance me fout vraiment en l'air. Ça a été sympa les deux premiers jours entre Maman et moi, la Bonne Entente, mais on n'a pas tenu le coup longtemps ni l'une ni l'autre. Vendredi soir Linda et Ralph ont débarqué avec deux amis et ils se sont plus ou moins incrustés. Maman est montée, j'ai trouvé qu'elle faisait preuve de compréhension mais le lendemain matin c'était reparti pour le conflit des générations. Naturellement elle n'a jamais voulu reconnaître qu'elle était verte d'avoir été virée de son Propre Salon, et de retrouver sa cuisine dégueulasse, il a fallu parler des Problèmes Sérieux. Tu sais, Wendee, Maman me dit avec un sourire inquiet, je me fais du souci quand je vois le genre de garçons que tu fréquentes ces temps-ci, et Linda c'est pareil, je me demande ce que ses parents en pensent. Leurs cheveux longs non ça n'est pas ça qui me gêne du moment qu'ils les lavent souvent. Mais c'est ce manque de politesse et de discrétion, cette absence totale de respect pour les autres et puis oui c'est vrai cette allure négligée débraillée. Quelquefois j'essaie d'imaginer ce que ce doit être pour vos professeurs de se trouver devant toute une classe d'étudiants de ce genre je les plains réellement elle me dit avec un sourire compatissant.

A ce stade Erica a compris que la lettre rouge n'est ni officielle ni urgente – simple bavardage de quelque étudiante en veine de confidences, comme Brian en reçoit souvent. Elle continue à lire machinalement, avec une pointe de curiosité et une certaine compassion pour Maman.

Je suppose que tu aimerais mieux que je fréquente un professeur, je lui ai dit. Ma foi oui, peut-être, Maman m'a répondu avec un sourire de regret. Après tout je suis mère et il est naturel que je veuille sentir ma fille en sécurité et en bonnes mains. Ça te fait sans doute rire mais attends tu verras quand tu seras mère à ton tour. Oui bon, ça peut attendre, j'ai répondu. Mère ! Alors j'ai pensé et si je lui disais tout. T'en fais pas Maman c'est fait j'ai suivi ton conseil je fréquente un professeur. Ah très bien, Wendee, et tu le vois beaucoup ? Ah ça oui Maman je vois sa tête, ses mains, ses bras, ses jambes, ses fesses, sa bite. Mais pas pour l'instant, et c'est bien embêtant. Cher Brian, j'espère que toi aussi ça t'embête bien. Je veux recommencer à me coucher par terre avec toi. J'ai une envie folle d'être avec toi et de parler, de discuter, de réfléchir, d'apprendre, de mûrir et de baiser.

Toute à toi, à toi, à toi, à t

Erica revient à la page un et relit cette lettre. Tout en lisant elle sent monter des sueurs froides, comme si elle avait de la fièvre ; elle tient le papier contagieux à distance, le plus près possible du bord, sans toucher l'écriture. Le dernier mot rouge sang est écrit dans la marge et il en manque une partie. Erica complète : oi, à toi, à toi, à toi... un train sans fin de ces deux mots s'échappe de la page, s'engouffre dans la cuisine et ressort par la fenêtre, traversant le temps et l'espace ; il passe au-dessus de la croûte de neige mouillée sur la pelouse, au-dessus de la route gelée criblée de trous, et s'éloigne à travers les champs et les coteaux glacés.

Lentement, méthodiquement, elle replie la lettre et la remet dans son enveloppe. Il y a une odeur de brûlé bizarre dans la pièce, comme des explosifs. L'espace d'un instant, Erica croit avoir une hallucination. Puis elle ouvre le four : aussitôt la cuisine s'emplit de fumée et du relent douceâtre de cendre chaude des biscuits calcinés. La guerre est déclarée.

2

11 mai. Brian est assis dans son bureau à l'université et il attend que Wendy Gahaghan fasse son entrée afin de pouvoir lui annoncer que tout est fini entre eux. Le scénario de cette scène a été monté d'avance dans sa tête, les tirades importantes ont été écrites et récrites. Deux fois déjà, il a dit ses premières lignes – mais sans succès. Les répliques de Wendy n'ont pas été ce qu'elles auraient dû être ; elle est dans une autre pièce ou dans un autre film.

Par exemple, la déclaration « Ma femme a tout découvert » ne constituait pas, pour Wendy, une raison suffisante pour qu'ils mettent fin à leur liaison. La situation était moche, elle en convenait, mais ça n'était pas son affaire. Quant à l'argument que leur relation nuisait à ses études, elle l'avait ardemment démenti. Son intérêt pour son travail, ainsi que ses notes, n'avaient fait qu'augmenter, assurait-elle, depuis le moment où ils avaient commencé à faire l'amour ensemble – il le savait bien, non ? Et en effet, Brian le savait.

Et pourtant, il faut qu'il s'exécute. En laissant Wendy venir dans son bureau, il le comprend maintenant, il s'est mis dans la situation de quelqu'un qui tâte de la marijuana (non qu'il ait jamais tâté de la marijuana). D'un stimulant doux et agréable, celui de la conversation de Wendy, il est passé à des drogues plus fortes : l'admiration et finalement la passion qu'elle lui porte. Avant de devenir un vrai drogué, il faut qu'il se sépare d'elle. Le seul fait d'y penser et le souci qu'il se fait commencent déjà à pomper son énergie au point qu'il fonctionne au ralenti dans son enseignement et qu'il a calé complètement sur son travail en cours, une étude sur la politique extérieure de l'Amérique pendant la guerre froide.

De plus, Erica croit que la rupture est consommée. En effet, sans vraiment mentir, Brian a laissé entendre que son aventure était pratiquement terminée au moment où elle a lu cette malencontreuse lettre. Par contre il a menti en prétendant qu'il ne s'agissait que d'une brève histoire sans importance.

Il préférerait de loin attendre la fin du trimestre, mais le risque est trop grand qu'Erica ne fasse une nouvelle découverte du même genre. Il pourrait sermonner Wendy pendant des heures sur la nécessité d'être discrète, elle pourrait lui promettre avec ferveur d'être prudente ; mais elle est impulsive et se laisse aller à de brusques élans amoureux. Pas plus tard que la semaine dernière, le voyant par hasard dans le couloir, elle s'est précipitée vers lui pour l'embrasser. Comme c'était la fin de l'après-midi, le couloir était désert ; mais la porte d'un des bureaux voisins était ouverte, et un collègue de Brian, de l'intérieur, les observait. « Je lui ai remonté sa note d'examen », avait expliqué Brian après coup, mentant avec un sourire forcé. Double mensonge : il n'a jamais remonté une seule note d'examen – il est contre ce genre de choses par principe.

Comment s'est-il, lui, Brian Tate, laissé empêtrer dans toutes ces simagrées et dans tous ces mensonges ? Lui qui, des années durant, a été un homme juste, honorable, digne de confiance, comment a-t-il pu se laisser aller avec quelqu'un comme Wendy Gahaghan ?

A moins de considérer les choses dans l'autre sens

pour changer. Pourquoi a-t-il attendu si longtemps pour se laisser aller avec une fille du genre de Wendy ? Sûrement pas faute d'occasions : maintes fois au cours des dix dernières années, il s'en souvient, des étudiantes – dont certaines étaient beaucoup plus son type que Wendy, et quelques-unes presque aussi séduisantes qu'Erica son épouse – avaient laissé entendre qu'elles seraient très heureuses d'entretenir avec lui des rapports plus personnels. Il sait que nombreux sont ses collègues qui, de leur propre aveu, ou d'après la rumeur, ont profité de telles avances. Mais depuis seize ans, en son for intérieur, il méprisait ces collègues-là. Il regardait même d'un peu haut son ami Leonard Zimmern, qui avait pourtant l'excuse d'avoir une femme hargneuse, impossible et infidèle. Lui, Brian Tate, n'avait pas de temps à perdre à ces jeux clandestins. Il aimait Erica, et il se consacrait à une tâche sérieuse.

Mais depuis un an ou deux cette tâche a changé. Problème mal posé : rien n'a changé, et il a compris que rien ne changerait plus. Il a quarante-six ans, et selon les critères locaux il a réussi. Pour ses étudiants, c'est un homme intéressant et bien informé. Pour ses collègues, un homme compétent et qui a de la chance ; beaucoup l'envient. Il est titulaire d'une chaire dans son département et on lui doit deux études savantes dans sa spécialité, plus un texte utile et très utilisé ; il a une épouse belle et intelligente, deux enfants charmants et intelligents, une maison enviable dans les *Hauts de Glenvue*. Ils ne savent pas qu'au fond de lui-même, secrètement, c'est un homme insatisfait et déçu. Il en porte les marques ouvertement : une ride en W creusée entre ses sourcils bruns bien dessinés, quelque chose de crispé autour de la bouche. Mais ceux qui voient ces marques croient Brian déçu non pas de sa situation personnelle, mais de la situation dans le monde.

Chaque fois qu'il parle en public, comme c'est souvent le cas, de la politique étrangère américaine ; ou chaque fois qu'un article de lui paraît dans quelque revue, ses étudiants et ses collègues ont une preuve nouvelle de sa réussite. Lui, une preuve nouvelle de son ratage. Pourquoi, se demande-t-il amèrement, est-il là à discourir sur la politique étrangère au lieu de contribuer à la faire ? Pourquoi en est-il encore à présenter les théories des autres plutôt que la sienne ?

Ce ratage, il ne peut pas l'attribuer à la malchance. Il était né avec toutes les chances : fils d'un universitaire de renom, neveu d'auteurs et de législateurs, petit-fils et arrière-petit-fils de pasteurs et de juges, il avait eu aussi la santé, la beauté, la précocité intellectuelle, l'affection des siens, une bonne éducation. Mais après l'attribution de tous ces dons, une mauvaise fée s'était glissée par la fenêtre de la salle d'accouchement et elle avait murmuré au-dessus du berceau : « Il se devra d'être un grand homme ». Cette obligation l'a hanté toute sa vie. Ses collègues, eux, laids et épais, issus de taudis culturels ou économiques, fils de provinciaux névrosés ou d'immigrants illettrés, pouvaient s'enorgueillir d'être professeurs à Corinth – lui non.

Symboliquement eût-on dit, Brian, pendant son adolescence, n'avait pas grandi aussi vite que ses pairs d'Andover et, en fin de compte, il n'était pas allé aussi loin. A son entrée à Harvard (à seize ans) il était encore petit pour son âge. Il les rattraperait, disait-on dans sa famille, et il le croyait ; mais il ne les avait pas rattrapés. Il était resté, sinon vraiment petit, du moins d'une taille considérablement au-dessous de la moyenne : un mètre soixante-six, en se tenant très droit, le cou dans une certaine position. Erica avait presque sept centimètres de plus que lui. Quand elle l'avait épousé, elle avait donné pour la vente de charité de l'Eglise congrégationaliste toutes ses chaussures à talons hauts qui mettaient si bien en valeur ses longues jambes spectaculaires, se résignant à toute une vie de souliers plats parce que Brian allait devenir un grand homme.

Toutes ces dernières années, Erica (contrairement à la famille de Brian) ne l'a jamais accusé ni ouvertement ni indirectement de l'avoir déçue. Une seule fois, il y a des années, à New York, après une réception à laquelle assistaient plusieurs personnes célèbres, elle avait avoué, en riant et en retirant au-dessus de ses boucles noires une combinaison de soie à fleurs jaunes, qu'elle aimerait tout de même bien que Brian soit célèbre lui aussi. Avant cette soirée-là, et par la suite, elle s'était toujours défendue d'un tel désir ; mais Brian n'était pas convaincu.

Ce même soir, Erica l'avait aussi assuré qu'elle ne lui en voulait pas du tout de ne pas être encore devenu célèbre. C'était juste un mauvais hasard, comme Mouflette et son allergie à la poussière domestique et, pour lui aussi, une simple question de temps. Après tout, avait-elle ajouté, toujours en riant gentiment, et en prenant appui sur son épaule pour retirer ses sandales de satin blanc sans perdre l'équilibre – il était déjà célèbre en tant que professeur : ne venait-on pas de lui donner la Chaire de Diplomatie Américaine William Broyard Sayle à Corinth ? Ça ne prouvait pas grand-chose, avait répondu Brian – tout simplement, Clinton avait pris sa retraite, alors maintenant c'était lui le doyen dans cette discipline. Mais (et c'était peut-être ce qu'il voulait) elle avait pris cette protestation pour de la modestie.

Ce soir-là, Erica espérait encore qu'il deviendrait un grand homme – l'année suivante, ou celle d'après. Mais déjà Brian se doutait que non, et maintenant il en est sûr. Premièrement, c'est trop tard : il a presque l'âge de Lindsay, et cinq ans de plus que n'aurait Bobby Kennedy. Erica le sait bien elle aussi, et elle prétend qu'elle s'en moque ; c'est peut-être vrai d'ailleurs. Il lui est arrivé de dire qu'elle s'en réjouit, parce qu'elle tient beaucoup à leur vie privée et déteste le genre de mondanités auxquelles elle a été contrainte pendant les deux années où Brian a été chef du département. S'il devait avoir un poste encore plus important, elle le verrait moins, et par contre elle verrait davantage des gens qui l'indiffèrent.

Brian a fait de son mieux pour devenir un grand homme. Il a écrit une quantité de longs articles politiques sérieux ; il a fait partie de comités et de commissions à titre bénévole ; il a plusieurs fois et plus ou moins subtilement offert ses services aux démocrates, aux républicains indépendants et aux libéraux comme conseiller politique pour les affaires étrangères. Mais ses théories suscitent peu d'intérêt ; ses idées ont été rejetées et ses propositions déclinées.

Il le déplorait non seulement pour des raisons personnelles mais parce qu'il avait la conviction sincère, et même la certitude, d'avoir beaucoup à apporter. Par exemple, il était l'une des rares personnes de sa connaissance à comprendre que l'efficacité politique et l'idéalisme ne sont pas incompatibles. Mais, depuis des années c'était un incompris, comme l'était aussi l'homme public qu'il admirait le plus, George Kennan ; on le tenait soit pour un théoricien confus, soit pour un politicien étriqué.

Même au sein de l'université, il a été déçu dans ses ambitions. Il ne voulait pas de cette Chaire Sayle, qui ne lui valait ni réduction de son service d'enseignement, ni augmentation sensible de son salaire ; ce qu'il voulait c'était un fauteuil, celui du Doyen des Sciences Humaines, et le bureau avec, ou quelque haute fonction du même ordre. Tout le monde s'accordait à dire qu'il avait été un bon Président de Département quand son tour était venu, et plusieurs de ses collègues semblaient penser qu'il ferait un très bon Doyen ; mais quand l'occasion s'était présentée, aucun d'eux ne l'avait proposé pour le poste.

Brian est intimement persuadé qu'il y a un lien entre ces échecs successifs et sa taille : qu'il y a une corrélation étroite entre son physique et son manque d'envergure véritable. Il y a des années, une force invisible avait appuyé lourdement sur sa tête pour l'empêcher de grandir, comme un signe adressé au monde. Et le signe avait porté. Les opinions et la candidature d'un homme qui mesure tout juste un mètre soixante-six et ne pèse que soixante-deux kilos sont rarement prises au sérieux. Un peu partout on trouvait que c'était un homme petit dans tous les sens du terme, qu'il avait tout juste assez de poids pour exercer son autorité sur un petit département. Avec quelques centimètres de plus, il aurait sans doute pu être à la hauteur de ses promesses et des espoirs de sa famille – il aurait pu honorer l'obligation formulée au-dessus de son berceau. Inversement, s'il avait pu tenir ses promesses, sa taille n'aurait pas eu d'importance. Il ne parlait jamais de cela à personne, mais il y pensait – pas tous les jours, mais fréquemment.

Pendant toute sa vie d'adulte, Brian avait cherché à compenser, et même à réfuter, par son comportement, le signe dont le destin l'avait marqué. Etudiant, il s'était dit qu'il ne pouvait pas se permettre les mêmes plaisanteries ni les mêmes erreurs qu'un homme plus grand, de crainte d'être pris pour un poids plume. Ainsi, pendant un quart de siècle, il n'avait rien dit ou fait qui pût paraître frivole, malavisé ou immoral de la part d'un président d'université ou d'un candidat à la députation.

Est-ce parce qu'il a compris que toute cette autodiscipline empreinte de gravité a été vaine – erreur idiote, longue farce faite à lui-même – qu'il a été sensible à Wendy Gahaghan ? Il n'en sait rien. Il n'a pas conscience d'avoir délibérément cessé de s'imposer cette discipline ; sûrement pas à cause de Wendy en tout cas.

Tout politologue qu'il soit, il n'arrive pas à établir quand et comment cette affaire a commencé. Il est possible qu'elle remonte à ce jour, il y a deux ans et demi, où il s'est aperçu que mademoiselle Gahaghan, jeune blondeur rondelette à l'allure hippie, qui suivait son séminaire sur les institutions américaines, figurait en bonne place parmi ces étudiantes s'attardant pour lui parler après le cours plus souvent qu'il n'était nécessaire, et trouvant toujours quelque excuse pour venir le consulter pendant ses heures de réception. On aurait pu interpréter la chose de plusieurs façons : flagornerie, absence infantile d'autonomie, ou simplement comportement d'étudiante angoissée. Brian n'avait pas pris la peine d'en décider, puisque, vraisemblablement tout cela prendrait fin avec le cours lui-même.

Les institutions américaines prirent fin, mais, après que Brian lui eut attribué un B +, mademoiselle Gahaghan persista. Elle venait en auditrice libre à ses cours de licence, elle faisait le siège de son bureau. Apparemment elle nourrissait pour lui un sentiment particulier. C'était déjà arrivé avec d'autres étudiantes, or Brian s'était toujours très bien tiré de la situation, ce qu'il essayait de faire à présent. C'est-à-dire qu'il commençait, lentement mais sûrement, à baisser le thermostat, passant d'une attitude à peine tiède à une froideur tout à fait neutre. Autrefois, il n'avait jamais eu à descendre au-dessous des douze degrés pour refroidir ces demoiselles ; mais mademoiselle Gahaghan ne se laissait pas décourager par les basses températures. Elle continuait à venir dans son bureau ; et il la laissait faire. En fait, il n'arrivait pas à descendre au point de congélation. Pourquoi ?

Essentiellement, d'après lui, parce que Wendy ne relevait pas de son département, elle préparait une maîtrise en psychologie sociale. Elle s'était inscrite à son cours plus ou moins par accident, et s'était découvert pour l'histoire américaine une passion qu'il croyait en grande partie réelle, bien qu'elle se confondît dans l'esprit de Wendy avec sa passion pour lui. Entre autres projets, elle voulait aller vivre loin de tout dans une communauté fondée sur la coopération mutuelle et la philosophie mystique. Son département traitait les groupes de ce genre comme des cas de pathologie sociale. Grâce à Brian, elle apprit qu'ils se situaient au cœur même de la tradition utopique américaine.

« Avec tous ces vieux imbéciles coincés de *behavioristes,* quand on croit à l'amour et à la vie en communauté, on est tout de suite classé comme déviant », s'était écriée Wendy quand ces faits lui étaient soudain apparus. Brian s'était contenté de sourire d'un air neutre ; sans l'avouer, il partageait la piètre idée qu'elle avait maintenant du programme de maîtrise en psychologie sociale. Il était convaincu que la plupart de ces psychologues étaient de pauvres idiots concentrés sur eux-mêmes et que leurs cours étaient un mélange à parts égales de ce qui tombe sous le sens et de ce qui n'en a pas – c'est-à-dire du déjà évident et du probablement faux.

Cela lui fit plaisir, sans le surprendre, que Wendy vienne le consulter lui, plutôt que son directeur de maîtrise (un homme jeune, nerveux et cynique du nom de Roger Zimmern qui était un cousin de Leonard). Il aimait répondre aux questions, donner des explications. Et il trouvait une satisfaction particulière à donner des explications à Wendy car – du moins l'avait-il cru au début – elle ne cherchait à obtenir de lui que son savoir. Ses réactions étaient parfois naïves, souvent trop sentimentales, mais elle n'avait jamais l'air de s'ennuyer ou de se forcer. Ce n'était pas parce qu'il était son directeur d'études qu'elle l'écoutait parler ou lisait les livres qu'il lui recommandait. Il n'avait aucune responsabilité concernant ses examens, sa situation matérielle ou son mémoire de maîtrise ; ce n'était pas lui qui aurait à la recommander pour un poste ou une bourse d'étude éventuels. Jamais il ne voyait dans ses yeux pendant qu'il parlait le regard fixe, d'un rouge éteint, de la contrainte et de l'ennui ; ni la dureté farouche de qui se contient d'abord pour mieux se mettre en avant –

ce signal orange Prudence qui s'allumait si souvent dans les yeux de ses propres étudiants. Chez elle, rien que du vert lumineux et pur.

De plus, la conversation de Wendy avait un certain intérêt. Elle parlait de ses professeurs et de ses cours avec une franchise que n'aurait eue aucun étudiant de sciences politiques, et Brian était amusé d'apprendre ainsi par en dessous toutes sortes de choses sur un autre département ; d'autant plus peut-être qu'elle n'avait pas toujours conscience d'en dire si long. Il l'encourageait, ce qu'il n'aurait pas fait s'il avait su qu'il devait la revoir. Mais il comptait que l'été suivant, leur relation se terminerait de soi. Wendy aurait son diplôme ; elle projetait de faire un tour d'Europe en stop, et ensuite d'enseigner dans une école secondaire et de vivre dans une communauté du Massachusetts dont elle avait entendu parler.

Mais à la rentrée de septembre, elle était de retour, en troisième cycle, et de retour dans le bureau de Brian. L'Europe, c'était super, mais il fallait bien manger ; la communauté, c'était sympa, mais à la fin il y avait un peu trop de parasites, de types en cavale et de défoncés à l'acide ; le système scolaire de Green River était une expérience moche, un truc pourri. Brian n'était pas fâché de revoir Wendy : ses lettres de Hollande, de Yougoslavie et de Green River étaient amusantes ; ses comptes rendus sur le département de psychologie lui avaient manqué, et il était heureux de les voir reprendre.

Ce qui était encore plus important, ou le devint bientôt, c'était les informations que lui apportait Wendy sur ce qui se passait « dans la jeunesse ». Brian avait compris depuis un moment déjà que l'Amérique dans laquelle vivaient ses collègues et lui-même n'était plus celle de leur jeunesse ; mais, plus récemment, il avait découvert qu'ils ne vivaient pas non plus dans l'Amérique actuelle, mais dans un pays autre, une cité-Etat aux caractéristiques quelque peu différentes. Le fait dominant concernant cet Etat que, par commodité, on peut appeler l'« Université », c'est que la majorité de sa population est âgée de dix-huit à vingt-deux ans. Naturellement à l'université, l'allure, les goûts, les activités, les préférences et les préjugés de cette majorité représentent la norme. La vie culturelle et politique doit s'adapter à ses critères, et c'est un handicap social que de ne pas les respecter.

Par sa naissance, Brian appartenait à la classe dominante américaine, situation qui, depuis des années, lui semblait aller de soi. Maintenant, à l'université, il voit finalement ce que c'est de faire partie d'une minorité défavorisée... Tel un Chinois à New York, il est différent par son physique ; il parle différemment, s'exprimant dans une langue plus soignée, utilisant fort peu l'argot local, entre guillemets, pour ainsi dire ; il a des goûts alimentaires et vestimentaires différents, des distractions différentes aussi. Naturellement il est considéré avec méfiance par les autochtones.

Evidemment, il n'est pas obligé de passer tout son temps à l'université. Le soir, pendant le week-end, et presque tout l'été, il peut retourner dans le monde réel, où prévalent d'autres critères. L'ennui, il le voit bien, c'est que chaque année, avec la montée de cette nouvelle culture, le « monde réel » tend de plus en plus à ressembler à l'université ; et il se rend compte qu'il n'a pas d'autre perspective que celle de se rallier à la minorité défavorisée entre toutes, les Vieux. Dans l'université, Brian n'a jamais essayé de se faire passer pour un autochtone, tout en ayant conscience des avantages que cela peut représenter. Il a refusé l'assimilation, et il a un certain mépris pour ceux de ses collègues qui sont assimilés. Il n'a aucune envie de se droguer, d'injurier la police, de porter des perles ou d'étudier les religions orientales. Néanmoins, en tant que politologue, il a de plus en plus le sentiment qu'il se doit d'être au courant de ces phénomènes.

Contrairement à ses autres étudiants, Wendy

Gahaghan ne lui cachait rien de ce qu'elle faisait en dehors de ses études. Se confiant à lui en toute simplicité, elle lui racontait comment parmi ses amis, on fumait du hasch, on feintait le conseil de révision, on « piquait » dans les magasins, et on faisait l'amour brutalement au hasard des rencontres. Quand un événement politique ou culturel suscitait une polémique à l'université Wendy venait lui rapporter ce qu'en pensaient les étudiants ne dissimulant rien, comme si elle ne savait pas qu'il était l'ennemi. Lui, en retour, essayait de ne pas être l'ennemi : il s'efforçait de ne jamais montrer ni stupeur, ni désapprobation, seulement un intérêt soutenu.

Peu à peu, Brian s'était mis à attendre ces visites de Wendy, particulièrement aux périodes de crises – la considérant comme son Informatrice Autochtone. Il s'aperçut bientôt que grâce à ces visites, il prenait de l'avance sur ses collègues dans la connaissance des motivations et des réactions étudiantes – même parfois sur ceux qui essayaient de singer ces réactions. Eux se déguisaient en autochtones, mais lui comprenait mieux qu'eux les coutumes et les dialectes indigènes ; souvent il était en mesure de leur dire ce qu'allaient faire le S.D.S. ou la Société pour la Légalisation de la Marijuana. Il refusait scrupuleusement de révéler ses sources. En fait, il évitait souvent de dire qu'il avait sa source, préférant laisser entendre, pour diverses raisons, qu'il avait de nombreux informateurs étudiants ou encore qu'il ne faisait que conjecturer brillamment, théoriser en politologue, sur ce qui pourrait arriver.

Enfin, se dit-il, la dernière raison pour laquelle il n'avait pas découragé Wendy de venir le voir – et l'avait même, en fait, encouragée, c'est qu'il ne pensait pas qu'elle constituerait jamais une menace quelconque à l'équanimité de son cœur et de ses sens. Il se serait tenu sur ses gardes si elle avait eu la moindre ressemblance avec sa femme au même âge. Mais à cet âge, Erica était exceptionnelle : étudiante brillante, élégamment vêtue, extraordinairement jolie ; elle était présidente du Club Artistique, rédactrice du magazine littéraire, et parmi les plus aimées des filles de son cours – toujours entourée d'admirateurs et d'amis.

Wendy, par contre, était une étudiante ordinaire. Elle n'était pas vilaine, elle avait même de quoi plaire selon les critères ordinaires, mais elle manquait totalement de distinction – c'était une petite blonde rondelette au visage poupin, les joues roses, les cheveux fins et raides. Elle portait généralement des tenues indiennes, mais – comme Matilda et Jeffrey quand ils étaient petits – elle confondait Indien de l'Inde et Indien d'Amérique. Elle portait indifféremment des robes-sacs faites dans des couvre-lits à motifs cachemire, des mules de velours brodées, des gilets à franges en vachette et des mocassins, des rangs de clochettes rituelles, des saris, des colliers de coquillages, des sandales, des pantalons de cuir très larges en bas et serrés aux fesses. Malgré tout cet attirail, elle n'avait jamais l'air d'une Indienne, pas plus de l'Inde que d'Amérique. Avec son visage rond et rose plein de taches de rousseur et ses cheveux blonds en nouilles, elle ressemblait plutôt à une bonne petite écolière déguisée pour un défilé de Thanksgiving ou de la Journée des Nations. Même quand elle n'était pas en costume, elle se nouait souvent autour du front un bandeau brodé ou décoré de perles qui la serrait comme une migraine.

« Ça ne vous gêne pas d'avoir ça autour de la tête ? lui avait-il demandé un jour. Ça n'a pas l'air très agréable. Ça ne vous fait pas mal ?

– Bah non », avait-elle répondu avec un sourire empressé – car Brian n'en était pas encore à faire des remarques sur la tenue de Wendy, ou très rarement. « Ça fait du bien. On dirait – enfin, vous voyez, c'est comme si ça me tenait le cerveau.

– Je vois. » Brian n'avait pu s'empêcher de sourire lui

aussi, car à vrai dire Wendy avait tendance, non pas tant à la dispersion (ce qui évoque le mouvement perpétuel des idées), qu'à la confusion mentale. Des faits simples qu'elle connaissait très bien, comme le titre de livres qu'elle avait étudiés ou des cours qu'elle avait suivis, se perdaient par moments dans le brouillard, ce qui la faisait taper du pied en s'écriant qu'elle était « trop bête ». Parfois tout un champ de connaissance semblait dériver vers la périphérie brumeuse de sa conscience et tomber dans le vide.

Officiellement Brian prétendait que c'était là le résultat d'un abus de marijuana et du manque de sommeil, et il la réprimandait à ce sujet ; mais en lui-même, il soupçonnait un manque d'intérêt pour des études de troisième cycle. Wendy était relativement intelligente, mais elle n'avait pas la tournure d'esprit d'une chercheuse. Il y a encore peu de temps, des filles comme elles, malgré des résultats convenables au test de capacité, ne faisaient généralement pas de troisième cycle. Mais maintenant, si elles ne trouvaient pas à se marier en deuxième cycle, elles continuaient leurs études et leur quête d'un mari, souvent dans des matières comme la psychologie ou la sociologie, qui semblaient convenir à la situation.

Au moindre encouragement, Wendy serait passée en sciences politiques, mais Brian n'avait nullement l'intention de donner cet encouragement. Il avait déjà fait la sourde oreille à plusieurs allusions, de sorte que, le 11 novembre, lorsqu'elle en parla ouvertement, il ne fut pas pris au dépourvu – mais il ne s'attendait pas à ce qui suivit.

Quand Brian lui dit que non, il n'était décidément pas favorable à ce qu'elle vienne dans son département pour faire une thèse sur les communautés utopistes sous sa direction, les yeux bleu pâle de Wendy s'humectèrent ; ses cils blonds se mirent à battre. « Vous pensez que je n'en serais pas capable », demanda-t-elle, ou affirma-t-elle, sa lèvre inférieure barbouillée de rose toute tremblotante de ses efforts pour ne pas pleurer. « Vous trouvez que je suis pas assez intelligente. »

Non, ce n'était pas du tout ça, avait répondu Brian. Simplement, il lui semblait qu'à ce stade de ses études... Et de reprendre ses arguments, tandis que Wendy, d'une voix tremblante, reprenait les siens. Tout en parlant, Brian pensa soudain que, si Wendy voulait passer dans son département, elle n'avait sans doute pas besoin de sa protection pour le faire. C'était une étudiante travailleuse et consciencieuse, elle avait un bon dossier dans l'ensemble. Cette année il ne faisait pas partie de la commission des inscriptions en troisième cycle ; pour l'empêcher de s'inscrire, il faudrait qu'il rédige un rapport jetant le doute sur son état mental ou sur son honnêteté. Que cette idée l'ait traversé jetait le doute sur son honnêteté à lui.

Mais, en la regardant à nouveau pendant qu'elle parlait, avec ses cheveux raides, blond citronnade, séparés au milieu par une raie, à l'Indienne, et retombant mollement sur ses joues comme les pans d'un wigwam, il comprit que Wendy, telle la squaw ou la jeune Hindoue qu'elle prétendait être, ne ferait jamais rien à l'encontre de ses conseils – car ce qui lui importait, plus que ses études, c'était d'avoir sa caution. A ce moment-là, comme si elle avait lu dans ses pensées, Wendy lui dit d'un ton hésitant, en levant d'abord les yeux vers lui puis en piquant du nez dans les cahiers qu'elle avait sur les genoux :

« C'est pas tellement que je supporte plus les séminaires de psycho – c'est juste que je veux faire quelque chose qui vous paraît vraiment intéressant – parce que, vous voyez bien, je fais une fixation affective sur vous, vous pouvez comprendre ça, non. » Elle leva ses yeux ronds et bleus vers les siens, mais sans relever la tête.

Maintenant qu'il fait l'historique de la chose, il voit bien que c'est à ce moment-là qu'il aurait dû jouer franc jeu. Il aurait dû faire front à l'offensive de Wendy ; couper court, et dire nettement qu'il n'était pas du genre à encourager, ni même à tolérer, les fixations affectives des étudiantes. Il aurait dû conseiller à Wendy de se fixer ailleurs ou de cesser de venir le voir. Au lieu de cela, il avait décidé de faire comme si de rien n'était, de n'accorder aucune importance à la déclaration de Wendy. Il l'avait assurée avec humour et légèreté que cela lui passerait, qu'elle confondait son admiration intellectuelle pour lui avec autre chose. Il avait, c'est le cas de le dire, délayé ses propos comme une sauce qu'on allonge et qu'on laisse mijoter.

En fait, le 11 novembre de l'année passée, il avait accordé à Wendy Gahaghan l'autorisation d'être amoureuse de lui, et d'ajouter ce problème à la liste de ceux dont elle venait parler avec lui deux ou trois fois par semaine. Il y eut maintien, quant à lui du moins, de l'accord selon lequel ce sentiment n'était en fait qu'une douce illusion dont elle finirait par guérir, et qu'il fallait par conséquent traiter sans trop de sérieux ni de sévérité. Wendy accepta cet accord dans une certaine mesure. Elle refusa d'admettre qu'elle se trompait en croyant être amoureuse de lui, et qu'une guérison était vraisemblable ; mais elle garda une certaine distance à l'égard de sa passion. En sa présence, en tout cas, elle adoptait cette attitude stoïque et ironique qu'il avait parfois observée chez des gens plus âgés à l'égard d'une maladie chronique.

Pendant les semaines qui suivirent, il finit par aller de soi que, en lui demandant par simple habitude comment elle allait, Brian s'informait de l'état du mal, cet amour sans espoir qu'elle éprouvait pour lui. « J'avais l'impression d'aller un peu mieux, jusqu'à ce que je vous entende parler au colloque du département hier soir. Ce que vous avez dit sur Cordell Hull était tellement beau, ça m'a fait flancher », annonçait-elle. Ou encore, « J'essaie vraiment de m'en sortir. Samedi soir, je discutais avec Mike ; il m'a dit que ce qui me manquait, c'était de baiser un bon coup.

Alors c'est ce qu'on a fait... Rien du tout, ça n'a pas marché. D'accord, c'était pas mal : Mike est un type chouette, et il fait bien l'amour. – Mais ce matin, c'était comme s'il s'était jamais rien passé, à peu de chose près. » Wendy aurait été intarissable ; mais Brian, avec ses scrupules d'ordre moral, passait toujours à un autre sujet – alors qu'à vrai dire il aurait dû interdire d'emblée qu'on aborde celui-là.

Les choses continuèrent ainsi pendant trois semaines environ. Puis se produisirent deux événements apparemment peu importants, mais lourds de conséquence. D'abord, le 3 décembre, Wendy attrapa la grippe asiatique. Pendant plus d'une semaine, elle ne parut pas dans le bureau de Brian. Il éprouva d'abord un léger soulagement, suivi au bout d'un jour ou deux, d'inquiétude. Il repensa à leur dernière entrevue et se souvint qu'elle s'était plainte de l'adorer de plus en plus chaque fois qu'elle le voyait. « Eh bien, avait-il répliqué en plaisantant, dans ce cas, il vaudrait peut-être mieux me voir moins souvent. » Ne se doutant pas que Wendy était à l'infirmerie avec quarante de fièvre, il se dit qu'elle avait dû suivre son conseil ; que ce serait sans doute dur pour elle, mais que c'était sans doute la décision à prendre. Les jours suivants, il s'aperçut que ces pensées lui revenaient à l'esprit avec une fréquence accrue fort irritante.

Le second de ces événements apparemment peu importants concernait la Chaire Sayle de Diplomatie Américaine, pas le poste, mais l'objet qui en était le symbole. Six ans auparavant, quand Brian avait hérité de la Chaire Sayle, il avait, par la même occasion hérité d'un siège : un fauteuil antique et délabré en bois tourné avec un haut dossier arrondi et un pied fendu, qui avait été offert au premier titulaire de la chaire par des étudiants facétieux vers 1928, et qui portait une étiquette vieillie écrite à la plume, comme au siècle dernier : « Fauteuil de la Chaire Wm B Sayle de Diplomatie Américaine. » Cet objet occupait maintenant un coin du bureau de Brian, qui était déjà trop exigu à son avis, sans être d'aucune utilité. Personne ne pouvait s'y asseoir en toute sécurité ; on ne pouvait même pas y poser un trop grand nombre de livres.

Peu à peu, Brian en était venu à penser que ce fauteuil Sayle ne l'aimait pas, trouvant sans doute qu'il n'avait pas l'envergure de ceux qui l'avaient occupé avant lui. Pendant un temps, il essaya d'y accrocher son imperméable, mais on ne l'en remarquait que plus. On aurait dit quelqu'un de grand et mince aux épaules rondes, Wm B Sayle sans doute, accroupi là dans le coin, la tête baissée. Brian aurait bien voulu se débarrasser de ce fauteuil, mais cela n'était pas envisageable, car l'objet faisait maintenant partie de la Tradition dans une université où la Tradition était à l'honneur.

Le 12 décembre au matin, on frappa à la porte de Brian.

« Oui ?

– Bonjour. » Wendy Gahaghan, dans son costume de cuir à franges, entra dans son bureau.

« Ah, salut l'étrangère ! » Brian oubliait que Wendy avait pris ses distances pour son bien à elle – sa voix n'exprimait que plaisir et une surprise à peine nuancée de reproche.

« J'avais la grippe asiatique », dit Wendy haletante, à bout de souffle d'avoir monté deux étages quatre à quatre. « J'étais à l'infirmerie, je ne pouvais même pas vous téléphoner.

– Je suis navré de cette nouvelle. » Avec ses grands cheveux en désordre et ses mèches trempées (il tombait une pluie froide au-dehors), Wendy était plus pâle que d'habitude. « Vous avez l'air fatigué.

– Oui, je suis sortie seulement ce matin. » Elle eut un pâle sourire.

« Eh bien alors, asseyez-vous, reposez-vous. – Ah non, pas là ! » s'écria-t-il quand Wendy s'affala sur le fauteuil

Sayle. Trop tard : il y eut un craquement sec ; le siège se brisa, le pied avant gauche s'effondra, et Wendy avec. Ses jambes partirent en avant, ses livres allèrent glisser sur le gerflex gris.

« Aie ! Ouille ! » gémit-elle en atterrissant rudement sur le dos, le fauteuil basculant sur elle.

« Bon Dieu ! » Avec l'impression de se mouvoir au ralenti, Brian contourna son bureau et traversa la pièce. Il souleva le fauteuil. « Vous ne vous êtes pas fait mal ?

– Je ne crois pas. » Wendy fléchit les bras et les jambes. Sa minijupe en cuir à franges s'était retroussée, et son corps au-dessous de la taille n'était plus couvert que par une pâle membrane de nylon transparent, légèrement brillante, comme des quartiers d'orange ou de pamplemousse rose. « Ouais, ça va. Dites ! » Elle souriait vaguement, mais ne faisait pas le moindre effort pour rajuster sa jupe ou pour se relever. « J'ai cassé votre fauteuil.

– Il l'était déjà à moitié, dit Brian. Je vous avais déjà prévenue qu'il ne fallait pas s'y asseoir. » Il reposa le fauteuil ; celui-ci s'affaissa contre la bibliothèque comme un éclopé.

« Ah ! ouille ! » Wendy se mit à rire. Vu d'en haut, puisqu'il était debout au-dessus d'elle, l'effet était curieux. Ses yeux transparents étaient révulsés ; sa bouche ouverte découvrait des profondeurs roses et humides ; ses hanches rebondies tremblotaient sous leur membrane de nylon. Brian ressentit une émotion forte, un trouble qu'il voulut prendre pour de l'impatience.

« Allons, levez-vous », dit-il, avec une fermeté proche de la colère, en lui tendant la main.

Sensible à son humeur, elle cessa de rire aussitôt. Elle se ramassa, l'air apeuré ; sa main, dans celle de Brian, paraissait petite et froide. Il enleva le *Times* et quelques livres d'un autre siège qu'il poussa en avant. Wendy s'y assit.

« Dites, vous savez pourquoi je riais. Je m'excuse, j'ai

pas fait exprès. – Comprenez, je savais pas que votre fauteuil était cassé. Je croyais toujours que vous vouliez pas que je m'en serve parce que je méritais pas de m'asseoir dessus. (Elle sourit timidement.) Je croyais que vous le réserviez à des gens importants, disons.

– C'est ridicule.

– Je sais. Ah, je suis une vraie gourde, comme toujours. » Elle frappait son visage couvert de taches de rousseur de ses petits poings couverts de taches de rousseur, d'un air mi-moqueur, mi-pathétique. « Je suis sûre que vous me détestez maintenant, ajouta-t-elle.

– Bien sûr que non.

– Votre célèbre fauteuil, il est fichu à cause de moi. »

Tous deux regardèrent le fauteuil Sayle, appuyé dans le coin sur un genou, le bras droit cassé pendant sur le côté. Maintenant on pouvait s'en débarrasser, se dit Brian. Et on allait s'en débarrasser.

« J'en ai bien l'impression, approuva-t-il en souriant.

– Vous ne me pardonnerez jamais, je suppose.

– Je vous pardonne, dit Brian généreusement. Si vous arrêtez là vos ravages. »

Il ne fut fait aucune allusion au sentiment de Wendy ce jour-là ; pourtant la situation avait changé, sans que Brian saisisse en quoi. Les jours qui suivirent, au lieu de n'avoir conscience du désir de Wendy que pendant les courts moments qu' elle passait dans son bureau, il le ressentit en permanence. Les ondes de sa passion parvenaient jusqu'à lui comme le tremblement d'un bombardement lointain, impossible à voir, tout juste audible, mais qui agitait pourtant l'air confiné de l'université. Et puis il n'arrivait pas à oublier le spectacle de Wendy allongée par terre. Cette image revenait sans cesse, avec la netteté d'une photo : la longue toison blonde et soyeuse éparse sur le gerflex marbré, l'autre toison de même couleur et plus frisée visible à travers la membrane de nylon brillante. Le collant était troué à l'intérieur du genou gauche ; par ce trou, on voyait une pastille légèrement convexe de chair rosée, et des mailles filées, ou plutôt une échelle, montraient la voie vers le ciel. – Trivial, ridicule, vulgaire.

En alternance avec cette image, il y avait dans l'esprit de Brian le sens de sa propre abnégation. Une étudiante jeune et jolie était follement amoureuse de lui, mais il refusait de profiter de cette passion, contrairement à ce qu'auraient fait la plupart des hommes dans sa situation. Il s'était efforcé de faire ce qu'il fallait, de la guérir de son penchant. Il avait réduit la dose de visites à deux par semaine, les limitant à une demi-heure ; il l'avait engagée à voir d'autres gens et à faire l'amour avec eux ; il l'avait empêchée de lui parler trop longuement de ses sentiments. Si ces méthodes étaient inefficaces, si elle était toujours amoureuse de lui, ce n'était pas sa faute.

Vinrent les vacances de Noël. Brian avait décidé que pendant cette période il cesserait de penser à Wendy. Cela s'avéra difficile. Continuellement, et souvent à des moments inopportuns, il revoyait son visage ; il entendait, dans sa tête, sa petite voix presque enfantine. « Vous ne me pardonnerez jamais, je suppose, disait la voix. Je veux me donner à vous complètement. » Et Brian, à table – ou au lit – regardait sa femme, qui ne s'était jamais donnée complètement à quiconque ; qui se prêtait seulement. Avec bonne grâce, et parfois même avec enthousiasme, certes. Mais, telle un livre de bibliothèque précieux, il fallait manier Erica avec précaution, et la rendre en temps voulu et en parfait état.

Contre toute logique peut-être, Brian trouvait qu'il méritait un Noël particulièrement joyeux ; qu'Erica et les enfants auraient dû en quelque sorte le récompenser de son abnégation et de sa loyauté en lui donnant ne fût-ce qu'un peu de cet amour inconditionnel qu'il refusait à cause d'eux. Or au contraire, Jeffrey et Matilda n'arrangèrent rien, n'appréciant pas leurs cadeaux et faisant la tête parce qu'il n'y avait pas assez de neige pour essayer leurs skis neufs. Quant à Erica, on aurait dit qu'elle mettait de la perversité à être de jour en jour moins compréhensive et moins tendre. Elle se plaignait beaucoup d'avoir des enfants difficiles, ne pouvant pas s'empêcher de s'en rendre responsable, sans essayer de faire quoi que ce soit. Elle ne semblait pas se douter qu'il avait le même problème, mais en x fois plus grand. Elle n'avait affaire qu'à deux adolescents ; lui devait en affronter des dizaines – tout aussi grossiers, mal disposés et mécontents.

Car les étudiants de Brian ne sont pas tous aussi admiratifs que Wendy, il s'en faut ; beaucoup sont indifférents, ou même hostiles à ce qu'il est censé leur enseigner. Wendy, elle, le comprend et compatit. Pas Erica : quand il se plaint, elle croit qu'il exagère, se reportant à l'époque plus calme et plus sérieuse de ses propres études. Le réconfort qu'elle a à lui offrir est mince et sans fondement. Quand elle lui dit de ne pas s'inquiéter, qu'il est un professeur brillant, elle affirme une chose qu'elle ne sait pas, elle a juste envie de le rassurer, ou même de le faire taire. Elle ne s'intéresse pas réellement à ses problèmes, elle ne se soucie pas vraiment de son bien-être ou de son plaisir. Souvent ils se disputent, et elle n'est pas disposée à faire l'amour quand il en a envie et comme il en a envie.

A dire vrai, en amour, l'innovation n'a jamais été le fort d'Erica. C'est une passionnée, mais avec des goûts classiques. Lui demander de venir au lit avec son nouveau soutien-gorge en dentelle et ses bottes en cuir verni, ou de prendre une position inhabituelle, risque de susciter méfiance et embarras.

Qu'il en parle simplement, Erica le soupçonnera de ne plus l'aimer telle qu'elle est vraiment ; elle se vexera. Elle le soupçonnera de vouloir se moquer d'elle, l'exploiter, l'humilier même.

Parfois, s'il attend qu'elle soit échauffée, il parvient à innover comme il le souhaite sans qu'elle s'y oppose, ou même s'en aperçoive. Mais, au Nouvel An, après un réveillon ennuyeux où Brian avait bu plus qu'il ne le voulait sans se sentir mieux pour autant, il est allé trop vite.

« Mais enfin, qu'est-ce que tu fais ? » s'est écriée Erica quand il l'a soulevée du lit pour l'allonger à même le sol.

« Ouille, c'est froid !

– Ah, allez ! Restons par terre.

– Alors, au moins, prends la couette », a-t-elle dit, la voix aussi contractée que le pubis. « Mets-la sous moi... Attends... Non, sur le tapis, comme ça. Voilà, vas-y. »

Ce qui a suivi, pour l'un comme pour l'autre, n'a pas été plus réussi que d'habitude, au contraire. Ce qui a encore plus gâché les choses pour Brian, c'est qu'il avait constamment à l'esprit l'image de Wendy Gahaghan étendue sur le gerflex de son bureau – exposée à son regard, muette, offerte. Il savait d'après des remarques qu'elle avait lâchées, des anecdotes qu'elle avait racontées, qu'elle n'avait pas les mêmes réticences aux innovations. Il savait qu'il aurait pu, sans un mot, se laisser tomber sur elle là par terre, la prendre selon sa fantaisie, et qu'il n'y aurait gagné que de la gratitude passionnée.

A cet instant, au petit matin du 1er janvier, les résolutions de Brian s'étaient inversées comme une marée. Lentement d'abord, ce flux se mit à monter vers la côte, et les rocs austères de la morale furent recouverts par des vagues écumeuses d'autojustification. Mais Brian ne cessa pas pour autant de se considérer comme un être sérieux et responsable, soucieux de se soumettre à son obligation catégorique et de poursuivre sa quête humaniste.

Tout simplement, il retourna le problème à l'envers. Wendy souffrait (se dit-il), et cela depuis peut-être un an, d'un amour non consommé. C'était d'autant plus grave pour elle que, dans son monde, c'était un sentiment fort rare, inconnu presque. Parmi ses amies, à la moindre attirance physique passagère, on passait à l'acte, tout naturellement, et tout de suite. Mais la passion romantique, comme l'a noté Denis de Rougemont, est une plante qui fleurit surtout en terrain rocailleux. Comme le géranium de la cuisine d'Erica, moins on l'arrose, plus il fleurit. Voilà pourquoi Wendy était amoureuse de lui ; alors qu'elle ne ressentait pas grand-chose pour tous ces garçons avec qui elle couchait à l'occasion.

Par conséquent, conclut Brian en lui-même tandis que les flots onctueux de la fausse logique venaient lécher le rivage, ce qu'il fallait, en réalité, c'était qu'il couche avec Wendy, et au plus tôt. Elle verrait alors qu'il n'était qu'un homme comme les autres ; son mal en serait guéri. Il était de son devoir de lui apporter cette guérison, même au risque de se dévaloriser à ses yeux, et de briser sa réputation morale. Il ne se livrait pas à l'adultère par *désir,* mais par devoir. Il faisait le choix entre sa vanité, son désir égoïste de rigueur morale, et délivrer Wendy de sa douloureuse obsession.

Maintenant, rétrospectivement, Brian a du mal à comprendre comment il a pu se complaire dans ce pharisaïsme absurde ; comment un politologue sérieux tel que lui a pu se laisser abuser par le vieil argument de la fin et des moyens ? Car cet argument, il l'avait utilisé pour lui-même autant que pour Wendy ; il avait espéré se guérir de son obsession, et la guérir de sa passion en l'assouvissant. Par moments, il s'en souvient maintenant, il avait eu conscience que, de l'extérieur, on ne mesurerait pas nécessairement l'étendue de son altruisme au fait qu'il baise Wendy Gahaghan, si la chose se savait – mais il voyait là comme une nouvelle épine ajoutée à sa couronne de martyr.

Il n'avait pas encore compris qu'il ne pouvait déjà plus se passer de Wendy, et qu'il prévoyait d'augmenter la dose, entre autres parce qu'il avait besoin de dissiper ses craintes d'être en tous points, y compris le plus intime, un homme petit. Dans quelque partie peu claire de son esprit qu'il fréquentait rarement, se cachait le désir d'avoir l'opinion de Wendy en la matière. Erica ne pouvait pas juger, pas plus qu'elle ne pouvait juger de sa compétence professionnelle, car, n'ayant pas connu d'autres hommes, elle n'avait pas d'éléments de comparaison. A une époque antérieure de sa vie, il est vrai, plusieurs femmes lui avaient assuré qu'il était de taille normale. Mais peut-être avaient-elles menti poliment ? Ou peut-être, en quinze ans, avait-il rapetissé ? Il reconnaissait l'idiotie de ces idées infantiles et névrotiques, mais il n'arrivait pas à s'en défaire complètement. « Une fois seulement ; un seul coup, pas plus, pour vous guérir tous les deux », lui chuchotait son idée fixe ; alors il finit par céder à cette pression.

Quand Wendy fit son apparition dans le bureau de Brian après les vacances de Noël, il eut un moment d'embarras. Il la repoussait depuis si longtemps qu'il trouvait gênant de renverser la vapeur. Par bonheur, par miracle presque, elle lui en fournit l'occasion.

« Comment allez-vous ? » demanda-t-il, reprenant son coup d'attaque classique...

« Pareil. (Wendy fit une grimace.) Plutôt moins bien, même.

– Je suis désolé. » Contrairement à son habitude, Brian s'était levé quand elle avait frappé, soi-disant pour remettre des livres en place, mais en fait pour sortir de derrière son bureau – ce retranchement fortifié de naguère, devenu désormais un obstacle militaire.

« Je sais plus ce qu'il faut faire. Je suis malheureuse quand je suis loin de vous. Et quand je suis ici, c'est encore pire, en un sens.

– Je n'aime pas vous voir dans cet état. » Ayant remis ses livres en place, Brian était maintenant debout à côté de Wendy. Il se fit la remarque qu'il ne s'était jamais aperçu à quel point elle était petite, semblable à une enfant. Il la dominait, intellectuellement et chronologiquement bien sûr, mais aussi physiquement. Sensation agréable.

« Je sais. (Elle eut un petit sourire d'excuse et un haussement d'épaules.) Si vous vouliez bien m'embrasser, juste une fois, ça irait mieux.

– Justement, j'y songeais, voyez-vous, dit Brian, souriant de toute sa hauteur. Je crois qu'il n'est pas impossible que vous ayez raison. » Il avait pensé faire part de son analyse du problème et exposer la solution qu'il proposait avant de mettre celle-ci en application. Mais il fut pris de court par les événements. Ce n'est que le lendemain qu'il fut en mesure de présenter sa théorie – qui, dès lors, s'avérait déjà inexacte.

Maintenant qu'il est en train d'attendre dans son bureau, Brian se promet que la fin de cette affaire sera menée de façon plus satisfaisante que son début. Ses deux tentatives de rupture précédentes n'ont pas marché parce qu'elles reposaient sur une analyse politique erronée de la situation – peut-être à cause d'une résistance inconsciente de sa part. Wendy se moque que sa femme soit au courant de leur liaison ; dans son monde à elle, ce sont des choses qui se savent très vite de toute façon. De plus, elle sait bien qu'il n'y a pas eu de fléchissement dans son travail depuis janvier ; et même si c'était vrai, ça lui serait bien égal.

Mais il est une chose qui la persuadera de la nécessité de mettre un terme à leur liaison ; une phrase qui, si Brian la prononce, rendra Wendy presque aussi désireuse d'en finir qu'elle l'avait été de lui tomber dans les bras. Il suffit qu'aujourd'hui, quand elle va venir, il lui dise que c'est son travail à lui qui est en souffrance ; qu'il n'a pas pu écrire son nouveau livre, projet qu'elle considère comme une chose sacrée.

« Je consacre trop de mon énergie à notre relation, va-t-il dire, dans quelques minutes maintenant. Je n'en ai plus assez pour travailler. »

Qui plus est, ce sera la stricte vérité. Non seulement sa relation avec Wendy absorbe beaucoup de son temps ; mais surtout, en profondeur, elle absorbe l'énergie affective et physique qu'en d'autres temps il sublimait dans la production d'écrits d'histoire politique. Selon l'expression qu'avait eue son coturne à Harvard un jour où Brian avait fait un choix semblable avant un examen important : « Brian pense que tout coule de la même source.

– J'en suis bien persuadé, avait répondu Brian.

– T'es cinglé, avait dit l'autre gaiement. En ce qui me concerne, plus je baise, mieux je travaille. » Mais le temps ne lui avait pas donné raison : il n'avait obtenu qu'un B+ aux examens importants, alors que Brian avait été récompensé de son abstinence par un A sans réserve.

3

4 juillet. L'été est là, l'époque de l'année qu'Erica Tate préférait autrefois. Les roses grimpantes sont en fleur au-dessus de la véranda ; les étudiants sont repartis chez eux ; la ville n'est que verdure, soleil et silence. Cette histoire entre son mari et cette fille est terminée. Erica ne veut plus y penser, et elle s'efforce de ne plus y penser. Elle sait bien qu'il n'y a pas d'autre solution. Pardonner à Brian ne suffit pas ; il faut aussi qu'elle chasse tout cela de son esprit complètement. Alors, et alors seulement, la vie pourra reprendre son cours normal

C'est pourtant le moment ou jamais. La soirée est chaude, douce, exceptionnellement calme. Jeffrey et Matilda ne font pas marcher le tourne-disque ou la radio, ils ne sont pas en train de se chamailler ou de parler au téléphone, ils sont sortis, ils sont au stade pour le feu d'artifice. Le soleil vient de se coucher, et plus loin, derrière les pommiers, des nuages s'étirent dans le ciel comme une mousseline blanche et rose qui ressemble à une chemise de nuit qu'elle avait quand elle s'est mariée. Elle soupire.

« Quoi donc ? » demande Brian en levant les yeux de sa tasse de café et de son journal.

« Je pensais aux enfants », répond Erica, qui ne s'est pas aperçue qu'elle avait soupiré tout fort. « Je me demande si nous aurions dû les laisser aller seuls. » Elle a dit « nous » en se forçant, car c'est Brian qui leur a donné la permission de sortir.

« Ils ne sont pas seuls, dit-il avec impatience. Ils sont avec trois mille personnes.

– C'est bien ce qui m'inquiète. On peut être sûr que parmi ces trois mille personnes il y aura un certain nombre de sales types.

– Ne t'inquiète pas. Ce sont presque tous des jeunes ou des étudiants.

– Et qu'est-ce que ça change ? »

Pas de réponse. Erica ouvre la boîte à ouvrage et en tire une bobine de fil. Ces derniers temps, elle est obsédée par des fantasmes, imaginant toutes les horreurs qui pourraient arriver à Jeffrey et à Matilda, fantasmes dont elle craint, d'après ce qu'elle a lu, qu'ils ne correspondent aussi à ses désirs. Or l'adolescence est un âge fragile, et les foules nocturnes sont dangereuses. Quelque part dans l'ombre de ce stade immense, il y a de jeunes voyous prêts à dépouiller et à brutaliser des garçons comme Jeffrey, et des hommes dépravés à l'affût de jeunes écervelées imprudentes comme Matilda. Mais à quoi bon dire tout cela à Brian ? Il se moque de ce qui peut arriver aux enfants. – Pire encore, ces sales types, lui-même en fait partie. Il a déjà séduit une fille qui a la moitié de son âge.

Erica lève les yeux sur son mari, professeur de haut rang âgé de quarante-six ans, bien habillé, petit et solidement bâti, avec un beau visage régulier : il lit le journal. Ce qui s'est passé entre Wendee et lui est fini depuis trois mois. Il n'y pense même plus, il le lui a dit la semaine dernière avec tant d'impatience et de désinvolture qu'elle l'a enfin cru. Ce n'est pas à Wendy qu'il pense ; ni à elle, Erica ; ni aux enfants. Alors à quoi pense-t-il, pour l'amour du ciel ? A l'histoire contemporaine récente de l'Amérique, sûrement ; à la guerre froide, sur laquelle il est en train d'écrire un livre.

Erica trouve horriblement injuste d'être encore là à ruminer, de façon quasi obsessionnelle, à propos d'une fille qu'elle n'a jamais vue, alors que Brian, qui s'est couché tout nu sur le corps de cette fille et est entré partiellement dedans, par terre, dans son bureau, Brian, lui, est capable de ne plus y penser.

Mais pourquoi par terre dans son bureau ? Eh bien, parce qu'il y avait une tempête de neige, avait expliqué Brian d'un ton sec, et qu'ils ne voulaient pas faire l'aller-retour jusqu'à l'appartement de Wendee à Collegetown ; ils n'avaient pas le temps. C'étaient des détails de ce genre qui la perturbaient. Il aurait mieux valu qu'elle en sache plus ou qu'elle en sache moins, se disait-elle. Car ainsi, elle avait juste assez d'éléments pour lui permettre de se représenter la scène. C'était pour elle un investissement affectif que cet effort d'imagination pour combler les vides. Comme si elle avait regardé la télévision sur un poste défectueux, elle inventait une certaine réalité à partir de signes en pointillé et d'ombres floues. Elle inventait de toutes pièces les bras et les jambes nues à même le sol, qui était en gerflex gris et vert marbré, passé à la cire de l'établissement, un peu froid et poussiéreux au toucher ; et le sifflement du radiateur, tel un serpent de fer enroulé sur lui-même ; et la neige qui cinglait la fenêtre et fondait le long des vitres du bureau.

Cette vision, ainsi que d'autres du même genre, viennent à l'esprit d'Erica contre son envie et contre son désir aux plus mauvais moments possibles, lui coupant toute envie et tout désir. Quand Brian la touche, même par hasard, elle se raidit. Quand ils sont couchés ensemble, elle ne peut pas chasser l'idée que chaque geste qu'il fait, chaque caresse, ont été esquissés sur le corps de Wendee ; que chaque mot qu'il murmure a déjà été chuchoté à l'oreille de Wendee ; chaque soupir de passion...

« Qu'est-ce qu'il y a ? demande Brian.
– Je n'ai rien dit.
– Pourquoi ce bruit ? Tu as grogné.
– Je ne l'ai pas fait exprès. »

Que Brian ait déjà tout oublié ne fait qu'aggraver la chose. S'il avait été réellement, passionnément amoureux de cette fille, c'eût été plus supportable. S'ils avaient été emportés par la tourmente d'une passion véritable, ou ensevelis sous elle, ils auraient eu quelque excuse. Mais au contraire, en guise d'excuse, Brian affirmait à Erica que cette histoire avait été sans importance, un simple hasard. « Ça a compté si peu, vraiment », avait-il dit plusieurs fois, comme s'il ne comprenait pas à quel point cela est dévalorisant pour eux deux.

Erica soupire à nouveau et fait tourner la jupe qu'elle est en train d'ourler. Bien sûr, certains professeurs s'amourachaient de leurs étudiantes ; elle le savait bien. Les filles avaient le béguin pour eux – c'était un risque du métier reconnu, et qui existait déjà au temps où elle faisait ses études. Ça ne lui était jamais arrivé, mais plusieurs de ses amies, à un moment ou à un autre, s'étaient cru amoureuses de quelque professeur. La moralité étant alors différente de ce qu'elle est à présent, elles n'étaient pas si promptes à se déshabiller dans les bureaux, et avaient plutôt tendance à pleurer et à faire des déclarations ou des cadeaux de caramel mou et de poèmes maison.

Mais maintenant il y avait des filles d'un genre nouveau : moins romantiques, pour qui l'amour physique posait bien moins de problèmes – et apparemment Wendee était de celles-là. Disons que vous êtes professeur, d'âge mûr, et qu'une fille comme ça entre dans votre bureau et déclare hardiment qu'elle veut coucher avec vous – sans que ça vous engage, sans investissement sentimental. Après tout, c'est la situation dont rêvent la plupart des hommes. Erica comprenait comment beaucoup d'entre eux pouvaient sauter sur l'occasion.

Mais de la part de Brian, elle ne se serait jamais attendue à cela. Elle l'avait toujours pris – comme il se prenait lui-même et se prend encore – pour un être sérieux et responsable. Il avait une raison d'être et un but dans la vie ; il n'aimait pas les plaisirs bêtes et frivoles. Il avait par conséquent peu de temps à consacrer à des occupations telles que regarder la télévision ou aller à de grandes soirées. Parfois Erica le déplorait, par exemple quand elle allait seule à une de ces soirées où la conversation roulait sur les émissions à la télévision. Mais en même temps, elle admirait Brian pour son attitude ; elle appréciait son influence, sans laquelle, pensait-elle parfois, elle aurait pu avoir une vie tellement superficielle, et perdre tellement de temps, qui sait ? Le monde serait un endroit merveilleux s'il était presque entièrement peuplé de gens comme Brian Tate, se disait-elle souvent.

Or tout cela n'était que fausse vertu. Soir après soir, assis en face d'elle, comme en ce moment, Brian avait continué à tenir ses discours moraux, à condamner ses amis et leurs liaisons avec des étudiantes, il l'avait écoutée s'accuser d'être une mauvaise mère, alors que pendant ce temps-là...

« Il y a là une lettre divertissante à propos de ces femmes qui manifestent pour leurs droits », dit-il, baissant son journal et la regardant par-dessus le bord supérieur de la page. « Tu l'as lue ?

– Quoi ? » Erica tourne la tête, écartant ses cheveux, qui ont besoin d'une coupe, d'un shampooing et d'une mise en plis. Brian répète, en terminant sa phrase par un gloussement qui invite Erica à abonder dans son sens.

« Ah ? Oui. » Erica ne rit pas ; elle sourit brièvement.

« Je l'ai vue. » Elle ne dit pas qu'elle l'a lue, ce serait faux. Elle déteste le *Village Voice* qui, en plus, ne l'intéresse pas. Leur abonnement remonte à six mois – datant donc du début de la liaison de Brian avec Wendee, et Erica trouve qu'il aurait bien pu se terminer avec. Mais le journal continue à arriver, plein d'articles politiques indécents et sans intérêt, et de publicités pour des spectacles psychédéliques et des capotes militaires d'occasion. Que Brian continue à le lire est la preuve pour Erica qu'il a secrètement quitté le camp des adultes et qu'il est passé à l'ennemi chez les adolescents, dont Jeffrey, Matilda, Wendee, et tous leurs amis invisibles sont les représentants.

« Tu as vu ça, sur leurs doléances ? dit Brian avec un gloussement engageant.

– Han, han », répond Erica, qui ne sait pas du tout à quoi il fait allusion. Brian reste sur sa faim ; il retourne à son journal, déçu.

Eh bien, il est déçu, voilà tout. Il ne peut tout de même pas espérer maintenant qu'elle va faire chorus avec lui pour se moquer des femmes et de leurs doléances ; surtout quand il s'agit d'une lettre ! Comment ne se souvient-il pas d'une autre lettre, vraiment divertissante celle-là ?

En fait, une des premières choses auxquelles avait pensé Erica après avoir lu cette lettre, c'est qu'elle avait été écrite pour divertir – que c'était une sorte de plaisanterie pour initiés. Elle avait été envoyée par un collègue – Leonard Zimmern, peut-être ; il n'y avait pas de Wendee. Une autre possibilité c'était que Wendee existait bien mais qu'elle avait le cerveau dérangé ; alors son mari n'était pas plus responsable qu'elle ne l'avait été elle, Erica, du temps où ils habitaient Cambridge, quand des hommes lui téléphonaient en haletant dans le combiné. Quand on a une certaine allure, on n'échappe pas à ce genre de choses.

Ce soir-là, quand Brian l'avait appelée, elle n'avait rien dit. Elle attendit son retour pour produire la lettre, lui expliquant alors d'une voix qu'elle trouva anormalement blanche et glaciale comment elle avait été amenée à la lire. Elle eut une impression bizarre en la lui donnant : combien de fois au cours des dix-huit dernières années lui avait-elle tendu d'autres lettres, le regardant les lire, attendant ses commentaires, son avis – et souvent, une solution. Elle avait le vague espoir qu'il allait lui donner des explications rassurantes. Il allait lui dire d'un ton calme et convaincant que ce n'était qu'une plaisanterie ; une invention absurde qui n'avait rien à voir avec eux.

Car il y avait peu de chances, n'est-ce pas, qu'une lettre pareille puisse concerner sérieusement des gens comme Erica et Brian.

Eh bien si, pourtant, avait avoué Brian tout simplement, et sans jamais trouver la bonne excuse : ce n'était rien, ça n'avait rien changé, ça ne comptait pas, et de toute façon, c'était fini. Il regrettait seulement qu'elle ait été amenée à l'apprendre. (Y avait-il donc d'autres choses qu'elle n'avait pas été amenée à apprendre ? Brian soutenait que non, mais comment pouvait-elle le croire désormais ?) Il se disait contrit et malheureux de lui avoir causé ces ennuis – mais de la même manière qu'il se serait excusé de rentrer à la maison avec des vêtements sales. Il s'était fourvoyé dans un marécage, et il avait de la boue après ses chaussures, ses chaussettes, et même son pantalon – c'était fâcheux, mais on pouvait envoyer tout cela au nettoyage ; lui-même ne s'était pas sali, à ce qu'il disait. Il ne comprenait pas qu'en trompant Erica, il s'était trompé lui-même ; il s'était définitivement rabaissé et banalisé.

Et il l'avait rabaissée elle aussi. L'épouse trompée pour une folle passion conserve une part de dignité. Pâle et muette, ou même éperdue et gémissante comme dans le théâtre classique, elle a une grandeur tragique. Elle aussi a été victime d'un désastre naturel, d'un fléau envoyé par les dieux. Mais si elle a été délaissée pour un vulgaire élan de la chair, elle ne doit pas valoir mieux que cette vulgarité.

Ce qu'il y a de plus horrible et de plus injuste, c'est que votre personnalité est à la merci des circonstances et du comportement des autres. En commettant l'adultère avec désinvolture, Brian avait fait d'Erica l'épouse-type du mari désinvolte et infidèle : jalouse, acariâtre, impitoyable – et aussi, pour avoir été si aisément dupée, insensible et fermée. Ses enfants, en devenant des adolescents grossiers avaient fait d'elle une mère incompétente, dénuée de bienveillance envers eux. Et les bulldozers qui avaient franchi la colline pour venir les encercler avaient fait de Jones Creek Road un quartier dit les *Hauts de Glenvue,* sans qu'elle ait levé le petit doigt.

C'était comme au théâtre. Les lumières passent de l'orangé au bleu ; le paysage change derrière les acteurs : on relève le décor qui représente des chaumières et des jardins. Les villageois n'ont pas bougé, mais maintenant ils paraissent mal à l'aise, petits, trop bien habillés devant le nouveau décor de montagnes et de ruines. Et on n'y peut rien. C'est ce qu'il y a de pire pour une femme plus très jeune. On a déjà fait ses choix, on a depuis longtemps accompli les actes moraux importants de sa vie, à un moment où on manquait d'expérience. Quand enfin on en sait davantage sur soi-même et sur le monde, qu'on est armé pour choisir, il n'y a plus de choix à faire.

Ce qu'a dit Danielle est vrai, pense Erica : c'est plus facile d'être un homme. Brian a une situation importante, il prend des décisions, il utilise ses connaissances, il donne des conférences, écrit des livres, vote pour ou contre dans les assemblées, se vautre par terre dans son bureau avec des étudiantes de troisième cycle et se remet debout. Mais pour elle, pas de décisions, seulement le train-train de la vie quotidienne. Elle ne peut que subir.

Il fait moins clair dehors maintenant. Il y a encore une certaine luminosité dans le ciel, mais les teintes pâlissent. Les nuages striés ont viré au gris et au mauve. Brian plie son journal.

« Je vais mettre les pierres sur les poubelles, annonce-t-il.

– Comment ? Ah oui, bon », dit Erica d'une voix morne.

Souvent ces derniers temps, leurs ordures ont été dérangées la nuit par des chiens ou par une bête sauvage. Le matin ils retrouvent leurs poubelles renversées et il y a des os, des croûtes, des épluchures de légumes, des lambeaux et des tampons de journal mouillé éparpillés tout autour.

Brian traverse la cour. Dans l'ombre près des poubelles il cherche à tâtons les trois grosses pierres qu'il est allé prendre un peu auparavant sur le vieux mur de pierre en haut du jardin au fond du potager. Il en retrouve deux, qu'il pose lourdement sur les couvercles. Mais il ne sait plus où est la troisième – ses mains, à l'aveuglette, ne rencontrent que de longues herbes filamenteuses et les flancs arrondis et légèrement graisseux des poubelles en plastique.

Quand il fait le tour de la maison, en jurant tout seul tranquillement, pour aller chercher une autre pierre, Brian passe devant la véranda, qui lui apparaît comme un gros cube de lumière artificielle jaune un peu brouillé par le treillis métallique de la moustiquaire. Ce cube contient du mobilier de jardin, deux lampes, et une femme belle, qui coud en s'interrompant parfois, assise dans un fauteuil blanc en osier. Bien qu'elle ne sache pas qu'il la regarde, elle a pris une expression qu'il lui a souvent vue dernièrement – un air mélancolique et mortifié.

Combien de temps va-t-elle faire durer cela, pour l'amour du ciel ? Que veut-elle encore de lui ? Il lui a fait une infidélité, et ça n'était pas bien. D'accord. Il s'est excusé ; il a fait de son mieux pour minimiser la durée et l'importance de sa liaison. Il a fait des efforts considérables pour se comporter exactement comme avant, mieux qu'avant même ; pour sortir avec les enfants et s'informer sur leurs activités en manifestant de l'intérêt ; pour converser avec Erica et lui faire l'amour en manifestant de l'enthousiasme. Il est attentif à ne jamais faire de remarque qui puisse, même de très loin, évoquer Wendy. Officiellement, il l'a oubliée.

Il serait certes raisonnable qu'Erica l'oublie elle aussi, se dit Brian en traversant le jardin dans la terre molle et inégale, dans la pénombre grandissante, puisqu'elle sait que Wendy est partie pour le Sud de la Californie, et pour toujours. Il lui a fait part de cette nouvelle dès que Wendy a annoncé ses projets, pensant qu'elle en serait aussi soulagée que lui-même, et qu'il valait mieux qu'elle fût soulagée quinze jours plus tôt.

Soulagé, il l'était en effet. La façon dont Wendy avait réagi à leur rupture – par des gémissements d'animal et des silences hébétés – l'avait effrayé. Il avait essayé de se dire que c'était une saine abréaction : que tout simplement elle était en train de se libérer d'un coup de tous ses sentiments. Une fois à l'autre bout du continent elle l'oublierait, sans doute bien avant que lui ne l'ait oubliée.

Rien de ce qu'il avait prédit et espéré n'arriva. Le départ de Wendy n'arrangea guère le moral de sa femme – ni le sien, puisque ce départ n'eut jamais lieu. En ce moment même Wendy est toujours à Corinth, à errer sur le campus et à souffrir.

Brian avait idiotement espéré et imaginé qu'ils resteraient amis ; que Wendy continuerait à venir dans son bureau, mais moins souvent peut-être, pour lui parler. Cela s'était avéré impossible. Dès qu'elle franchissait la porte, elle se mettait à pleurer ; tantôt silencieusement, et tantôt si bruyamment qu'il craignait que Steven Cushing ne l'entende d'à côté. Bientôt il dut lui demander de ne plus venir, pour son propre bien. La sentence de bannissement fut difficile à appliquer. Au début elle continua à se montrer malgré tout, mais en s'excusant, et toujours sous un prétexte quelconque – une question concernant ses études à laquelle lui seul pouvait répondre, la promesse d'être parfaitement raisonnable et de ne le déranger qu'une seconde. Mais presque aussitôt le souffle lui manquait et elle se mettait à sangloter. Brian dut renoncer à son habitude de crier : « Entrez ». Quand il reconnaissait ou croyait reconnaître la façon de frapper de Wendy, il fallait qu'il se lève de son bureau pour aller ouvrir, ou plutôt entrouvrir la porte. « Je suis désolé, je ne peux pas te voir », était-il obligé de dire, si c'était elle, d'un ton calme et contraint ; ou encore : « Tu sais bien que nous avions décidé que tu ne viendrais pas cette semaine », et il refermait la porte.

Malgré cela, Wendy ne partait pas toujours. Elle attendait qu'il sorte en faisant les cent pas à l'autre bout du couloir, ou bien elle se posait dans le fauteuil à l'entrée du bureau de Dorothy McCall juste en face, comme la pile de copies qui y restait parfois posée quand les étudiants n'étaient pas venus les rechercher. Brian fit disparaître ce fauteuil, le cachant dans les toilettes des messieurs. Cela ne découragea pas Wendy, qui s'assit à même le sol, en allongeant devant elle ses petits pieds dodus, chaussés de mocassins fauves à franges – ou, quand le temps devint plus chaud, ses pieds nus dont la plante était grise de poussière – de sorte qu'il fallait les enjamber pour passer. S'il trouvait à redire (« Que vont penser des gens comme M. Cushing, Mme McCall ou M. Lewis par exemple, de te voir assise là tout l'après-midi ? »), elle attendait plus loin : dans l'escalier, ou en bas dans le hall – tantôt faisant semblant de lire un livre, tantôt regardant fixement sur le tableau d'affichage les annonces périmées des concerts et des conférences et les offres de chambres à partager. Peu lui importait qui pouvait la voir et ce qu'on en penserait. Et cette absence de pudeur sociale, de même que l'absence chez elle de pudeur des sentiments et de pudeur physique, lui donnaient un formidable atout dans les guerres d'amour.

Elle savait ce qu'elle voulait, et sans partage. Elle n'était pas divisée comme Brian ; avec une voix qui criait

Halte, une autre En Avant, et une troisième qui pestait contre les responsabilités.

Car Brian souffrait lui aussi. Cela avait été dur pour lui dès le début, mais bientôt ce fut affreux de devoir jouer le rôle d'un personnage cruel et sans pitié ; de voir Wendy ressembler chaque jour davantage à une enfant qui se fait battre chaque jour ; d'être dans son bureau et de savoir que cette enfant attend à sa porte ou en quelque autre endroit du bâtiment.

Mais pas en vain : car lorsque Brian quittait son bureau et voyait Wendy encore là, il ne pouvait guère refuser de lui parler. S'efforçant de contenir son émotion, elle s'excusait, posait sa question, et Brian y répondait. Et puis : « Comment marche ton livre ? » demandait-elle haletante, les yeux levés vers lui, rappelant par là que l'achèvement du livre marquerait, du moins le croyait-elle, la fin de son bannissement. Il répondait sans se commettre. Dire que son livre prenait forme eût laissé supposer une grâce proche ; avouer qu'il ne progressait pas eût laissé supposer que le sacrifice de Wendy (et le sien) avaient été inutiles. Les deux ou trois jours qui suivaient, Wendy ne se montrait pas.

La dernière fois, cinq jours s'étaient écoulés. Wendy n'était pas venue frapper à sa porte ; elle ne l'attendait pas quand il était arrivé pour travailler, elle n'était pas dans l'escalier quand il était allé déjeuner. Il commença à se demander pourquoi le siège avait été levé ; et ce qui était arrivé à Wendy. Il commença à s'inquiéter ; à se sentir coupable ; et même finalement à s'affoler.

Et puis hier, le sixième jour, comme il quittait son bureau et regardait dehors par hasard, il l'a vue en bas dans la cour, tache jaune au bord d'un triangle d'herbe verte, levant les yeux vers sa fenêtre. Il a ressenti une sorte de soulagement.

Quand il est sorti du bâtiment, elle s'est approchée.

« Il faut que je te voie.

– Oui ? » Il s'est arrêté, et il est resté là, sa serviette à la main, à regarder Wendy. Apparemment elle avait passé un certain temps au grand air depuis leur dernière rencontre ; ses bras nus, dodus, son visage rond, avaient rougi et s'étaient couverts de taches de rousseur. De grands ovales pâles autour des yeux, à l'endroit des lunettes de soleil sans doute, lui donnaient un air pathétique, l'air d'un maki.

« J'ai quelque chose à te dire. Une bonne nouvelle, a-t-elle annoncé avec un sourire nostalgique. On ne pourrait pas s'asseoir quelque part ? »

Pris à la fois de générosité et de curiosité, Brian a proposé la cafétéria des étudiants. A cette heure de l'après-midi et à cette époque de l'année, il avait peu de chances de tomber sur des gens de connaissance.

« Je ne vais plus venir te faire d'histoires », a déclaré Wendy en s'asseyant en face de lui avec son gobelet en plastique de 7-Up.

« Non ? » Brian a posé son gobelet en plastique de thé glacé, s'attendant à ce que Wendy lui dise qu'elle était finalement sur le point de quitter la ville. Il en ressentait du soulagement et du regret.

« Depuis quelque temps, je vais à la Librairie Krishna, tu sais. » Wendy s'est penchée en avant ; tout un fatras de petites boules et de tortillons en argent s'est balancé au-dessus de la table.

« Oui, tu me l'as dit. » Brian a cessé de sourire. Dans toute ville universitaire, des forces nombreuses viennent s'opposer aux études : des forces sociales, politiques et morales (ou immorales, pour être plus exact). Depuis des années, pour obtenir de ses étudiants du temps et de l'attention, Brian, comme d'autres professeurs, doit mener un véritable combat contre les beuveries à la bière, les réunions politiques, les séries télévisées, les répétitions théâtrales, les lectures de poèmes, la pratique de l'athlétisme, les sports, les conditions atmosphériques favorables à la natation ou au ski, et les coucheries. Il a, vis-à-vis de toutes ces activités, une tolérance relative, reconnaissant qu'elles font partie d'une éducation libérale. Récemment, cependant, une force antagoniste nouvelle est apparue, qu'il ne saurait tolérer, celle-là, dans la mesure où elle refuse de passer pour une manière d'obtenir un diplôme universitaire, ou pour une détente, mais se pose au contraire en rivale.

L'apparition, en ville, vers le début de l'année, de la Librairie Krishna – servant de débouché à des textes sur la religion orientale, et de lieu de causeries sur l'astrologie et le yoga, avait d'abord été un sujet de curiosité et d'amusement parmi les universitaires. On ne pouvait guère s'attendre à ce qu'elle survive longtemps, ni à ce qu'elle résiste financièrement, située comme elle l'était à un endroit peu connu. Elle avait survécu pourtant ; elle avait prospéré. Il y avait de nouveaux rayons qui comprenaient maintenant des ouvrages sur la culture potagère biologique et la musique primitive ; on y donnait des cours sur toutes sortes de sujets douteux allant de la projection astrale au bouddhisme zen – avec travail personnel et devoirs à remettre, pour concurrencer l'université. Un trop grand nombre d'étudiants avaient commencé à y passer trop de temps : restant là des heures à boire des infusions et à gaspiller leur peu d'argent pour des inepties intellectuelles ; s'entraînant mutuellement dans une fuite hors du réel et un mode de pensée fumeux ; s'imprégnant d'idées fausses avec lesquelles ils venaient ensuite semer la pagaille dans les séminaires de Brian et des autres professeurs. Désormais, la Librairie Krishna est devenue une réelle source d'ennuis.

« Je sais que tu n'apprécies pas des masses, a ajouté Wendy.

– Hum. » Brian n'aime pas l'idée que Wendy traîne dans cette librairie, et il l'a souvent dit. Mais c'est l'été, et la plupart des amis de Wendy sont partis. Puisqu'il la prive de sa compagnie, il n'a pas le droit de la priver de celle des autres. Par conséquent il répond par un son neutre, l'équivalent sonore d'un haussement d'épaules.

« Je suis allée à une conférence hier soir, sur la méditation. Tu as déjà fait de la méditation ?

– Pas au sens où tu l'entends, dit Brian.

– Je pige pas grand-chose à la théorie ; je crois que ça me passe au-dessus de la tête. Mais les exercices sont vraiment chouettes. Surtout si on est complètement obsédé par un problème intellectuel, ou sentimental, comme moi, quoi. (Wendy sourit tristement, et appuie la joue sur sa main, écartant ses grands cheveux qui pendent.) Y a un exercice par exemple. On s'asseoit par terre, on croise les jambes – comme au yoga si on peut, seulement moi j'y arrive pas encore – et on met les mains sur les genoux pour être parfaitement en équilibre.

Après on ferme les yeux et on se représente un rond blanc sur un fond noir. On ne pense plus à rien, on se concentre juste sur ce point-là. (Wendy a fermé les yeux pour la démonstration ; maintenant elle les rouvre et regarde Brian.) Ouais, j'étais sceptique aussi. Mais ça marche vraiment. Je pensais plus à tout ce qui me ravageait : je pensais plus à toi, ni à moi, ni à l'endroit où j'étais – je me sentais très calme, très lucide... Tu sais, je crois que si je fais ça régulièrement, je finirai peut-être par ne plus avoir envie de toi. »

Brian hésite. Il a clairement conscience que tous ses efforts des deux derniers mois ont été impuissants à guérir Wendy de sa passion ; ils ne lui ont fait que du mal. Si elle arrivait à se guérir toute seule en s'asseyant les jambes croisées et en se représentant un point blanc, ou même en faisant le poirier et en se représentant des éléphants blancs, il devrait en être ravi.

« Ou-i, dit-il judicieusement. De toute façon, je pense que tu finiras par te remettre, avec le temps. »

Wendy hoche la tête. « Je ne suis pas comme ça, dit-elle. Je ne me remets jamais de rien. J'avais un chat quand j'étais petite, je te l'ai peut-être déjà dit, un gros matou blanc qui s'appelait Crisco. Il dormait sur mon lit. Mais quand on a déménagé pour aller dans l'appartement de Queens, mes parents ont été obligés de le porter à la SPA. J'ai pleuré tous les soirs à cause de ce chat pendant des années. Ça m'arrive encore quelquefois de pleurer à cause de lui. » Des larmes brillantes inondent ses yeux bleu pâle – à cause de Brian, à cause de Crisco, ou des deux à la fois peut-être.

Prestement, il change de sujet. « Est-ce qu'il y a beaucoup de monde, à ces conférences sur la méditation ?

– Pas tellement en ce moment, c'est l'été. Dix, douze personnes peut-être. J'y suis allée qu'une seule fois. Et j'ai reparlé avec Zed. Il est fantastique, tu sais. Il a tout lu, pour ainsi dire. Philosophie, psychologie, histoire, poésie, métaphysique...

– Vraiment. » Brian n'a jamais vu le propriétaire de la Librairie Krishna qui (d'après Wendy) ne veut être connu que sous cette syllabe. Apparemment, il ne veut rien révéler de son vrai nom, pas plus que de ses origines, de son éducation, ou de son histoire ; il a renoncé à tout cela pour des raisons religieuses, ainsi qu'à son ancien métier, à ses amis, à sa famille s'il en avait une, à son foyer, et à tout ce qu'il possédait. Il vit dans sa librairie, dormant sur un lit de camp dans l'arrière-boutique et préparant ses repas végétariens sur une plaque chauffante.

« Il est vraiment magnifique, dit Wendy, en se penchant encore davantage. Il faudrait que tu fasses sa connaissance, franchement.

– Hum ! » Brian s'assied en arrière. D'après la rumeur, Zed n'était magnifique d'aucune manière. Les étudiants, même ceux qui l'admiraient, le décrivaient comme grand et maigre et lui trouvaient une drôle d'allure. Ses vêtements, disaient-ils, achetés dans des ventes de charité, lui allaient rarement bien, et il était un peu chauve. On lui donnait difficilement un âge. « C'est dingue, on peut pas lui donner d'âge ; il pourrait avoir trente ans, comme il pourrait être réellement vieux, la soixantaine même. » Quoi qu'il en soit, il avait manifestement l'âge d'être un peu plus sensé, et Brian n'avait aucune envie de le rencontrer.

« Des fois, il a pas l'air d'y être tout à fait », avoue Wendy.

(Brian traduit : « Il lui arrive d'être camé. ») « S'il a pas envie de parler, il vous répond pas, c'est tout. Ou bien il vous tend un livre et il s'en va dans l'arrière-boutique. Au début, il a été comme ça avec moi. » Renonçant à faire ses confidences par-dessus la table, Wendy amorce un mouvement de rotation, rapprochant sa chaise de celle de Brian. « Mais cette semaine il m'a parlé. C'est fou. Je n'ai pas eu besoin d'expliquer mon problème, il avait déjà l'air de *savoir*.

– De savoir, hein ? Et qu'est-ce qu'il savait ?

– Eh bien, que j'étais éperdument et désespérément amoureuse. Je ne lui ai pas dit de qui, ajoute Wendy, en voyant l'air que vient de prendre Brian. C'est pas ce qui l'intéresse. Pour lui, les noms sont des mensonges.

– Les noms sont des mensonges ? » reprend Brian, se retenant de dire que ce nom, « Zed », est sûrement un mensonge en effet.

« Han-han. (Wendy déplace sa chaise encore une fois.)

Tu sais, je crois que c'est la première personne qui me dit des trucs qui sont pas juste de la foutaise, et qui la ramène pas avec son expérience. (Elle se penche vers Brian ; le ventilateur derrière eux fait flotter ses cheveux de côté en grandes mèches filasse.) C'est comme ces derniers temps, j'ai essayé de me changer les idées en faisant des trucs nouveaux et en couchant avec d'autres gens pour arrêter de penser à toi, tu sais bien ?

– Oui. » C'est en effet le conseil que lui a donné Brian, et qui, vraisemblablement, est maintenant considéré, grâce à la Librairie Krishna, comme de la foutaise.

« Eh bien, quand j'ai entendu Zed, j'ai été convaincue que je faisais pas du tout ce qu'il fallait. J'essayais juste de remplacer un désir personnel égoïste par un autre désir exactement semblable. En admettant que j'y arrive, ça me mènerait nulle part ; je serais toujours dans le maëlstrom. Ce qu'il faut, c'est que je vienne à bout du désir.

– "Apprends-moi à désirer et à ne pas désirer.

Apprends-moi l'immobilité" », cite Brian avec ironie, en regardant la chaise de Wendy toucher la sienne, tant elle l'a poussée vers lui autour de la table. La cuisse gauche de Wendy, dodue, rougie par le soleil, nue jusqu'à la hanche au-dessous de la très courte robe jaune, est à un centimètre de la sienne.

« Ouais, voilà. » La jambe de Wendy vient toucher la sienne, s'affale contre elle, comme entraînée par son propre poids.

« Et Zed va t'initier à tout cela. » Brian essaie de ne pas prendre un ton sarcastique ; mais l'idée que Wendy s'est confiée à ce fou de l'occultisme, à cet imposteur, à ce drogué, l'irrite profondément. Penser qu'elle a l'intention de suivre ses conseils imbéciles le rend furieux. Il retire sa jambe.

« Il ne peut pas m'initier. Il l'a bien dit. Personne ne peut vous montrer la Voie ; il faut la trouver soi-même, par la prière et la méditation.

– Tu ne vas pas me dire que tu donnes vraiment dans toutes ces conneries mystiques ? Je te croyais trop intelligente pour ça.

– C'est pas des conneries. Tu comprends pas ? (La voix de Wendy se met à trembler.) C'est pareil que ce que tu fais quand tu écris tes livres, en somme – tu fais passer ton énergie dans quelque chose qui est extérieur à toi et qui te dépasse. » Wendy ravale un sanglot.

« J'en ai parlé avec Zed, et il a été d'accord avec moi.

Tu l'intéresses beaucoup. Il veut savoir à quelle heure tu es né.

– Et qu'est-ce que ça peut bien lui foutre ?

– C'est pour faire ton horoscope. Je lui ai déjà donné le mois et l'année.

– J'ignore à quelle heure je suis né, dit Brian d'un ton extrêmement déplaisant. Et si je le savais, je ne le lui dirais pas. »

Wendy se met à sangloter tout fort. « Ah, non. Je t'en prie, pas ça. On nous regarde. » Brian jette un rapide coup d'œil dans la salle pour voir quels sont les gens qui s'y trouvent. Heureusement, à cette heure-là, le lieu est pratiquement désert ; il ne reconnaît personne.

Bong !

Dans le noir au fond du potager Brian sursaute, et il lève les yeux. Le feu d'artifice a commencé. On le voit assez bien de cet endroit – mais comme le stade est à presque trois kilomètres, il y a un décalage considérable entre la lumière et le son. On dirait que les fusées éclatent en silence, et ce n'est qu'au moment où la pluie d'étincelles s'éteint dans les arbres que Brian perçoit la détonation et, simultanément, les Oh ! assourdis des spectateurs. Parmi tous ces cris, il y a la voix de ses enfants, et celle de Wendy. Hier, elle lui a dit qu'elle était complètement fana de feux d'artifice, surtout quand elle était défoncée ; elle avait l'intention d'y aller dans cet état-là ce soir, avec des habitués de la Librairie.

Le spectacle, conçu par des professionnels, offre, sur le plan artistique, une variété d'un ordre primitif, remarque Brian. Pour commencer, une seule fusée va dessiner sur le ciel une énorme ombrelle imaginaire ; et puis deux ou trois autres vont s'ouvrir en même temps, chacune d'une couleur primaire différente. Il y a des comètes qui s'élèvent par bonds successifs bizarres, avec des sifflements cocasses, crachant au hasard des gerbes de lumière ;

et puis on dirait de pleines poignées d'ampoules-flash géantes qui crèvent et fument, avec plus d'éclat et de bruit que tout le reste.

Maintes fois à l'occasion du Quatre Juillet, Brian s'est trouvé dans ce stade avec ses enfants ; il connaît cet aspect de photo en noir et blanc très dur que prend la foule à ces instants-là ; il se représente les nuages de fumée et l'odeur de poudre. Et il se représente Wendy, assise sur un des vieux bancs à lattes, la tête levée comme un rond blanc parmi trois mille autres têtes levées. Soudain il a très envie d'être là-bas lui aussi, assis à côté d'elle dans l'obscurité enfumée, de sentir peser contre son épaule sa tête renversée en arrière pour admirer bouche ouverte, la tiédeur de sa jambe nue contre sa propre jambe. L'idée lui vient de sauter dans sa voiture, tout de suite – de dire à Erica qu'il part à la recherche des enfants. – Idiot, évidemment : ce sera impossible de se garer à moins de huit cents mètres du stade ; impossible de la retrouver dans cette foule bruyante et monstrueuse.

Wendy, bien évidemment, a le goût de la foule, elle aime la sensation d'en faire partie. Toute intelligente qu'elle soit, elle n'est pas d'un esprit indépendant. Sa nature est de suivre ; c'est une croyante née ; et si lui, Brian, lui interdit de la suivre et de croire en lui, elle trouvera d'autres guides moins scrupuleux, d'autres dieux, faux ceux-là.

Certaines pièces explosent rapidement au-dessus des arbres ; d'autres paraissent durer longtemps. Brian observe une chandelle romaine fuser en l'air et s'enfoncer dans l'épaisseur noire comme dans de l'eau, rencontrant une résistance comparable. Quand enfin elle se déploie très haut dans le ciel, elle retombe presque paresseusement en longues traînées d'étoiles blanches. Chaque éclat lumineux est suivi d'une explosion correspondante, qui varie du claquement sec d'un coup de fusil à un roulement de tonnerre complexe. Par moments, le spectacle est au sol ;

alors Brian ne voit plus rien, il entend seulement une salve lointaine de crépitements prolongés. Il y a des intervalles de silence, ponctués par le crissement des grillons et le bruissement des feuilles.

Pour le bouquet final, on envoie en même temps des fusées de toutes les sortes et de toutes les couleurs, vaste alignement d'astérisques, de gribouillis et de pointillés. Brian a l'impression d'être devant un immense tableau sur lequel s'inscrit un cours dans une écriture inconnue qui s'efface quand il essaie de lire, suivi et doublé d'explosions sonores dans une langue inconnue et tonitruante. Le ciel et les coteaux résonnent, l'air est sillonné d'épaisses traînées de fumée et jaspé d'images à retardement dans des teintes étranges de violet et de vert. Plus bas, derrière les arbres, on voit une lueur rouge sombre, comme si le stade était en flammes.

Dans cette clarté enfumée de poudre à canon, Brian voit se dessiner nettement ce qui va arriver s'il continue à repousser Wendy. Esseulée et meurtrie, elle va passer de plus en plus de temps à la Librairie Krishna. Elle va oublier les vérités qu'elle a apprises de lui et les remplacer dans sa mémoire par les mensonges et les absurdités proférées par « Zed » de cette manière fallacieuse qui l'impressionne tant. Finalement, sans désir, par reconnaissance et admiration, elle va s'offrir à lui. Et il ne fait aucun doute pour Brian que l'offre sera acceptée. Zed est censé avoir renoncé à la chair en même temps qu'il a cessé d'en manger, mais Wendy est un mets qu'il ne doit pas souvent avoir l'occasion de consommer. Brian imagine le regard de drogué du propriétaire de la librairie s'allumer de désir charnel ; ses mains maigres et sales s'avancer vers elle. – Non. L'idée est insupportable.

A tâtons dans le noir le long de ce qui fut le mur, maintenant écroulé, d'un pâturage, Brian choisit une pierre suffisamment grosse et plate. Il la soulève et redescend vers la maison tandis que dans le ciel les lueurs s'éteignent. Il évite les rames de haricots, mais il marche sur un pied de tomate qui n'a pas encore été tuteuré.

Au bout du potager, il s'arrête un instant parmi des salades montées, saisit sa pierre plus fermement, reprend son souffle. Il contemple la femme exposée dans la véranda comme dans une vitrine éclairée, et il la compare à l'étudiante de Radcliffe qu'il a rencontrée un soir il y a des années après une conférence à Harvard. Une jeune fille belle, fringante – mince et fine, aux traits délicats et parfaitement dessinés, aux cheveux bruns et bouclés coupés court derrière, tombant sur ses yeux aux longs cils noirs par devant – d'où, tout en parlant, elle les renvoyait en arrière d'un geste impatient et plein de grâce. Elle avait un air de gaieté presque enfantin, mais aussi de gravité et même de dignité. « Une jeune princesse », avait-il pensé.

Il l'invita à sortir avec lui, et s'aperçut à son extrême satisfaction, mais sans surprise extrême, qu'elle le préférait à ses nombreux autres admirateurs. Après tout, il avait quelques années de plus que la plupart d'entre eux et, dans le Département de Sciences Politiques, on le disait promis à une brillante carrière. Mais bientôt, Brian fut stupéfait de découvrir qu'à vingt ans, Erica était encore vierge. Il rendit révérencieusement grâce au destin de lui avoir, en quelque sorte, révélé sa propre importance en lui réservant une telle merveille.

Comme c'était une fille intelligente et moderne, et qu'elle était amoureuse, Erica coucha avec Brian avant leur mariage – mais pas très souvent, et sans grand succès. Il avait assez d'expérience pour savoir que malgré ses soupirs d'aise elle ne prenait pas vraiment de plaisir à l'acte sexuel. Cela ne l'inquiétait pas outre mesure, car il pensait qu'elle apprendrait à jouir après le mariage. Mais au contraire elle désapprit – ou plutôt, elle cessa progressivement de faire semblant.

Pendant presque trois ans tout le savoir-faire inné de Brian, toute son imagination, toutes les techniques préliminaires qu'il avait apprises par ouï-dire ou par ses lectures, n'eurent aucun succès. Ou plus exactement, elles en eurent trop : Erica les préférait de loin à ce à quoi elles étaient censées mener. Elle adorait que Brian lui souffle dans l'oreille, lui mordille la base du pouce, lui fasse des petites caresses en rond sur les seins. Elle soupirait et s'étirait comme une chatte quand il descendait lentement avec sa langue le long de son dos, et au-delà. « Ah mon amour, mon amour, murmurait-elle. Ah, que c'est bon. » Si seulement, lisait-il dans ses pensées, il avait pu se contenter ainsi et s'arrêter là. Mais non, il fallait toujours qu'il sorte, ou qu'il brandisse, ce qu'elle appelait « cette chose ». « Chéri, ne fais pas encore entrer cette chose, s'il te plaît ; je ne suis pas prête. »

« Ma bite, ma verge, mon pénis, bon Dieu ! lui avait-il crié une fois. Tu ne peux pas l'appeler par son nom ? » Impossible. Aucun de ces mots n'était à son goût ; son esprit ne les pensait jamais et elle ne pouvait pas les prononcer. Elle connaissait des mots pour les autres parties du corps embarrassantes : « le derrière » pour le cul et « l'estomac » pour le ventre, mais il n'y avait pas de mot pour Cette Chose. Qui, à l'occasion, quand Erica était vraiment fâchée ou furieuse, devenait Ta Chose. De façon générale, par réserve et distinction, elle feignait d'ignorer le rapport réel existant entre la Chose et lui, et si possible, son existence même. Elle évitait de la regarder en face, et ne la touchait jamais sauf si on l'en priait très instamment. Brian était comme un voisin possédant un chien particulièrement laid.

« Le chien gratte à la porte », lui disait-on poliment quand on ne voulait pas lui faire remarquer que c'était le sien – mais, dans les moments de colère, « Ton chien m'a mordue. »

Deux années s'écoulèrent ainsi. Puis Erica fut enceinte. Son médecin accoucheur, homme prudent et bégueule, lui conseilla « d'éviter les rapports » à partir du sixième mois, et pendant deux mois encore après la naissance – abstinence de cinq mois, donc. Abstinence, du moins, pour ce qui plaisait à Brian, mais pas de restriction pour ce qui plaisait à Erica. Brian commença à regarder les filles dans la rue ; cependant le sens de sa dignité morale, et la crainte du scandale le retinrent d'en approcher aucune.

Mais la femme qui lui fut rendue quand Jeffo fut âgé de huit semaines valait bien qu'il ait patienté. Que la cause en fût physiologique ou psychologique, Erica avait mûri sexuellement. Elle s'exprimait toujours avec retenue, mais désormais le sexe de Brian avait droit à un « ça » gentil et affectueux, et dans les moments d'enthousiasme, au « il ». Pendant quinze ans (avec encore cinq mois d'ascèse au moment de Matilda) ils avaient été un couple heureux.

A présent, c'est comme s'ils en étaient revenus à la mauvaise période à demi effacée du début de leur mariage. Au lit, Erica ne se refuse pas ; mais « Il » a repris son appellation de « Chose » et quand elle jouit au doux rythme de son plaisir, Brian croit percevoir un mouvement de contre-attaque : grincements violents et pilonnage d'une lutte implacable entre eux, lui décidé à entrer, elle décidée à retarder l'invasion aussi longtemps que possible, afin que l'occupation dure aussi peu que possible. Lui a pour armes essentielles dans ce combat la force et la persuasion ; elle, les complications et la lenteur. Maintenant le soir elle ne peut pas aller se coucher avant d'être sûre, absolument sûre, que les portes sont verrouillées, le gaz fermé, le thermostat baissé, le chat enfermé dans le cellier avec un plein bac de litière, et les enfants profondément endormis et couverts chaudement. Et puis il lui faut bien cinq minutes pour trouver son diaphragme et le mettre en place (elle ne veut pas prendre la pilule à cause des risques d'embolie), et il lui faut plus de temps pour ôter sa chemise de nuit qu'à Wendy pour se déshabiller complètement. Et ce ne sont là que les manœuvres préliminaires.

Erica a remporté une vraie victoire les quelques fois où elle a réussi à empêcher l'avance des troupes d'invasion pendant un temps assez long pour que, lasses et impatientes, elles déchargent toute leur artillerie à la frontière. Mais les vraies victoires sont rares d'un côté comme de l'autre. Généralement, plutôt que de faire face au corps blessé d'Erica le lendemain (« Je suis encore un peu endolorie là en bas », dit-elle en mettant un coussin sur sa chaise de cuisine), il s'abstient pour un temps de monter à l'assaut. Et elle, plutôt que de faire face à l'âme blessée de Brian, cède finalement ; mais elle cède avec condescendance, avec cet air bien à elle de *noblesse oblige.* Car en devenant femme, sa jeune princesse a acquis la pondération, l'élégance d'une reine : donnant l'aimable et charmante impression d'être toujours dans le vrai. C'est une chose qui n'avait pas déplu à Brian autrefois ; dont il s'était félicité même. Les idées d'Erica concordaient généralement avec les siennes, et les corroboraient. Pendant des années ils avaient été des alliés moraux et sociaux ; ensemble, ils observaient et jugeaient le monde. Maintenant c'est lui qu'elle juge. Ils se jugent l'un l'autre, et se trouvent mutuellement coupables.

Oui, peut-être, se dit Brian, au milieu des salades. Mais il n'a commis aucun acte d'agression déclaré contre Erica, il ne l'a privée de rien. Il est resté fidèle aux principes de cloisonnement et de séparation des sphères d'opération prônés par Kennan. Dans la famille, dans la sphère matrimoniale, il a été fidèle. L'idée de coucher avec Wendy dans la chambre matrimoniale, en admettant que c'eût été possible en toute sécurité, cette idée lui répugnait.

Et même s'il est coupable, c'est d'adultère, une forme d'amour. Erica, elle, est coupable de rancune, une forme de haine. De plus, il n'est plus en faute ; elle l'est toujours. Trois mois ont passé ; et pourtant par chacun de ses regards, par chacun de ses gestes, Erica montre qu'elle n'a pas oublié, qu'elle ne lui a pas pardonné.

C'est comme s'il avait contracté une dette que sa femme ne le laissera jamais rembourser, mais qu'elle n'est pas prête à oublier pour autant. Elle aime me voir dans mon tort, pense Brian en regardant Erica du haut de la pelouse obscure ; elle a décidé de m'y laisser, peut-être même jusqu'à la fin de mes jours.

Très bien. S'il doit être emprisonné à vie dans son tort, pourquoi devrait-il être seul dans sa prison ? Qu'au moins il ait de la compagnie, la compagnie d'une criminelle chaleureuse et consentante. Ou encore, pour changer de métaphore, s'il doit être pendu pour son crime, autant que ce soit pour un bélier que pour un agneau.

Brian installe sa pierre sur la troisième poubelle et retourne vers la maison. Il traverse plusieurs pièces et pénètre dans la vitrine.

« Je regardais le feu d'artifice, explique-t-il.

– Je m'inquiète pour le retour des enfants. J'espère qu'ils ne vont pas essayer de faire du stop la nuit, dit Erica d'une voix fluette. On ne sait jamais sur qui ils pourraient tomber.

– Tu t'inquiètes trop », observe Brian, qui s'assied et reprend la lecture du *Village Voice* à l'endroit où il s'était arrêté. Erica ne répond pas. Silence. Il fait nuit maintenant. Brian tourne une page, dont l'ombre balaie lentement la table. L'entendant soupirer à nouveau, il lève la tête vers sa femme. Elle regarde fixement devant elle, de ses yeux aux cernes bleu pâle.

Enfin Erica tourne la tête. Un instant, leurs regards se croisent ; et puis ils baissent les yeux l'un et l'autre. Erica sait que Brian sait à quoi elle pense, et il sait qu'elle sait qu'il sait.

Cette conscience réciproque est comme une série de vilains reflets qui se perdent et s'assombrissent à l'infini dans deux miroirs qui se font face. Mais s'il lui demande à quoi elle pense, elle ne l'avouera pas. Elle sait que de toute façon il n'a pas envie de le lui demander ; il n'a pas envie de reparler de cette affaire. Et elle sait qu'elle ne doit pas en reparler.

Alors ils ne disent rien. Il n'y a rien à dire.

4

Après-midi de septembre chaud et brumeux. Erica est chez Danielle Zimmern où elle est venue en réponse à un appel téléphonique affolé. La chienne des Zimmern, Pogo, a été blessée dans une bagarre de chiens et on l'a emmenée d'urgence chez le vétérinaire. Danielle et Rou sont encore là-bas avec elle à attendre dans l'angoisse, et il fallait quelqu'un à la maison quand Celia rentrerait de sa séance de cinéma pour enfants. Alors, laissant ses propres enfants avec Brian, qui n'était pas ravi, Erica a pris sa voiture pour venir.

A présent, assise, mais sans se balancer, dans un fauteuil à bascule victorien en peluche, elle regarde le salon. C'est la première fois qu'elle se retrouve là toute seule depuis l'époque où Danielle et elle se gardaient leurs enfants à tour de rôle. Rien dans l'ameublement n'a changé de place ; le vieux canapé et les vieux fauteuils un peu mous, recouverts de peluche verte ; le tapis d'Orient à motifs géométriques acheté dans une vente par Leonard – et dont les parties usées ont été habilement ravivées avec des feutres de couleur par Danielle, Erica, Mouflette et Rou un après-midi d'hiver il y a des années.

Le tapis a toujours des reflets rouges et or dans les pâles rectangles lumineux que le soleil y dessine ; devant la fenêtre il y a toujours un lacis vert de plantes grimpantes et rampantes. Mais la pièce semble à la fois plus désordonnée et plus dépouillée. Une plus grande surface de mur apparaît derrière les étagères qui flanquent la cheminée ; Leonard a emporté la moitié des disques, et plus de la moitié des livres. Un dessin d'enfant de Rou, un chat à rayures bleues qui broute des tulipes géantes, a été collé avec du scotch à la place du Piranèse de Leonard au-dessus de la cheminée, dont le manteau est encombré de lettres, de plantes et d'affaires de couture, comme il ne l'aurait jamais été du temps de Leonard.

Pourtant, si la maison de Danielle a changé d'apparence avec le départ de son mari, elle reste par ailleurs plus agréable et plus familière pour Erica que sa propre maison, où rien n'a été modifié matériellement. Ici, on n'est pas en territoire occupé : les enfants de Danielle ne sont pas encore devenus des étrangers hostiles. Bien sûr, Celia n'a que huit ans – c'est une enfant raisonnable et sérieuse, qui n'a pas encore l'âge de devenir une étrangère. Et Rou, malgré ses treize ans déjà, est encore indifférente au monde des adolescents et ne s'intéresse qu'à ses animaux. Erica, qui aime bien les enfants en général, s'entend avec ces deux-là aussi bien que jamais ; c'est-à-dire extraordinairement bien. Elle éprouve une profonde tendresse pour Celia, qu'elle connaît depuis l'âge de quatre ans.

Maintenant que Leonard est parti, Danielle et ses filles vivent dans une paix relative entrecoupée de brefs mouvements d'insurrection. Une ou deux fois par semaine il y a conflit d'intérêts : explosion de cris et/ou de larmes ; puis la perdante bat en retraite. Celia se retire dans sa chambre ; Rou se barricade au sous-sol avec ses hamsters, ses tortues, son poisson combattant, Pogo, et autres animaux de sa ménagerie ordinaire. Si c'est Danielle qui perd, ce qui arrive plus rarement, elle se réfugie à la fac dans son bureau.

« Tu parles, elles ne valent pas mieux que tes gosses, par moments elles sont vraiment impossibles », a dit Danielle injustement mais par gentillesse il y a quinze jours. « Mais quand je n'en peux plus, je m'en vais à la fac. (Elle a posé sa tasse de café sur la table de la cuisine en regardant Erica assise en face d'elle.) C'est ça qu'il te faudrait, pouvoir sortir de chez toi par moments, a-t-elle décrété. Il faudrait que tu travailles. »

Et après plus ample discussion, Erica a reconnu que Danielle avait peut-être raison. Ça ne serait sûrement pas désagréable d'être employée à mi-temps ; ça lui rapporterait davantage que ses travaux de dessin occasionnels. Mais surtout ce serait une distraction, et elle avait besoin de distractions. Elle passait trop de temps à couver son amertume à propos des enfants et de ce que Brian avait fait au printemps dernier. Il faudrait, se dit-elle, qu'elle fasse l'effort de se distraire, de cesser de couver comme une poule : de s'arracher au nid, en quelque sorte, de mettre fin à l'incubation de sa rancune et de son désespoir.

« Si tu travaillais, tu passerais forcément moins de temps à te faire du souci pour Jeffrey et Matilda », a dit Danielle ; elle n'a pas mentionné le deuxième nœud, puisque Erica ne lui en a jamais parlé. Pour la raison qu'elle imaginait trop bien comment réagirait Danielle en apprenant l'infidélité de Brian : avec quelle chaleur elle accueillerait Erica dans la pitoyable confrérie des épouses maltraitées ; avec quelle froideur elle parlerait de Brian, qu'elle n'avait jamais beaucoup aimé en dépit de l'amitié qui le liait à Leonard, et qu'elle aimait encore moins désormais pour cette raison même.

Suivant l'idée de Danielle, Erica s'adressa au bureau d'emploi de l'université, et on lui proposa un travail de recherche en bibliothèque trois jours par semaine pour le compte d'un professeur de psychologie du nom de J. D. Barclay. Elle présumait que Brian serait d'accord, car à plusieurs reprises par le passé il avait émis l'idée qu'elle pourrait chercher du travail. Mais cette fois-ci sa réaction fut négative.

« Non, cette idée ne me plaît pas, pas du tout, dit-il en criant presque. Je suis stupéfait que tu t'engages dans une chose de ce genre sans en discuter avec moi. » Puis plus calmement, Brian expliqua précisément à Erica les inconvénients qui en résulteraient pour toute la famille si elle devait se mettre à travailler maintenant. La maison et les enfants pâtiraient de ce détournement de son temps et de son énergie, fit-il observer, et elle en pâtirait elle-même. Etant à la fois fragile et scrupuleuse, elle se fatiguerait, peut-être même tomberait-elle malade.

En outre, dit Brian, c'était une tâche indigne d'elle – un aspect ingrat et monotone du travail universitaire. Et elle n'avait pas franchement besoin de cet argent ; elle priverait de cet emploi un étudiant qui en avait besoin. Et puis, il finit par avouer, avec un sourire, qu'il n'aimait pas du tout l'idée qu'elle travaille pour John Barclay. Pas par jalousie, dit Brian – et ils en rirent ensemble, car J. D. Barclay était un gros bonhomme d'un certain âge, tatillon et presque chauve. Mais il était persuadé que Barclay n'avait proposé ce travail à Erica que parce qu'elle était sa femme. Quelqu'un comme Barclay, qui ne faisait décidément pas partie des amis de Brian, devait trouver plaisant d'avoir à son service sa ravissante épouse, et de pouvoir lui donner des ordres.

La violence de sa réaction, la quantité d'arguments avancés par Brian, surprirent Erica ; et la flattèrent aussi. Pour la première fois depuis des semaines son mari la regardait vraiment et lui parlait d'autre chose que de problèmes domestiques ou de l'actualité. Il lui souriait, il riait avec elle, il lui disait qu'elle était consciencieuse, ravissante, trop bien pour un travail inintéressant. Elle avait mieux à faire, prétendait-il, que de vérifier des références pour Barclay ; et bientôt il la mena dans leur chambre et le lui prouva avec des égards et une prévenance qu'il n'avait pas montrés depuis des mois.

Après quoi, au lit, Erica dit à Brian qu'il avait sans doute raison. En y réfléchissant, le lendemain matin, l'idée que finalement elle n'allait pas travailler pour M. Barclay ne la gêna pas ; mais elle regretta que la discussion avec son mari soit déjà finie. Elle aurait bien aimé la faire durer ; elle commença à se demander s'il n'y aurait pas moyen de la reprendre.

Le jour suivant Erica informa Danielle qu'elle renonçait à ce travail. Elle avait été impressionnée, dit-elle, non seulement par la logique des arguments de Brian, mais par sa manière de prendre la chose tellement à cœur. Manifestement, il tenait beaucoup plus à ce qu'elle ne travaille pas qu'elle-même ne tenait à travailler.

La réaction de Danielle fut immédiate et indignée. Si Erica avait envie de travailler, déclara-t-elle, c'était son droit ; c'était sa vie qui était en cause, non ? Elle n'était pas obligée de tenir compte des motivations inconscientes de J. D. Barclay ni du besoin d'argent d'hypothétiques étudiants en licence. Quant au problème domestique, si Erica gagnait 2,50 $ de l'heure elle pouvait payer quelqu'un pour faire le ménage et la lessive, non ?

Oui, dit Erica, c'est vrai. Et, forte de ces arguments contraires, elle rentra chez elle avec la perspective d'une deuxième longue et stimulante discussion. Afin d'en jouir pleinement, elle attendit assez tard pour que les enfants aient fini de faire leurs devoirs au son de leur musique rock et soient allés se coucher.

« Je repensais à ce travail de bibliothèque, dit-elle. Il faudrait que je fasse savoir à M. Barclay d'ici lundi si je suis prête à accepter ; c'est la moindre des choses.

– Il me semble que nous étions d'accord que non », dit Brian, jetant un bref regard à sa femme et prenant un air pincé et impatient. « Je croyais que nous étions tombés d'accord là-dessus il y a deux jours.

– C'est-à-dire que j'y ai repensé, tu vois, dit Erica avec un charmant sourire.

– Ah, vraiment. » Brian lève les yeux. Il y a collision en l'air entre son air pincé et le sourire d'Erica. Explosion.

« Oui, continue Erica d'une voix égale et claire. J'ai réfléchi que je pourrais parfaitement me débrouiller si je prenais quelqu'un deux ou trois après-midi par semaine. Une personne qui serait là quand Matilda et Jeffrey rentrent à la maison, et qui pourrait peut-être aussi faire un peu de ménage et de lessive. Qui s'occuperait de la maison en quelque sorte. Est-ce que ça te paraît une bonne idée ?

– Non, pas vraiment », répond Brian Ça n'était pas ce qu'il fallait dire. Il aurait dû répondre, comme souvent, que oui bien sûr elle pouvait se faire aider si elle voulait ; à quoi elle aurait répliqué, comme toujours, qu'elle n'était pas sûre de vouloir confier sa maison et ses enfants à une autre femme.

« Tu sais que je n'aime pas avoir des inconnus dans la maison, ajoute Brian.

– Je sais. » A Erica de se renfrogner ; il parle à sa place maintenant.

« De toute façon, nous n'en avons pas les moyens. »

Ça aussi, c'était à elle de le dire. Elle commence à s'apercevoir qu'elle a failli renoncer à travailler pour des raisons qui sont celles de Brian, et non les siennes. Après tout, son premier réflexe a été d'accepter. Si maintenant elle devait faire marche arrière, tout le temps qu'elle a passé, tous ses efforts, n'auraient servi à rien, sinon peut-être à prouver sa propre lâcheté. Pour elle, c'était une sorte de test : dans une semaine elle aurait quarante ans, et la seule façon dont elle avait jamais gagné de l'argent c'était en écrivant des histoires pour enfants, et en faisant des dessins et du baby-sitting. Elle avait fait de brillantes études, mais il y avait presque vingt ans de cela, et parfois elle se demandait si son intelligence avait survécu à cette longue hibernation. « Si je travaillais, nous aurions les moyens, dit-elle.

– Je ne veux pas que des inconnus s'occupent des Enfants », décrète Brian, sur un ton qui dote le mot d'une majuscule, comme s'il s'agissait d'un titre honorifique ou sacré – ce qu'il est, de fait. Quoique se considérant comme agnostiques, les Tate, au cours de leur vie conjugale, ont toujours rendu un culte à divers dieux, parmi lesquels les plus importants sont les Enfants. Comme la plupart des divinités, ceux-ci ne sont vénérés que par intermittence. A certains moments, un manque d'égards pour les Enfants serait sacrilège. A d'autres, on les traite comme des êtres ordinaires du nom de Mouflette et Jeffo – et parfois même comme des animaux familiers (appelés la Souris et le Cabot).

La Souris, le Cabot, Mouflette et Jeffo ont quitté depuis longtemps la maison de Jones Creek Road, où ils ont été remplacés par deux adolescents détestables ; mais les Enfants demeurent. Leur culte est toujours célébré publiquement, bien qu'on les vénère moins fréquemment et plutôt pour la forme – essentiellement aux fêtes religieuses comme les anniversaires et Noël, et quand on reçoit ou qu'on va voir la famille. Que Brian les invoque en la circonstance, ce n'est pas juste, trouve Erica. Mais, s'il a recours aux anciens dieux, pourquoi n'en ferait-elle pas autant ?

« Chéri, ce sont des inconnus qui s'occupent des Enfants toute la journée, dit-elle d'une voix claire, douce et raisonnable. En ce qui te concerne, leurs professeurs sont des inconnus », ajoute-t-elle, faisant allusion au fait que, depuis un an, il n'a daigné se rendre à aucune réunion parents-professeurs.

« Si un de leurs professeurs est prêt à démissionner et à venir travailler pour nous, parfait, dit Brian. Mais tu vois bien quel genre de personnes tu vas trouver.

– Non.

– Des femmes qui ne sont pas capables de faire autre chose. Des illettrées sur qui on ne peut pas compter – peut-être même des femmes ayant une maladie quelconque.

– Oh, je ne crois pas... Certaines doivent bien... (Erica a le souffle coupé, elle s'arrête, rassemble ses forces.) Si on avait un doute, on pourrait demander une visite médicale. Evidemment, il n'est pas question que Jeffrey ou Matilda attrapent quoi que ce soit. On pourrait envoyer cette personne chez le Docteur Bunch.

– Je ne pensais pas à une maladie physique ; encore que ça puisse arriver aussi, j'imagine. Je parlais de la tête. Le genre de personne que tu risques de trouver, dans le meilleur des cas, ne saura pas s'occuper des Enfants. » La voix de Brian commence à se durcir, comme si on lui enroulait dans la gorge un de ces gros élastiques de jouet pour faire voler les petits avions de chasse. Si on ne change pas bientôt de sujet de conversation, Brian va décoller, se dit Erica. Mais elle ne peut pas se résoudre à abandonner.

« Je ne vois pas pourquoi.

– Je t'ai expliqué pourquoi. » Nouveau tour d'élastique.

« Je ne veux pas que tu fasses un travail épuisant, et je ne veux pas que tu engages quelqu'un. Je ne serais pas tranquille si je savais qu'en notre absence à tous les deux Matilda et Jeffrey sont avec quelqu'un qui risque de leur faire du mal, ou de mettre le feu à la maison. » A ce point, la voix de Brian devient dangereusement tendue, nouée.

« Moi non plus, bien sûr. (Erica repousse les arguments avancés par son mari.) Il me semble que tout ça est un peu ridicule, ajoute-t-elle en riant. J'arriverais sans doute à trouver quelqu'un qui ne soit pas psychotique.

– Je préfère paraître ridicule plutôt que d'être inquiet pour les Enfants », dit Brian d'une voix sifflante. Son avion a décollé ; en fait, il tourne autour de la pièce en vrombissant, pâle, les traits durcis, le regard furieux.

Erica capitule et lève les bras.

« Bon, alors, si tu dois prendre ça tellement à cœur, dit-elle d'une voix bêlante.

– Oui, ça me tient terriblement à cœur. » Son avion fait un dernier tour en bourdonnant, puis coupe les gaz et rejoint sa base.

« Tu le sais bien. » Brian fait un large sourire à Erica – le sourire condescendant d'un conspirateur qui vient de remporter une victoire morale.

« Oui », répond-elle avec un petit sourire factice.

Depuis ce soir-là, Erica se sent coupable. Accusée d'égoïsme, de cupidité, d'indifférence au sort de ses enfants : le genre de femme à qui on ne peut faire confiance en aucun cas. Certes, elle n'est pas allée travailler, elle n'a pas engagé de femme de ménage psychotique, mais elle en a eu l'intention. Par conséquent elle est dans son tort, et elle continuera à l'être. Elle aura beau faire, elle aura beau dire, lui fait sentir Brian, ça ne changera rien.

Des petits pas dans la véranda ; un grincement en cascade quand la porte en treillis se referme.

« Celia ?

– Bonjour. » Une jolie petite fille toute menue entre dans la pièce, le teint mat de Danielle, le regard noir, triste et perçant de Leonard. « Où est Maman ?

– Il a fallu qu'elles emmènent Pogo chez le docteur, Rou et elle. Elles ne vont pas tarder.

– Pogo est malade ? » demande Celia, avec plus de curiosité que d'inquiétude.

« Non, elle s'est battue avec un autre chien.

– Ah bon ! Je peux prendre un milk-shake au chocolat ?

– Si tu veux. » Erica se lève, suit Celia à la cuisine, et ouvre le réfrigérateur.

« C'est pas la peine de m'aider. Je peux le faire toute seule », dit Celia calmement, en prenant le lait et la glace devant Erica sur le plan de travail.

« Bon, très bien. »

Quand Celia, qu'on appelait alors Linotte, a eu les oreillons, Erica a tenu cette petite fille sur ses genoux pour lui faire avaler des cuillerées de sorbet à l'orange ; c'est elle qui l'a emmenée à sa première kermesse, à son premier spectacle de marionnettes. Elle a couvert ses écorchures de baisers et de pansements, elle l'a grondée quand elle traitait Rou de « gros hippopotame », elle lui a lu des histoires, elle lui a donné le bain, elle lui a lavé les cheveux, qui sont drus et rebelles, et ressemblent si peu à ceux de Mouflette et de Jeffo. Mais depuis le départ de Leonard, Celia ne veut plus aller sur les genoux de personne ; elle lit seule et prend son bain seule.

Sous les yeux d'Erica, elle verse soigneusement dans le mixeur la bonne quantité de lait, de glace et de cacao. Elle fait cela sur la pointe des pieds, dressée sur ses petites jambes maigres, comme celles de Leonard, elle soulève la lourde brique de lait de ses petits bras bruns et maigres. Celia n'a pas la robustesse, la résistance animales de sa mère et de sa sœur ; quelquefois Erica craint qu'elles ne l'épuisent sans s'en rendre compte. Les années précédentes, elle savait qu'heureusement Leonard, qui est lui aussi tout en nerfs, était là pour éviter cela.

Celia met le mixeur en marche, elle compte à haute voix jusqu'à dix exactement, et l'arrête au moment où le contenu mousseux arrive à ras bord.

« Tu peux en prendre, si tu veux, dit-elle.

– Non, non, merci. (Erica croise le regard de Celia ; il a quelque chose d'ouvert et d'intense.) Bon, je veux bien – si tu en as assez pour toi.

– J'en ai fait en plus. » Avec quelque peine, Celia verse le milk-shake dans deux verres, puis elle reverse d'un verre dans l'autre pour arriver exactement au même niveau. Elle pose les verres sur la table de la cuisine et grimpe sur un tabouret en face d'Erica.

« C'est bon ? demande-t-elle après un instant.

– Très bon », répond Erica. Chacune d'un côté de la table, elles se regardent d'un air gêné, comme des amants désunis après une longue séparation.

« Est-ce que Mouflette va venir ?

– Pas aujourd'hui », s'excuse Erica. Du temps où Mouflette et Rou étaient grandes amies, Celia était un peu leur chouchoute. Elle faisait toujours le bébé quand elles jouaient au papa et à la maman, et la servante préférée quand elles jouaient au roi et à la reine. Mais Matilda ne « joue » plus avec personne, et Rou chouchoute ses animaux. « Elle est à la maison, en train d'écouter ses disques, ajoute Erica. C'est à peu près tout ce qu'elle fait depuis quelque temps. » Elle rit, montrant ainsi qu'elles trouvent ça aussi idiot l'une que l'autre.

Celia aspire le fond de son milk-shake avec un petit bruit et repose son verre. « Lennie aime les disques », dit-elle avec la voix de Leonard, mais dans un registre aigu et enfantin. « Quand il vient, il en passe toujours.

– Je sais. » Pendant les derniers mois, les plus insupportables, de la vie commune des Zimmern, Leonard avait pris l'habitude de mettre un de ses disques à fond dès qu'il entrait dans la maison, couvrant ainsi tout ce que Danielle ou les enfants pouvaient avoir à lui dire. C'était une des choses dans son comportement qu'Erica, en son for intérieur, appréciait le moins. Une autre étant qu'il avait récemment demandé à Celia et à Rou de l'appeler « Lennie » au lieu de « Papa ».

Celia penche la tête et appuie sa joue sur son poing – un geste de Danielle. « Lennie est venu, dit-elle.

– J'ai appris ça », répond Erica, s'abstenant sciemment d'ajouter qu'elle en est bien contente.

« Il m'a apporté une maquette d'Homme Transparent, mais je ne suis pas arrivée à la monter. C'était trop dur.

– C'est vraiment bête. » Cette fois Erica s'exprime d'une façon bien sentie, se souvenant de certaines accusations formulées par Danielle contre son ex-mari : il a l'esprit froid, analytique, critique au sens destructeur ; il ne s'intéresse qu'à la façon dont les gens fonctionnent, sans chercher à les connaître ou à les aimer – en fait, il voudrait n'avoir devant lui que des Hommes Transparents. Et aussi, il aurait voulu que Linotte soit un garçon, alors il essaie d'en faire un vrai garçon ; il veut qu'elle devienne froide, analytique et critique, comme lui-même. « Qu'est-ce que tu en as fait ?

– C'est Lennie qui l'a monté.

– Ah, très bien ! » ment Erica. Elle regarde Celia – sa grande bouche bien dessinée, qui ressemble tant à celle de Danielle, mais qui ne s'accorde pas avec les yeux méfiants, aux cils drus, qui sont ceux de Leonard, et elle se dit qu'il est vraiment injuste que l'union de deux êtres qui en sont arrivés à se détester complètement, et qui se sont séparés par consentement mutuel perdure néanmoins en leurs enfants innocents, qui portent, mêlés à jamais, les éléments de la discorde.

« Tu veux voir ? (Celia se laisse glisser du tabouret et se rapproche.) C'est dans ma chambre en haut.

– Non merci. Je n'aime pas beaucoup ces maquettes où on voit l'intérieur des choses. » Je n'aime pas beaucoup Leonard, s'entend dire Erica. Celia aussi entend, apparemment ; elle s'écarte d'un pas. Avant, je l'aimais bien, pense Erica pendant qu'elles sont là à se regarder. Tu t'en souviens, et tu voudrais que je l'aime toujours parce que plus personne ne l'aime dans cette maison ; mais je ne peux pas. Impossible après ce qu'il vous a fait, à toi, à Rou, et à Danielle. Impossible d'oublier qu'il t'a abandonnée.

Oui, songe Erica ; et ce n'est pas tout. Depuis le départ de Leonard, Celia a aussi été abandonnée par Danielle, qui travaille désormais à plein temps. Elle a été abandonnée par Rou et Matilda, qui ne jouent plus ni avec elle ni ensemble. Et comme elles ne jouent plus toutes les trois, Danielle et moi nous nous voyons quand elles sont à l'école. Et donc, moi qui voyais Linotte presque tous les jours, moi aussi, en fait, je l'ai abandonnée.

Elle ne l'a pas fait consciemment, délibérément – mais maintenant qu'elle croise le regard de Linotte, Erica se sent terriblement coupable. Elle voudrait lui demander pardon pour toute cette année ; la serrer dans ses bras ; pleurer même. Mais elle a peur de la toucher ; peur qu'elles n'en soient gênées l'une et l'autre. Et puis comment peut-elle censément lui demander pardon ?

« Voilà Maman et Rou. » Celia tourne la tête ; puis elle quitte la pièce en courant. Erica suit, plus lentement.

« Bonjour ! Comment va Pogo ? » demande-t-elle à la solide fille en jeans déchirés et en vieux tee-shirt qui vient d'entrer dans la maison, portant dans ses bras un gros chien marron et blanc de race indéterminée, sorte d'intermédiaire entre l'épagneul et le bigle, les oreilles pendantes et avec un gros pansement à une patte.

« Ça va aller. (Rou se penche au-dessus du canapé et y dépose tendrement Pogo, en la calant avec des coussins.) Elle est très courageuse.

– Ouf. (Danielle laisse claquer derrière elle la porte en treillis.) Quel après-midi ! Salut, Erica. Tu es vraiment sympa d'être venue... Bonjour mon petit chou. Alors ces dessins animés, c'était bien ?... Bon, c'est bien... Rou, je ne veux pas de Pogo sur le canapé... Allons ; tu le sais bien, sois raisonnable.

– Mais elle est blessée. C'est un cas d'urgence. » Rou se détourne de Pogo pour prendre une position défensive, s'interposant entre la chienne et sa mère, bras écartés en signe de protection…

« Non, plus maintenant. » Danielle avance vers le canapé.

« Pogo a une entorse à la patte et huit points de suture,

et tu t'en fiches », dit Rou, renvoyant par-dessus son épaule sa lourde natte d'un brun roux, et commençant à faire la tête. « Tu ne peux pas voir Pogo. Même si elle était morte, je parie qu'elle n'aurait pas droit à ton fichu canapé.

– Aucun chien mort n'y aurait droit, répond Danielle. Allons, Rou. Monte donc Pogo dans ta chambre. Elle a sans doute besoin de sommeil maintenant, après tout ça. Elle me paraît plutôt groggy ; et on va juste l'empêcher de dormir... Voilà... Ciel ! Il me faut un verre de sherry maintenant. Erica, je te sers ?

– On a eu de la chance », raconte bientôt Danielle, assise à la place où Pogo était couchée il y a un instant, tenant un verre de sherry de Californie, son préféré – dont Leonard, avec son snobisme en matière de vins, n'a jamais voulu dans la maison. « J'avais très peur de la sortir de la niche, elle saignait terriblement, alors on l'a vite emmenée à l'école vétérinaire. Tu n'imagines pas dans quel état elle était. Le sang déjà, et puis elle était sale comme tout ; elle haletait, elle gémissait, elle souffrait beaucoup manifestement. Dès qu'ils l'ont vue, ils nous ont envoyées dans une salle pour l'examiner, et puis est arrivé ce véto très sympa, un grand type chauve et rougeaud. Rou aussi hurlait, elle avait l'impression que Pogo allait se vider de tout son sang et elle refusait de sortir, alors il nous a permis de rester là toutes les deux pour l'aider... Il a plaisanté avec nous, blaguant avec Rou, me racontant qu'il venait de remettre en état un pékinois primé qui était allé se fourrer en mauvaise compagnie. La propriétaire était folle à l'idée que les petits n'auraient pas de pedigree. Apparemment l'avortement est déjà légal pour les chiens, tu savais ça ?

– Ils sont mieux soignés que les gens maintenant, d'après Brian.

– Possible. Ce véto m'a fait penser à ce qu'étaient les médecins quand j'étais petite ; il avait ce même calme, cette manière de prendre son temps, cette patience.

Maintenant, ils sont tous comme des ordinateurs, sortant un diagnostic aussi vite que possible et passant au cas suivant.

– Comme le docteur Bunch.

– Oui, comme Bunch, exactement. Tandis que ce type, dès que Pogo a été entre ses mains, elle a cessé de gémir ; elle a compris qu'elle était sauvée. Ma pauvre chienne, il lui a dit, c'est toi qui as fait les frais de la bagarre, hein ? Il n'a pas arrêté de lui parler pendant tout le temps qu'il lui nettoyait ses blessures et qu'il la recousait, en expliquant ce qu'il faisait et en lui disant qu'elle était très courageuse. Je me suis dit, c'est drôle, franchement – il traite Pogo comme un être humain, et moi quand je vais chez Bunch, il me traite comme un animal.

– Le docteur Bunch ne vous dit jamais rien. Quand c'est possible, il ne vous adresse même pas la parole.

– Oui, c'est vrai. Mais le pire c'est qu'il ne vous écoute jamais. Je me demande pourquoi tout le monde va chez lui. Si seulement on avait ici un généraliste comme ce veto, ce docteur je-ne-sais-plus-comment.

– Le docteur Bernard M. Kotelchuk, dit Rou, qui vient de descendre.

– C'est vrai ? s'exclame Erica en riant.

– Oui, c'est son nom. Je l'ai vu affiché dans le bureau. Il va venir voir mes tortues la semaine prochaine. » Rou se laisse tomber dans un fauteuil comme une masse.

« Je n'y compterais pas trop, lui conseille sa mère.

– Pourquoi pas ? Je lui ai demandé, et il a dit qu'il serait content de venir. Les tortues l'intéressent beaucoup. » Elle se redresse d'un air belliqueux.

« Tu crois que le docteur Kotelchuk n'est pas un homme de parole ?

– C'est sûrement un homme de parole. Mais il aura peut-être autre chose à faire. (Danielle pose son verre et regarde sa fille.) Rou, ton tee-shirt ! On dirait que tu t'es battue toi aussi. Tu ferais bien d'aller ôter tout ça. Mets ton jean et ton tee-shirt à tremper dans l'eau froide dans le lavabo de la salle de bains pour faire partir ces taches de sang. Comment va Pogo ?

– Elle dort sur mon lit. » Rou se lève.

« Et si tu prenais un bain par la même occasion ?

– Non, c'est pas la peine. J'ai pris une douche hier soir, et un bain avant-hier soir, et le soir d'avant.

– Bon d'accord... Heureusement que Lennie est reparti à New York, ajoute-t-elle, une fois Rou remontée à l'étage. Je devrais être remise maintenant, mais chaque fois qu'il vient, je suis sur les dents pour que la maison soit rangée et que les enfants fassent leur toilette. Pour lui, "les gens civilisés prennent un bain tous les jours". » Danielle imite la diction flegmatique et précise de son mari.

« Ah », acquiesce Erica, sans ajouter qu'elle partage ce point de vue. A son avis, Danielle aurait pu prendre un bain et se changer elle aussi. Sa robe mexicaine en coton rouge est toute chiffonnée ; ses pieds bronzés sont couverts de poussière.

Ce côté négligé est nouveau chez Danielle. Comme sa maison, elle a changé depuis le départ de Leonard, et un peu de la même façon. Elle est moins opulente – elle a perdu presque cinq kilos – et ce qui reste est moins bien tenu. L'élégance raffinée et presque européenne avec laquelle elle aimait paraître du temps de son mariage – chemisiers en soie et bas en dentelle, cheveux apprêtés en coiffures chatoyantes, nattés et roulés avec autant d'application que des pâtisseries françaises – tout cela a disparu. Danielle a toujours l'air d'une Européenne, mais elle ne donne plus dans le style de l'aristocratie. Elle porte maintenant de grosses robes paysannes brodées aux couleurs vives ; elle a les jambes nues et ne les rase pas toujours ; ses cheveux sont sommairement retenus en arrière par une lanière de cuir. On croirait que, privée de l'amour d'un homme, le sentiment de sa propre valeur a diminué. Cette idée met Erica mal à l'aise ; elle la chasse et essaie de revenir à ce que sa meilleure amie est en train de dire.

« ... dans son nouvel appartement de la 4e Rue, il a une cuisine tout équipée et tout est très organisé. Le cadre idéal pour lui. » Danielle rit un instant et se reverse du sherry.

« D'après Brian, il n'a qu'une pièce, guère plus grande que celle-ci, lui rappelle Erica, consolante. Et aucune vue. Juste un mur de brique.

– Oui, il geint beaucoup là-dessus. Il ne veut jamais voir que le mauvais côté, surtout quand il est ici, naturellement ; il ne veut pas me rendre jalouse. Je suis censée le plaindre, et trouver qu'il a la vie dure. (Cette fois le rire de Danielle est amer.) Mais ça lui convient très bien. Il n'a jamais supporté d'avoir à s'occuper de toute une maison. Et le jardin le rendait dingue, tu sais. Il ne l'avait pas si tôt remis en état qu'il y avait quelque chose qui commençait à repousser et ça foutait tout en l'air.

– Oui, je me souviens qu'il était furieux après Matilda et Rou quand elles jouaient avec le gravier et qu'elles en envoyaient dans l'herbe.

– Ouais, il n'a jamais aimé vivre avec des enfants. Je crois que c'est ça la vraie raison de son départ.

– Han, han. » Cela fait quinze mois que Danielle avance un grand nombre de vraies raisons possibles au départ de Leonard. Dans ces moments-là, sa voix se durcit et son langage se relâche ; mais ses grands yeux bruns embués la trahissent. Malgré tout, comme diraient Jeffrey et Matilda, elle est toujours accrochée. Erica se représente Leonard comme un portemanteau métallique qui se dresse tout seul dans son coin, du genre de ceux qui sont placés dans les bureaux par l'université. Elle voit Danielle, accrochée à un de ses bras métalliques par l'encolure de sa robe rouge, dont l'empiècement est brodé d'oiseaux et de fleurs jaunes ; cela fait un an et demi que Danielle est accrochée là, jurant et suant, se débattant de tous ses membres pour se décrocher. Erica se dit que Dieu merci elle n'a jamais été dans cette situation.

« ... et naturellement il adore vivre à Manhattan, mais il se plaint sans arrêt en disant que ça lui coûte très cher et que nous, ici, on s'en tire bien mieux. Il voudrait bien rogner sur l'argent qu'il nous envoie. Ou ne plus rien envoyer du tout.

– Il ne ferait pas ça, dit Erica.

– Faut pas se faire d'illusions. » Danielle se penche en avant, posant son verre vide sur la petite table en teck de Leonard, maintenant toute tachée de ronds qui s'entrecoupent. « Tu crois que les hommes se gênent pour faire ce qui les arrange ? Et dans cette putain de société, ils peuvent faire à peu près tout ce qui les arrange. Regarde mon mari. (Bien que leur divorce remonte à plus d'un an, Danielle parle toujours de Leonard comme de son mari.) Personne ne trouve à redire qu'il ait amené sa femme et ses enfants au fin fond de cette cambrousse et qu'il les ait plantées là. Si c'était moi qui l'avais laissé ici avec les filles pour retourner seule à New York, tout le monde me trouverait complètement irresponsable, immature, et égoïste – malade même, dit Danielle en riant. Enfin ! » Elle s'adosse aux coussins mous et poussiéreux du canapé, levant un bras bronzé pour y appuyer sa tête et posant ses pieds sales sur la table basse. « Alors, et chez toi, comment ça va ?

– Ça va, apparemment, dit Erica faussement.

– Tu es retournée voir pour ce boulot ?

– Non. J'ai téléphoné pour dire que je ne pouvais pas. Brian est tellement braqué contre cette idée, ça ne semblait pas valoir la peine de continuer à discuter. Et puis ça n'est pas comme si je mourais d'envie de faire des recherches en bibliothèque.

– Non. (Danielle se renfrogne.) Mais tu avais envie de travailler. Après tout, c'est une question de principe.

– Ah, ne dis pas ça, répond Erica avec un petit rire

triste. C'est aussi ce que dit Brian. Il trouve ça très sournois et inconsidéré de ma part d'avoir cherché du travail avant de le consulter. Il a le sentiment qu'il ne peut pas me faire confiance.

– *Lui*, il a le sentiment de ne pas pouvoir *te* faire confiance, bredouille Danielle avec émotion. Ça alors. » Elle avale sa salive et se tait.

Comme elle n'a jamais parlé à Danielle de l'infidélité de Brian, Erica regarde son amie avec surprise. Vraisemblablement, d'une manière ou d'une autre, elle a eu vent de la conduite de Brian au printemps dernier. Elle hésite, ne sachant pas si elle doit en parler maintenant. Après tout, cette liaison avec Wendee, c'est du passé ; elle essaie de ne plus y penser, et elle y a en partie réussi. Danielle ne dit rien non plus ; elle croise les bras et regarde par la fenêtre, rongeant son frein visiblement. Elle croit probablement qu'Erica n'est pas au courant ; qu'elle est encore lamentablement dupe. Mais Erica n'a aucune envie de confirmer cette réputation en plus de celle d'épouse trompée.

« Je ne savais pas que tu étais au courant de tout ça, finit-elle donc par dire.

– Moi non plus je ne savais pas que tu étais au courant. Ah, merde ! Je te demande pardon.

– Ça n'est pas grave, dit Erica avec un pauvre sourire.

– Allez, reprends un verre. » Danielle lui verse brutalement une rasade de sherry.

« Je l'ai seulement appris cette semaine, s'excuse-t-elle. J'ai voulu t'appeler, et puis je me suis dit : Après tout, bon Dieu, qu'est-ce qui me prouve que c'est vrai, je n'ai rien vu. » Sa voix, habituellement forte, a flanché.

« Mais oui, je comprends bien », dit Erica, touchée – et pas mécontente de voir que maintenant son amie est plus ennuyée qu'elle.

« Comment l'as-tu appris ? demande Danielle.

– J'ai trouvé une lettre que la fille lui a écrite.

– C'est donc vrai.

– Oui. (Nouveau sourire d'Erica, consciente de faire bonne figure.) Il l'a reconnu.

– Tu vois, je n'arrivais pas à y croire, soupire Danielle. Enfin, ça me paraissait tellement inattendu de la part de Brian. Il a toujours tellement prôné la morale et la vertu.

– Je sais. » Erica s'aperçoit qu'elle s'est trompée. Danielle est trop loyale pour lui en vouloir ou pour avoir une moins haute opinion d'elle à cause de l'infidélité de Brian. Elle aurait pu attendre moins longtemps pour lui raconter son histoire.

« Et en plus je n'aurais jamais imaginé qu'il puisse s'enticher d'une fille pareille. Tu la connais ?

– Non. (Erica hoche la tête.) Je ne l'ai jamais vue. » Elle n'ajoute pas que tout le printemps dernier elle a cherché Wendy – ou du moins une jeune beauté blonde – chaque fois qu'elle allait sur le campus... Plusieurs fois, elle a cru repérer ladite personne, et elle s'est arrangée pour savoir son nom ; mais elle n'est jamais tombée juste. (En réalité Erica a vu Wendy souvent sur le campus, et une fois elle a été assise à côté d'elle au snack, sans la remarquer, car celle-ci n'avait rien de commun avec la jolie Wendee qu'imagine Erica. Et Wendy, qui ne s'attendait pas à voir Erica sur le campus et ne la cherchait pas, ne l'avait pas remarquée non plus.) Depuis juin, où Brian lui a dit que Wendy a quitté la ville, Erica a cessé de chercher.

« Elle n'a rien de particulier. Une de ces filles à face de lune avec des yeux bleus et tristes et des cheveux filasse décolorés. Franchement, ça m'a étonnée.

– Oui, c'est étonnant », dit Erica, en plissant le front au point de s'en donner mal à la tête. Manifestement, ou bien Danielle est mal informée, ou bien Brian a mal décrit Wendy. On dit que l'amour rend aveugle, mais pas à ce point ; et de toute façon Brian s'est toujours défendu d'être amoureux. Cela veut donc dire que quoi ? « Quand je l'ai vue jeudi en train de prendre un café, je me suis dit : Ah ! ce qu'elle a l'air idiote !

– Tu l'as vue jeudi », dit Erica, choisissant ses mots comme si elle les sortait d'un tonneau plein de crabes vivants tout mouillés que sa meilleure amie viendrait de lui offrir.

« Oui. A *la Vache bleue.* »

La tête lui fait soudain encore plus mal, surtout vers la nuque ; et vibre comme la musique de synthétiseur qu'écoute Jeffrey. Parmi ces vibrations, il en est une qui lui annonce que Brian s'est embarqué dans une nouvelle liaison, avec un laideron cette fois. C'est de cette dernière liaison que Danielle a eu vent.

« Qui t'en a parlé ? » demande-t-elle, parmi les parasites du synthétiseur.

« Oh, une de nos assistantes ; une certaine Gail Farber. Quelqu'un qui bavarde beaucoup. On était en train de prendre un café, et la fille est entrée. Gail lui a fait signe – elles se connaissent par la Librairie Krishna – et alors elle nous a dit qui c'était. » Danielle a un ton d'excuse, chaleureux et compatissant.

« Qu'est-ce qu'elle a dit d'autre ?

– Rien d'autre. Naturellement elle ne sait pas que je suis amie avec toi.

– Elle t'a dit le nom de la fille ?

– Je ne crois pas. Elle a dit qu'elle était en 3e cycle en psychologie. Mais ! (Danielle fait un bond en avant.) Tu sais ce que je crois ? La véritable raison pour laquelle Brian ne veut pas que tu travailles pour Barclay c'est qu'il est dans le Département de Psycho. Il a peur que tu rencontres la fille, ou que tu en entendes parler. Bon Dieu, je suis sûre que c'est ça. » Sa voix est montée à température d'ébullition.

« Je n'avais pas pensé à ça », bredouille Erica, regardant autour d'elle d'un air effaré. « Mais je crois que tu as peut-être raison.

– C'est dégueulasse. Ah, je suis vraiment désolée. » Danielle pose une main sur le bras d'Erica dans un geste de consolation.

« Ça n'est pas grave. » Erica se détourne instinctivement, échappant à la main de son amie ; elle n'aime pas qu'on la touche, et elle déteste qu'on la prenne en pitié, ce qui lui donne toujours l'impression d'être pitoyable. « Tout le monde doit être au courant dans le Département, dit-elle, même Barclay.

– Ça non, je ne crois pas, il...

– Il était sans doute au courant quand il m'a convoquée. » Le ton est froid, glacial même, et contraste avec celui de Danielle. Les mots semblent tomber sur le tapis d'Orient comme des glaçons invisibles.

« Sûrement pas. Il n'est pas du genre à écouter les ragots. Il n'a jamais été familier avec les étudiants, que je sache.

– Ah... » Erica n'a pas l'intention d'entrer dans une discussion sur la sociabilité de M. Barday. Son vœu le plus ardent est de sortir de chez Danielle et d'être seule pour réfléchir. « Ecoute, dit-elle. Quelle heure est-il ?... Je ferais mieux de rentrer, B..., (elle supprime le nom, ne le prononce pas), les enfants vont se demander ce qui m'est arrivé. »

Alors qu'est-ce qui m'est arrivé ? se demande Erica en tramant son mal de tête le long du trottoir cahoteux pour regagner sa voiture au coin de la rue suivante. Danielle habite près de l'université, et on sent la proximité de deux grandes maisons pour étudiants ; c'est toujours difficile de se garer. Tout du long, ce ne sont que boîtes métalliques cabossées et emballages de plastique souillés, le caniveau regorge des ordures de la semaine. Il y a aussi des sacs en papier pleins de bouteilles et de boîtes de bière, et des liasses de journaux détrempés attachés avec de la ficelle. Devant une des maisons pour étudiants, un fauteuil bordeaux trop rembourré, couvert de taches, gît sur le flanc, vomissant son kapok – victime de la bagarre de la veille au soir apparemment. Les rebuts, se dit Erica. Les ordures, la pollution, les saloperies.

Tout en marchant dans la chaleur lourde de l'après-midi, elle se dit qu'elle avait cru que c'en était fini des saloperies, elle commençait à oublier ; et voilà que ça recommence, en pire ; en bien pire. Elle trouvait que c'était le comble de la pollution et du déshonneur pour leur couple que Brian ait couché par hasard avec une jolie fille qu'il n'aimait pas. Mais elle se trompait. Il est allé encore plus loin dans le déshonneur – il couche avec un laideron. Il est devenu malpropre, répugnant – comme cette poubelle renversée là devant elle, qui dégueule des vieux os et des canettes de bière.

Ordures et mensonges. Danielle a raison : Brian a caché les raisons pour lesquelles il ne veut pas qu'Erica travaille dans le Département de Psychologie. Il a inventé de faux arguments et invoqué les Enfants, il a faussement prétendu se soucier de leur bien, et il l'a accusée de ne pas s'en soucier. Et même le soir de la semaine dernière où elle a accepté de renoncer à ce travail, quand il l'a prise tendrement dans ses bras, et lui a caressé le dos doucement comme elle aime, et l'a appelée « ma princesse », il mentait, il mentait. La fureur et le chagrin lui donnent le vertige ; elle bute sur le trottoir défoncé et d'une main se rattrape à l'objet le plus proche – un poteau télégraphique brun foncé sur lequel est clouée une plaquette d'aluminium avec un numéro. Il lui a retiré ses chaussures doucement, l'une après l'autre, en disant... Mais c'en est trop, elle ne supporte pas d'y penser ; Erica reprend son souffle, lâche le poteau télégraphique, et se remet en marche.

Pour préserver son infâme, son immonde liaison, Brian a menti et il l'a manœuvrée pour qu'elle renonce à quelque chose à quoi elle tenait vraiment et dont elle avait besoin. Ensuite, au lieu de lui être reconnaissant de son abnégation, il est allé jusqu'à lui reprocher son idée. Il lui a fait honte, il l'a maltraitée ; il a réussi à lui faire croire que vouloir engager une femme de ménage et travailler à temps partiel, chose que font des milliers de femmes en Amérique, est égoïste et répréhensible. A nouveau, exactement comme au printemps dernier, elle a été enfoncée dans son tort par ses machinations ; mise moralement au fond d'un trou.

En tournant le coin de la rue, à côté d'un autre tas d'ordures, Erica aperçoit sa voiture. C'est un break ventru d'un ocre brillant que Brian a acheté au printemps dernier, et auquel elle ne peut toujours pas s'habituer. Il met du temps à démarrer, il est lourd à conduire – et impossible à garer droit ; après un essai mémorable, Leonard Zimmern l'a baptisé Le Pot de Beurre de Cacahuètes. Comme c'est surtout elle qui conduit tous les jours, Erica a récemment émis l'idée qu'ils pourraient l'échanger contre une voiture plus petite, comme la Peugeot de Danielle. Cela a mis Brian en fureur, car il se méfie de tous les produits importés et s'oppose à leur achat pour des raisons d'ordre économique. Si cette voiture ne lui plaisait pas, pourquoi ne l'avait-elle pas dit avant qu'il ne l'achète ? – c'est-à-dire avant qu'elle ne le sache. Et puis il a tenu un discours sur la nécessité de faire des choix sérieux et sur la balance commerciale, après quoi, comme c'est devenu habituel dernièrement, Erica s'est retrouvée encore un peu plus profondément enfoncée dans son trou moral. Cela manque d'agrément et de charme là au fond, et Erica se rend compte qu'elle va elle-même perdre rapidement tout charme et tout agrément, comme la plupart des prisonniers.

Mais voilà que cet après-midi, on lui a passé une échelle et elle peut sortir du trou. Oui. Maintenant, le coupable, c'est Brian ; c'est à lui d'être dénoncé. La main sur la portière du break, avec son mal de tête, Erica réfléchit très fort. Il faut qu'elle utilise l'échelle avec prudence ; il ne faut pas qu'elle oublie comment ça s'est passé la dernière fois, comment Brian, lui, le coupable, a réussi à inverser les rôles. Il faut qu'elle soit prête à toute éventualité de contre-attaque. Il faut qu'elle garde son calme et qu'elle ne laisse paraître aucun signe de faiblesse – cette fois-ci pas de larmes, pas de jalousie, pas de passion ; pas d'accusations sans preuves.

Mais quelles preuves a-t-elle ? L'air sombre, Erica monte dans son Pot de Beurre de Cacahuètes bien chaud, se glisse derrière le volant, et claque la lourde portière. Quand elle va l'affronter, Brian risque de tout nier. Il risque de prendre son air professoral et de dire que ses accusations ne reposent pas sur des preuves historiques, mais sur des racontars malveillants de seconde ou troisième main. Il risque de les accuser, elle, Danielle, et cette vague connaissance de Danielle, de n'être que des femmes malveillantes, soupçonneuses et crédules.

Elle met le contact ; le moteur, comme d'habitude, vrombit prétentieusement, et meurt aussitôt. Et si, de fait, elle était soupçonneuse et crédule ? Erica envisage un instant cette possibilité, et ce qu'elle ressent n'est pas du soulagement. Ce qu'elle voit, c'est que son échelle lui est enlevée, remontée en haut du trou. Si Brian n'est pas fautif, elle est enfoncée dans son tort aussi profondément que jamais ; et elle va s'y enfoncer encore plus si elle l'accuse injustement. Bien qu'elle ne formule pas encore tout à fait les choses ainsi, elle souhaite qu'il soit fautif.

« Vrroum, roum, vrr... » A nouveau le moteur rend l'âme. L'intérieur de la voiture est brûlant, étouffant ; Erica sent le brocart en plastique du siège lui coller aux cuisses, et le volant est chaud et moite. Il lui faut plus de temps, plus de munitions : il faut qu'elle prenne le temps de surveiller Brian, d'accumuler des preuves et de rassembler ses forces avant d'attaquer. Il n'y aura pas à attendre très longtemps, estime Erica – et pendant ce temps-là elle aura la satisfaction de savoir que, quoi que Brian puisse dire ou faire, elle est revenue dans le vrai – et son triomphe sera complet.

5

C'est la fin d'octobre. Les grands vents se sont levés, les arbres changent de couleur et s'effondrent, et, dans la vie de Brian, tout change de couleur et s'effondre, et tout va mal. Ses collègues, en dépit de ses conseils, modifient le niveau de la licence ; ses étudiants, en dépit de ses conseils, modifient leur état d'esprit – les uns comme les autres dans le mauvais sens. Constamment – pendant le déjeuner entre professeurs, pendant les cours, pendant les réunions de comité même, on s'affronte sur la politique nationale ou celle de l'université au lieu de parler du sujet prévu. C'est l'escalade militaire dans le Sud-Est asiatique, et Jones Creek est pollué par les détergents.

A la maison aussi, tout s'effondre. C'est surtout manifeste chez les enfants, dont la crise de rébellion adolescente, au lieu de suivre son cours, s'est intensifiée. Par le passé, Brian pouvait généralement faire semblant de ne rien voir, mais des changements récents d'emploi du temps, pour lui et pour eux, l'en empêchent désormais. Depuis des années il n'avait pas cours le matin de bonne heure, ce qui lui permettait donc de se lever et de petit déjeuner en paix après que Jeffrey et Matilda étaient partis pour le lycée. Ce trimestre, il a un cours à neuf heures. De plus, les enfants ont réussi, après une lutte prolongée et pénible, à faire reculer l'heure de leur coucher à dix heures du soir en semaine et onze heures le week-end. Le résultat c'est qu'ils sont toujours là quand il est à la maison ; la radio et/ou le tourne-disque marchent sans arrêt, les meilleurs fauteuils du salon sont occupés, la porte du frigidaire reste ouverte, et l'évier est plein de vaisselle sale. Les protestations raisonnables et les efforts pour discuter sérieusement des principes de la vie de famille semblent avoir de moins en moins d'effet, et apparemment Erica est totalement incapable de faire face.

Les choses en sont arrivées à un point tel que les Tate connaissent non seulement un conflit de générations, mais un état de guerre totale. Les hostilités s'engagent dès sept heures du matin, quand Jeffrey et Matilda se réveillent, et durent toute la journée.

Ce matin, c'est Jeffrey qui a commencé ; il ne trouvait pas sa basket gauche. Explosions de braillements et de jurons ; portes et tiroirs claqués à l'étage ; le petit déjeuner de Brian abandonné sur le feu par Erica, qui s'est précipitée au second pour se battre au milieu de décombres infâmes dans le placard de Jeffrey ; deux œufs cramés dans la poêle.

Pendant ce temps, Matilda attaquait passivement, en ne bougeant pas de son lit. Quand enfin elle a paru dans la cuisine, à la suite d'un bombardement prolongé, elle était en tenue de combat. Elle a récemment teint ses cheveux (ainsi que le lavabo de la salle de bains) en un rose saumon voyant, atroce, et elle avait mis un jean pattes d'éléphant à fleurs violettes et un sous-vêtement de garçon sans manches, étriqué, qui moulait avec vulgarité sa poitrine en plein développement. Debout près de l'évier, elle s'est fourré dans la bouche des tartines de pain grillé et de confiture en échangeant des injures avec son père, sa mère et son frère. A l'heure de partir pour le lycée, elle a prétendu ne pas retrouver son livre de sciences sociales ;

parallèlement, Jeffrey a fait savoir qu'il avait un accroc à sa veste.

La dernière porte ayant claqué derrière eux, Brian s'est assis à table, déjà épuisé, bien qu'il ne soit que huit heures du matin. Sa tête, et toute la pièce, résonnaient encore de la voix hargneuse de sa femme et de ses enfants, semblable à l'écho des bombes et de la D.C.A., ainsi que de sa propre voix, hargneuse elle aussi.

« Je trouve pas ma foutue godasse, voilà ce qu'y a !

– Ah ! Papa, sois pas vache. J'ai pas le temps de me changer. Tu peux pas me fiche la paix pour une fois ?

– Il y a une odeur atroce dans cette pièce. Si c'est quelque chose que tu as fait brûler, je n'en veux pas.

– Qu'est-ce que c'est que cette connerie ? »

« Ben Matilda, t'es vraiment pas chouette aujourd'hui.

– Ah, tire-toi donc !

– Va te faire foutre.

– Connard.

– Merde. »

« Mais enfin qu'est-ce qui se passe là-haut ?

– Tu n'as pas besoin de crier comme ça, franchement.

– Bon, maintenant, Jeffrey, tu vas me ramasser ce morceau de pain grillé dégoûtant que tu as fait tomber par terre.

– Vous allez rater le car ! Mais cette fois ne croyez pas que je vais vous emmener au lycée en voiture. Vous pouvez y aller à pied ! »

Brian et Erica, comme leurs amis, étudiants, et collègues, ont passé un temps considérable à essayer de comprendre et d'arrêter la guerre au Viêt-nam. S'il devait établir un parallèle entre cette guerre et celle qui se déroule actuellement chez lui, Brian s'identifierait sans hésiter aux Sud-Vietnamiens. Pour lui, le conflit qui, à son début, il y a un an environ, était une simple intervention de police ayant seulement pour but la préservation d'un gouvernement démocratique et le maintien du *statu quo* – une mesure préventive, en fait – ce conflit n'a cessé de prendre une ampleur désastreuse, contre son propre gré et celui d'Erica, et malgré leurs efforts sincères pour y mettre fin. Depuis bientôt deux ans, ferait-il observer, la maison de Jones Creek Road est devenue territoire occupé. Jeffrey et Matilda ont pris le pouvoir progressivement, faisant entrer des troupes et du matériel, épuisant les ressources naturelles, et détruisant la culture locale.

Du point de vue des jeunes Tate, cependant, le parallèle est inversé. Brian et Erica sont les envahisseurs : les grands Américains cruels et sans pitié. Leurs ressources matérielles et leur expérience militaire sont largement supérieures, ce qui rend cette guerre profondément injuste ; et ils ont des alliés puissants, le Système Scolaire de Corinth, par exemple. Jeffrey et Matilda considèrent qu'ils se trouvent dans une situation quasi tragique. En dépit de leur supériorité naturelle et de leur désir d'autogouvernement, ils restent dépendants de l'aide *éricaine* et des investissements de Brian Tate. Pire encore d'une certaine manière est le déluge de propagande et de mensonges qu'ils doivent subir. Brian et Erica persistent à clamer partout qu'ils ne sont pas en train d'essayer de détruire Jeffrey ou Matilda, mais qu'au contraire ils luttent pour sauvegarder en eux ce qu'ils ont de meilleur, de plus éclairé et de plus démocratique. Quand ils entendent ces mensonges, les jeunes Tate sont naturellement furieux de se sentir exploités. Ils refusent de négocier et se replient dans la jungle de leur chambre au deuxième étage, où ils préparent leurs opérations de guérilla.

Brian et Erica ont dans cette guerre une position défavorable sur le plan moral et psychologique parce qu'ils veulent sauver la face à l'intérieur, et aux yeux du monde. Ayant été favorisés par le milieu et l'hérédité, ils veulent se croire dignes de leur bonne fortune. Ils désirent donc (contre toute raison) jouir de l'affection, du respect et de la gratitude de ceux avec qui ils sont en guerre et dont ils ont envahi le territoire ; et ils ne cessent d'être profondément blessés et indignés de ne pas recevoir cette affection, etc.

A l'extérieur, aussi, Brian et Erica ont une réputation à maintenir. Depuis maintes années, ils sont généralement considérés, et ils se considèrent eux-mêmes, comme des démocrates, défenseurs de la paix et de la liberté, partisans des causes nobles et humanitaires. La nécessité de sauvegarder cette réputation était si forte qu'ils n'ont jamais déclaré la guerre officiellement, continuant à parler du conflit comme d'un effort pour conserver la paix, et à affirmer qu'ils n'agissent qu'à titre consultatif. Néanmoins, la vérité des faits est largement connue, ce qui leur a valu la désapprobation du monde entier – y compris celle d'autres parents actuellement engagés de leur côté dans des guerres non avouées.

Jeffrey et Matilda, par contre, n'ont pas à se soucier de l'opinion publique. Ils savent qu'ils ont raison. Ils savent qu'ils peuvent engager n'importe quelle opération de guerre, ils seront applaudis par leurs contemporains, dont certains sont allés beaucoup plus loin déjà en fait d'hostilités déclarées. Ils ont pour les soutenir les magazines qu'ils lisent, les chansons qu'ils écoutent, leur culture tout entière. Même du côté de l'ennemi, nombreux sont ceux qui osent prendre parti pour eux, désavouant leur allégeance naturelle d'adultes au nom de la révolution et de la vérité.

Jusqu'ici, Brian a gagné la plupart des batailles rangées ; mais à vouloir gagner il épuise ses ressources, et il le sait. Il sait que le temps joue contre lui et qu'il ne peut pas gagner la guerre. Déjà, il ne remporte que des victoires négatives : il a, encore une fois, repoussé l'attaque de quelque bastion, ou réussi à contenir l'ennemi dans la zone de combat existante. Par exemple, il peut tout juste, par lassitude, se féliciter du fait que ses enfants – autant qu'il sache – ne volent pas de voitures, ne font pas sauter d'immeubles à la bombe et ne se droguent pas ; qu'ils ne se sont pas encore fait arrêter par la police, ou engrosser. Quelquefois, Brian le regrette ; car au moins ils seraient ailleurs – en prison ou dans un foyer pour filles mères – et ils seraient pris en charge par quelqu'un d'autre.

Ce qui rend cette guerre très épuisante pour Brian, c'est que son alliée, Erica, l'a lâché. Elle a fait savoir, non seulement en paroles, mais par sa pratique récente, qu'elle ne peut plus lutter, qu'elle renonce à se battre. Cette défection lui paraît foncièrement injuste ; honteuse même. Il y a des années que la vie domestique des Tate est gouvernée selon le principe de la séparation des pouvoirs : Erica étant chargée de l'exécutif, et Brian du législatif et du judiciaire. Il lui a toujours laissé la direction des affaires courantes concernant les enfants. Et maintenant que les enfants – peut-être par suite de sa mauvaise gestion – sont devenus des adolescents égoïstes, grossiers et rebelles, elle démissionne et décrète que c'est à lui le tour. Comme si le Président et son cabinet abdiquaient, laissant au Congrès et à la Cour Suprême le soin d'écraser une révolte coloniale.

En des circonstances normales, Brian n'aurait pas toléré cela. Mais les circonstances ne sont pas normales ; Erica n'est pas normale. Au cours des six dernières semaines en particulier, elle a eu un comportement tout à fait anormal. Elle est alternativement vigilante ou distraite ; curieuse à propos de son travail ou visiblement pas intéressée du tout ; trop bavarde ou muette. Au lit, il la sent bizarre : à la fois tendue et amorphe ; elle met du temps à prendre son pied, convulsivement et avec un cri de rage, ou elle ne le prend pas du tout. Elle paraît sur le campus à des heures étranges sans donner d'explication, et sert le dîner avec parfois une demi-heure de retard sans donner de raison. Il n'est pas venu à l'esprit de Brian que sa femme le soupçonne d'avoir une liaison, car il ne peut pas imaginer qu'elle garderait le silence là-dessus. Ce qu'il craint, c'est qu'elle ne soit atteinte d'une maladie mentale ; et depuis hier, mercredi, ses craintes ont redoublé.

Le mardi et le vendredi Brian déjeune avec Wendy dans son appartement de Collegetown ; le lundi et le jeudi avec ses collègues au Cercle des Enseignants. Mais le mercredi, il a un cours jusqu'à une heure un quart, et ensuite une réunion de comité à deux heures. Il va donc s'acheter du café au distributeur du sous-sol, et Erica lui prépare un repas froid (sandwichs, fruits, gâteau ou biscuits) dans un sac en papier. En même temps elle prépare aussi des paniers-repas pour les enfants, elle fait la vaisselle du petit déjeuner, elle balaie la cuisine et elle sort les ordures – les bouteilles, les papiers et les boîtes allant dans une poubelle, et les détritus, emballés dans un sac en papier, dans une autre.

Ce mercredi après son cours, Brian est remonté dans son bureau accompagné d'un étudiant de maîtrise radical du nom de Davidoff, qui avait soumis un projet de mémoire douteux. Tout en exposant ses objections à ce projet, Brian s'est assis à son bureau, il a ôté le couvercle de son café, et il a vidé son sac en papier au-dessus de son sous-main. Au lieu de son déjeuner, il en est sorti un tas de marc de café, de coquilles d'oeuf écrasées, de pelures d'oranges, de croûtes de pain grillé souillées de confiture, et de céréales détrempées.

« Eh bien, alors ! s'est exclamé Davidoff, riant avec bonhomie. C'est ça votre déjeuner ? »

Tout aussi agaçante et plus troublante peut-être a été la réaction d'Erica ce soir-là. Elle a semblé ne voir que l'humour de l'incident et pas ce qu'il signifiait sur l'état de son propre esprit. « Je me suis trompée, voilà tout », répétait-elle, réprimant manifestement une envie de rire comme l'avait fait Davidoff, mais sans bonhomie aucune.

« Tu l'as déjà dit, a-t-il fait remarquer. Ce que je te demande, c'est la raison pour laquelle tu fais ce genre d'erreurs. Ce que ça veut dire.

– Qu'est-ce que ça pourrait vouloir dire ? » Erica a cessé de sourire et elle l'a regardé avec ce qu'il a pris pour un certain trouble.

« Eh bien, que tu étais troublée ; ou que tu m'en voulais inconsciemment.

– Pourquoi t'en voudrais-je ? » Le ton était ambigu ; un instant, il s'est imaginé qu'elle savait tout. Heureusement, il n'a pas été saisi au point de perdre l'offensive.

« Comment le saurais-je ? Ce qui m'inquiète c'est que... » et il s'est mis à faire la liste des autres défaillances qui l'inquiètent. Mais depuis, la question d'Erica reste suspendue en l'air, à peine visible, comme une toile d'araignée. Cette question est suspendue là en ce moment même. A supposer qu'elle sache, se dit Brian, au moins elle ne sait pas qu'il pense qu'elle sait. Mais alors, pourquoi ne lui dit-elle pas qu'elle sait ? Et si elle ne sait pas, alors son comportement est insensé. A moins naturellement qu'elle lui en veuille encore de ce qu'elle sait vraiment, à propos du printemps dernier. Devrait-il admettre que ça, il le sait ? Brian cligne des yeux ; il a l'impression d'avoir dans la tête des araignées en activité, tissant de part en part des toiles de conjectures grises et gluantes. A moins que ce ne soit Erica qui les ait dans la tête ?

Mais ce matin les araignées ne sont pas le plus grave de ses ennuis. Ses doutes sur l'état mental de sa femme, l'aversion que lui inspirent ses enfants, ses contrariétés et ses déceptions professionnelles, ne sont pratiquement rien aujourd'hui à côté du problème de Wendy Gahaghan.

Pour être bref, Wendy s'est montrée préoccupée ces derniers temps par l'idée d'avoir un enfant – de préférence un enfant de Brian. Elle a d'abord parlé de cette envie en passant, il y a quelques semaines, en réponse à un compliment qu'il lui faisait : « Oui, ils sont beaux – ils pourraient juste être un peu plus gros pour mon goût. (Elle a souri avec confiance.) Quand j'aurai un bébé, je le nourrirai pendant au moins six mois – ça fait grossir les nichons, tu sais. » Une semaine plus tard le thème a été repris : « Gail dit que s'il y avait pas ce problème de population, Danny et elle, ils auraient cinq ou six gosses. Tu sais que je comprends ça ? Enfin tu vois, quand on aime quelqu'un, c'est normal de vouloir faire le plus d'enfants possible avec lui ; c'est comme moi, je voudrais bien avoir des enfants avec toi. »

A cette réflexion, Brian a ressenti un malaise ; une appréhension. Pour se couvrir, il a dit à Wendy qu'il espérait sincèrement que ses amis n'avaient pas l'intention d'être parents tout de suite ; il a disserté sur le tort que font si souvent à la société, à leurs enfants et à eux-mêmes les gens qui se reproduisent de façon irresponsable, avant d'être mûrs économiquement ou affectivement. D'un point de vue écologique, c'était tout simplement de la reproduction polluante.

Et puis finalement vendredi, à leur dernière rencontre – et à un moment de grande intimité : « Tu sais, l'hérédité ça donne de drôles de trucs. C'est vrai, l'autre jour je me disais, si on avait un enfant ensemble, comment est-ce qu'il serait ? » Brian a refusé de spéculer sur le physique de ce bébé conjectural. « Je n'en sais rien, et je ne veux pas le savoir », a-t-il dit. S'écartant d'elle, il a regardé son ventre lisse, légèrement convexe, avec un certain malaise, l'imaginant en train de gonfler sous ses yeux comme un ballon pâle. « Ça serait la fin de tout. Quoi qu'il en soit, ça n'est pas à un bébé qu'il faut penser pour l'instant, tu es là pour penser à terminer ton troisième cycle », a-t-il ajouté, en souriant inutilement, car Wendy avait détourné son visage. « Tu entends ? »

Un silence.

« Bien », a finalement répondu Wendy, en souriant

aussi. Mais ça n'était pas un sourire très heureux, se rappelle Brian et elle est partie peu après. Il l'avait sans doute blessée.

Il l'avait d'ailleurs senti tout de suite, et il avait prévu de remettre les choses au point quand ils se verraient le mardi ; mais il y a eu réunion de département à l'improviste. Il a appelé à l'appartement le matin, chose qu'il n'aime pas faire, et comme il le craignait, il n'a trouvé que la coturne de Wendy. Il a laissé un message bref, un peu brutal peut-être – blessant probablement Wendy une nouvelle fois, car elle n'a pas rappelé. On est maintenant jeudi à midi, et elle n'a toujours pas appelé ni paru dans son bureau.

Ce qu'il faut qu'il explique à Wendy, c'est qu'en réagissant à ses fantasmes de maternité comme il l'a fait, il n'a pas voulu la blesser, sa réaction a été naturelle, automatique. Il est trop âgé pour avoir d'autres enfants (trop âgé, en fait, pense-t-il souvent, pour supporter ceux qu'il a déjà). Mais que Wendy rêve d'être mère, quoi de plus naturel la aussi ? Lui-même a ses rêves : il se représente reconnu à l'échelle nationale en tant qu'analyste politique ; appelé à New York ou Washington, juridiquement et financièrement libre de profiter de l'existence ; de rencontrer, qui sait ? quelqu'un de semblable, par certains côtés, à Wendy. Il vit avec ces fantasmes au moins autant que Wendy avec les siens, et de façon plus insensée – car vraisemblablement elle aura des enfants un jour, mais lui ne sera jamais ni célèbre ni libre. Il devra rester dans ce même bureau jusqu'à sa retraite, juridiquement et financièrement lié à l'université de Corinth et à trois personnes envers qui il ne se sent plus guère que des obligations : une femme qui le déteste et est atteinte de dépression nerveuse, et deux adolescents révoltants et révoltés. C'est toute cette amertume, peut-être, qui le fait parler à Wendy impulsivement, elle pour qui rien n'est encore joué. Il l'avoue. Il lui a parlé impulsivement, et durement.

Or donc, se dit Brian, j'ai blessé Wendy. C'est à moi de m'excuser, de signaler que je ne suis pas choqué par ses fantasmes maternels, mais seulement soucieux, pour des raisons pratiques qu'ils ne se matérialisent pas tout de suite. Ce que je devrais faire, c'est l'appeler pour le lui expliquer.

Brian regarde le téléphone sur son bureau, mais il ne le décroche pas. Il est midi, et Wendy est sans doute chez elle ; mais sans doute aussi, malheureusement, sa coturne Linda Sliski – une fille maigre aux cheveux longs, avec de grands pieds, de grandes mains et un air décontracté, qui se fait parfois éclater la tête aux hallucinogènes. Brian considère Linda avec méfiance et antipathie, à la fois à cause de ce qu'il sait sur elle et à cause de ce qu'elle sait sur lui. Wendy affirme que Linda est quelqu'un de franc et de loyal, qui n'irait jamais raconter quoi que ce soit, mais il n'est pas convaincu. Il redoute périodiquement que pendant un de ses trips la tête de Linda n'éclate au point de laisser filtrer le nom de Brian par les fissures.

Brian évite Linda autant qu'il est possible. S'il la voit s'approcher de lui sur le campus, il prend un autre chemin, il monte des escaliers inutilement, ou il entre brusquement dans le bâtiment le plus proche. Dans un lieu clos comme le snack, ou bien il fait semblant de ne pas la remarquer, ou bien il la salue rapidement et cordialement, et il déguerpit aussi vite que possible. Sur sa demande expresse, Wendy s'est arrangée pour que Linda ne soit jamais dans l'appartement quand il vient déjeuner. Avec sa méfiance, il n'a aucune envie de lui parler, si brièvement que ce soit, même au téléphone.

Fronçant le sourcil, crispant le visage, Brian décide d'attendre le lendemain, où il verra Wendy, et de ne plus se tourmenter jusque-là. Mais quand il s'arrête au bureau du département en allant déjeuner et qu'il reconnaît l'écriture de Wendy sur une enveloppe parmi le fatras de courrier de sa boîte à lettres, ses muscles faciaux se détendent de soulagement.

« Bonnes nouvelles, j'espère ? » demande Helen Wells, la secrétaire du département, observant cette décontraction.

« Non, juste des publicités et des factures », répond Brian. Souriant, il remonte avec son courrier pour le lire seul dans son bureau, décachetant, comme toujours, le moins intéressant d'abord.

ENSEIGNANTS, LES PUBLICATIONS FUNK ET WHANG Répondent Enfin à Votre Demande...

Ami des libertés américaines : Le 16 mai de cette année C. Daniel Farber a été arrêté à la suite d'un prétendu *sit-in* avec destruction de matériel au Conseil de Révision de Clinton County. Sa caution a été fixée à...

Cher Brian,

Je pense que c'est peut-être la dernière lettre que je t'écrirai maintenant, et ça me fait plutôt flipper parce que je m'étais figuré que j'allais t'écrire et parler avec toi jusqu'à la fin de mes jours. Ce qui était peut-être pas tellement prouvé.

La fin de tout comme tu as dit très fermement, alors je me tire comme tu sais, et comme tu souhaites. J'aurais bien aimé qu'on s'explique sur le fait que ça soit arrivé, sur le pourquoi et le comment mais quand j'ai essayé d'aborder le sujet, tu m'as renvoyé des vibs tellement mauvaises que j'ai pas supporté. Comme le professeur Frankel m'a dit des fois j'ai de la difficulté dans l'expression. Ça me complexe. J'étais trop déboussolée que tu viennes pas hier pour essayer de téléphoner ou d'aller te voir on sait jamais j'aurais pu me mettre à hurler ou à débloquer, et c'est pour ça que je l'ai pas fait comme tu sais sûrement puisque tu sais tout. Il m'a fallu jusqu'à ce matin pour arrêter d'être comme une gosse et de penser qu'à moi et de te mettre tout sur le dos ce qui était juste une façon de me défiler parce qu'on savait bien et on avait bien dit tous les deux depuis le début que si je me retrouvais enceinte c'était ma responsabilité, ou plutôt de la façon que ça a tourné mon irresponsabilité. De toute façon il faut que je me débrouille maintenant. Ça m'a rendu à moitié barge d'attendre que tu m'appelles mais j'ai fini par accepter que ça vienne pas, et que t'avais décidé de pas appeler. Si tu sais tout alors tu dois avoir raison ça aurait fait encore plus mal d'en parler quoique j'arrive pas à me représenter comment ça pourrait faire plus mal.

Je voulais disparaître discret comme OMO---- et la Saleté S'en Va à la Télé seulement j'ai eu peur (et Linda est d'accord) que tu te demandes ce qui se passait et que tu te fasses de la bile ce qui était pas une bonne chose puisque l'idée c'est que Brian Ait La Paix, qu'il soit toujours de plus en plus calme, productif et concentré – autant qu'il est possible de l'être dans ce Siècle Américain – bien entendu. Et que tu finisses ton livre qui sera un bel enfant pour toi et pour le monde. Ne regrette rien jamais comme moi. J'ai voulu aimer complètement et me donner à toi entièrement et mon vœu s'est réalisé pas comme j'aurais cru mais c'est comme ça, avec les vœux. Zed dit qu'on a tous beaucoup de vies différentes et celle-ci est finie pour moi c'est tout. Par ailleurs, je voudrais te dire, pense à moi dans ton bureau quand il fera froid dehors certains après-midi, mais je sais que c'est de l'égoïsme. Ne pense plus à moi, rappelle-toi seulement à quel point ce que tu es en train d'écrire est important et maintenant il y a plus rien qui peut s'interposer. Et prends soin de toi.

toute à toi, à toi, à toi, à toi, à toi.

La première réaction de Brian à ce document est la stupeur, suivie, en cours de lecture, par un grand trouble de l'âme. Comment Wendy a-t-elle pu tomber enceinte ? Elle est censée prendre la pilule ; « qu'on s'explique sur le fait que ça soit arrivé » signifie donc qu'elle a perdu son équilibre et que, par négligence, par bêtise, elle a cessé de la prendre. Ensuite il est furieux contre lui-même, d'avoir été si bête, de ne pas avoir prévu ceci, de ne pas l'avoir empêché ; et puis à nouveau contre elle, de n'avoir rien dit, d'avoir été si bêtement incapable de s'exprimer.

Mais après tout, Wendy reconnaît ses torts. Il relit sa lettre et il est frappé par son aveu de faiblesse, sa reconnaissance de ses responsabilités, son refus généreux de l'accuser ou de l'impliquer. Persuadée qu'il savait ce qui s'était passé, elle a attendu qu'il parle. Puisqu'il ne l'a pas fait, elle accepte. Sans rien demander, sans faire de scène, elle annonce son intention de partir, vraisemblablement pour aller se faire avorter. (« Il faut que je me débrouille maintenant. »)

L'espace d'un instant, il envisage de prolonger sciemment le malentendu, d'accepter sa générosité sans mot dire et de la laisser partir – mais cela ne dure qu'un instant. Agir ainsi serait indéfendable à la fois moralement et matériellement – à la fois mauvaise gestion et mauvaise politique.

De plus, il a envie de la voir. Il faut qu'il la voie, qu'il tire au clair le malentendu, qu'il s'assure de son équilibre affectif et de la pérennité de sa discrétion, qu'il l'assure elle, de la pérennité de son attachement, de son soutien affectif et moral. – Et de son soutien matériel. Les interventions légales coûtent très cher ; celles qui sont illégales, qui ne sont pas prises en charge par l'Assurance Maladie, coûtent encore plus cher. Brian a les moyens de remplacer l'Assurance Maladie, et il est normal qu'il le fasse.

Décrochant le combiné, il compose le numéro de Wendy, en réfléchissant à ce qu'il va dire. (Pourquoi ne m'as-tu rien dit... Comment as-tu pu penser que je...) Le téléphone commence à sonner. (Mais tu n'as pas besoin d'abandonner tes études pour autant, de laisser tomber la fac... Une courte absence pour raison médicale... La couverture habituelle est une mononucléose...) Le bourdonnement morne et régulier d'un téléphone qui résonne dans un appartement vide ; trois coups, quatre, cinq. Est-elle déjà partie ?

Il repose le combiné et se remet à lire la lettre de Wendy pour la troisième fois. « Zed dit qu'on a tous beaucoup de vies différentes et celle-ci est finie pour moi c'est tout », lit-il, « ... disparaître discret... La fin de tout. »

Brian fait le demi-mouvement de se lever de son bureau, en émettant le son « Pffeuh ». Il se reprend, se rassied. Il se dit à haute voix qu'il doit se méfier des conclusions hâtives, cependant qu'une voix inaudible située quelque part derrière son oreille gauche lui crie qu'il n'y a pas une seconde à perdre s'il s'agit d'éviter un horrible désastre. Il compose à nouveau le numéro de Wendy, cependant qu'une autre voix au sommet de son crâne observe qu'en cas de crise des hommes raffinés et cultivés sont capables de donner dans la rhétorique du mélodrame politique de bas étage ; ce fait a des applications historiques intéressantes, observe la voix.

Brr, Brr, Brr. Mais ça n'est peut-être pas le bon numéro. Brian raccroche le combiné et consulte l'annuaire des étudiants. Bien que les chiffres semblent être les mêmes, il recompose le numéro, lentement, avec l'impression d'avoir les doigts gonflés. Brr, Brr, Brr, Brr, etc.

Bien, voici un cas d'urgence. Il faut qu'il réfléchisse clairement, logiquement. Si Wendy n'est pas chez elle, elle est peut-être quelque part sur le campus. Laissant un mot sur sa porte, il sort précipitamment et passe la demi-heure suivante à faire rapidement le tour de l'université, perdant progressivement, malgré le désir exprimé par Wendy, son calme, sa productivité et sa concentration. Il la cherche dans la salle de lecture et dans les travées de la bibliothèque, dans trois cafétérias, deux snacks et le magasin du campus. Il cherche aussi Linda, qu'il a si souvent essayé d'éviter. Mais il ne les voit dans aucun de tous ces endroits où, par contre, des gens le voient. Certains le regardent avec des yeux ronds, se demandant sans doute ce qu'il fait là. Et que fait-il là en effet ? Si Wendy a l'intention de se tuer, ou même si elle a simplement le projet de partir, elle ne va pas être en train de lire dans la salle des volumes réservés, ou de manger un de ces sandwichs au pain aux raisins et au fromage frais à *la Vache bleue*.

Cette preuve du trouble de son esprit le fait trébucher sur les marches de la bibliothèque. Il s'arrête, essaie de reprendre son souffle. Il faut qu'il clarifie ses idées, qu'il considère la situation dans son ensemble, qu'il fasse une analyse structurale, qu'il élimine les données non signifiantes.

A Corinth, à cause de l'histoire géologique unique du relief, on a toujours à portée de la main les moyens de se suicider. Le plus souvent, les claustrophobies de la vie trouvent facilement la sortie, sortie traditionnelle à l'université de Corinth. Deux des ponts sur le ravin nord, et un sur le ravin sud, ont beaucoup de succès. Mais partout il y a des abrupts qui, à cette heure de la journée, sont moins fréquentés. Chaque année, quelques étudiants malheureux y vont, comme on dit ici, pour « se défiler ».

Si Wendy s'est déjà jetée dans une de ces failles profondes et fatales du paysage, il n'y a plus rien à faire, se dit Brian, debout sur les marches de la bibliothèque, hors d'haleine et en sueur, bien que la journée soit fraîche et nuageuse. Plus rien à faire même si elle est seulement en route ; il y a trop d'endroits possibles, il n'arriverait jamais à la trouver. Mais on aura tôt fait de la trouver – De la trouver, de l'identifier, de l'examiner ; de découvrir qu'elle portait un enfant, son enfant. Le tragique événement sera relaté comme d'habitude en deux paragraphes discrets d'une page intérieure du *Courrier de Corinth*, lus pendant le dîner de demain par tout le monde en ville, par Erica. Ses dénégations. « Je ne l'ai pas vue, je ne lui ai pas parlé – l'ai à peine vue, lui ai à peine parlé (plus crédible) depuis le printemps dernier. Malheureusement, c'est vrai, elle a toujours été un peu déséquilibrée... » Déséquilibrée, est tombée facilement. L'événement relaté plus longuement, avec une photo récente, dans le journal des étudiants, lu au petit déjeuner le jour suivant par tout le monde ; par Linda Sfiski. Le chagrin de Linda, sa fureur, la vérité éclatant dans sa tête et se répandant dans celle des autres, de beaucoup d'autres, ne cessant plus de se répandre.

« Bonne journée », lui lance un collègue, un certain George Chambers, passant à côté de Brian pour entrer dans la bibliothèque.

« Hum », répond Brian, ramené à la réalité extérieure. Il tend la main, la paume en l'air comme un mendiant, pour faire croire qu'il s'est arrêté devant la bibliothèque juste le temps de voir s'il pleuvait. Il ne pleut pas, mais le ciel est menaçant. Un grand vent balaie la cour, sous une fumée de nuages noirs et sales. Promesse de pluie, d'éclairs, de tonnerre, de grêle. Automatiquement, Brian quitte la bibliothèque et se dirige vers son bureau. La divulgation, le scandale, sa perte. George Chambers, père de famille d'une délicatesse exemplaire, ne lui souhaitera plus jamais une bonne journée, ni une journée d'aucune sorte.

Revenu dans son bureau, essoufflé et un peu étourdi, comme s'il venait de gravir une montagne plutôt que ses deux étages, Brian décroche à nouveau le téléphone. Il compose le numéro de Wendy et laisse sonner, onze fois. Pendant ce temps, il se représente l'appartement. Il voit la salle de bains, qui a des murs roses, de la céramique blanche. Le lavabo et la baignoire sont anciens, avec des taches de rouille sous les robinets. Une lame de rasoir est posée sur le bord de la baignoire, qui commence à s'emplir de sang, et des longs cheveux clairs de Wendy. Elle vient de se taillader les veines, mais maladroitement et peut-être pas mortellement ; pourtant, penchée pardessus bord, elle a déjà perdu connaissance. Claquant derrière lui la porte de son bureau, Brian traverse le bâtiment presque au pas de course en direction du parking des professeurs.

L'appartement de Wendy est au premier étage d'une vieille maison en bois de Collegetown. On y accède au moyen d'un escalier très raide, sorte d'étroit canyon tapissé de papier à roses rouges qui mène à une porte vitrée garnie d'un rideau en jute vert. Brian, tour à tour, frappe à cette porte et secoue la poignée de cristal taillé, en appelant Wendy et en exigeant qu'elle le laisse entrer.

Pas de réponse. Il descend l'escalier et sort, faisant le tour de la maison pour regarder les fenêtres de l'appartement. Il est difficile de voir quoi que ce soit, car le jardin de derrière est en pente, et encombré d'arbres, de monceaux de feuilles mortes et de matériel de jeu rouillé.

Brian commence à grimper l'escalier de secours. Le souffle court après trois volées, il se place au niveau de la salle de bains de Wendy. Entre des rideaux roses il voit un angle du miroir ; et puis, en montant un peu plus haut, des brosses à dents de diverses couleurs. Le lavabo. La baignoire vide. Evidemment, se dit-il en redescendant, Wendy ne se tailladerait jamais les veines ; elle a peur du sang.

Du jardin, levant un front soucieux vers le premier étage, Brian passe soudain de l'autre côté des bardeaux bruns avec les yeux de l'esprit et il plonge dans la kitchenette. Wendy est là ; agenouillée sur le lino marbré, la tête dans la cuisinière. La vision est si nette qu'il voit même les deux grilles métalliques qui occupent normalement l'intérieur du four, et sur lesquelles, par le passé, Wendy lui a fait gratiner des sandwichs à la tomate et au gruyère pour le déjeuner. Pour pouvoir passer sa tête, elle a retiré ces grilles et elle les a placées contre le mur. Brian se reprécipite à l'intérieur et remonte le canyon aux parois tapissées de roses. A nouveau il agite la poignée de la porte, il la secoue.

« Wendy ? » crie-t-il, plusieurs fois. Il recherche un moyen de forcer la porte – pas facile car il n'y a pas de palier – un moyen de briser le panneau vitré. « Wendy !

– Mais bon Dieu qu'est-ce qui se passe là-haut ? »

Jetant un coup d'œil au-dessous de lui, Brian aperçoit, écrasé par la perspective, un jeune homme barbu – l'étudiant en physique qui habite l'appartement du bas.

« Je cherche Mlle Gahaghan.

– Elle n'est pas là, elle est sortie il y a une heure environ. Il n'y a personne.

– Vous êtes sûr ?

– Bien sûr que je suis sûr. Elle est partie avec une valise. Qu'est-ce qui vous prend, vous êtes rond ou quoi ? Comment voulez-vous que je travaille ? »

Brian s'excuse, remercie le jeune homme, ressort. Une valise, se répète-t-il à mi-voix. Assurément si on veut se tuer, on n'emporte pas de valise. Il prend sa respiration. Dans sa tête il voit toujours la cuisine de Wendy et les deux grilles du four contre le mur jaune, mais Wendy a disparu. Il peut donc inspecter l'intérieur de la cuisinière et se rendre compte d'une chose qu'il a toujours dû savoir, que c'est un four électrique. Devant cette preuve du trouble de son esprit et de sa mémoire défaillante, Brian est consterné. Il mesure de combien peu il s'en est fallu qu'il n'enfonce la porte de l'appartement vide de deux étudiantes ; qu'il ne soit pris sur le fait, ou juste après, par le jeune homme barbu.

Une valise. L'intention de Wendy, exactement comme il l'avait tout d'abord déduit de sa lettre, est de quitter la ville. De faire ce que feraient la plupart des jeunes filles dans sa situation, à savoir de rentrer chez elle, chez ses parents à Queens.

Brian monte dans sa voiture ; son pouls revient à la normale. Bon. Pour atteindre New York, Wendy va probablement devoir aller à la gare routière. Il démarre et traverse la ville, refrénant son envie de dépasser considérablement la limitation de vitesse.

La gare routière est déserte, mis à part un employé qui s'ennuie et qui informe Brian de mauvaise grâce que le dernier car pour New York est parti à midi – trop tôt pour Wendy, qui a dû déposer sa lettre dans sa boîte vers cette heure-là. Le suivant part après trois heures, dans deux heures ou presque. Il a amplement le temps.

Dans la file d'attente à la banque, où il vient retirer six cents dollars (ce montant lui est soufflé par des articles récents du *Village Voice),* Brian se félicite de sa décision de placer ses droits d'auteur et ses honoraires de conférencier sur un compte séparé sur lequel Erica n'a pas droit de regard. En avançant il remarque une affiche qui conseille aux clients : Confiez-Nous Vos Valeurs. Valeurs ; Malheurs ; Matrices. Wendy gisant écrasée sur des rochers mouillés ; le nom de Brian imprimé dans le journal à côté du sien. Mais il enfouit ces craintes absurdes dans l'épaisseur de la moquette aux motifs bruns, se répétant Valise, Car.

Mais si Wendy est encore en ville, où est-elle ? Pendant qu'il regarde Mme Morrison téléphoner à un supérieur pour savoir si elle peut donner à Brian Tate six cents dollars qui sont à lui, il a le pressentiment que Wendy est allée à cette librairie ésotérique, qu'elle est en train de parler avec ce charlatan de libraire, en train de tout lui raconter.

Mme Morrison est toujours au téléphone, elle écoute, elle hoche la tête. Cette somme de six cents dollars en liquide éveille des soupçons. Elle aussi, ou son supérieur à l'autre bout du fil, a lu le *Village Voice ;* ils savent.

Elle raccroche le téléphone. Est-il bien sûr qu'il ne veut pas des traveller's chèques ? C'est tellement plus sûr. Non ? En pinçant les lèvres, Mme Morrison commence à compter la somme, en billets de dix et de vingt – non identifiables, il l'espère. Elle les lui glisse entre les barreaux et Brian les plie dans son portefeuille sous ses yeux.

La Librairie Krishna est située à une extrémité de Main Street, la plus minable, entre un restaurant chinois et un magasin de matériel de bureau. De l'extérieur elle a un aspect tristement exotique. La vitrine étroite et poussiéreuse, comme le canapé de Wendy, est garnie d'une tenture indienne décolorée, sur laquelle trône une grosse idole orientale en pierre qui sourit d'un sourire vague et doux. Tout autour, sont placés au hasard des livres sur des sujets occultes ; tantôt debout, tantôt couchés, tantôt appuyés les uns contre les autres, comme dans un temple partiellement en ruine, un Stonehenge asiatique miniature.

A l'intérieur, on est d'abord frappé par la lumière blafarde, les hautes étagères encombrées, une odeur d'encens douceâtre et poussiéreuse. Wendy n'est pas dans la pièce. Sur la droite de Brian, à un haut comptoir en bois, un jeune homme à la barbe rare est en train de lire, au mépris du panneau affiché au mur derrière lui, qui proclame en gros caractères majuscules noirs sur fond or terni :

SI LA VOIE PEUT S'EXPRIMER PAR LES MOTS, CE N'EST PAS LA VRAIE VOIE

Dans le coin à la gauche de Brian une fille en combinaison de travail est assise par terre en tailleur ; tout au fond de la boutique, deux hommes sont penchés sur des papiers à une table. L'un jeune et costaud, les cheveux noirs et drus ; l'autre plus âgé et plus mince – le propriétaire peut-être.

Brian éprouve un mépris qui va jusqu'au dégoût – ce

qui renforce cet avantage politique et stratégique qu'il est toujours conscient d'avoir quand il pénètre dans un magasin quelconque. Il a l'avantage politique dans de telles situations, comme la plupart des clients, parce qu'il est socialement anonyme, alors que le personnel du magasin est défini, et défini par un statut inférieur d'employé ; et ici il a un avantage particulier puisqu'il sait qui est Zed, alors que Zed ne le connaît pas. Brian a l'avantage stratégique parce qu'il peut décider d'acheter ou de ne pas acheter, alors que le personnel ne peut pas décider de vendre ou de ne pas vendre ; et ici il est invulnérable sur le plan stratégique, puisqu'il n'y a rien dans ce lieu miteux dont il ait besoin. Sauf de renseignements bien sûr. Il choisit la fille assise par terre comme étant celle qui lui paraît la plus normale de la bande, et il s'avance vers elle.

« Excusez-moi, dit-il. Je cherche Wendy Gahaghan. Est-ce qu'elle est venue aujourd'hui ? »

Pas de réponse. Brian hausse la voix pour répéter sa question.

Toujours pas de réponse. La fille ne le regarde même pas et pourtant il est là debout devant elle ; elle regarde à travers lui. Un léger malaise vertigineux l'envahit – la sensation de ne pas être à la Librairie Krishna, de n'être nulle part.

« Gail peut pas parler pour l'instant, elle fait son Yoga, dit le jeune homme au comptoir.

– Ah, pardon ! » Brian s'écarte, se rappelant à lui-même qu'il est encore en état de tension.

« Cherchez Wendy ? »

Brian avoue que oui.

« L'ai pas vue. » Tenant moins haut *Le Zodiaque et l'Ame,* il crie : « Dis, Zed, Wendy est venue aujourd'hui ? »

A l'arrière de la boutique, l'homme le plus âgé se retourne et regarde un instant Brian avec un effet bizarre et saisissant, comme une lumière puissante qu'on brancherait et débrancherait. Puis il hoche la tête, et tourne le dos à nouveau.

« Elle va peut-être venir, si vous voulez traîner un peu en attendant, propose le jeune homme. Elle vient généralement l'après-midi... »

Traînant un peu, Brian avance le long du mur, lisant au dos des livres. *La Démonologie de nos jours. Les Tarots révélés.* Les titres eux-mêmes suffisent à montrer que ces livres ne contiennent que mensonges, superstition et peur : toutes choses que la philosophie et la politique des Lumières du dix-huitième siècle, et le progrès scientifique et social du dix-neuvième auraient dû supprimer pour de bon, mais qui réapparaissent dans tous les coins. Le sommeil de la raison produit des monstres, et ils sont là, nombreux et invisibles, dans cette pièce mal éclairée. C'est ce drogué maigrichon qui les y a amenés et qui, aidé par eux, exploite Wendy et d'autres âmes étudiantes innocentes, versant le poison dans leur esprit, bouleversant tout ce que Brian et ses collègues leur ont enseigné.

La Sagesse des Soufis. L'Autodéfense psychique. Le Livre des morts. Le fait que Wendy vienne généralement ici l'après-midi, chose qu'elle lui a cachée, est pour Brian une preuve de plus que les démons de l'irrationnel et de l'autodestruction ont planté leurs griffes en elle plus profondément qu'il ne le croyait. Si vraiment elle se supprime, c'est ce lieu qui devra en porter la faute. En partie. Il fait la grimace, en progressant le long du mur de livres. De temps à autre, il jette un coup d'œil dégoûté sur le dos de Zed, ou bien il tapote la poche de sa veste, à l'endroit où le portefeuille bourré de billets fait toujours une enflure rouge fluorescent.

Bientôt, il y a du mouvement au fond de la pièce. Le jeune homme trapu se lève, ramasse sur la table des papiers couverts de chiffres et de diagrammes, en exprimant sa reconnaissance.

« Ouais, enfin, je demanderais qu'à te suivre là-dessus ; mais tu vois, ces mouvements de Mercure et de Vénus agissent jamais beaucoup sur moi », dit-il en passant devant Brian tandis qu'il se dirige vers la porte en compagnie de Zed. « Ils me dynamisent pas comme les aspects Mars-Uranus. Faut croire que mon karma c'est la violence, conclut-il avec un rire puéril. T'es prête, Gail ? Allez, à plus tard.

– Va en paix, Danny. »

Zed ferme la porte et revient négligemment vers Brian, parcourant en sens inverse la longue pièce étroite tapissée de livres. L'approche de cette silhouette dégingandée a quelque chose de troublant, de menaçant même, avec ce visage caché, à contre-jour de la vitrine. La main de Brian se porte défensivement sur la poche de sa veste. Mais quand Zed arrive plus près et que la piteuse clarté du plafonnier s'abat sur lui, la menace disparaît. Il se révèle être un homme d'âge moyen, chétif, insignifiant ; grand, pâle, un peu chauve, les traits flous et las.

« Est-ce que je peux vous aider ? » Zed parle et se comporte avec douceur, avec timidité presque. Il est mal habillé, d'un vieux chandail gris à col montant et d'un pantalon de travail tout avachi, et il a un air mal nourri, maladif même.

« Non, merci », dit Brian, d'un ton de congédiement, soulagé mais un peu surpris. D'après la description de Wendy et des autres, il s'attendait à autre chose qu'à cette créature inconsistante et blême – à quelque chose de plus imposant, de plus redoutable même. « J'attends seulement quelqu'un.

– Ah ! »

Un raté, de toute évidence, pense Brian en le regardant plus attentivement. Un pauvre excentrique de province. Dire qu'il a perdu son temps à être jaloux de ce petit bonhomme ; Zed a l'air d'un type qui n'est plus capable de bander depuis des années.

Pourtant il est agacé de n'avoir pas réussi à congédier définitivement le propriétaire de la Librairie Krishna, qui continue à rôder deux mètres plus loin, sans vraiment le regarder, comme un vendeur importun. « Si ça ne vous dérange pas, bien sûr, ajoute-t-il d un air fin.

– Oh non ! Ici nous attendons tous quelqu'un, n'est-ce pas, Tim ?

– C'est vrai. » Sourire admiratif du jeune homme au comptoir.

Fausse profondeur, se dit Brian, sans sourire. Il s'éloigne de Zed. Comme ce regard qu'il m'a lancé tout à l'heure : encore un truc. A la portée de n'importe qui ; je l'ai moi-même pratiqué avec des étudiants. Si j'ai été impressionné un instant, c'est que je suis dans un état de tension. Il regarde dans la rue par la vitrine au-dessus de la tête de l'idole en pierre, cherchant à voir si Wendy arrive.

« Je vous ai jamais vu ici », déclare Tim pour engager la conversation, posant son livre et se penchant en avant.

« En effet, puisque je n'y suis jamais venu, répond Brian.

Mais on m'a beaucoup parlé de ce lieu », ajoute-t-il un peu plus agréablement, hésitant à demander, et ne sachant pas comment demander, à quelle heure Wendy arrive habituellement.

« Ah ouais ? » sourit Tim.

Zed s'approche lentement d'un pas traînant. « Et qu'est-ce qu'on vous en a dit ? demande-t-il.

– Diverses choses. » Brian prend un air sombre ; il ne souhaite pas entrer en conversation, mais il veut se poser fermement en rationaliste qui n'a pas le moindre intérêt pour les denrées proposées ici. « Par exemple, on prétend que vous croyez aux démons », dit-il, en y mettant une pointe de moquerie.

Zed sourit. « Ne pas y croire paraît une erreur, étant donné ce monde. »

En une autre compagnie Brian rirait peut-être et concéderait la chose, mais pas ici. « Et à Dieu ? demande-t-il froidement.

– Oh oui ! » Zed est arrivé jusqu'au comptoir et y appuie un coude élimé.

« Et où est Dieu dans ce monde ? »

Zed soupire et regarde Brian droit dans les yeux. A nouveau, le même éclair. « Je crois que Dieu n'est pas très intéressé. »

C'est en fait ce que Brian pense personnellement, mais que ce soit Zed qui le dise lui semble une vaste fumisterie. Il jette encore un coup d'œil par la vitrine, impatiemment ; sûrement si Wendy devait venir elle serait déjà arrivée.

« On m'a dit aussi que vous faisiez des affaires d'or », dit-il. Comme il est dans la librairie depuis vingt minutes et qu'il n'a pas vu un client, la phrase se veut ironique, mais Tim la prend littéralement.

« Ça se peut qu'on dise ça, mais c'est une illusion. On se fait pas beaucoup de blé ; il... (montrant Zed avec la tête) donne trop de livres tous azimuts. En plus, on s'en fait piquer tout le temps.

– Piquer ? » dit Brian, notant qu'il ne voit toujours pas arriver Wendy dans la rue, ni qui que ce soit. Il ne passe que des morceaux de journaux sales, balayés par un vent violent. Elle a peut-être pris le premier car, ou elle est peut-être partie en voiture avec quelqu'un.

« Ouais. On perd des tas de livres comme ça, peut-être dix ou quinze par semaine. Il y aurait moyen d'empêcher ça – au moins de limiter les dégâts. Seulement il veut pas. » Tim rit, en regardant Zed.

« Ça m'arrive de faire quelque chose, dit-il. Ça dépend de la personne. Et du livre. »

Brian jette un coup d'œil à sa montre : deux heures vingt-cinq. Il décide de lui donner encore cinq minutes.

« Il y a des gens qui n'apprécient que ce qu'ils ont volé, continue Zed. C'est comme ça que les choses leur appartiennent vraiment. Avec d'autres, ça ne marche pas. C'est comme Wendy : elle ne s'intéresse à un livre que s'il lui est donné par quelqu'un qu'elle admire. » Il lève les yeux vers Brian ; encore un éclair, mais moins vif celui-là. Ce phénomène est dû essentiellement, Brian s'en aperçoit maintenant, au fait que Zed a des yeux exceptionnellement clairs, d'un gris aqueux presque blanc.

« Ou bien prenez Danny, qui était là il y a un instant, ajoute Zed. Je ne lui ferais jamais cadeau d'un livre que je voudrais qu'il lise sérieusement. Et je l'empêcherais de voler s'il essayait, parce qu'il est du genre à n'accorder de la valeur qu'à ce qu'il a payé un bon prix. Pour Danny, il faudrait monter les prix. » Il sourit et ajoute lentement, en se tournant vers Brian : « Beaucoup de Capricornes sont comme ça. Vous par exemple. »

Brian, qui scrutait la rue, se retourne. « Et qu'est-ce qui vous fait penser que je suis Capricorne ? demande-t-il.

– Je sais que vous êtes Capricorne, répond Zed lentement, parce que je sais qui vous êtes. »

Brian, furieux, avale sa salive et s'appuie sur l'autre jambe. Il n'a pas seulement perdu son anonymat et sa supériorité sociale en tant que client. Si cet escroc aux yeux blancs sait qui il est, c'est que Wendy a parlé de lui et l'a décrit. Il est démasqué, trahi – jusqu'à quel point, il n'a pas le temps de le mesurer dans l'immédiat. Il sait reconnaître une attaque, il a appris, en bon politologue, que la stratégie adéquate ne consiste pas à s'attarder en analyse, ni même à se défendre – mais à contre-attaquer avec l'arme qui se présente.

« En quoi vous avez un avantage sur moi, rétorque-t-il par conséquent. Je ne connais même pas votre nom. »

Un court silence. Les adversaires se regardent ; ou plutôt, Brian regarde Zed, et Zed regarde un point à quelques centimètres à l'est de Brian.

« Eh bien, c'est Zed », annonce Tim gaiement, promenant son regard de l'un à l'autre comme un petit enfant qui n'a jamais vu de mitrailleuse. « Il vit ici ; c'est lui qui tient la librairie.

– Zed comment ? » Sans s'occuper de Tim, Brian

dévisage cet individu minable, ce charlatan ; qui sait ce que Wendy a pu lui raconter ! tout peut-être.

« Juste Zed, dit Tim.

– C'est le nom que vous vous êtes donné », dit Brian. Zed fait un signe de tête minable. « Quel est votre vrai nom ?

– Vous me demandez comment je m'appelais avant de venir ici ? dit Zed en clignant des yeux.

– Oui.

– C'est du passé. Ça n'a plus de sens. »

Tactique de défense, pense Brian avec mépris. « Pas pour moi, insiste-t-il. Je suis historien.

– L'histoire ne m'intéresse plus. (Zed sourit faiblement mais avec obstination.) Elle n'a que deux dimensions ; et plus rien ne m'intéresse maintenant au-dessous de la quatrième dimension. » Plaisanterie semble-t-il, puisque Tim rit d'un air entendu. Le bruit de ce rire agace Brian ; il fait donner l'artillerie lourde.

« Il ne veut pas avouer comment il s'appelle », dit-il, s'adressant ostensiblement à Tim.

Silence. Puis Zed lève les yeux.

« Si vraiment vous voulez le savoir, dit-il d'une voix contrainte et atone, je m'appelais Sanford Finkelstein.

– Sanford Finkelstein », répète Brian lentement, ironiquement. Bien qu'il n'ait jamais à sa connaissance entendu ce nom auparavant, il sourit – pour la première fois depuis deux heures.

6

« Sanford Finkelstein... »

C'est la troisième fois dans la même journée que ce nom est prononcé à Corinth – coïncidence que Zed, s'il le savait, attribuerait peut-être à la Loi de la Simultanéité telle que l'ont définie Jung et d'autres commentateurs du *Yi King*. Cette fois-ci, c'est Danielle Zimmem qui le prononce, pendant qu'Erica et elle attendent leur tour à *la Vache bleue,* le snack du campus.

Pour sa part, Danielle tient ce nom, depuis la veille seulement, de la bouche d'un professeur honoraire de son département : un vieux monsieur érudit du nom de Jack Shade. En son temps, le professeur Shade s'est fait remarquer par sa fidélité à l'université et l'originalité de sa recherche ; cette réputation est encore vraie. Contrairement à tant de ses anciens collègues, au moment de sa retraite, il n'a abandonné ni Corinth ni ses activités intellectuelles au profit de la Floride et de la télévision. Il demeure en ville, et l'histoire et la tradition de l'université demeurent une de ses grandes préoccupations.

Ayant appris récemment (par les doléances de professeurs plus jeunes) l'apparition dans la ville de la Librairie Krishna, Shade avait pris l'initiative, sans précédent parmi les universitaires mais parfaitement logique pour lui, d'aller y faire une visite. Il avait inspecté les lieux, parlé à plusieurs clients, et enfin, triomphant, il avait identifié le propriétaire comme étant « un de nos anciens étudiants – qui, s'avère-t-il en fait, a suivi autrefois mon cours d'initiation ». La satisfaction de Shade devant cette découverte et devant cette fidélité au lieu dont témoigne le retour de Zed à Corinth, éclipsait complètement les doutes qu'il aurait pu avoir quant à sa manière de revenir.

Ce qui frappe aussi Danielle à propos de cet autre nom de Zed, c'est qu'elle l'a déjà entendu ailleurs. Il lui semble que c'était le nom d'un étudiant en philosophie il y a une vingtaine d'années.

« Je me demandais si c'était ce garçon qu'on a connu à Harvard », dit-elle à Erica, en tenant une tasse en polystyrène au-dessous de la fontaine à café. « Ce grand type roux d'allure bizarre avec qui sortait Ann Hershey. Il n'était pas de Corinth ?

– Ça n'était pas avec Sandy Finkelstein qu'elle sortait », dit Erica en remplissant sa tasse à son tour. « C'était avec son coturne. Mais Sandy était allé à Corinth ; ça pourrait être lui.

– Il faisait de la philo. » Danielle avance vers la caisse en suivant le comptoir, fouillant dans sa mémoire, et aussi dans la poche latérale de sa sacoche pour trouver une pièce de dix cents. « Et il jouait du piano, non ?

– Oui, assez bien même. » Erica prend ses deux gros livres sur l'art médiéval irlandais sur l'autre bras et plonge dans son sac en bandoulière. « Voilà, j'ai de la monnaie. Laisse-moi payer.

– Ça va, j'ai trouvé. Oui ; je le revois à une soirée à Lowell House. Tout le monde dansait et c'était lui qui jouait. »

La caissière tape leur addition ; elles se dirigent vers une table où des portions individuelles de crème et de sucre sont entassées dans des casiers en plastique.

« Sanford Finkelstein, répète Danielle. Dis-moi, ça

n'est pas lui qui t'a inspiré l'autruche de tes livres ?

– D'une certaine manière, oui, sans doute. (Erica sourit.) C'était surtout le nom. Sanford, je trouvais que ça allait bien pour une autruche.

– Il en avait un peu l'air. Ces jambes et ce cou longs et maigres. Et ces cheveux roux qui se dressaient au sommet de son crâne. (Elles rient toutes les deux.) Si c'est vraiment lui, c'est drôle qu'il revienne ici pour tenir cette librairie bizarre. Je croyais qu'il enseignait la philo quelque part en Californie.

– La dernière fois que j'ai eu de ses nouvelles, il était au Japon. »

Il y a foule au snack. Erica et Danielle finissent par s'installer sur un rebord de fenêtre. Danielle se serait volontiers assise à une table déjà occupée, mais Erica préfère cette solution, à la fois parce qu'elles sont plus tranquilles et parce qu'elle voit mieux la salle et peut continuer à poursuivre le véritable but qui l'a amenée sur le campus.

« On devrait aller jusqu'à cette librairie un jour pour voir si c'est vraiment Sandy Finkelstein », dit Danielle, en versant une ration trapézoïdale de crème dans son café.

« Aha. (Erica remue son sucre avec un bâtonnet de plastique.) A propos d'identification, ajoute-t-elle, est-ce que par hasard tu vois la fille ici quelque part ?

– Quelle fille ? Ah ! (Tenant sa tasse plus bas, Danielle scrute la salle.) Non, je ne la vois pas. Mais elle était là l'autre jour », ajoute-t-elle, inefficace.

Erica réprime un soupir d'impatience. C'est la troisième fois en trois semaines qu'elle prend un café avec Danielle afin d'identifier la nouvelle maîtresse de Brian, celle qui n'a pas de nom. Une fois qu'elle l'aura vue (si Brian était avec elle, ce serait l'idéal) elle pourra l'affronter, et elle a hâte de le faire. Le plaisir qu'elle a pris à être secrètement dans le vrai s'est émoussé au cours des semaines passées. Elle est dans le vrai, et Brian est dans son tort, mais il n'en sait rien, ou plutôt il ne sait pas qu'elle sait. Il continue à croire avec suffisance qu'il s'en tire parfaitement. Et en fait, tant qu'elle ne parle pas, il s'en tire parfaitement en effet.

Par ailleurs, cacher à Brian ce qu'elle sait est une manière de mentir, et Erica hait les mensonges. Il lui est arrivé de ne pas tout à fait dire la vérité par politesse, mais même cela ne lui plaît pas, et elle évite de le faire quand elle peut. Elle n'a pas fait de mensonge grave depuis l'école.

Elle s'est donc mise à chercher la fille, en compagnie de Danielle et seule, encore plus consciencieusement qu'elle ne pourchassait Wendy au printemps dernier. A nouveau, ses recherches sont restées vaines, mais cette fois pour la raison inverse. Elle est maintenant à la poursuite d'une étudiante à face de lune avec « des cheveux filasse décolorés » beaucoup plus laide que la vraie Wendy Gahaghan, alors qu'au printemps dernier elle cherchait une proie beaucoup trop belle.

Mais si elle n'a pas réussi à identifier la maîtresse de Brian, Erica a de nombreuses preuves indirectes de son existence. Il y a chez Brian cet air permanent d'autosatisfaction mêlée de gêne et de souci ; cette fausse inquiétude pour la santé mentale et morale de sa femme – ayant pour but, croit-elle, à la fois de démanteler ses soupçons, de la maintenir sur la défensive, et de couvrir sa faute à lui. Il y a ce manque d'envie aussi bien de faire l'amour que de parler sérieusement. Surtout, il y a la preuve de ses rouflaquettes.

A la connaissance d'Erica, Brian ne s'est laissé pousser du poil sur le visage qu'une seule fois dans sa vie auparavant : en été 1952, alors qu'ils étaient à Martha's Vineyard, il s'était fait pousser une moustache. Après un démarrage un peu lent, elle était devenue assez belle : luisante, fournie, couleur poil de phoque. Il était revenu à Cambridge avec et l'avait gardée tout le trimestre, ses amis étant d'accord avec Erica pour trouver qu'elle lui donnait l'air plus âgé et plus sérieux. Mais trois mois plus tard une organisation d'étudiants publiait un guide des cours de première année illustré de caricatures d'enseignants. Dans ce guide, Brian figurait comme un homme tout petit attaché à une très grosse moustache. Pendant les vacances de Noël, il l'avait rasée.

La moustache avait été le produit d'un effort délibéré ; les rouflaquettes sont apparues de façon détournée. A aucun moment Brian n'a annoncé son intention de les laisser pousser ; elles se sont tout bonnement mises à descendre de chaque côté de son visage – comme entraînées par leur propre élan – un millimètre après l'autre, semblables à quelque formation géologique. Parvenues au niveau de la bouche, elles se sont étendues peu à peu sur chaque joue par une sorte de poussée horizontale ou d'éperon. Elles annoncent au monde entier que désormais le professeur Tate voudrait paraître plus jeune, et moins sérieux – être pris pour un « baiseur ». Pour Erica, le message est aussi clair que si son mari avait eu le visage marqué au fer rouge : ADULTERE.

« Le veto est encore revenu hier soir, dit Danielle, faisant irruption dans ces pensées.

– Ah oui ?

– Il a débarqué vers neuf heures et demie, en disant qu'il voulait revoir la tortue malade de Rou. Mais je ne crois pas que c'était ça qu'il voulait.

– Qu'est-ce qu'il voulait ? » Erica s'arrache à la contemplation de l'entrée du snack, où la maîtresse de Brian risque de paraître à tout moment.

« Faire l'amour, je pense. (Danielle rit un instant.) C'est pas qu'il ait fait un geste, ou quoi que ce soit. Il est juste resté là à boire de la bière et à me raconter des histoires d'animaux pendant deux heures. Mais il n'arrêtait pas de me regarder. Tu sais bien, ce sont des choses qu'on sent en général.

– Anh.

– Evidemment, il doit être très seul lui aussi. Sa femme est morte l'année dernière ; elle est « décédée », comme il dit. Il ne parle presque jamais d'elle. Je suppose qu'il a encore beaucoup de peine. Et ses deux fils ont quitté la maison, et tous ses amis sont mariés bourgeoisement. Il me fait un peu pitié. C'est un type gentil, tu vois, et il n'est pas mal, s'il n'était pas si lent et si ballot. Je crois que je devrais lui dire qu'il perd son temps à venir chez moi – qu'il se trompe d'adresse, suivant sa propre expression. Il devrait courir après une de ces petites putes en chaleur qui ne demandent que ça, comme faisait mon mari. » Danielle montre la salle d'un geste, avec un sourire aigre.

« Anh. » Ramenée à son fait, Erica porte à nouveau son regard vers l'entrée au cas où se présenterait une face de lune d'un blond décoloré du genre qui ne demande que ça. Puis elle se retourne vers son amie, l'air un peu soucieux. Après la séparation, elle a suivi la vie sentimentale de Danielle avec une attention inquiète. D'abord, sitôt après le départ de Leonard, il y a eu une période d'accablement et de désespoir. A laquelle ont succédé plusieurs mois d'inconduite notoire et aveugle avec toutes sortes d'hommes indésirables tous à la fois. (Erica et Brian les avaient divisés en deux catégories : les Eboueurs et les Gringalets. Les premiers étaient semblables à ces mouettes qui suivent le sillage des grands vaisseaux en partance ; les autres étaient du genre toutou, attirés par n'importe quelle femme ayant récemment appartenu à un homme brillant, en vertu de la croyance magique qu'en se frottant contre elle, ils récolteront un peu de son pouvoir à lui, de son *mana.)* Cette période-là a été particulièrement dure pour Erica, qui n'arrivait guère à dissimuler sa désapprobation quand elle venait voir son amie et trouvait chez elle un homme qu'elle connaissait à peine ou pire, qu'elle connaissait fort bien – dans une situation d'intimité temporaire.

Finalement, il y a eu une longue et violente réaction. Danielle « en avait fini avec tout ça, Dieu merci », a-t-elle déclaré maintes fois avec un rictus stoïque qui donnait à Erica envie de pleurer – ou peut-être de prendre le premier avion pour New York et d'aller assassiner Leonard Zimmern. Danielle espérait bien, disait-elle, qu'elle n'aurait plus rien à voir avec l'amour, avec les hommes, avec toutes ces saloperies, jusqu'à la fin de ses jours. (« Si vraiment ça me pose un problème, je pourrai toujours me masturber. ») Cet état d'esprit maussade, qui ne laisse prévoir aucune amélioration, dure depuis presque un an.

« Je crois qu'il se figure que je pourrais me laisser faire parce que pour lui je suis une originale. Tu comprends, j'ai quarante et un ans, mais j'ai les cheveux longs, je m'habille un peu bohème et je lis des livres en langues étrangères, alors je suis sans doute capable de n'importe quoi, y compris de coucher avec lui, poursuit Danielle en riant à moitié. Hier soir il m'a dit "Vous êtes un peu hippie, non ? Je ne m'en suis pas rendu compte quand je vous ai vue là-bas à la clinique. De la façon dont les filles s'habillent de nos jours, on fait plus la différence."

– Tu sais que c'est vrai », dit Erica en observant à nouveau la salle de *la Vache bleue*. « Ça n'est plus comme quand on était à la fac. Quand une fille était en jeans, pas maquillée, au lieu de porter une jupe écossaise et un chandail classique, et quand elle n'avait pas de mise en plis, on savait tout de suite que c'était une étudiante, comme nous.

– Oui, c'est vrai. » Danielle finit son café et pose sa tasse. « Dans ce temps-là, c'était avec les hommes qu'on ne faisait pas la différence. Ils avaient tous les cheveux courts, des chemises à boutons et des pantalons beiges. Tant qu'on n'avait pas parlé avec eux, on ne pouvait pas savoir s'ils étaient intéressants, ou un peu farfelus, ou si c'était le genre distingué ou mouton. (Elle sourit à ces souvenirs, et Erica aussi.) Maintenant c'est tout le contraire. Je peux mesurer exactement l'anticonformisme de mes étudiants à la longueur de leurs cheveux ; mais les filles ont toutes la même allure, qu'elles soient Delta Jello ou S.D.S. »

Oui, se dit Erica en sortant du parking en marche arrière pour rentrer chez elle, dans ce temps-là c'était autre chose.

Mieux. Mais ce n'est pas tout à fait vrai que les hommes se ressemblaient tous. Ce Sandy Finkelstein, par exemple, qui est peut-être maintenant à Corinth : il avait toujours quelque chose de particulier. Il portait des vêtements ordinaires, mais qui ne lui allaient jamais vraiment, peut-être parce qu'il était très maigre. Il flottait dans ses pantalons, il avait des chaussettes en accordéon, ses chemises se gonflaient et volaient au moindre souffle, comme ses cheveux roux toujours ébouriffés. Elle se souvient surtout des cours de grec avec lui au deuxième étage de Sever Hall : il se battait avec les traductions improvisées, levant ses yeux pâles au plafond pour simuler le désespoir.

Après les cours, il arrivait à Erica de prendre un café avec lui sur Mass. Avenue ; et une fois, à un moment où il en pinçait pour elle d'une façon émouvante, il l'avait emmenée écouter *La Flûte enchantée*. A la fin de cette année-là, il avait quitté Cambridge, mais il revenait y faire des petits séjours de temps en temps. C'est ainsi qu'il était venu à son mariage ; non qu'elle l'ait invité, mais quelqu'un l'avait amené. C'était un gentil garçon en fait, Sandy – distrayant, intelligent – mais un peu paumé à cette époque-là déjà. Rien de bien étonnant à ce qu'il se retrouve sans situation, embarqué dans ces histoires de mysticisme oriental. Mais c'était un peu triste.

A la sortie du campus, Erica tourne vers le nord pour rejoindre la route. Celle-ci est balayée par un grand vent violent charriant des bancs de nuages qui vous font froid.

La dernière fois qu'elle a eu de ses nouvelles, c'est par une carte postale : une photo en couleurs brillante d'un temple japonais – au verso pas d'adresse, pas de message, juste son nom et un haïku qu'il avait recopié, où il était question de grillons. C'était il y a plusieurs années – trois, quatre ? Elle essaie de se rappeler si cette carte avait été envoyée directement ici, ou si on la lui avait fait suivre de Cambridge. Autrement dit, Sandy sait-il que les Tate sont à Corinth ? S'il s'agissait de n'importe qui d'autre, elle penserait que non ; car il aurait fait signe. Mais avec Sandy on ne pouvait pas savoir – surtout s'il est devenu une espèce d'original superstitieux.

Si elle va à la librairie avec Danielle, et si c'est bien lui, il va falloir qu'elle l'invite à la maison, à dîner, en dépit de ce qu'il est devenu. Mais elle n'est pas obligée de l'inviter immédiatement. Ça pourrait attendre la semaine prochaine, ou le mois prochain. En plus, s'il donne dans une de ces religions végétariennes, elle ne peut pas servir un repas normal. Eh bien, il y a cette recette d'œufs au cari des Nations Unies qui n'est pas mauvaise, avec des noix et du chutney. Danielle pourrait venir, même si ça ne plaît pas à Brian ; le cari végétarien non plus ne lui plaira pas. Il veut toujours de la viande au dîner. Et la personne même de Sandy lui déplaira sûrement, l'ennuiera en tout cas. Mais ça pourrait ne pas être désagréable d'ennuyer un peu Brian, et de lui déplaire. Et quand on apprend qu'un de ses vieux amis est là, ce qui s'impose c'est de l'inviter à dîner, par exemple le week-end prochain.

Sur la petite route de Jones Creek le vent souffle encore plus violemment, aplatissant l'herbe dans les prés, arrachant aux chênes leurs dernières feuilles desséchées. Au moment où elle remonte la côte et passe devant les dernières en date des villas de *Glenvue,* dont la vulgarité est toujours particulièrement voyante en cette saison et jusqu'à la première chute de neige, Erica voit qu'il y a quelqu'un devant chez elle, une jeune fille, assise sur la marche supérieure de la véranda, à côté de deux valises. D'après sa posture – elle est blottie contre un des montants pour se protéger du vent, la tête baissée, les yeux fermés – il semble qu'elle soit là depuis un long moment ; ou qu'elle ait très froid, ou qu'elle soit très fatiguée, ou les deux. Pourtant, quand la voiture d'Erica entre dans l'allée, la jeune fille l'entend et elle se redresse.

Erica coupe le contact et serre le frein à main. Sa première idée, c'est que cette personne se trompe de maison ; qu'elle vient voir quelqu'un dans une villa de *Glenvue*. C'est ce que semblent indiquer ses valises, qui sont en plastique moulé, d'un brun rosé. Elle a les cheveux blonds, presque tous nattés en tresses molles qui pendent de chaque côté d'un visage rond, ordinaire, style villa de *Glenvue*, sur lequel le vent rabat quelques mèches folles.

Erica sort de sa voiture avec ses livres, et elle passe de l'autre côté. « Vous cherchez quelqu'un ? » demande-t-elle d'une voix neutre, aimable.

Lentement, la jeune fille se lève. Elle est petite – elle dépasse à peine Erica bien qu'elle soit debout sur la marche du haut – et elle n'est pas tout à fait aussi jeune qu'elle en avait l'air. Elle a les paupières rouges, l'œil las, comme si elle était très enrhumée, ou qu'elle avait pleuré.

« Vous êtes Mme Tate ?

– Oui. » Erica fait un sourire affable, sans s'étonner, puisque le nom se voit d'ici, peint en script de ses propres mains sur leur boîte à lettres.

« Mme Brian Tate ? » répète-t-elle, avec un mélange d'ardeur et de lassitude.

« Oui, c'est cela.

– Je viens m'excuser auprès de vous, avant de partir d'ici. Je suis Wendy Gahaghan.

– Wendy Gahaghan ? » Erica se fait un bouclier du fac-similé du *Livre de Kells*. Wendee. Mais c'est qu'elle n'est pas belle ; pas tellement mignonne même. Ordinaire, c'est tout.

« Euh... Vous savez qui je suis ?

– Oui. (Erica a l'impression de parler avec difficulté, de ne pas pouvoir desserrer les dents.) Je suis au courant. » Elle se cramponne à ses livres. C'est pour cette mollassonne à la voix nasillarde que Brian s'est conduit d'une manière si atroce, qu'il l'a tant fait souffrir, qu'il l'a rendue folle de rage ! Wendy la regarde, l'œil vide, elle attend ; on ne sait pas très bien quoi. Son attitude semble indiquer que si elle doit se faire gronder, insulter, ou même battre, elle n'aura pas l'énergie de se défendre, avec sa tête qui pend sur le côté. Espèce de sale petite chipie – mais Erica a toujours appris qu'on n'insulte pas les gens qu'on ne connait pas ; elle n'arrive pas à prononcer ces mots. En plus, si elle injurie Wendy, elle va sauter à nouveau dans le mauvais trou. Wendy est enfin venue s'excuser, et moi je...

« Vous feriez mieux d'entrer », dit-elle.

Maladroitement, elle tient ouvertes les deux portes à la fois, celle de la moustiquaire et celle de la maison, pendant que Wendy, déhanchée par le poids de ses valises, passe lourdement devant elle, et reste debout dans l'entrée comme une idiote...

« Par ici. » Erica entraîne Wendy au salon, où le journal d'hier soir traîne encore sur le canapé et où les rideaux sont à nettoyer. La cuisine, où elle se tient habituellement avec Danielle et ses autres amies, est mieux rangée ; mais Wendy n'est pas une amie, et de toute façon, elle ne fera sans doute pas attention.

Abandonnant ses valises au milieu du tapis, Wendy prend le fauteuil le plus proche, qui se trouve être celui de Brian – chose qu'elle n'a pas pu deviner, mais qui, néanmoins, fait frémir Erica. Pas de mesquinerie, pas d'hystérie, il faut que je me tienne, que je sois parfaite, se dit Erica, qui s'assied solennellement en face de Wendy sur un siège droit sur lequel elle ne s'est pas assise depuis trois ans. Un silence ; mais ce n'est pas à elle de le rompre.

« Je vais pas vous faire perdre trop de temps », commence enfin Wendy, s'avançant sur l'extrême bord du fauteuil de Brian, comme pour montrer que c'est vrai. « Tout ce que je voulais vous dire c'est que je m'excuse si j'ai fichu la pagaille comme ça. » Elle prend son souffle.

« Oui », dit Erica d'une voix neutre. Comme elle ne reverra sans doute jamais Wendy, elle répertorie son physique pour référence : face ronde et pâle, visage d'enfant banal, ongles rongés.

« Comprenez, ça m'a ravagée depuis le début de vous faire supporter ça, quelqu'un que je connaissais même pas, vous voyez ? (Wendy a les mains jointes sur ses genoux ; elle a la voix aiguë, mal assurée. Un léger accent new-yorkais – petit-bourgeois.) J'arrêtais pas de me dire que vous habitiez ici même et que vous saviez tout. Et que si vous vouliez, vous pouviez sûrement me dénoncer à la commission du troisième cycle et me faire renvoyer de la fac. Ou bien vous pouviez débarquer un jour et me tirer dessus. Mais vous l'avez jamais fait, vous voyez ? » La voix de Wendy grippe à nouveau. Erica comprend qu'en plus de se sentir coupable et intimidée, comme il se doit, elle a réellement peur.

« Non », reconnaît-elle, essayant de détendre un peu l'atmosphère. « Ça ne m'est jamais venu à l'esprit.

– Comprenez, ce que je vous ai fait, c'est dégueulasse. Il y a des professeurs ici, leur femme s'en foutrait sans doute complètement. Mais BRIAN. (Elle prononce son nom en exhalant un soupir particulier, révérentiel.) Si vous me tiriez dessus, comprenez, tous les gens qui le connaissent trouveraient ça normal, vous voyez ? »

Que l'importance et la valeur de Brian soient à ce point uniques que ses transgressions justifient un meurtre, c'est là une idée qui agace profondément Erica, bien que (ou même parce que) elle-même aurait pu y souscrire autrefois. Naturellement, elle ne laisse rien paraître de son agacement. « Je serais bien en peine de tirer sur quelqu'un », dit-elle simplement avec un rapide sourire.

Wendy sourit en retour ; un sourire timide, reconnaissant. Elle a des petites dents blanches irrégulières, comme une enfant.

« L'autre chose que je voulais vous dire, c'est qu'il faudrait pas accuser Brian. (Elle reprend son souffle.) Comprenez, ce, euh, enfin, cette histoire, c'est pas venu de lui. C'est moi qui l'ai tarabusté en fait. Sans ça, je suis sûre qu'il aurait jamais fricoté avec une nana.

– Peut-être », répond Erica, en se disant que Wendy se trompe, car justement Brian fricote maintenant avec une autre nana, et qui, parait-il, est beaucoup moins bien qu'elle. Le plaidoyer de Wendy, au lieu de persuader Erica de l'innocence relative de Brian, a plutôt l'effet inverse. C'est la démonstration que Brian, non content de séduire cette fille au printemps dernier, a réussi en plus à la convaincre que tout était de sa faute. Exactement comme il a essayé si souvent de la convaincre elle-même qu'elle avait toujours tort. Comme elle aimerait lui dire...

Eh bien elle va lui dire. J'ai eu une visite aujourd'hui, annoncera-t-elle calmement ce soir après dîner, quand les enfants ne seront plus dans les parages, quand il sera repu, reposé, et qu'il ne s'attendra à aucune contrariété. Qui cela, à ton avis ? demandera-t-elle. Une visite à déjeuner. Et puis elle parlera de l'autre, parce qu'il est temps maintenant. Oui.

« Au fait », dit-elle tout haut, s'exprimant pour la première fois sur un ton normal. « Voulez-vous un café ? Ou quelque chose à manger, peut-être. Vous avez déjeuné ?

– Oh non merci. » On dirait que Wendy a peur à nouveau ; peut-elle soupçonner Erica, qui n'a pas pris la peine de tirer sur elle, de vouloir maintenant l'empoisonner ?

« Je n'ai pas encore déjeuné moi-même », continue Erica d'une voix rassurante en se levant. « Je vais me faire un sandwich au thon, je peux vous en faire un si vous voulez.

– Non merci, vraiment. Je préfère pas. (Wendy se lève, comme Erica.) Dites, poursuit-elle, en lui emboîtant le pas vers la cuisine. Vous pouvez me croire, vous savez, pour Brian. C'est vrai qu'il est pas responsable.

– Il est adulte », dit Erica en ouvrant le frigidaire pour y prendre du lait, de la salade, et une jatte de thon à tartiner ; et en le refermant avec l'emphase qui manque dans sa voix.

« Mais je vous assure, c'était de ma faute. Pendant des mois j'ai pas arrêté de venir le voir dans son bureau, et lui il voulait rien savoir. Il a essayé de m'aider à m'en sortir, il a été formidable, et vraiment patient, et intelligent, enfin vous savez bien comment il est, mais je pouvais pas. Je pleurais tout le temps et je lui répétais que j'allais faire une dépression nerveuse s'il m'aimait pas.

– Je vois », dit Erica qui rince deux feuilles de salade dans l'évier en faisant couler l'eau trop fort.

« Mais c'était pas du flan, vous voyez, insiste Wendy. Je crois que j'aurais été foutue en l'air vite fait. (En illustration, elle fait le geste d'envoyer une crêpe en l'air, comme quelqu'un d'épuisé ou d'aliéné.) J'étais vraiment jetée. (Erica prend un pain de seigle à la farine complète dans le tiroir.) J'arrive pas à vous expliquer, dit Wendy affolée. Vous m'écoutez pas ; vous êtes furieuse c'est tout.

– Ce n'est pas contre *vous* que je suis furieuse, rectifie Erica, en ouvrant le pot de mayonnaise. Je trouve que c'est très bien et très honnête de votre part de venir me trouver comme ça. » Dans sa tête, elle établit le contraste entre la belle conduite de Wendy, d'une honnêteté naturelle et complète, et le comportement de Brian, opaque et onctueux comme de la mayonnaise homogénéisée.

« Il fallait, parce que je vais sans doute pas revenir ici pendant un bon moment. » Wendy hausse les épaules d'un air las, et s'appuie contre un placard. Son imperméable s'est ouvert ; dessous, elle porte une jupe et un gilet de cuir garnis d'une longue frange de cuir tout emmêlée.

« Vous partez définitivement ? » demande Erica, qui réfléchit que, d'après Brian, elle est déjà partie depuis juin. Ou bien il a omis de lui dire qu'elle est revenue pour un moment (pour un bon moment, à voir ses valises), ou bien il n'en sait rien.

« Oui, j'espère que c'est définitif. (Wendy sourit, soupire.) Je prends le car pour New York cet après-midi.

– Ah ! » Depuis qu'ils sont à Corinth, Erica et Brian ne vont jamais à New York par le car, voyage inconfortable de six heures, mais toujours en voiture ou par avion, ce qui est plus rapide et plus cher.

« Vous avez vu Brian ?

– Non ; pas depuis lundi. Il ne veut plus me revoir.

– Mais il sait que vous allez à New York ?

– Il sait que je vais me casser. (Elle a la voix qui monte et qui tremblote comme si elle allait se mettre à pleurer.) C'est ce qu'il veut. »

Me casser = partir d'ici, traduit Erica. Mais Wendy semble aussi être en train de se casser d'une autre façon, à l'image de ses vêtements effrangés et dépenaillés. Si Brian ne s'intéresse plus à cette malheureuse fille depuis longtemps, elle par contre est toujours très accrochée, au point d'en être dépenaillée et bisée en morceaux.

« Et vous, vous avez envie de partir ? » demande-t-elle en essayant de prendre un ton gentil.

« Il faut bien. (Wendy suffoque, déglutit.) Pas juste à cause de ce qui s'est passé, mais si je reste, je sais que je vais tout le temps être après lui et que je vais l'empêcher de travailler au Livre. En fait c'est ça le gros truc.

– Qu'est-ce que vous voulez dire par gros truc ? » Erica dispose ses sandwichs sur une assiette à motif chinois

« Vous voyez bien – sérieux. Important. Comprenez,

comparées au Livre, nous, on a pas d'importance. Même pas Brian, si ça se trouve.

– Je crois que je ne vous suis pas, dit Erica, mettant le café à chauffer un peu plus fort.

– Son livre, sur la politique étrangère de l'Amérique, vous connaissez ?

– Je suis au courant, oui, naturellement. Je n'en ai encore rien lu.

– Mais vous savez de quoi ça parle, il va montrer comment ce plan vraiment formidable de Fennan, après la Deuxième Guerre mondiale, ça a foiré à cause des intérêts politiques et des intrigues des milieux dirigeants. Il va tout expliquer, et si le Livre sort à temps et qu'il est lu où il faut à Washington, ça va vraiment les démolir. Et ça pourrait avoir un effet terrible, vous voyez ? Par exemple une fois qu'ils comprendront ce qui s'est passé avant, ils vont peut-être changer totalement de stratégie et arrêter de foutre la merde partout dans le monde. (Elle regarde Erica avec une sincérité absolue, hystérique presque). On peut pas le garantir, mais ça pourrait arriver, vous voyez ?

– Peut-être, éventuellement, oui », reconnaît Erica, qui voudrait bien que Wendy cesse de lui demander si elle voit les choses.

« Bon, alors. Disons que le Livre ne soit pas fini, et donc qu'il y ait pas de changement de politique et que le monde en crève, tout ça parce que j'avais tellement envie de voir Brian et de me faire baiser ? (A ce mot, Erica sourcille ; Wendy, qui n'a rien vu, se rapproche, fixant sur elle un regard intense.) Comprenez, je trouve que si on aime vraiment quelqu'un, il faut vouloir ce qui est bien pour lui, sans tenir compte si ça vous fait souffrir personnellement. Comme ma copine Linda avec Madagascar. Elle dit que pour savoir si on aime vraiment un mec, on a qu'à s'imaginer qu'il reçoit un télégramme disant qu'il aurait tout ce qu'il souhaite le plus au monde s'il partait à Madagascar. Imaginez que vous tombez sur le télégramme avant lui. Est-ce que vous le déchirez, et alors vous brisez son avenir, ou est-ce que vous lui donnez ?

– Hum, dit Erica, reculant devant cette tirade Ça sera plus facile pour vous deux si vous partez à New York », dit-elle, s'efforçant de prendre une voix apaisante.

« Ça parait être la seule solution. Comprenez, on sait bien que si je suis ici je serai incapable de le laisser tranquille, parce que j'ai déjà essayé l'été dernier. Je lui jure que je vais pas venir et puis y a un truc qui me ravage alors je téléphone, vous voyez ? Ou alors je me mets à flipper complètement et je vais le voir dans son bureau. Et même quand je le vois, ça marche pas : j'ai envie de le voir encore plus, tout le temps, et on s'engueule, comme le mois dernier quand on a pris un café au snack. C'est pas possible, vraiment. »

Au mot « café », Erica repense à la cafetière sur le feu, elle éteint, se verse une tasse et s'assied à table.

Mais elle repense aussi à autre chose. Le snack. Le mois dernier. L'été dernier. Il y a quelques instants, elle se représentait Wendy cassée, brisée en morceaux. Maintenant, au contraire, elle voit plusieurs figures se réunir en une seule. Comme si elle-même sortait tout juste d'un état d'ivresse ou d'hébétude dans lequel elle aurait été plongée depuis des mois. Telle un personnage de dessin animé elle est là, assise, plissant le front, regardant disparaître les étoiles et les astérisques ; trois images se fondent en une. La belle blonde qu'elle recherchait le printemps dernier ; le laideron à face de lune qu'elle a recherché tout l'automne ; et cette jeune fille fatiguée, à bout de nerfs, qui est là à présent dans sa cuisine – se peut-il qu'elles ne soient qu'une seule et même personne ?

Erica hoche la tête lentement, pour s'éclaircir l'esprit, et elle regarde l'image unique. « Il faut que je vous demande quelque chose, dit-elle avec prudence. Est-ce que vous êtes étudiante en psychologie ? »

Wendy met un certain temps à enregistrer la question.

« Je pense pas, plus maintenant, répond-elle enfin, en regardant Erica d'un air abasourdi et amer. Je n'ai pas encore prévenu, mais à partir d'aujourd'hui, je suppose que c'est fichu pour mon troisième cycle. »

Reprenant connaissance, le chat du dessin animé voit ses multiples ennemies, trépidantes et menaçantes, se réduire à une petite souris unique et presque pathétique – qui vient de prendre sa demande d'information pour un coup de griffe. Brian n'a eu qu'une seule liaison, et cette liaison est finie à présent. Erica a repoussé et vaincu ses deux rivales invisibles du même coup.

Erica a toujours été bonne gagnante : généreuse, modeste, charmante. (Elle est moins bonne perdante, mais heureusement, depuis son enfance, elle s'est rarement trouvée dans cette situation.) Elle s'aperçoit qu'elle n'a pas envie de faire souffrir Wendy encore plus que celle-ci ne souffre déjà de toute évidence – qu'en fait elle a de la peine pour elle.

« Je vous demande pardon, dit-elle. Je ne voulais pas... écoutez, Wendy je vous en prie. Si vous ne voulez pas déjeuner, au moins asseyez-vous. Vous avez l'air épuisée.

– Je suis un peu dans les vaps. (La souris s'affale sur une chaise de cuisine.) Je n'ai pas dormi la nuit dernière. Je pense que je pourrai dormir un peu dans le car.

– Vous allez chez vous ?

– Euh. Pas tout de suite. Ma mère serait folle si je débarquais comme ça en disant que je laisse tomber la fac et tout le bazar. Elle fait semblant d'avoir les idées larges, mais en fait elle est plutôt vieux jeu. Je vais loger chez une copine mariée à Jersey City, elle me prêtera un peu d'argent. Et j'essaierai de trouver du boulot quand je serai sortie de ces emmerdes. (Wendy se met une main sur le ventre en faisant un sourire bizarre.) Et après, peut-être que j'annoncerai la nouvelle à Maman.

– Anh, anh », dit Erica sans écouter, occupée à mettre

en place ce qu'elle vient d'apprendre. Pendant tout ce temps, Brian n'a donc eu qu'une seule liaison, mais qui a duré jusqu'à maintenant. Quand il a promis de rompre, au printemps dernier, quand il a dit que tout était fini, il mentait. Ça n'est vraiment fini qu'à partir de maintenant, depuis lundi en fait. Et aussi quand il lui reprochait de ressasser, l'été dernier ; et quand, à l'automne, il se demandait à haute voix si elle ne souffrait pas de troubles mentaux – Erica a l'impression qu'on lui verse de la soupe bouillante plein le corps ; sa poitrine et ses bras tremblent et bouillonnent de rage. Quels mensonges il a racontés, de quel aplomb, de quelle hypocrisie il a fait preuve ; comme il l'a culpabilisée, que d'énergie et de passion il lui a fait dépenser en pure perte !

A présent ce sont les termes dans lesquels Brian a parlé de cette histoire qui lui reviennent. « Ça n'a rien changé... Je n'y pense plus.. Ça n'a pas compté. » Pour lui, non. Mais pour Wendy ça a compté, douloureusement – et ça compte toujours, bien que Brian se soit manifestement lassé d'elle.

« Prenez donc une tasse de café, propose-t-elle gentiment.

– Bon. D'accord. Enfin si ça vous dérange pas.

– Vous voulez du sucre ? de la crème ?

– Tout ce que vous avez, s'il vous plaît. »

Erica pose son sucrier et son pot à crème en émail bleu devant Wendy, qui se met à diluer son café pour en faire une mixture crémeuse chaude ; c'est peut-être plus réconfortant ainsi. Et manifestement Wendy a besoin de réconfort. Brian a refusé de la revoir ; il s'est lassé des sentiments qu'il a éveillés en elle. Afin que personne ne puisse les lui rappeler, Wendy s'en va, elle quitte la fac. Sur le conseil de Brian, à n'en pas douter.

Et maintenant, avec une amertume aussi noire que son café, Erica s'aperçoit que deux fois cet automne Brian a empêché des femmes de faire un travail qu'elles avaient choisi, par pur égoïsme, pour sa commodité d'homme et sa tranquillité d'esprit. Il l'a d'abord empêchée, elle, par son chantage affectif et moral, d'aller travailler dans le département de psychologie. Et maintenant, probablement par le même moyen, il oblige Wendy à abandonner son troisième cycle.

« Est-ce qu'il faut vraiment que vous lâchiez la fac tout de suite ? demande-t-elle en se rasseyant. On n'en est qu'à la moitié du trimestre. Le cours que vous suivez ne sera pas pris en compte.

– Ouais, acquiesce Wendy tristement.

– Vous ne pouvez pas attendre la fin du semestre ? Ou Noël au moins.

– Anhan. (Wendy secoue la tête.) Oui, peut-être que je devrais ; j'y ai pensé, mais je sais que je suis pas assez forte pour rester ici sans aller l'embêter. De toute façon maintenant c'est plus possible. » Elle inspire, et puis expire, comme si elle s'effondrait intérieurement.

Erica prend son sandwich au thon, le regarde, et le repose. Elle sent monter dans sa gorge, presque jusqu'à l'étouffement, de la fureur contre Brian, qui est cause de cet effondrement, et de la pitié pour elle-même et pour Wendy.

« Allons, prenez une part de mon sandwich », dit-elle en poussant l'assiette sur la table.

« Vaut mieux pas... Enfin ; si vraiment vous le mangez pas... Merci. » Elle fait un petit sourire enfantin.

« Je vous en prie. » Erica lui rend son sourire. Elle trouve qu'elle traite Wendy plutôt bien ; mieux que Brian ne l'a traitée. Brian a très mal agi, avec un égoïsme voulu et immoral. Cette idée ne lui déplaît pas absolument. S'agissant d'un mari, l'inconduite active est toujours préférable à l'inconduite passive. Ce n'est pas délicieux de penser que Brian a fait de Wendy sa maîtresse froidement, saisissant l'occasion, pour la rejeter ensuite, mais quelle est l'alternative ? Eh bien, c'est de penser qu'il est passivement victime des circonstances, qu'il n'est qu'une mauviette qui risque de se laisser manœuvrer par des petites filles pâles et tristes.

« Vous savez, vous n'êtes pas du tout comme je pensais, dit Wendy, en levant les yeux de son café.

– Ah bon ? Pourquoi ?

– Je croyais que vous alliez être plus – je sais pas – plus grande et plus furieuse. (Elle prend une nouvelle bouchée de sandwich.) Comprenez, j'arrêtais pas de me demander comment vous étiez, vous voyez. Brian voulait jamais qu'on parle de vous. Il a signalé juste une chose, c'est que vous étiez plus grande que lui. Et puis une fois il m'a dit qu'à une soirée avec des étudiants, il y avait des types bourrés qui avaient renversé un bol de punch sur vous et il paraît que vous n'avez même pas perdu votre sang-froid. Alors je me suis mis dans l'idée que vous étiez une espèce de géante glacée de deux mètres cinquante.

– Je vois. (Erica entame son sandwich.) Moi aussi je vous imaginais comme quelqu'un d'assez impressionnant.

– C'est vrai ? Ça, c'est plutôt marrant. » Wendy fait un vague sourire distrait.

« Vous êtes sans doute la première personne qui a jamais pensé ça. Surtout... » Elle parle moins vite, puis s'arrête, elle pose la croûte de son sandwich, et elle se met la main sur l'estomac avec l'air de n'être pas bien du tout.

« Ça ne va pas ?

– Je sais pas. (Wendy repousse sa chaise et se lève.) Je crois bien que non. Vaudrait mieux... » Elle regarde autour d'elle, fait deux pas vers la porte, un pas en arrière.

« Euh... peux pas... » Se penchant subitement au-dessus de l'égouttoir, elle vomit dans l'évier d'Erica, d'abord en un jet continu et sonore, puis par saccades, entrecoupées de halètements d'excuses étouffés. « Ah merde... Bon Dieu, excusez-moi... »

Erica se tient à quelques pas et fait la grimace en

voyant son pain complet, sa salade, ses miettes de thon, son café et sa crème reparaître dans l'évier, plutôt détériorés après usage. Je l'ai empoisonnée exactement comme elle le craignait en quelque sorte, se dit-elle, par magie. Mais comment ? « Ça n'est pas grave », répète-t-elle d'un ton distant.

Lentement, Wendy se remet et se redresse, se cramponnant toujours à l'évier. Erica lui tend des serviettes en papier, et puis un sac à ordures ; finalement elle ôte le filtre de l'évier et fait couler l'eau chaude très fort.

« La vache, la grossièreté. Ah là là, vraiment je m'excuse », dit Wendy qui regarde Erica comme un chiot malade.

« Ce n est pas grave. (Erica remet le couvercle de la poubelle en place.) Comment vous sentez-vous ? Vous voulez vous allonger un peu ?

– Bah, je veux bien, deux minutes, ça vaut peut-être mieux », dit Wendy confuse. Lâchant l'évier, elle suit Erica au salon en titubant. « Ouille. Je suis tout étourdie. » Elle s'affale sur le canapé et s'écroule sur le côté comme un petit tas. Erica lui tend son coussin ; puis, dépliant le châle en crochet du fauteuil à bascule, elle la recouvre d'un motif recherché de fleurs géométriques bleues, vertes et rouges.

« Je savais bien que j'aurais jamais dû manger ce sandwich, dit Wendy pendant ce temps. Comment est-ce que j'ai pu être aussi idiote, idiote, idiote ! » Elle se frappe le front mollement avec le poing.

« Je ne vois pas comment ça pourrait être le sandwich, se défend Erica. J'ai mangé l'autre moitié, et je me sens bien. Sauf si vous êtes allergique au poisson.

– C'est pas ça. N'importe quoi m'aurait fait le même effet, dans mon état.

– Anhan », murmure Erica d'un ton compréhensif, mais le terme qui lui traverse l'esprit c'est celui de *vomissements psychosomatiques.* « Evidemment c'est une période difficile pour vous. » Peut-être que Wendy ne devrait pas aller chez des amis dans le New Jersey. Peut-être qu'elle devrait rentrer dans sa famille et voir un bon psychiatre.

« Ouais, depuis deux semaines, c'est vraiment la galère. Je me disais, bon, ben les nausées matinales, faudra faire avec jusqu'à ce que je parte. Personne m'a dit que ça pouvait durer toute la journée.

– Vous. Avez. Des nausées. Matinales. », s'entend dire Erica d'une voix froide et haut perchée, la voix d'une géante de glace de deux mètres cinquante.

« Soi-disant matinales. Moi, en fait, ça va pas trop mal le matin. Ça commence vers midi et ça dure pratiquement jusqu'à ce que je me couche. Ça vous a fait ça aussi ?

– Non. Pas. Vraiment, répond la voix haut perchée. Vous feriez bien de vous reposer un moment maintenant, ajoute la voix, qui frappe Erica par son sang-froid. Moi je vais aller finir de déjeuner.

– D'accord. » Wendy, obéissante, ferme les yeux.

Un instant, Erica reste là à la regarder. « Vous êtes certaine d'être enceinte, je suppose », dit-elle. Wendy ouvre les yeux. « Quelquefois on s'imagine...

– Oui, c'est certain. On m'a fait un test au dispensaire. vous savez le test qui fait crever la lapine. » Elle referme les yeux ; puis elle tire le châle d'Erica au-dessus de sa tête et se pelotonne dedans, disparaissant complètement. Un observateur peu attentif aurait pu ne pas soupçonner une autre présence que celle d'Erica dans la pièce, si les deux valises en plastique rosâtre n'étaient restées en plein milieu du tapis à l'endroit où Wendy les avait déposées – depuis combien de temps ?

Contournant précautionneusement les valises, Erica retourne à la cuisine, où elle est surprise de voir qu'il n'est pas encore deux heures. Elle finit de déjeuner en jetant son café dans l'évier et en mettant le reste de son sandwich aux ordures. Puis elle s'assied, s'appuie le menton sur la main, et essaie de mettre de l'ordre dans ses idées, qui pour l'instant sont aussi solidement embrouillées que du tuyau d'arrosage gelé, ou que les lacis de serpents compliqués du *Livre de Kells*.

Wendy est une seule personne, pas trois.

Wendy est là, chez elle.

Wendy est enceinte.

Cette dernière idée explique plusieurs choses : pourquoi Wendy a vomi dans l'évier, pourquoi elle quitte Corinth, et pourquoi elle a besoin d'argent. Erica est choquée par ce que cela révèle sur son mari : Brian Tate, cet homme sérieux et droit, ce professeur libéral de haute réputation, ce moraliste du foyer, a sciemment et délibérément pris pour maîtresse, engrossé et abandonné une enfant.

Wendy s'en va.

Wendy part pour Jersey City, où une amie lui prêtera de l'argent.

Voici qu'Erica est saisie d'une autre, d'une terrible idée. Elle réfléchit que Brian, non content de prendre Wendy pour maîtresse puis de l'abandonner, a en fait livré celle-ci aux mains d'un avorteur de Jersey City. Elle se souvient d'articles d'horreur dans le *Village Voice* de Brian où l'on citait justement cette ville comme un des centres du racket de l'avortement illégal ; des descriptions de salles d'opération de fortune infâmes, de tables maculées de sang ; de praticiens cyniques et vénaux qui se sont fait rayer de l'Ordre des Médecins pour usage d'alcool et de drogue.

Mais on ne peut pas laisser faire cela. Il faut l'empêcher. Si on ne fait rien, il se peut que dans quelques jours on retrouve Wendy morte au fond de quelque cave ou de quelque ruelle misérable.

Il faut empêcher que Wendy s'en aille dans le New Jersey. Sans doute même ne devrait-on pas la laisser partir d'ici avant qu'elle ne se sente mieux, plus solide – avant qu'on ne lui ait trouvé un bon médecin compréhensif et digne de confiance.

Mais qui va trouver ce médecin, et comment ? Et où Wendy va-t-elle habiter pendant ce temps-là ? Qui va s'occuper d'elle ? Apparemment on ne peut pas compter sur sa mère ; et il est clair que Brian n'a pas l'intention d'assumer la moindre responsabilité ; il n'a pas eu l'initiative honnête, humaine, généreuse de faire ce qu'il fallait.

Erica regarde par la fenêtre de sa cuisine. Le grand vent glacial souffle toujours, ployant les arbres qui séparent son jardin de la villa neuve voisine. De gros nuages plats défilent à toute allure, gris ardoise, gris fumée. Le temps passe, et il faut que quelqu'un fasse quelque chose. Il faut qu'elle fasse quelque chose, elle, Erica. Il faut qu'elle fasse ce qu'il faut.

7

TROIS CONVERSATIONS TELEPHONIQUES

1

« Allô.

– Madame Tate ? Ici le docteur Bunch.

– Ah, bonjour docteur. Je voulais vous voir, mais votre assistante m'a dit que vous partiez ce week-end, elle m'a conseillé d'appeler le docteur Keefe, mais je ne le connais pas vraiment, or voilà ce qui se passe... Voilà, enfin, nous avons une amie, une étudiante ; en fait c'est à son sujet que je vous appelle. Elle a des ennuis, voyez-vous.

– Des ennuis ? De quel ordre ?

– Eh bien elle vient de s'apercevoir qu'elle est enceinte... Et elle est tout à fait consternée. Elle prépare un diplôme, vous comprenez, et si elle a un bébé, il va falloir qu'elle quitte la fac, et elle va compromettre tout son avenir. Alors elle est venue me trouver aujourd'hui, et j'ai pensé que vous auriez peut-être une idée sur ce qu'elle pourrait faire. Vous savez peut-être où on peut s'adresser quand on est dans cette situation, vous connaissez peut-être quelqu'un qui pourrait faire quelque chose pour elle.

– Hum. Voyons. A-t-on vraiment une preuve médicale de cette grossesse ?

– Oui, oui. Elle a fait faire un test. Avec une lapine...

– Hum. Il est certain que la chose est difficile à accepter, c'est un coup...

– Oui, c'est très...

– Alors vous n'avez sans doute pas pris le temps de réfléchir sérieusement à tous les torts, à tous les risques...

– Je sais qu'il y a des risques, docteur ; c'est justement pour cela que je vous appelle. Vous comprenez, il faut que je l'envoie auprès de quelqu'un de bien et de compétent, sinon elle ira sans doute chez le premier charlatan venu, chez un horrible avorteur de Jersey City ou d'ailleurs, elle serait capable de n'importe quoi, réellement, elle est tellement déprimée, épuisée, et malheureuse...

– Quel âge avez-vous, Erica ?

– Quarante ans le mois dernier, mais je ne vois pas...

– Et combien d'enfants avez-vous, le professeur Tate et vous-mêmes ?

– Deux. Je vois ce que vous allez me dire, vous allez me dire que cet enfant a le droit de vivre tout autant que les miens. Mais quand un enfant n'est pas désiré, quand il est un véritable boulet pour tout le monde...

– Ecoutez-moi un instant, Erica, je vous en prie. Vous êtes encore relativement jeune et en bonne santé. Votre mari et vous avez un revenu stable et vous n'avez que deux enfants. Pour l'instant, ça vous ennuie d'être enceinte, vous vous dites que vous ne voulez pas d'autre enfant, que vous êtes trop vieille peut-être. ..

– Mais ça n'est pas *moi* qui...

– Ou c'est peut-être votre mari qui n'en veut pas...

– Docteur, ce n'est pas...

– Ou bien vous deux, mais croyez-en mon expérience, moi qui ai vu tant de cas de ce genre, ces enfants qui viennent sur le tard, ces « petits imprévus » comme je les appelle, sont souvent en fin de compte une source de grande joie pour les deux parents. Je vous conseille donc de prendre rendez-vous pour la semaine prochaine avec ma...

– Docteur, écoutez-moi ! Vous croyez que c'est moi qui suis enceinte, mais je vous affirme que non. Il s'agit de cette étudiante.

– Si c'est une étudiante, pourquoi ne va-t-elle pas au dispensaire à Corinth ?

– Parce qu'ils ne veulent rien faire pour elle au dispensaire, elle y est déjà allée, et ils...

– Madame Tate, si vous n'êtes pas concernée personnellement, franchement je ne comprends pas pourquoi vous tenez à vous mêler d'une affaire de ce genre. L'avortement est illégal dans notre pays, et qui plus est c'est un crime grave, et vous êtes prête à vous faire la complice d'un crime. Pourquoi prendriez-vous une telle responsabilité ? Cette étudiante, si elle existe, doit avoir de la famille, des amis – Et le père ? Il ne peut donc rien faire ? Est-ce qu'il ne serait pas d'accord pour l'épouser par exemple ? Qui est le père ?

– Comment ?

– Qui est le père de cet enfant ?

– Euh, je ne le connais pas. Je veux dire, cette personne, mon amie, ne sait pas qui est le père. Il y a plusieurs possibilités parmi ses amis ; des étudiants, voyez-vous. Il n'y a personne à qui elle puisse vraiment faire appel, sauf pour de l'argent. Je veux dire que, de ce côté-là, vous n'auriez pas à vous inquiéter. Si vous pouviez faire quelque chose pour elle, je suis sûre que...

– Vous me demandez de pratiquer une intervention illégale, c'est bien cela ?

– Je ne vous demande pas de la pratiquer vous-mêmes. Je vous demande simplement de m'indiquer...

– Madame Tate. Depuis dix-huit ans que j'exerce, dix-neuf ans le premier juillet prochain, un très grand nombre de patientes se sont adressées à moi pour ce motif. La plupart prétendent qu'elles veulent juste une adresse, et presque toutes commencent par dire qu'elles se renseignent pour une amie.

– Docteur...

– Alors que tout dans leurs propos m'indique bien qu'il n'y a pas d'« amie ». Avez-vous des tranquillisants chez vous en ce moment, Erica ?

– Non, je...

– Bon, eh bien, je vais vous faire une petite ordonnance ; je vais la communiquer par téléphone à la pharmacie, et vous devriez pouvoir aller la chercher au Country Corners dans une heure environ. Vous en prendrez un toutes les quatre heures ; et demain matin, quand vous serez dans votre état normal, quand vous serez plus calme, téléphonez à mon cabinet et prenez rendez-vous pour...

– Mais je suis dans mon état normal. Je n'ai pas besoin de tranquillisant, je suis très calme, compte tenu des circonstances, mais je vous jure que je n'attends pas...

– Je ne peux pas discuter de cela avec vous plus longtemps, Erica. J'ai des malades qui attendent.

– Mais, docteur !

– Allons, au revoir. N'oubliez pas d'aller chercher votre ordonnance. »

2

« Brian Tate à l'appareil.

– J'ai essayé de te joindre tout l'après-midi. Où étais-tu ?

– Je n'étais pas dans mon bureau. Pourquoi ? Que se passe-t-il ?

– C'est toi qui me demandes ce qui se passe ? C'est drôle, franchement.

– Erica, je t'en prie. J'ai eu une journée pénible. Dis-moi pourquoi tu appelais, si ça ne peut pas attendre que je rentre à la maison.

– Ça ne peut pas attendre, pour la raison que tu ne rentres pas à la maison ce soir. C'est pour cela que je t'ai appelé, pour te dire de ne pas rentrer ici. Je t'ai préparé ta petite valise, avec deux chemises et un pantalon de rechange.

– Qu'est-ce que tu veux dire, tu m'as préparé ma...

– Avec ton nécessaire à raser et un peu de linge de corps, et je l'ai déposée auprès de Mme Wells au bureau. Je lui ai dit que tu partais et que tu viendrais la chercher plus tard.

– Que je partais ? Enfin, qu'est-ce que ça veut dire ? Je ne vais nulle part avant la réunion de l'AASP le mois prochain.

– Va donc où tu voudras, fais ce que tu voudras, ça m'est complètement égal, je veux seulement que tu ne remettes pas les pieds ici, c'est tout.

– Mais enfin, Erica, écoute. Essaie de te dominer...

– Je me domine tout à fait. Beaucoup mieux que...

– Erica, s'il te plaît, je quitte mon bureau tout de suite, et je serai à la maison dès que...

– Si jamais tu approches de cette maison, je dis tout aux Enfants.

– Aux Enfants, comment, tu leur dis...

– Car je trouve qu'ils ont l'âge de savoir. Et surtout ne recommence pas avec tes justifications et tes excuses. Cette fois n'essaie pas de me dire à quel point tu as besoin de moi, et que je dois apprendre à oublier et à pardonner et à ne pas avoir une conduite irrationnelle et à ne pas revenir sans cesse sur des faits sans conséquence concernant un domaine séparé et moins important de ton existence. J'en ai assez de tes discours politiques, et Wendy aussi.

– Wendy ?

– Wendy, oui. Si tu veux savoir, elle est venue déjeuner ici aujourd'hui.

– Oh, non !

– Tu n'aurais pas cru ça d'elle, hein ? Tu croyais qu'elle allait quitter Corinth discrètement et docilement, sans rien demander, sans te faire un reproche pour ce que tu lui as fait, et à moi aussi. Et c'est sans doute ce qui se serait passé, c'est ça le plus triste, et le plus terrible.

– Wendy est venue à la maison ? Quand est-elle partie ? Elle allait à New York ?

– Non, dans le New Jersey.

– Le New Jersey.

– Oui, elle a des amis là-bas. Parce que tu ne savais même pas où elle allait ?

– Non, je...

– Et ça t'était égal. Tu pensais que tu pouvais la jeter comme un vieux pyjama dont tu ne voulais plus pour dormir, et tu ne te souciais pas de savoir où elle irait et ce qui lui arriverait. Elle aurait pu être morte à cette heure-ci la semaine prochaine, ça t'était bien égal.

– Morte ! Comment ça, morte ?

– Ne te fatigue pas à prendre ce ton inquiet pour la galerie. Tu sais très bien ce que je veux dire. Tu connais les statistiques des avortements clandestins à Jersey City, tu as lu l'article du *Village Voice,* mais ça t'est bien égal. Pourvu qu'elle disparaisse de ta sphère d'opérations et qu'elle te laisse tranquille, ça t'est bien égal.

– Ça n'est pas vrai. J'ai passé l'après-midi entier à la chercher pour essayer de faire quelque chose. Je suis allé à la banque sortir de l'argent, je suis allé à la gare routière, à son appartement, partout en ville et sur le campus pour essayer de la trouver, j'ai appelé ses amis, bon Dieu j'ai fait tout ce que j'ai pu...

– Tout ce que tu as pu ? Tu veux me faire croire que depuis des mois tu te sers de cette fille comme d'un pyjama sale ; et maintenant, tout d'un coup, aujourd'hui...

– Erica, je t'en prie, écoute-moi ! J'ignorais absolument tout jusqu'à aujourd'hui. J'ignorais que Wendy était enceinte jusqu'à ce que je trouve une lettre d'elle dans mon bureau à midi.

– Tu m'excuseras, mais je ne peux pas croire ça.

– C'est pourtant vrai, que tu le croies ou non. Et ça n'est pas moi qui lui ai dit de partir, c'est elle qui a eu cette idée, j'ignorais tout de ses projets, je ne pensais pas qu'elle irait faire un esclandre auprès de toi.

– Elle n'est pas venue faire un esclandre. Elle est venue pour s'excuser auprès de moi, car elle au moins a un certain sentiment de culpabilité et un certain savoir-vivre, et comme elle croyait que j'étais au courant...

– Je me demande comment elle pouvait croire ça. Je n'ai jamais dit la moindre chose qui puisse le lui laisser croire. – Du moins, pas depuis le printemps dernier. Ecoute, Erica. Je rentre tout de suite, et nous allons arranger...

– Il n'est pas question que j'arrange quoi que ce soit avec toi.

– Bon d'accord, je comprends que tu réagisses comme ça pour l'instant, mais au moins nous pourrons parler...

– Il n'est pas non plus question que je te parle. Je me demande pourquoi je suis en train de te parler en ce moment, c'est perdre son temps que de parler à quelqu'un qui ne fait que mentir et s'excuser.

– Erica, écoute, s'il te plaît...

– Si vraiment tu veux faire quelque chose, tu peux toujours essayer de trouver un médecin convenable qui accepterait de faire quelque chose pour Wendy. Inutile d'appeler le docteur Bunch. J'ai déjà essayé.

– A New York, tu veux dire.

– New York, Corinth, Albany, Boston ou Puerto Rico, peu importe.

– Mais, Erica, ça n'a pas de sens. En admettant que je puisse trouver quelqu'un, je ne peux pas joindre Wendy. Je n'ai pas son numéro de téléphone à New York, ou plutôt dans le New Jersey.

– Je sais comment là contacter.

– Ah oui ? Bon, donne-moi le numéro.

– Je ne vais rien te donner du tout. De toute façon, Wendy ne veut pas te parler.

– Mais...

– Si tu trouves un médecin, tu peux me prévenir. Autrement, je ne veux plus entendre parler de toi.

– Mais enfin Erica !... Erica ?... Tu m'entends ? Ne raccroche pas... Ah, merde.

3

« 799-0579.

– Leonard ? Ici Brian Tate.

– Ah, Brian, bonsoir. Tu es à New York ?

– Non, je suis à Corinth.

– A Corinth, ah bien. Alors comment cela va-t-il là-bas ? Comment vont mon ex-femme et mes ex-enfants ?

– Bien, autant que je sache ; je ne les ai pas vues récemment.

– Et toi comment vas-tu, et toute ta famille ?

– Ça va, merci. – Enfin, pas si bien que ça en réalité. Il se pose un problème, et je voulais te consulter à ce sujet.

– Oui, bien sûr. Ecoute, est-ce que je peux te rappeler dans une demi-heure environ ? Je suis avec une amie pour le moment.

– Oui, d'accord. – Non, attends ; je ne suis pas chez moi.

– Pas chez toi ? Alors où es-tu ?

– Dans un motel.

– Un motel, à Corinth ?

– Oui, enfin un peu au sud de Corinth. Je crois que c'est à Hésiode en fait. Ça s'appelle le Motel des Deux Bouleaux.

– Tu es dans un motel, hum. Tu dois avoir un problème, dis-moi ?

– Oui.

– Bon, donne-moi ton numéro.

– C'est le... Non, je te rappellerai. Je suis dans une cabine.

– Dans ce cas, tu ferais peut-être mieux de me dire de quoi il s'agit tout de suite. Inez, mon chou, tu veux m'excuser un instant ? C'est un vieil ami qui m'appelle de Corinth, et il a un problème... Non, ne t'en va pas, pousse-toi juste de l'autre côté du lit pour que je puisse atteindre le téléphone un peu plus facilement... Voilà. Alors qu'est-ce qui se passe ? Qu'est-ce que tu fais dans un motel, Erica t'a mis dehors ?

– Oui, c'est cela, en fait.

– Voilà qui me surprend. J'aurais pensé qu'Erica n'était pas du genre à faire quelque chose d'aussi vulgaire, d'aussi voyant, d'aussi petit-bourgeois. Mais on en apprend tous les jours. Et pourquoi t'a-t-elle mis dehors ?

– Eh bien, c'est une affaire compliquée. Je ne tiens pas à entrer dans les détails pour l'instant. Je veux seulement...

– Est-ce pour une raison voyante et vulgaire ?

– Comment ? Excuse-moi, je ne comprends pas. J'ai eu une journée fichtrement épuisante.

– Disons les choses autrement. J'imagine que tu n'es pas seul pour l'instant.

– Comment ? Non, non, ça va, personne ne peut nous entendre.

– Enfin tu es bien là avec quelqu'un, non ? Pas dans la cabine, j'entends, mais dans ce motel, des Deux Bouleaux, c'est ça ?

– Des Deux Bouleaux oui. Non, je suis seul.

– Je vois. Non, pardon, je ne vois pas du tout au contraire. Tu n'as pas bu par hasard ?

– Pas que je sache. Si seulement j'avais bu. C'est une idée. Je devrais peut-être noyer tout ça dans l'alcool.

– Attends, Brian, ne quitte pas. Je t'écoute... Alors qu'est-ce qui se passe ?

– Il se passe que... Leonard, est-ce que ton amie m'entend ?

– Je ne pense pas. De toute façon, elle n'écoute pas. Elle est plongée dans *Art International*.

– Il se passe que... je compte sur ta discrétion tu sais.

– Oui, d'accord. Vas-y.

– Tu comprends, si la chose transpirait, si ça se savait à l'université, je serais complètement grillé.

– Ça ne sortira pas d'ici. Ne t'inquiète pas.

– Ce qu'il y a... Tu ne pourrais pas demander à ton amie d'aller dans l'autre pièce quelques minutes ?

– Il n'y a pas d'autre pièce. Tu as bien vu l'appartement, non ? Je ne peux pas me permettre un deux-pièces avec ce que mon ex-femme me laisse. Tu veux que je lui demande d'aller dans la salle de bains ?

– Non. Tant pis. Tu sais, Leonard, je veux que tu comprennes que je ne t'aurais pas téléphoné si je n'étais pas vraiment acculé, ou si j'avais un autre moyen, quel qu'il soit, d'obtenir ce renseignement. Tu comprends cela, n'est-ce pas ?

– Mais bon Dieu de merde ! Quel renseignement ?

– Je ne veux pas te faire tout l'historique. Ce que je voulais te demander. La raison pour laquelle je t'ai appelé, c'est que... Il me faudrait l'adresse d'un avorteur.

– Je vois... Décidément, tu me surprends de plus en plus. Ne quitte pas. Laisse-moi réfléchir un instant... Il te faut ce renseignement dans combien de temps ?

– Le moins de temps possible. Il n'est pas exclu que la, euh, la fille se laisse aller à un acte inconsidéré, elle est dans une sorte d'état dépressif pour l'instant évidemment, elle est très jeune, très émotive...

– Très jeune. Une étudiante ?

– De troisième cycle.

– Ah, félicitations... Ça ne va pas être si facile que ça,

tu sais. Je ne me suis jamais trouvé dans cette situation personnellement, je touche du bois. Il va falloir que je me renseigne.

– D'accord. Mais tu vas pouvoir trouver quelqu'un ?

– Je ne sais pas encore. Il me semble que je devrais pouvoir te donner un nom. Mais ça va te coûter cher.

– J'ai de l'argent, je suis déjà allé à la banque cet après-midi.

– Combien as-tu ?

– Six cents dollars.

– Tu ferais mieux d'en prévoir mille.

– Mille ?

– Si tu ne veux pas que ça foire. Je pourrai sans doute te prêter le complément si tu en as besoin.

– Non. Ça n'est pas nécessaire. Je...

– *Votre crédit est épuisé. Veuillez signaler la fin de votre communication.*

– D'accord... Je n'ai pas besoin d'argent, merci.

– Bon. Tu peux m'appeler demain matin, disons autour de dix heures, à l'université ?

– A l'université ?

– Tu as mon numéro, non ? c'est le...

– Oui, je l'ai, seulement je me demandais...

– *Votre crédit est épuisé. Veuillez signaler la fin de votre communication.*

– Oui, d'accord, bon Dieu ! Je te disais, je me demande si votre standardiste ne...

– Penses-tu. On n'est pas à Corinth, ici tu peux te faire autant d'étudiantes que tu veux, tout le monde s'en fout. Allez l'ami, ne t'énerve pas comme ça, O.K. ? C'est pas la Troisième Guerre mondiale. »

8

« Comment ça se passe ? » demande Erica tout bas impatiemment, en entrant chez Danielle et en refermant la porte derrière elle pour ne pas laisser pénétrer l'air glacé du matin ni le petit brouillard humide.

« Ça va.

– Où est Wendy ?

– Elle dort toujours. » Danielle fait un geste en direction du plafond et de la chambre d'ami où Wendy est installée depuis hier après-midi. Erica a d'abord pensé la garder chez elle en attendant qu'elle se sente mieux et que les dispositions pour son intervention soient prises. Mais la maison d'Erica n'est pas parfaite en l'occurrence. D'abord parce qu'elle contient Jeffrey et Matilda. Faire leur connaissance serait sûrement perturbant pour Wendy – et ce serait plus perturbant encore pour les enfants s'ils venaient à apprendre qui est Wendy et ce qu'elle est – chose qu'elle serait tout à fait capable de dévoiler involontairement étant donné son état actuel.

Plus dangereuse est la réapparition possible de Brian. Erica lui a dit de ne pas revenir, mais il n'est pas garanti qu'il obtempère. Il y a toutes les chances pour qu'il décide subitement de venir chercher des chemises propres ou plaider sa cause. Cela n'aurait déjà rien de bon si Erica était là ; mais ce serait encore pire si Wendy était seule. Celle-ci est déjà sérieusement détraquée sur le plan affectif, il risquerait encore d'aggraver les choses. Mais Erica ne peut pas rester à la maison avec Wendy nuit et jour ; il faut qu'elle fasse des courses d'épicerie, qu'elle achète à Matilda un costume pour fêter Halloween ce soir, qu'elle livre deux dessins à l'exposition locale et Jeffrey au dentiste. Par contre, chez Danielle, Wendy sera à l'abri de Brian ; et les enfants de Danielle ne se poseront pas de questions, car la chambre d'ami est souvent occupée par une vieille connaissance ou quelque étudiant de leur mère.

« Comment est-elle ? demande Erica.

– Toujours assez épuisée. Elle s'est couchée de bonne heure, mais je l'ai entendue circuler plus tard dans la nuit. (Danielle, qui est habillée pour sortir, prend son porte-documents sur la table, puis le repose.) Tu sais, j'en ai parlé à Bernie hier soir, après ton coup de fil.

– Ah bien ! Qu'est-ce qu'il a dit ? »

Danielle hoche la tête. « Pas grand-chose. Il ne connaît personne à qui on pourrait s'adresser. De toute façon, c'est une idée qui ne lui plaît pas : il trouve que Wendy devrait aller accoucher dans une maison dont il a entendu parler, et faire adopter l'enfant. Il m'a donné l'adresse. (Danielle hausse les épaules.) En tout cas, il refuse de faire ça lui-même. Ça lui a déplu encore davantage que je le lui demande. Ça l'a vraiment mis en rogne, je ne l'avais jamais vu comme ça. Il a dit : “Il n'en est pas question, je suis vétérinaire, or il s'agit d'une femme, et pas d'un chow-chow de salon.”

– Il pourrait le faire, s'il voulait.

– Je suppose. Mais il refuse. Je crois qu'il ne ferait jamais rien qui soit contre la loi ; il a un frère flic, tu sais. (Danielle fait la grimace.) Il a peut-être raison de conseiller cette maison. Au moins ça serait sans risques.

– Mais Wendy ne serait pas d'accord pour quitter la fac, pas pour si longtemps.

– Je ne sais pas. Je crois qu'elle fera sans doute tout ce que tu lui diras de faire. Surtout si elle pense que c'est bien pour Brian et son Grand Livre. » Danielle ricane un instant. Elle tire un foulard à fleurs rouges de la poche de son imperméable, le secoue et le noue sur ses cheveux. « Il faut que je parte à la fac – je devrais y être depuis une heure. Mais écoute, si tu penses malgré tout que l'intervention vaut mieux pour Wendy, je pourrais demander à une copine évoluée du Département de Philo...

– Non, attends encore un peu, dit Erica. J'ai eu des nouvelles de Brian ce matin ; il m'a donné le nom d'un docteur de New York à qui on peut se fier en principe.

– Ah oui ? Bon, d'accord. Je serai dans mon bureau après midi si tu as besoin de moi pour quoi que ce soit. Dis à Wendy de prendre ce qu'elle voudra. Rou a donné à Pogo le bacon que j'avais gardé pour elle ; typique, hein ? Mais il y a des œufs en quantité, et du café sur la cuisinière. »

Seule, Erica retire son imperméable, et elle en veut aux enfants, de leur ingratitude, de leurs exigences. Ce matin, il y a encore eu une scène horrible à propos de hamburgers, la troisième du genre. Matilda lui a cassé les oreilles, Jeffrey a hurlé grossièrement :

« Est-ce qu'au moins on peut aller dîner dehors ce soir ?

– Enfin merde, pourquoi pas ?

– C'est pas une raison. Hier t'as dit que t'étais trop fatiguée.

– T'avais dit que la prochaine fois que papa serait parti tu nous emmènerais au Cercle manger un Super Hamburger, elle a pas dit ça ?

– J'ai pas envie que tu m'en fasses un ici. Quand c'est toi qui les fais, ils sont toujours infects.

– Tu nous promets toujours des tas de trucs mais tu les tiens jamais, tu mens c'est tout.

– Non, je me tairai pas. Menteuse, menteuse, menteuse. »

Ce qu'il y a de profondément injuste c'est que cette scène, et les autres – la hargne et la culpabilité qu'elle éprouve, la hargne et la déception des enfants – tout cela est la faute de Brian. Elle serait tout à fait prête à emmener Jeffrey et Matilda au Cercle, s'il n'y avait ce risque, cette probabilité même, que Brian y soit aussi, au lieu d'être à Detroit dans le Michigan comme elle le leur a dit. Menteuse, menteuse, menteuse.

Erica accroche son manteau et entre dans la cuisine, où elle allume la lumière et se met à préparer un petit déjeuner pour Wendy. Elle a un air sombre, et elle en veut aux hommes.

La maison de Danielle est construite tout contre une pente abrupte et boisée. Les pièces de devant sont spacieuses et ensoleillées, avec vue hivernale sur le lac et la vallée. Mais la cuisine à l'arrière est sombre, exiguë, enfouie – on se croirait au sous-sol. On ne peut rien y faire sans lumière artificielle ; c'est que, Danielle le dit souvent, cette maison, comme tant d'autres, a été conçue et construite par des hommes.

C'est vrai, se dit Erica : les hommes mènent le monde, ils le gouvernent à leur convenance. C'est un homme qui est responsable de la situation actuelle de Wendy – de son épuisement, de son désespoir, des risques qu'elle court. Et les deux femmes qui essaient de la sauver de cette situation ne peuvent pas le faire seules ; il faut qu'elles implorent et qu'elles supplient des hommes de leur venir en aide.

Erica tourne le bouton de la cuisinière sur Feu moyen. L'escargot métallique du rond électrique vire lentement à un rouge noirâtre et terne. Odieux, se dit-elle, odieux que les femmes doivent faire appel à leur ennemi naturel en la circonstance (et en vain) – qu'elles doivent s'exposer aux suppositions pontifiantes et à la réprobation d'un médecin de campagne comme Bunch ; à la réaction scandalisée et vertueuse d'un être comme Bernie Kotelchuk.

C'est Danielle qui a dû subir la réaction du docteur Kotelchuk, car il ignore le lien entre Erica et Wendy, qu'il croit être une étudiante de Danielle. Mais ses paroles atteignent Erica à travers Danielle, comme des balles de mitrailleuse invisibles qui les blessent toutes les deux et affaiblissent leur résolution. Les femmes sont encore très impressionnables ; elles sont dépendantes de l'approbation masculine depuis si longtemps qu'elles se laissent influencer même par l'opinion d'hommes qu'elles méprisent.

Le rond de la cuisinière devient d'un vermillon granuleux. Erica fait fondre du beurre dans une poêle et y casse deux œufs. Les deux dômes dorés, nourrissants, tremblotent l'un contre l'autre et s'immobilisent, entourés des blancs minces, gluants et visqueux ; comme du sperme. Cependant que là-haut à l'autre bout de la maison dans la chambre d'ami, à l'intérieur de Wendy, il flotte quelque chose du même genre.

Ce serait mieux, beaucoup mieux, qu'Erica ou Danielle trouve quelqu'un qui dépanne Wendy ; qu'il n'y ait pas besoin d'informer Brian du lieu où elle se trouve et de ce qu'elle va faire ; de se passer entièrement de ses services, de rompre tout rapport avec lui, de raccrocher quand sa voix résonne dans la bouche de canon en plastique noir du téléphone, et de carrément le laisser seul dans son tort, où il est à sa place. Mais le temps passe. Les œufs gonflent et prennent dans la poêle ; Wendy est enceinte, et à chaque instant, en ce moment même où elle repose là-haut inconsciente, elle est de plus en plus enceinte. Et plus elle sera enceinte, plus une intervention sera dangereuse.

A vrai dire, toute opération est dangereuse, même dans les meilleures conditions, se dit Erica, en mettant deux tranches de pain aux raisins à griller dans le toasteur de Danielle. L'opération légale la plus banale, une appendicectomie par exemple, pratiquée avec un maximum d'habileté, dans l'hôpital le plus moderne, peut toujours mal tourner. L'anesthésie peut être trop forte, ou insuffisante ; il peut y avoir choc opératoire, infection, complications. Et cela avec un personnel nombreux et qualifié et un matériel sophistiqué, dans des circonstances où la cupidité et la crainte de la loi ne jouent pas, où l'on n'a pas à faire vite et à être discret... Peut-être après tout vaut-il mieux que ce soit Brian qui endosse la responsabilité de trouver un avorteur et qui porte la faute après coup si les choses tournent mal.

Erica pose sur le plan de travail un plateau en fer sur lequel elle met une assiette, une serviette en papier blanche, et trois instruments métalliques acérés : un couteau, une fourchette, une cuiller. L'effet est désagréable. Il ne s'améliore pas quand, en faisant glisser les deux œufs au plat de Wendy sur l'assiette, elle en fait crever un avec un saignement jaune gluant. Les raisins ont l'air de cicatrices noires sur le pain grillé, et le café, qui fume lugubrement, est...

Mais il ne faut pas qu'elle se laisse aller à son imagination morbide ; il faut qu'elle soit calme, gaie et sensée quand elle va monter. Elle ajoute du sucre et du lait en abondance dans ce foutu café, se force à respirer à fond deux fois, et attrape le plateau.

« Wendy ? » Pas de réponse quand Erica frappe à la porte ; elle entre dans la chambre d'ami, où il fait sombre et assez froid. Elle pose le plateau et lève le store, qui a été descendu trop bas et dont l'extrémité repose mollement sur le radiateur. Malgré cela, la pièce est pleine de grisaille et d'obscurité ; un brouillard blanc colle à la vitre.

« Wendy ? » Pas de réaction. Dans une cage près de la fenêtre, des journaux en lambeaux et des copeaux se mettent à glapir et à bruire ; une des gerbilles de Rou dresse le museau et les pattes avant. « Vous ne voulez pas petit-déjeuner ?

– Comment ? » La voix ne vient pas de l'oreiller, qui a été abandonné à la tête du lit, elle sort d'un enchevêtrement de draps et de couvertures vers le milieu.

« Il est déjà tard, vous savez. »

Le monticule de literie remue, et la tête de Wendy en émerge. « Erica ? Quelle heure il est ?

– Presque onze heures.

– Ah là là ! » Wendy ouvre un œil, se frotte les paupières, et se redresse sur le lit dans sa chemise de nuit en coton courte et toute froissée. Elle est bien en chair, elle a un air fatigué et mal lavé, avec ses jambes non rasées hérissées de poils et ses pieds sales. Ses cheveux, qui se sont emmêlés en dormant, pendent comme des brins de blé tout mous.

« Comment vous sentez-vous ? demande Erica.

– Je crois que ça va. (Son visage s'éclaire vaguement.) J'ai faim.

– Je vous ai monté un petit déjeuner.

– Un petit déjeuner ? Formidable. (Elle sourit à la vue du plateau déposé sur une chaise près du lit, car elle n'y voit pas la même chose qu'Erica.) Ah, du pain aux raisins grillé, fantastique. »

Accroupie sur le bord du lit, elle écarte des mèches de cheveux gênantes et se met à manger, tandis qu'Erica, debout, la regarde faire en réfléchissant à ce qu'elle va dire. Il faut que Wendy – non, mieux, il faut qu'elle-même téléphone au numéro indiqué par Brian et qu'elle lui prenne un rendez-vous dès que possible. Brian fournira l'argent nécessaire, pris sur son fameux compte séparé, mais on ne lui dira pas où ni quand l'intervention aura lieu.

Il faudra que quelqu'un accompagne Wendy à New York ; sa coturne, ou son amie du New Jersey. Erica est prête à l'aider ; mais faire ce long voyage en car avec elle, arpenter les rues de Manhattan à la recherche de cette adresse, rester dans la salle d'attente pendant que derrière une porte close les œufs au plat sanguinolents... Non, elle ne peut pas faire ça, ce serait aller trop loin, à tous points de vue. Et d'ailleurs, il faut qu'elle reste avec les Enfants.

Mais si elle-même redoute d'aller à New York, d'attendre derrière une porte, qu'est-ce que ce doit être pour Wendy ? Pour l'instant, apparemment, rien. Elle mange par petites bouchées avides, poussant l'œuf sur la fourchette avec un morceau de pain grillé, soulevant le tout, mastiquant.

Erica ouvre la bouche, mais quelque chose la retient de parler : elle répugne à interrompre le plaisir innocent de Wendy, ou peut-être obéit-elle à cette règle – apprise si jeune qu'elle est presque devenue un réflexe – selon laquelle les gens convenables ne parlent pas de problèmes médicaux pendant les repas.

Wendy boit, repose la tasse, et s'essuie la bouche avec le dos de la main.

« Pourquoi vous êtes si bonne avec moi ? demande-t-elle. Comprenez, continue-t-elle, puisqu'Erica ne répond pas immédiatement, étant donné ce que je vous ai fait, tout ça, ça me dépasse.

– Mais vous ne m'avez rien fait personnellement », explique Erica, s'asseyant à l'autre bout de la pièce dans l'ancien fauteuil du bureau de Leonard, qu'elle fait tourner face au lit.

« Ben si, pourtant.

– Pas à moi personnellement. Vous n'aviez pas de compte à me rendre. – Vous ne me connaissiez même pas à ce moment-là.

– Vous trouvez que ça y change quelque chose ?

– Naturellement. » Erica ne tire pas la morale de l'histoire, à savoir que maintenant, Wendy la connaît et que, par conséquent, elle a des comptes à lui rendre – cela l'effleure à peine.

« Mais quand même. (Wendy a un sourire gêné.) Pourquoi vous voulez tellement m'aider ?

– Eh bien, entre autres parce que je trouve qu'il faut que les femmes soient solidaires. Comme a dit Danielle hier : nous faisons toutes partie d'une majorité défavorisée, et nous devrions nous entraider chaque fois que nous le pouvons. (L'assiette de Wendy paraît vide.) Vous avez fini ? Vous voulez encore quelque chose ?

– Non merci. C'était super. » Wendy se laisse aller en arrière contre la tapisserie en remontant l'épaule de sa chemise de nuit.

« Tant mieux. (Erica va mettre le plateau sur le bureau et s'assied sur la chaise près du lit.) Je me suis occupée de faire les recherches, commence-t-elle d'une voix rassurante, et je crois finalement être arrivée à certains résultats.

– Des résultats ? » Wendy paraît perplexe, plutôt que rassurée.

« Oui, maintenant j'ai l'adresse d'un docteur à New York, et je pensais lui téléphoner...

– Vous avez pas besoin de faire tout ça, je... interrompt Wendy.

– Je sais bien que je n'ai pas *besoin* de le faire, interrompt Erica à son tour. Mais j'ai envie de le faire. (Elle sourit gentiment.) Et je crois que je devrais téléphoner tout de suite, ce matin, pour vous prendre un rendez-vous, parce qu'il vaut mieux ne plus perdre de temps en fait.

– Je suis pas sûre que je veux le voir. » Wendy se pelotonne en ramenant ses genoux contre sa poitrine et tire sa chemise de nuit par-dessus, jusqu'aux pieds, de sorte qu'elle a le corps enveloppé dans du coton chiffonné comme un petit ballot de linge sale malheureux.

« Mais c'est une très bonne adresse ; un homme réputé extrêmement prudent et sûr... » Erica parle avec douceur, sans laisser paraître aucune contrariété.

« C'est pas ça que j'veux dire. Y a que, maintenant, je crois que j'ai plus envie d'aller chez un docteur du tout. Semble que j'devrais peut-être le garder plutôt.

– Le garder ? Mais pourquoi donc ? » Erica en oublie de moduler sa voix.

« Parce que il m'semble que j'devrais. Comprenez, ce qu'y a. (Wendy fixe son regard sur Erica.) Hier soir, enfin plutôt ce matin de bonne heure vers cinq heures, je me suis réveillée. Et j'ai pas pu me rendormir, tellement tout ça me faisait flipper. Je pensais à tout ce tintouin que je vous donne, et à Danielle aussi, et je me suis dit que je ferais mieux de descendre à la gare routière et de prendre le premier car pour New York quand y en aurait un. Alors je me suis levée et habillée et je suis sortie. C'était plutôt de la folie en réalité parce qu'il faisait encore complètement nuit, et il pleuvait plus ou moins. J'avançais et je faisais pas bien attention où j'allais, et puis la rue s'est arrêtée et j'étais juste au bord du ravin.

» Et je me suis dit, pourquoi pas ? Je me suis dit moi qui voulais tellement rendre Brian heureux et tout lui donner, la seule chose que je lui apporte c'est un tas d'ennuis et du coup il ne veut plus jamais me revoir. Et si j'allais me faire avorter, j'irais encore lui prendre tout son blé, des centaines de dollars. (La voix de Wendy faiblit ; elle pique du nez sur ses genoux.) Enfin, de toute façon, ça paraissait la solution la plus rapide pour résoudre les problèmes de tout le monde, dit-elle d'une voix rauque. Et je me suis dit, Dieu me pardonnera ; il comprendra. Enfin s'il existe.

» Alors j'ai plus ou moins grimpé sur le mur », poursuit-elle, le visage caché par ses genoux, d'une petite voix naïve d'écolière qui raconte sa promenade au jardin public. « Habituellement j'ai horreur du vide. Même le pont pour aller sur le campus, j'aime pas le traverser. Ce truc à claire-voie me rend dingue, et si je regarde vers le bas, tout se met à tourner. Mais la nuit dernière, il faisait tellement noir que je voyais rien du tout ; j'entendais l'eau couler, mais c'était chouette. Enfin, ça paraissait normal, vous voyez ? La fin de l'année, la pluie qui tombe, les feuilles qui tombent, l'eau qui tombe. Je me suis dit que j'avais à peu près tout foiré dans cette vie-ci, mais peut-être que la prochaine fois j'allais me réincarner en quelque chose de moins compliqué comme une vache ou un pied de tomate. (Wendy sourit.)

» Enfin bon, j'étais là assise sur le mur de pierre, je me faisais vraiment tremper, je grelottais. Mais je me suis dit que ça faisait rien parce que j'aurais pas le temps d'attraper la grippe ou autre chose. J'ai passé les jambes dans le vide et j'ai regardé entre pour voir si y avait rien en dessous, un arbre ou un rocher par exemple, parce que j'avais pas envie de me rater et juste de m'esquinter. Et à ce moment-là, y se trouve que j'ai regardé de l'autre côté des gorges et y avait une lumière allumée dans un dortoir. Y avait quelqu'un de pas encore couché qui travaillait ; ou peut-être qu'il s'était levé vachement tôt. Je me suis rappelé ce que j'avais lu sur John Stuart Mill, qu'il se levait avant l'aube pour travailler sa philo à la lumière d'une lampe. Et Brian – à Harvard des fois il passait presque toute la nuit à travailler, vous voyez ? Et alors j'ai réalisé que moi j'avais peut-être pas d'importance, mais qu'ici, à l'intérieur de moi (Wendy baisse les genoux et met le poing sur sa chemise de nuit) il y avait un être qui avait la moitié des gènes de Brian, et qui était peut-être destiné à être aussi brillant que lui ; un grand génie peut-être. Et dans des années d'ici, une nuit, pendant que tous les autres dormiraient dans l'université, lui il serait pas encore couché et il travaillerait et étudierait. Seulement si je m'en allais de ce mur par le mauvais côté, ça risquait pas d'arriver. » Les dernières paroles de Wendy lui restent au fond de la gorge et finissent par sortir en sanglots ; elle se met à pleurer.

« Je suis désolée – je n'avais pas imaginé », dit Erica laissant la chaise pour venir s'asseoir sur le lit. Elle tend le bras et touche l'épaule de Wendy, qu'elle pétrit d'une main légère mais ferme comme si elle faisait de la pâte à tarte. « Danielle m'a dit que vous étiez agitée, que vous aviez circulé pendant la nuit, mais j'ignorais...

– Ça fait rien, dit Wendy dans un sanglot. C'est juste que... Brian... Je me suis rappelée quand... Il m'a dit ça. (Elle déglutit avec une apparente difficulté.) Enfin bon, ça je savais bien qu'il m'a jamais aimée comme moi je l'aime, et ça, bon, je pouvais l'admettre, mais j'aurais jamais cru qu'il... Dites donc, c'est un peu dingue », dit-elle sur un ton différent, en levant les yeux et en les fixant sur Erica. « Moi qui vous raconte tout ça.

– Peu importe. » Erica est toujours assise sur le bord du lit, mais elle a cessé de caresser l'épaule de Wendy, prenant conscience tout d'un coup que Brian lui aussi a caressé cette épaule un jour ; ou plutôt jour après jour.

« Mais écoutez. (Wendy essaie d'affermir sa voix ; elle avale sa salive un grand coup.) Y faut que je vous demande quelque chose : vous croyez pas que j'ai peut-être raison ? Pour le bébé. Enfin vous, vous avez jamais eu cette impression là avec vos gosses, que leurs vies sont très précieuses, plus que d'autres, à cause de leur hérédité ? Pas juste Brian, vous voyez, mais tous ces juges et tous ces personnages historiques de Nouvelle-Angleterre qu'il a comme ancêtres. Comprenez, ses gosses pourraient devenir des gens importants, très brillants peut-être, de grandes figures humaines.

– Oui, admet Erica. J'ai eu un peu le même sentiment autrefois ; quand Jeffrey et Matilda étaient tout petits. » Elle n'ajoute pas qu'elle est maintenant pratiquement sûre qu'ils ne deviendront ni l'un ni l'autre de grandes figures humaines. Ça pourrait apparaître comme une raison de plus pour que quelqu'un d'autre (Wendy, par exemple) essaie de reproduire les gènes précieux de Brian.

« Alors vous croyez que je devrais le garder ?

– Je ne suis pas sûre », répond Erica, qui est tout à fait sûre mais veut donner l'impression de réfléchir, et de rassembler ses arguments. « C'est une très grande responsabilité, dit-elle. Voyez-vous, ce n'est pas tout d'avoir le bébé. Ce n'est qu'un commencement ; c'est l'affaire de toute une vie. Il faut plus à un enfant qu'une bonne hérédité, il lui faut une famille stable, des parents qui...

– Mais je ne veux pas l'élever moi, interrompt Wendy. Je pense juste que je devrais peut-être *avoir* l'enfant, vous voyez ? (Elle s'avance un peu.) Il y a des maisons où on peut aller ; Danielle m'a dit hier soir qu'elle en connaissait peut-être une. Il y avait ce truc à Long Island, j'ai une copine de classe qui y est allée. Ils s'occupaient de tout et ils trouvaient des gens pour adopter le gosse. Vous croyez que ça existe toujours ?

– C'est possible, avoue Erica.

– Ça serait pas vraiment la joie, parce qu'il faudrait que j'y reste quelque chose comme quatre ou cinq mois. Ma copine disait qu'ils arrêtaient pas de les sermonner et de leur montrer tous ces films à faire peur sur la drogue et les maladies vénériennes, et ils la forçaient à aller à l'église tous les jours et à suivre des cours de couture. Mais peut-être que je pourrais travailler un peu à ma thèse, au moins faire les lectures. En plus là où Sharon est allée, c'était pas payant. Ça serait sympa, si je pouvais trouver un truc du même genre, j'aurais pas besoin de claquer le fric de ma mère ou celui de Brian.

– Il ne faut pas vous inquiéter pour ça, dit Erica avec fermeté, en se levant. Ça ne doit pas entrer en ligne de compte. Brian a les moyens de payer l'opération.

– Mais c'est pas juste.

– Bien sûr que si, c'est juste.

– Mais c'est pas sa faute ; c'est moi qui ai fait cette idiotie. Il y a eu cette fête toute une nuit et j'ai pas pris de pilule pendant un jour et demi et après j'ai cru que si j'en prenais deux d'un coup ça reviendrait au même parce que je suis qu'une idiote. » Wendy semble sur le point de se remettre à pleurer sérieusement.

« Wendy, je vous en prie. Ne vous rendez pas malade,

supplie Erica. Ça ne sert à rien de repenser à ça. (Ces paroles restent sans effet.) Je suis sûre que ça ne doit pas être bon pour le bébé, risque-t-elle.

– Non. (Wendy essaie de refouler ses sanglots.) Oui.

– Vous êtes épuisée, voilà ce qu'il y a. Si vous dormiez encore un peu ? Les enfants de Danielle ne rentrent pas déjeuner, vous pouvez vous reposer tranquillement. Allons, étendez-vous donc.

– Bon d'accord. (Wendy se déplie et s'écroule sur le lit ; et puis elle se redresse à moitié.) Vous savez ce qu'il faut que je fasse. Il faut que j'aille à la librairie, déclare-t-elle.

– La librairie ?

– La Librairie Krishna. Vous connaissez ?

– J'en ai entendu parler.

– Il faut que je parle à Zed. Vous connaissez Zed ?

– Non », dit Erica, qui n'a pas pensé à Sandy Finkelstein une seule fois depuis qu'elle a trouvé Wendy dans sa véranda.

« Vous devriez faire sa connaissance, il est en dehors de ce monde. Mais littéralement. C'est un renonciat ; il a renoncé à tout bien matériel et à toute relation possessive. Il ne boit pas de café. Depuis des années il est sur le Chemin, le Chemin spirituel, vous voyez.

– Je vois. » Erica a une vision de Sandy sur le Chemin, qui lui apparaît comme un étroit sentier de terre, bordé de ronces, qui s'élève en sinuant au hasard dans un bois sombre et pentu.

« Il m'a aidée énormément, vous voyez. C'est un sage. »

Une possibilité nouvelle et désagréable se présente à Erica. « Vous lui avez parlé de tout ceci ?

– Anhan. Je ne l'ai pas revu depuis que je suis sûre. Enfin, il sait plus ou moins que je suis amoureuse de quelqu'un, mais il ne sait pas de qui. C'est pas des détails de ce genre qui l'intéressent, c'est seulement l'évolution spirituelle... Je crois que je vais peut-être y aller cet après-midi et lui demander de regarder ma configuration.

– Quelle configuration ?

– Mon horoscope. Zed est réellement fort en astrologie.

– Wendy, s'il vous plaît, ne faites pas ça, prie Erica. Il y a déjà trop de gens au courant, vous comprenez.

– Mais Zed ne le dirait à personne. Pour garder les secrets, il est fanatique ; il est Poissons, avec presque toutes ses planètes dans la douzième maison.

– Malgré tout, je préférerais qu'il ne sache pas. Pas tout de suite, en tout cas. S'il vous plaît.

– Bon. D'accord. » Wendy se rallonge avec un petit soupir.

« Tenez, votre oreiller. »

Erica couvre Wendy, baisse le store et emporte le plateau à la cuisine. Maintenant l'assiette est vide, il n'y reste qu'une traînée jaune gluante et quelques petites miettes brunes, et il n'y a plus qu'un dépôt boueux au fond de la tasse ; mais ça ne lui plaît pas plus que tout à l'heure.

Elle pose le plateau sur le plan de travail et regarde le téléphone juste à côté. Devrait-elle appeler ce docteur et prendre rendez-vous ? Danielle a sans doute raison : Wendy ira à New York si Erica le lui demande. Mais si elle n'y va qu'à la demande d'Erica, c'est Erica qui sera responsable de tout ce qui s'y passera. Tout cela est très difficile, très compliqué. Si elle avait refusé de parler à Wendy hier, comme l'auraient fait bien des épouses – la majorité sans doute – Wendy serait à Jersey City, et tout aurait été réglé rapidement dans un sens ou dans l'autre. Mais maintenant c'est trop tard.

Parfois, vous voyez apparaître dans votre jardin un pauvre chat ou un pauvre chien abandonné par ses maîtres, en quête d'asile. Si vous laissez votre porte fermée jusqu'à ce qu'il s'en aille, personne ne vous en voudra. Mais si, au contraire, vous le faites entrer, si vous lui donnez à manger et lui trouvez un endroit où aller, à partir de ce moment-là, c'est vous le responsable.

Quelquefois évidemment le chat égaré se sauve, comme cela a failli arriver la nuit dernière. Si Wendy était vraiment partie, si elle avait pris le car pour New York avant qu'on ne puisse faire autre chose pour elle, c'eût été affligeant ; mais quel soulagement, d'une certaine manière ! Finis la responsabilité et les reproches pour Erica et pour Danielle – seul Brian eût été en cause. Si Wendy avait fait une bêtise horrible (Erica n'arrive pas à penser « si elle s'était tuée »), il se serait senti coupable éternellement. Jusqu'à la fin de ses jours, Brian aurait porté cette culpabilité sur le dos, comme un havresac fantôme rempli de morceaux de rocher ensanglantés. Non, non. Même maintenant, elle ne peut pas lui souhaiter cela.

Mais quoi qu'il arrive à New York, il y aura quelque chose dans le havresac. Au mieux, une espèce d'intermédiaire entre un poisson mort et un bébé mort. Brian le traînera sur le campus, dans son bureau et dans les salles de cours ; le soir, il faudra bien qu'il le rapporte à la maison. Le sac-revenant sera là appuyé contre le mur du salon d'Erica, vague paquet de toile de forme indécise ; la nuit, il restera aplati par terre, dans un coin sombre de leur chambre, presque vide mais jamais complètement ; toute la nuit, à longueur de nuits, à longueur d'années.

Non, décide Erica, plaçant le filtre chromé dans l'évier pour boucher l'écoulement, elle ne peut pas faire ça à Brian – et à elle-même non plus. Elle ne peut pas appeler ce docteur – il faut trouver quelque autre solution. Elle fait couler l'eau et verse une giclée de produit à vaisselle, elle plonge la poêle dans l'eau chaude mousseuse, et commence à débarrasser le plateau de Wendy, sur lequel les instruments chirurgicaux redeviennent peu à peu des couverts de table ordinaires.

A supposer que Wendy aille dans une maison. Cela veut dire que pendant des mois elle sera dans une horreur de bâtiment public à un endroit quelconque de l'Etat, obligée de faire de la couture et de chanter des cantiques avec tant d'autres malheureuses petites idiotes, toutes en train de gonfler comme des ballons. Et puis au printemps prochain, le ballon crèvera, et un enfant, l'enfant de Brian, sera mis au monde. Des autorités l'emmèneront et le donneront à des étrangers parmi lesquels il continuera à exister, enfant imaginé et définitivement invisible pour Erica, Brian et Wendy jusqu'à la fin de leurs jours. Ils auront tous de longues années pour penser à ce bébé perdu inconnu – enfant – garçon ou fille – homme ou femme. Est-ce que ça vaut mieux ? Non ; c'est presque pire.

Il doit bien y avoir une autre solution, se dit Erica, plissant le front et se mordant l'intérieur de la joue tandis qu'elle rince la vaisselle et la met à égoutter. Et si c'était quelqu'un de leur connaissance qui adopte le bébé de Wendy ; quelqu'un qui soit réellement intelligent, bon, responsable. – Elle cherche dans sa tête des gens comme ça, mais il ne lui vient personne.

Et si elle, Erica, prenait le bébé pour l'adopter et l'élever elle-même, comme l'a fait E. Nesbit avec les enfants illégitimes de son mari, en les faisant passer pour les siens ? Admirable, noble, généreux, romantique, s'était dit Erica quand elle avait lu cela. Un bébé à nouveau – son visage rebondi, le poids de son petit corps contre son épaule gauche, ses petites mains potelées lui attrapant les cheveux – « Est-ce bien la chose à faire ? » murmure-t-elle, penchée sur l'évier, prononçant ces mots au-dessus de l'eau blanche et mousseuse. Pas de réponse ; mais, comme si elle avait ouvert une boîte pleine d'insectes, une nuée de difficultés et de complications piquantes et bourdonnantes s'élève soudain, et la cuisine s'emplit d'un vrombissement d'ailes.

D'abord, arriverait-elle à faire passer la chose ? E. Nesbit et son mari étaient des bohèmes radicaux qui vivaient dans une grande maison isolée à la campagne ;

les Tate font partie d'une communauté universitaire provinciale. Va-t-elle faire semblant d'être enceinte, acheter de fausses tenues de grossesse, porter un coussin de plus en plus gros sous sa jupe pendant les six mois à venir ? Réussirait-elle à simuler un accouchement, à faire semblant d'aller à la clinique, afin qu'aucune de ses connaissances ne puisse se douter à quel point elle est admirable, noble, etc. Si on ne se doute de rien, évidemment, on la plaindra sans doute de n'avoir pas pris assez de précautions et d'être à nouveau enceinte à quarante ans, et/ou on la blâmera d'aggraver sciemment la situation démographique. Les familiers de la maison risquent de s'étonner que les Tate veuillent un autre enfant, après deux échecs aussi manifestes.

Il vaudrait peut-être mieux dire qu'ils adoptent un enfant, encore que cela aussi exigerait des justifications – tout un raisonnement compliqué en fait ; et il y aurait encore des gens pour se demander de qui est cet enfant. D'une façon comme de l'autre, cela représente des mois, des années, une vie entière de mensonges.

Et que penseront Jeffrey et Matilda quand le bébé sera là ? Que va-t-elle leur raconter ; comment va-t-elle les tromper plutôt ?

Et il n'y a pas que cette tromperie, il y a aussi l'éventualité d'être découverte. Trop de gens connaissent déjà la situation de Wendy, et il serait insensé de croire que personne ne l'ébruitera, ou ne fera le calcul 1 + 1 = 1 si un bébé quitte l'intérieur de Wendy et apparaît simultanément chez Brian. Plus vraisemblablement encore, c'est Wendy elle-même qui révélera la vérité. Elle a peut-être l'impression de ne rien ressentir pour l'instant, mais l'instinct maternel peut lui venir. Alors elle voudra voir son enfant, lui rendre visite ; elle voudra peut-être désespérément le reprendre.

Même si Wendy devait oublier toute cette affaire et partir pour l'Alaska ou pour Hawaï, il y aurait toujours l'appréhension qu'elle ne revienne, la certitude que l'enfant est à elle. Et puis Erica est-elle sûre de pouvoir aimer l'enfant de Wendy pendant toutes ces années où elle devra lui prodiguer des soins maternels : toutes ces années de couches mouillées, de petits pots de compote d'abricot, de jouets cassés et de larmes au moment du coucher ? Peut-elle jurer qu'elle ne mettra jamais ses incartades puériles sur le compte de l'hérédité ?

Oui. Elle peut le jurer. Mais que penser de Brian ? Même s'il est d'accord pour qu'elle adopte l'enfant de Wendy, comment se comportera-t-il envers lui ? S'il devait le préférer aux autres, ce ne serait déjà pas une bonne chose ; ce serait encore pire s'il allait le prendre particulièrement en grippe.

Le vol de complications bourdonnantes retourne peu à peu dans sa boîte, victorieux, emportant la vision ailée d'un petit bébé rose. Erica s'aperçoit qu'il ne faudrait pas grand-chose pour qu'elle aussi se mette à pleurer sur place ; à sangloter et à trembler. Mais elle ne peut pas se le permettre. Il faut qu'elle reste calme, qu'elle ait l'esprit clair, car enfin elle doit prendre une décision importante.

D'abord, il faut qu'elle abandonne l'idée de prendre l'enfant de Wendy. Tout bien considéré, et surtout à cause de Brian, cela crée trop de problèmes. Elle préférerait ne pas avoir à prendre Brian en considération. Elle aimerait mieux ne pas penser à lui du tout, mais c'est impossible. Il ne peut pas rester à « Detroit » éternellement ; il va bien falloir qu'il rentre à la maison, et qu'elle le voie. Au début, exactement comme la première fois, il sera grave et contrit. Il s'avouera coupable, et, au figuré, se couvrira la tête de cendres, mais en réalité ses cheveux resteront bien lisses et bien brillants, rouflaquettes et *tutti quanti*. Puis il se mettra à expliquer que sa liaison avec Wendy n'a pas compté pour lui et a été sans importance ; que l'enfant ne compte pas et n'a pas d'importance. Peu à peu, il retrouvera son air satisfait bien lisse et bien brillant. Il se dira que le temps est venu pour Erica d'avaler sa version des faits, de pardonner et d'oublier une nouvelle fois. Faute de quoi il se sentira frappé d'une juste affliction.

Erica rince la poêle de Danielle sous l'eau chaude et la retourne sur l'égouttoir. Elle ferme le robinet et ôte le filtre métallique de l'évier. Il y a un bruit d'étranglement au fond ; l'eau sale, où flottent des caillots de produit à vaisselle, frémit, aspirée par le tuyau d'écoulement, qui finalement l'engloutit jusqu'au bout en une goulée à vous soulever le cœur.

Plongeant le regard vers l'avenir dans le long tuyau d'écoulement sale et sombre de l'hiver qui vient, Erica parvient à imaginer qu'elle sera peut-être capable un jour d'accepter ce qui s'est passé ; capable de pardonner. Mais ce n'est pas à son mari Brian Tate qu'elle pardonnera, c'est à un homme du même nom, plus tellement jeune, faible, superficiel, qui se trouve toujours des excuses. Les hommes de ce genre se laissent souvent entraîner dans des histoires d'adultère pleines d'embrouilles et sans passion ; et on leur pardonne, parce que c'est tout ce qu'on peut faire pour eux.

Mais Brian ne s'attendra pas seulement à ce qu'on lui pardonne, à ce qu'on écoute sa version des faits et qu'on le croie. Il arrivera un moment où il voudra réintégrer la maison de Jones Creek, et bientôt il voudra aussi réintégrer la chambre. Il attendra d'Erica qu'elle fasse l'amour avec lui ; qu'elle l'aime, même s'il est prouvé qu'il ne l'aime pas, ni elle ni personne.

Or ça, c'est impossible. Erica ne pourra jamais avoir d'affection, ni d'amour à plus forte raison, pour la personne qu'est devenu son mari. Au mieux elle parviendra à faire semblant de le supporter, à garder le silence quand il dévidera ses excuses et ses fausses déclarations d'amour, à attendre de voir le nouveau signe qu'il la trompe, à rester immobile, les dents serrées, quand il se couchera sur elle la nuit. Des mensonges, toujours des mensonges, des années de mensonges.

C'est tellement plus facile pour Danielle : elle n'est pas obligée d'avoir Leonard sur place ; elle a juste à le revoir un certain nombre de fois par an. Elle peut dire ce qu'elle pense de lui sans être critiquée, car maintenant tout le monde sait à quoi s'en tenir sur lui. Et c'est aussi plus facile pour Leonard : il peut ainsi éviter de repenser chaque jour à l'indignité de son comportement ; il est vraiment plus charitable de laisser vivre un tel homme en un lieu où ses défauts apparaîtront de façon moins flagrante : parmi des gens superficiels et volages qui ne lui en voudront pas parce qu'eux-mêmes ne valent pas mieux. Ou peut-être parmi des gens naïfs qui croient encore en lui, qui acceptent ses prétentions, comme Wendy avec Brian – et qui ainsi l'encouragent peut-être à rester à la hauteur de ces prétentions.

Wendy est encore persuadée que Brian est un grand homme, un héros ; elle est persuadée que le livre qu'il écrit sera un grand livre. Il se peut que ce ne soit pas entièrement de la naïveté : très vraisemblablement, quand Brian est avec elle, il joue ce rôle-là, ou mieux encore – il est réellement sérieux, digne, tendre, etc. Il ne se comporte jamais si bien que quand il y a des gens pour le regarder, surtout des gens qu'il ne connaît pas très bien ; et après tout, Erica elle-même a mis presque vingt ans à le percer à jour. Si Wendy venait à le connaître elle aussi – semblable à l'ombre d'un petit avion rapide ou à un gros oiseau qui volette haut dans le ciel par un pâle soleil au-dessus d'un champ, une vague idée traverse l'esprit d'Erica à cet instant et disparaît. Mais Wendy ne verra jamais Brian tel qu'il est vraiment ; elle vivra en portant le deuil de son héros perdu.

Tandis qu'Erica, très bientôt, sera obligée de revoir Brian. Si elle tarde trop, elle passera pour hystérique et intraitable ; tout le monde la désapprouvera. Il faudra donc qu'elle le laisse revenir. Et à ce moment-là, sa maison deviendra une espèce de prison.

Elle se souvient d'une conversation qu'elle a eue un jour avec Sandy Finkelstein, au retour de *la Flûte enchantée,* dans le tramway de Mass. Avenue. Il venait de lire Dante, et il trouvait que les pécheurs pris dans la tornade du premier cercle de l'Enfer n'étaient pas si malheureux après tout, puisqu'ils étaient avec quelqu'un qu'ils aimaient passionnément. Le véritable enfer, ce serait de se retrouver avec quelqu'un qu'on ne peut pas souffrir. « Ou avec quelqu'un qu'on a aimé autrefois, mais qu'on s'est mis à détester, avait lancé Erica. Ma mère par exemple. Ce serait ça le pire. »

Ce qui lui donnait vraiment la chair de poule, avait dit Sandy au cours de cette même conversation, c'étaient tous ces êtres qui erraient à l'entrée de l'Enfer dans cette espèce de brouillard impur, ceux qui n'avaient fait ni le bien ni le mal, qui n'avaient pris parti que pour eux-mêmes.

Il doit bien exister une autre solution pour tous ceux-là, se dit Erica ; un moyen quelconque de sortir de ce brouillard.

Il y a un instant, une idée l'a effleurée... Par la fenêtre de la cuisine elle scrute l'étroite bande de jardin noyée dans la brume. L'ombre de son idée revient ; plus proche cette fois, plus noire, plus nette. – Oui. Voilà, elle la reconnaît.

9

Les enseignants, les professeurs d'université en particulier, ont souvent des affinités électives avec leur discipline. Que ce soit le résultat d'un tropisme naturel, d'efforts délibérés, ou d'une fréquentation prolongée, les assistants de langue nés dans le Missouri ou à Brooklyn ont l'allure et le comportement de Français ou d'Italiens ; les professeurs d'économie ressemblent à des banquiers ; et les musicologues ne se distinguent pas des musiciens. Généralement, il ne s'agit que d'une ressemblance de style ; en fait la majorité des professeurs, à Corinth du moins, tend à considérer avec défiance et hostilité tout collègue qui décide de quitter l'université pour mettre en pratique ce qu'il prêche.

Ces affinités ont aussi une influence profonde sur le fonctionnement des différents départements de l'université de Corinth. C'est d'elles, par exemple, que dépendent le temps passé à résoudre les problèmes et la violence des réactions suscitées. Les membres du Département de Mathématiques ont tendance à se quereller sur les chiffres de leur rapport annuel, et ceux du Département de Littérature sur sa formulation. En Psychologie, l'analyse de la personnalité des promouvables se termine parfois par de bruyantes manifestations d'incontinence verbale ; quant à la controverse sur les nouvelles toilettes pour messieurs du Secteur d'Architecture (au cours de laquelle deux professeurs qui n'avaient rien créé depuis vingt ans en sont venus aux mains), elle est entrée dans les annales de l'université.

Mais c'est parmi les collègues de Brian Tate que l'effet de la loi des affinités est le plus fortement ressenti. Comme chaque membre du Département de Sciences Politiques se comporte extérieurement et raisonne intérieurement en stratège politique expert, tout problème est prétexte à des débats publics et à des pressions privées. Même quand l'enjeu est minime, on fait des discours éloquents ; on tire habilement les ficelles et on se fait des concessions mutuelles simplement pour le plaisir de jouer.

Autrefois Brian a joué le jeu avec autant d'entrain que ses collègues. Aujourd'hui ça ne l'intéresse plus et ça l'ennuie. Les transactions du Comité du Cursus, dont il est président, lui paraissent vaine comédie, et la question à l'ordre du jour insignifiante comparée à celle inscrite sur son agenda personnel, à savoir : comment va-t-il faire face à la sommation insensée de sa femme, de divorcer d'elle et d'épouser Wendy Gahaghan ?

La question portée devant le Comité, et cela depuis une heure déjà, sans compter la séance de mardi, presque aussi longue, en présence de tout le Département, est connue sous la dénomination Formule Reçu ou Recalé. Elle est apparue la semaine dernière sous forme d'une pétition signée par vingt-deux étudiants de licence en Sciences Politiques, dix-neuf étudiants d'autres départements, quatre enseignants, et trois personnes qui avaient signé Thomas Paine, F. Kafka, et Janis Joplin. Ces cinquante-huit personnes réelles et imaginaires réclament la possibilité pour les étudiants inscrits à des cours de Sciences Politiques de choisir soit d'être évalués par une lettre, soit simplement d'être notifiés qu'ils ne sont pas reçus.

Dans la pratique la Formule Reçu ou Recalé ne changerait vraisemblablement pas grand-chose. L'expérience du Département d'Histoire au printemps dernier laisse penser que les seuls étudiants qui choisiraient cette formule sont ceux qui préféreraient l'euphémisme Reçu à l'attribution de la lettre C. L'affaire n'en suscite pas moins une grande controverse : les collègues de Brian ont prononcé de longs discours en faisant parfois vibrer une corde sensible avec des expressions comme « liberté de conscience », « respect des valeurs universitaires », « fuite devant les responsabilités », « lâcheté morale »... dont il vient d'entendre les deux dernières dans un autre contexte tout récemment, il y a seulement quelques heures en fait, quand sa femme les a utilisées pour décrire la manière dont il s'est conduit vis-à-vis de Wendy.

Le comité de Brian, qui est censé étudier la pétition et donner un avis au département, est divisé. Chacun des quatre autres membres a, comme d'habitude, adopté une position philosophique qu'il défend dans son style propre. Car non seulement les professeurs ressemblent à leur discipline ; mais ces ressemblances se subdivisent à l'intérieur de chaque département. De même que certains assistants en Histoire de l'Art adoptent ce qu'ils s'imaginent être l'allure, le style et les opinions d'un Renoir, et d'autres ceux d'un Jim Dine, chacun des collègues de Brian imite une école de pensée politique, ou même un politicien en particulier.

John Randall, le patriarche du département, dernier survivant de l'époque où celui-ci était dénommé Département d'Administration, évoque à Brian la figure de Cordell Hull. C'est un homme d'un certain âge, de taille imposante, guindé, quelque peu pontifiant et lent à saisir les choses, mais qui possède des qualités d'endurance remarquables ; un hégélien qui fait des cours de philosophie politique en citant souvent Platon de mémoire. Selon John Randall, s'ils acceptent la Formule Reçu ou

Recalé, ils rompent leur contrat moral avec l'université et négligent de reconnaître la vraie valeur. Les étudiants de Corinth naissent libres et égaux en droit de suivre les cours d'Administration (comme il les appelle encore), mais pas égaux en capacité de comprendre ces cours. La pétition devrait donc être rejetée, poliment, mais avec fermeté et dignité.

Le principal ennemi de Brian au sein du département, C. Donald Dibble, s'oppose lui aussi à la pétition, mais plus violemment ; exactement comme il s'oppose depuis des années à toute proposition et bloque toute suggestion faite par Brian pour le changement du cursus. C'est en grande partie à cause de lui que le comité n'a presque rien accompli depuis septembre. Vieux garçon bavard, tendu, un peu paranoïaque, Don Dibble se qualifie lui-même dans ses interviews, qu'il accorde avec prodigalité sur des sujets variés, de « conservateur radical ». Personnellement, Brian le qualifie de Metternich. Dibble relève d'une école de philosophie politique plus récente que celle de Randall, mais lui aussi cite Platon fréquemment – et fallacieusement d'après Brian. A l'université de Chicago, on l'a dressé à débusquer les principes politiques de base cachés dans le fourré des événements, même de ceux qui peuvent paraître sans importance. Il arrive parfois qu'il ne parvienne pas à faire sortir du taillis quoi que ce soit d'intéressant, et qu'il s'abstienne de se mêler à la discussion qui suit ; mais pas aujourd'hui. Caché dans la Formule Reçu ou Recalé, Dibble a découvert un animal cunéiforme un peu semblable à un éléphant. Si ses collègues laissaient entrer cet animal dans le département, affirme-t-il, ils abdiqueraient la responsabilité du pouvoir et céderaient aux pressions de la masse. Bientôt des éléphants de plus en plus gros entreraient à la suite du premier, et eux se feraient tous piétiner à mort, et ils l'auraient bien mérité.

Chuck Markowitz, le plus jeune membre du comité,

tient le rôle de Castro. C'est un jeune radical attachant, maladroit, mais aussi quelqu'un d'extrêmement cultivé. D'habitude, Brian aime bien Chuck, mais aujourd'hui il est agacé par lui. Primo, Chuck est partisan de se rendre aux exigences de la pétition ; c'est probablement lui qui est responsable de sa rédaction au départ, en partie du moins, et donc aussi de la réunion de département exceptionnelle de mardi qui a empêché Brian de déjeuner avec Wendy, et de tous les ennuis qui s'en sont suivis. C'est à cause de lui s'ils sont tous les cinq rassemblés dans cette salle en ce moment au lieu de vaquer à leurs occupations personnelles ou à leur travail. De façon plus générale, Brian reproche à Chuck, malgré ses trente ans passés, de se déguiser en étudiant de licence radical et de s'être laissé pousser les cheveux au point de donner l'impression d'avoir un petit caniche noir mal lavé perché au sommet du crâne.

Les arguments de Chuck en faveur de la Formule Reçu ou Recalé vont très loin et étaient à prévoir. Il insiste sur les idioties et les inégalités du système de notation actuel, avec anecdotes à l'appui ; il prône la supériorité des études indépendantes, et le succès des universités libres. « Après tout, conclut-il avec un sourire engageant, comment pouvons-nous vraiment savoir ce qu'un jeune a appris à notre cours ? En quoi avons-nous un droit quelconque de lui donner une note ? » A ces mots, le visage des autres membres du comité se durcit, et en silence ils donnent au discours de Chuck la note B moins.

Le dernier à parler, comme toujours, est Hank Andrews, un homme intelligent, pâle et maigre, le meilleur ami de Brian dans le département. Depuis longtemps, Andrews s'est lui-même choisi le rôle de Machiavel. Dans les réunions, il fait figure d'observateur scientifique détaché, manipulant à l'occasion les forces politiques par pure curiosité intellectuelle. Il est impossible de deviner quel parti il va prendre sur une question quelconque car il peut aussi bien se laisser guider par l'envie cynique de s'amuser que par l'intérêt ou les principes. Aujourd'hui, après avoir semblé hésiter un moment, il s'est finalement prononcé en faveur de la Formule Reçu ou Recalé – en grande partie, soupçonne Brian, pour créer des incidents. Andrews refuse de prendre en considération les problèmes plus vastes qui sont impliqués. Il fait simplement remarquer avec sa sécheresse habituelle que la Formule a été acceptée par d'autres départements apparemment sans grande conséquence, et que la pétition a été signée par plus de la moitié de leurs propres étudiants. Si on ne se rend pas à ses exigences, la chose va être très mal ressentie. On parlera en sourdine de bureaucratie monolithique ; on verra apparaître des lettres et des éditoriaux sarcastiques ou violents dans le journal des étudiants.

Quand Andrews cesse de parler, un tollé de protestations retentit parmi lesquelles on entend les mots « humiliant » et « opportunisme ». Les trois autres professeurs se mettent à répéter les arguments qu'ils ont déjà avancés, et à faire les remarques qu'ils ont faites il y a une demi-heure ou mardi. Brian ne les écoute pas ; il entend d'autres voix qui disputent, qui exigent.

Il aurait dû se douter d'un coup fourré d'après la façon dont sa femme lui a parlé au téléphone ce matin – avec cette voix tendue, ces silences anormaux. Or il n'était pas prêt pour l'assaut qui a commencé une heure plus tard quand il a ouvert la porte pour entrer chez lui et qu'ils se sont trouvés face à face – le visage d'Erica d'une blancheur qui semblait due à une fièvre intérieure, avec de grands yeux illuminés. Son visage de Jeanne d'Arc, avait-il dit un jour : celui d'une femme persuadée de se battre pour le bien des autres, avec la certitude fanatique qu'elle est dans le vrai. Quand c'est elle-même qui est atteinte, elle est simplement fâchée et déprimée ; mais elle est capable de fulminer d'indignation si on touche, ou si on menace de toucher à un enfant. Plus l'enfant est jeune, plus les flammes sont vives. Il n'en a pas revu d'aussi hautes depuis le moment où, juste avant la naissance de Matilda, elle s'est bagarrée avec deux médecins et la direction d'une grande clinique pour obtenir le droit qu'on laisse le bébé auprès d'elle après la naissance au lieu de le mettre dans la salle des nouveau-nés. « Les bébés, vous savez ce qu'ils font dans votre salle ? » l'entend-il encore demander haut et fort au bureau des admissions avec ses contractions toutes les huit minutes. « Ils sont chacun dans une espèce d'horrible cage en plastique, isolés de tout contact humain. La lumière est allumée en permanence, braquée dans leurs yeux vingt-quatre heures sur vingt-quatre, on dirait un interrogatoire militaire nord-coréen, et ils *pleurent,* voilà ce qu'ils font, vingt-quatre heures par jour, sauf quand ils n'ont même plus la force de pleurer, pendant cinq jours et cinq nuits. Voilà comment ils font connaissance avec ce monde. »

Aujourd'hui il y avait cette même grande ferveur dans sa voix quand elle lui a dit qu'il fallait qu'il épouse Wendy – moins pour Wendy elle-même que pour cet enfant qui existait encore à peine. Et aussi, selon elle, pour lui-même. « Tu comprends, Wendy *croit* en toi », lui a expliqué Erica en arpentant le tapis du salon dans les deux sens. « Elle pense – non, mieux encore, elle est *sûre* que tu es un grand homme et que tu es en train d'écrire un grand livre. Tandis que moi je n'en suis plus sûre, plus maintenant. Mais ce dont je suis sûre c'est qu'il ne faut pas rester avec un homme en qui on ne croit plus, alors qu'il y a quelqu'un d'autre pour croire en lui. »

Brian a essayé de discuter calmement avec elle, de lui expliquer que ce n'était pas à elle de réparer ses erreurs à lui ; mais il n'a pas réussi à se faire écouter, ni même à la faire rester tranquille. « Je ne suis pas d'accord quand tu dis que ça n'est pas mon affaire », a-t-elle affirmé avec passion, tandis qu'il arpentait toute la longueur de la pièce à sa suite. « C'est ce que disaient les “Bons Allemands”.

Après tout, Wendy est venue me trouver : c'est mon devoir de l'aider. Je n'ai pas envie d'être comme ces gens, chez Dante, qui n'ont fait ni le bien ni le mal, et qui n'ont jamais pris parti que pour eux-mêmes. »

Après cette entrevue, il y en a eu une autre, qui ne s'est pas mieux passée, au contraire, avec Wendy, chez les Zimmern – où celle-ci se trouve apparemment depuis qu'elle a disparu – et en la présence tyrannique de Danielle Zimmern. Danielle, comme Erica, sait depuis le début que Wendy n'a jamais quitté Corinth, mais elle s'est bien gardée de le dire à Brian. De même qu'Erica et elle se sont bien gardées de dire à Wendy qu'il n'a pas cessé de s'angoisser et de la chercher. Erica, étant donné son état émotionnel du moment, a peut-être quelque excuse. Danielle, aucune.

En pensant à Danielle, Brian fait la grimace, de sorte que Chuck Markowitz, sur qui son regard s'est fixé par hasard, s'empêtre dans sa phrase. Il se dit qu'il n'a jamais vraiment eu de sympathie pour Danielle ; il se doutait déjà qu'elle n'avait pas de sympathie pour lui, mais maintenant il en est sûr. Très vraisemblablement, c'est elle qui est derrière toute cette affaire. Elle a plus ou moins convaincu sa Jeanne d'Arc que la chose à faire c'est de renoncer à lui, c'est-à-dire, en langage moins noble, de le mettre à la porte. C'est elle, Danielle, qui veut qu'il s'en aille, pour ne plus avoir à le rencontrer, et pour qu'Erica soit une divorcée comme elle. Le malheur n'aime pas être seul, surtout le malheur idéologique – et depuis quelque temps Danielle parle de plus en plus en idéologue. Depuis le départ de Leonard, elle nourrit contre les hommes une rancune qu'elle a récemment essayé de généraliser et d'ennoblir sous le couvert de féminisme radical. S'il ne savait pas tout ce qu'il sait sur ses coucheries au moment de leur séparation, il se demanderait presque si elle n'est pas lesbienne. Et après tout, ses coucheries ne prouvent rien ; elles indiquent même peut-être que Danielle est incapable d'aimer aucun homme. Certes, elle possède un certain charme – mais il y a dans son genre de beauté quelque chose de lourd, de bovin (« elle a tout du bœuf », dirait-il même, plus volontiers). Il se souvient que lorsqu'il dansait avec elle à des soirées, il avait parfois l'impression qu'elle essayait de mener, et il avait toujours à l'esprit l'idée désagréable qu'elle devait faire à peu près le même poids que lui.

Il y a des mois que Brian ne parle presque plus à Danielle ; mais voilà qu'elle vient s'immiscer dans ses affaires personnelles et qu'elle les surveille de toute sa hauteur comme une femme-agent de police, au point qu'il a à peine osé toucher Wendy quand ils se sont vus aujourd'hui, et qu'il n'a pas osé l'embrasser. Oui, une femme-agent ; ou militaire, chargée des prisonniers de guerre – car, vues ensemble, on aurait pu croire que Wendy et elle n'étaient pas du même pays, ni de la même race presque. Le cœur serré, il revoit Wendy si petite, si douce, si jeune, pelotonnée sur le canapé victorien ridicule des Zimmern, ses pieds nus relevés, s'entourant les genoux de ses bras roses couverts de taches de rousseur, comme pour se protéger. Elle lui a semblé plus menue qu'avant – non seulement par rapport à Danielle qui a tout du bœuf, mais par contraste avec Erica, qu'il venait de quitter. Un de ses pieds potelés présentait une méchante égratignure due à quelque blessure récente. Elle baissait les paupières, et elle avait ce visage las et aplati des enfants réfugiés sur les photos d'actualité.

C'est Danielle qui a parlé presque tout le temps pendant cette scène, disant à Brian ce qu'il devait faire et quand. Wendy n'a quasiment pas ouvert la bouche, sauf pour dire combien elle était reconnaissante à Danielle, et encore plus à Erica – combien Erica avait été formidable, et que c'était quelqu'un de vraiment sympa. Et puis, avec encore moins d'assurance, dans une sorte de murmure : « Je pensais, quand Erica dit que ça suffit pas pour un enfant d'avoir une bonne hérédité. Eh ben, c'est vrai, tu vois. Je voudrais pas que ce bébé aille chez n'importe qui. Faudrait quelqu'un qui soit capable de le comprendre et de l'éduquer comme il faut. Un gosse, c'est tellement impressionnable, même un gosse intelligent. Tu comprends, imagine qu'ils le donnent à des républicains par exemple : de quoi le rendre complètement tordu. C'est pour ça qu'il faut que je m'en occupe moi-même. »

Pourtant, même empêchée de s'exprimer, il ne fait pas de doute que Wendy était heureuse, folle de joie même, à l'idée qu'il puisse l'épouser. Telle une réfugiée dans un poste de première urgence, n'osant pas croire à sa chance soudaine, elle n'a pas demandé s'il allait réellement l'épouser ; elle s'est contentée de le regarder – en silence, et l'air de n'attendre que cela.

Les arguments du comité s'épuisent. Hank Andrews se tourne vers Brian, qui se tait depuis une demi-heure, et il sollicite son opinion. Il y a un moment de silence pendant lequel chacun attend que Brian se produise dans son rôle habituel de George Kennan – qu'il fasse une analyse structurale du conflit et propose un compromis auquel ils puissent tous, même à contrecœur, se rallier ; c'est pour cela qu'il est président.

Mais aujourd'hui Brian a du mal à se souvenir de son texte. Pour gagner du temps, il demande que Chuck relise la pétition. Il appuie son front sur son poing et donne l'impression de quelqu'un qui écoute, alors qu'il considère ses collègues autour de la table, en imaginant les conseils politiques qu'ils lui donneraient s'ils connaissaient son dilemme.

Chuck-Castro lui conseillerait peut-être de quitter Erica, parce qu'elle représente l'âge mûr et le passé en regard de la jeunesse et de l'avenir. D'un autre côté, comme il croit au libre choix et se défie de toute structure institutionnelle, il ne peut guère conseiller un mariage forcé avec Wendy. Il poussera sans doute Brian à affirmer son droit à l'autodétermination ; à résister aux personnes qui le bassinent avec leurs manigances ou veulent le faire entrer dans leur jeu.

Randall-Hull insistera aussi sur la liberté individuelle, ainsi que sur la responsabilité individuelle. Il recommandera à Brian de rester ferme sur les principes : de maintenir sa réputation d'homme de modération et d'intégrité, et d'honorer ses engagements passés – le renvoyant particulièrement à ceux qu'il a pris en 1950 à Cambridge, dans le Massachusetts.

Quant à Dibble-Metternich, il verra dans le projet d'Erica et de Danielle ce qu'il a décelé en d'autres circonstances : une monstrueuse conspiration de femmes. Ou plutôt qu'une conspiration, une révolte hystérique contre l'autorité masculine et (de la part d'Erica du moins) contre les plus sûrs de leurs propres intérêts. Il exigera que Brian écrase cette révolte par n'importe quel moyen, sans exclure la force physique.

Brian ne peut pas deviner ce que lui conseillerait Andrews-Machiavel, mais il préconiserait certainement la ruse plutôt que les discours ou la violence. Très vraisemblablement, il conseillerait à Brian de tenter de diviser, pour les vaincre, les trois adversaires actuellement unies contre lui.

La lecture de la pétition est presque terminée ; c'est le moment pour Brian de prendre la parole. Heureusement, le problème est relativement simple. Comme dans la plupart des cas, c'est une affaire d'endiguement, de séparation des sphères d'influence. Le choix de la Formule Reçu ou Recalé doit être laissé à la discrétion de chacun, l'enseignant décidant si elle sera appliquée à son cours ou pas. Essayant péniblement de retrouver son ton habituel d'autorité naturelle, Brian propose de soumettre cette solution au département. Et, après quelques développements oratoires de routine, sa proposition est acceptée.

Il essaie d'accélérer la fin de la séance, mais il est plus

de quatre heures quand il revient dans son bureau. Il ferme la porte mais il n'allume pas la lumière, afin de ne pas être interrompu pendant qu'il prépare sa contre-offensive.

Heureusement, il ne s'est encore engagé dans aucune situation. Quoique stupéfait par l'assaut d'Erica, il a conservé sa présence d'esprit en quelque sorte : il n'a rien dit d'injurieux ni d'impardonnable. Et surtout, bien qu'il se soit penché et attendri sur le sort de Wendy, il ne lui a rien promis.

Il faut qu'il commence, décide-t-il, par suivre ce qu'il imagine être le conseil d'Andrews : diviser ses adversaires. D'abord, et surtout, séparer Wendy de Danielle physiquement, afin de pouvoir lui parler seul à seul. Même ainsi, l'entrevue ne sera pas facile. Wendy va être déçue, terriblement déçue ; elle va souffrir encore plus qu'elle n'a déjà souffert – il revoit son visage, ses pieds nus écorchés. Mais elle n'est pas la seule ; lui-même est pris d'une sorte de malaise physique, de désespoir, à penser que jamais plus – ses jambes nues, sa petite croupe rebondie...

Mais pourquoi jamais plus ? interroge une voix dans sa tête. Quand tout cela sera fini, quand Wendy sera allée à New York – et c'est une chose à régler au plus vite. – Bien sûr, désormais, ils devront être extrêmement discrets, lui dira-t-il. Il la tiendra fermement, lui parlera avec douceur, lui expliquera la meilleure solution pour tout le monde. Il lui parlera de sa bourse d'études, de l'état mental précaire d'Erica, du livre qu'il doit écrire. « Fais-moi confiance », lui dira-t-il ; et peut-être, avec calme, fera-t-il observer combien d'ennuis et de souffrance on aurait évité si elle lui avait fait confiance – si elle s'en était remise à lui, si elle l'avait laissé endosser les responsabilités et prendre les décisions. Et elle lui fera confiance ; elle le remerciera, car en dépit de son affolement et de ses erreurs de jugement, ce n'est pas « la fin de tout », il l'aime toujours, il la désire toujours.

Brian s'assied à son bureau dans la lumière déclinante et compose le numéro de Danielle ; mais en entendant la voix de celle-ci, il raccroche. Il regarde le téléphone, en se demandant s'il devrait rappeler et demander à parler à Wendy. Mais peut-être vaudrait-il mieux voir Erica en premier, ce serait fait.

Ensuite il pourra téléphoner pour proposer de donner rendez-vous à Wendy quelque part. S'il ne peut pas court-circuiter Danielle, il ira chez elle pour emmener Wendy – de force si nécessaire, comme le lui conseillerait Dibble.

L'entrevue avec Erica va être encore plus douloureuse par certains côtés, et plus délicate à coup sûr, car les sentiments d'Erica sont moins simples. Wendy l'adore ; Danielle le déteste. Mais sa femme, elle, est prise dans un feu croisé de sentiments : amour et haine, bien sûr, mais aussi jalousie, pitié, honte, et peur – il l'imagine tiraillée par tous ces sentiments d'un bout à l'autre du tapis du salon. Il voit son visage blême, fébrile – et juste à côté, celui de Wendy, fixant tous deux sur lui un même regard égaré. Les deux visages, les quatre yeux bougent ensemble et se fondent en un seul.

Une pensée importune vient à l'esprit de Brian : deux femmes qui étaient en relativement bonne forme quand il les a rencontrées sont maintenant, par suite de ses agissements en quelque sorte, au bord de l'effondrement nerveux. Qu'il n'ait pas voulu cela, qu'il soit en fait très attaché à l'une et à l'autre, voilà qui ne saurait le justifier auprès de quiconque connaîtrait son histoire ; or si désormais il n'agit pas avec beaucoup de détermination et de diplomatie, tout le monde connaîtra cette histoire.

Il va être difficile de traiter avec Erica, et même, pour commencer, de lui parler. Il faut qu'il s'y prépare. Elle sera peut-être éternellement persuadée qu'elle avait raison, exactement comme elle reste convaincue qu'elle avait raison de vouloir garder son bébé auprès d'elle dans sa chambre. (Il lui arrive encore de revenir à cette affaire et d'attribuer les problèmes de Matilda au fait qu'elle, la mère, n'a pas obtenu gain de cause à la Clinique d'Accouchement de Boston il y a treize ans.)

Et quand Erica va s'apercevoir qu'elle n'a pas gain de cause une fois de plus, il n'est pas garanti qu'elle accepte la chose de bonne grâce ; qu'elle cesse les hostilités et qu'elle le laisse réintégrer la maison. Mais pourquoi aurait-il besoin de sa permission ? La maison n'est-elle pas à lui, n'est-ce pas lui qui l'a payée, capital, intérêts, et impôts, de ses propres deniers ?

S'il annonce à Erica qu'il rentre à la maison aujourd'hui même – ou mieux encore, s'il rentre, tout simplement – cela risque de ne pas plaire ; mais qu'y peut-elle ? Elle risque de faire la grimace, mais elle ne va pas appeler la police ni se laisser aller à la violence. Danielle Zimmern, un jour, a lancé une boîte de soupe aux praires à la tête de Leonard (et elle l'a raté), mais il ne se souvient pas avoir jamais vu Erica lever la main sur quiconque. Quand les enfants étaient trop jeunes pour qu'on les raisonne, elle les prenait dans ses bras et les emportait dans une autre pièce loin de l'objet défendu plutôt que de leur donner une tape – indéfiniment parfois, avec une patience acharnée bien féminine dont il ne pouvait que s'émerveiller.

Même après réoccupation de son propre territoire, il ne sera pas facile de pacifier les indigènes. Il faut qu'il se résigne à une campagne longue et dure. Cette fois il devra s'armer d'arguments meilleurs, y compris ceux qui lui ont été soufflés en imagination par ses collègues. Il faut, comme Chuck, qu'il lutte pour l'autodétermination ; comme Randall, qu'il parle de responsabilité – de l'obligation morale, pour lui et pour Erica, de tenir les engagements qu'ils ont pris l'un envers l'autre, envers la société, et surtout envers Jeffrey et Matilda. Il faut qu'il démontre à Erica que son plan va non seulement à l'encontre de son propre intérêt – ce qui, dans sa propension présente au martyre, ne la touchera guère – mais aussi à l'encontre de l'intérêt des Enfants. Comment pourrait-elle songer à les exposer à tant de souffrance, de perturbation et de scandale ?

Ces arguments devraient la convaincre, puisqu'ils sont vrais. Mais s'ils manquaient à le faire, l'argument, et la preuve qu'il l'aime et la préfère à Wendy et à toutes les autres femmes devrait finalement l'emporter.

Evidemment, tant qu'Erica continuera à voir l'exécrable Danielle, la campagne sera deux fois plus ardue. Il faut qu'il entreprenne de les séparer au plus vite, en ne manquant aucune occasion de faire remarquer – mais subtilement – combien Danielle est agressive et peu féminine, combien elle a toujours été hostile aux hommes, et à lui particulièrement. Erica est fidèle à Danielle par habitude, parce qu'elles ont fait leurs études ensemble, et que ces habitudes-là ne se rompent pas facilement. Mais il faut comprendre que les gens changent, et pas toujours à leur avantage. Après tout, Danielle n'est pas la seule amie possible ici. Parmi les épouses de ses collègues, il existe beaucoup de femmes agréables et normales.

Il fait presque nuit dans le bureau de Brian quand il en part, mais dehors l'air est encore saturé d'une lumière grise et terne. Le ciel est bas, chargé de nuages cotonneux, mais il ne bruine pas vraiment. En s'arrêtant au feu rouge près du pont, il voit soudain traverser devant lui une chose très bizarre et très déplaisante : une espèce de nain sans tête et sans visage, en caoutchoucs noirs, le corps presque tout entier pris dans un sac en toile de jute crasseux. Bien que la chose informe ne semble pas remarquer Brian, qui est en outre protégé par l'armure métallique de sa Karmann-Ghia, il en a le souffle coupé ; il éprouve un choc, de l'effroi. Et puis, un peu plus loin, avançant vers lui sur le trottoir dans la semi-obscurité humide, il voit deux autres de ces silhouettes naines inquiétantes : l'une rouge avec des cornes et l'autre enveloppée dans un drap. C'est vrai ; c'est Halloween. Il respire. Le feu passe au vert et il repart, croisant sur son chemin d'autres enfants déguisés en squelettes, en pirates, en Mickey, en Dracula, en Batman et autres monstres traditionnels.

Il fait encore assez clair pour qu'il puisse encore une fois faire ses commentaires sur l'aspect ignoble de son jardin. L'herbe est jonchée de petites branches cassées et de feuilles mouillées, et par endroits de pommes véreuses en train de pourrir. Encore plus choquantes sont les boîtes à ordures renversées au bord de l'allée, et les papiers, les bouteilles et les détritus détrempés et immondes répandus sur le gravier et sur l'herbe. Les chiens de *Glenvue* sont encore venus s'attaquer à leurs poubelles, et personne ne s'en est occupé.

S'efforçant d'oublier momentanément son dégoût et sa fureur, et de se calmer en vue de la bataille, Brian entre dans la maison. Ce qui le frappe au premier abord, ce sont des flots de musique rock se déversant d'en haut ; puis il voit que toutes les lumières brûlent dans la cuisine déserte, que la porte du frigidaire est entrouverte, et qu'il y a des victuailles abandonnées sur la table : une boîte d'où s'échappent des biscuits, une brique de lait qui surit, des pots de beurre de cacahuète et de confiture tout poisseux.

« Erica ? »

Pas de réponse. Il éteint la lumière, claque la porte du frigidaire, et va jusqu'au salon. Vautré sur le canapé, en train de lire une bande dessinée et de manger un sandwich baveux, il y a un adolescent maigre avec de grosses lunettes cerclées de métal, des cheveux blonds longs et sales, et de l'acné.

« Jeffrey. Est-ce que Maman est là ? »

Jeffrey lève les yeux un instant, tout en mâchant, et retourne à sa bande dessinée.

« Veux-tu me répondre quand je te parle ! Et ne mets pas tes chaussures sales sur la table.

– J'ai répondu.
– Non, je suis désolé.
– Je t'ai fait signe avec la tête », ergote Jeffrey d'une voix maussade, sans bouger les pieds. « C'est pas une réponse ?
– Pas quand on est poli, non. (Brian attend, mais son fils reste muet.) Alors où est-elle ?
– Chépa, marmonne Jeffrey, en crachotant des miettes. Elle est sortie.
– Hum. » Brian arpente toute la longueur du tapis dans l'autre sens et regarde par la fenêtre, s'apercevant – comme il l'aurait déjà fait s'il était dans un état d'esprit plus calme – que la voiture d'Erica n'est pas garée dans l'allée à côté des poubelles renversées.
« Jeffo, je voudrais que tu t'occupes un peu du jardin », déclare-t-il, en s'efforçant de parler gentiment, et même avec une pointe d'humour. « Il n'y a que deux jours que je suis parti, et on se croirait déjà dans un taudis de banlieue.
– Ouais, grommelle son fils sans lever les yeux.
– La pelouse a besoin d'un coup de râteau. Et puis il y a une quantité de brindilles et de branches par terre ; tu ferais bien de les entasser vers le mur du fond. On peut mettre les feuilles et les pommes sur le pourrissoir. Et je voudrais que tu ramasses ces ordures. Ces imbéciles de chiens sont revenus parce que personne n'a pensé à mettre les pierres sur les poubelles... Tu sais, ajoute-t-il sur le ton de la conversation, il me semble qu'on ne devrait plus avoir à te dire ce genre de choses. Maintenant tu as l'âge d'avoir certaines responsabilités dans cette maison, de voir toi-même quand tu rentres du lycée s'il y a quelque chose à faire, et de veiller à ce que ce soit fait. »
Il n'y a pas de réaction perceptible à ce discours. Jeffrey tourne une page de sa bande dessinée.
« Allons, vas-y maintenant », poursuit Brian, parlant

un peu plus fort et un peu moins gentiment. « Sors et mets-toi à ce travail avant d'oublier. »

Son fils lève enfin les yeux. « T'arrêtes de me *persécuter,* O.K. ? dit-il d'un air scandalisé. J'irai tout à l'heure.

– Je veux que ce soit fait tout de suite. (Brian a du mal à garder une voix égale.) Et pendant que tu y seras, tu pourras nettoyer les saletés que tu as laissées à la cuisine.

– J'ai pas laissé de saletés ! (Jeffrey envoie promener sa B.D. sur le canapé.) Pourquoi c'est toujours moi qui prends, hein ? Si y a des merdes dans la cuisine, c'est celles de Mouflette. Pourquoi c'est pas à elle que tu demandes de nettoyer ? »

Brian se retient de faire une observation sur le langage de son fils. « Très bien, j'y vais. Et tu te mets au travail dans le jardin, c'est entendu ? »

La musique rock s'intensifie au fur et à mesure que Brian monte l'escalier ; bientôt il saisit les paroles, qui expriment à grands cris une sensualité brutale. Il se dit, comme il se l'est déjà dit auparavant, que cette musique n'est ni bonne ni convenable pour une fille de treize ans. Vraisemblablement, Matilda n'a pas encore d'expérience pratique ; mais, enfermée tous les jours pendant des heures avec ces bruits obscènes, comment pourrait-elle demeurer vraiment innocente ?

Sur le palier du deuxième étage, ces battements et ces cris effrénés deviennent intolérables, et quand il frappe à la porte il n'est pas entendu. Pas plus, semble-t-il, que quand il appelle.

« Matilda ? Tu es là, Matilda ? »

N'obtenant pas de réponse, il ouvre la porte. Une grosse sorcière est là debout devant un miroir, dans la chambre mansardée, le dos tourné. Elle est vêtue de la jupe et de la cape traditionnelles, noires et sales et cheveux noirs, particulièrement longs et brillants pendent sous un haut chapeau en carton.

« GOTCHA BOOM BOOM », hurle une voix mâle rauque et

indécente qui sort de deux haut-parleurs opposés, comme pour convoquer la grosse sorcière à une Messe Noire.

« Matilda ! » crie Brian.

La sorcière se retourne. Sous le chapeau pointu et les grands cheveux en plastique il y a un visage jeune et rebondi badigeonné en blanc et affreusement asymétrique. D'un côté le contour de l'œil a été dessiné en bleu électrique et en noir, avec des rayons, lui donnant l'air d'une énorme araignée ; de l'autre, c'est l'œil de Matilda.

« Tu veux baisser ce disque, s'il te plaît ! Je voudrais te parler ! »

D'un air boudeur et las, la sorcière s'accroupit et réduit le volume, un tout petit peu. « GOTCHA boom boom... »

« Mouflette, je voulais te demander... Je t'ai dit de baisser le son, pour que tu entendes ce que j'ai à dire.

– Mais je t'entends. »

Exaspéré, Brian traverse la chambre et éteint le tourne-disque. « Boommmmm. »

« Tu m'esquintes mon disque des Stones ! » gémit Matilda, relevant vite le bras du pick-up.

« Et toi tu t'esquintes les oreilles à faire marcher ce phono aussi fort, est-ce que tu t'en rends compte ? rétorque-t-il. Je te l'ai déjà dit, et je suis sûr que ta mère...

– J'entends mieux que toi », interrompt Matilda avec mépris, tournant le dos à Brian et continuant à se maquiller.

« Là n'est pas la question, Matilda. C'est un lent processus. » Pas de réaction ; sa fille plisse le front tout près du miroir, se noircissant les sourcils et les allongeant pour les faire se rejoindre au-dessus de son nez retroussé en une grimace de harpie. « Peut-être que tu entends bien pour l'instant, mais si tu ne prends pas de précautions, quand tu auras mon âge, tu t'en repentiras sans doute. » Pas de réaction. Matilda commence à barbouiller l'autre paupière avec du fard bleu. Bientôt, quand elle aura une araignée à la place de chaque œil, elle prendra un cabas et elle ira se montrer dans tout le quartier. « Tu sais, Mouflette, une sorcière n'est pas nécessairement grotesque. Tu es une belle jeune fille ; tu n'as pas plutôt envie d'être jolie pour aller faire la quête ? »

Bien qu'il ait parlé avec douceur, Matilda réagit par un hurlement. « Quelle foutaise ! Je peux toujours essayer d'être jolie avec ces machins ! (Elle fond sur lui avec un sourire diabolique pour découvrir sa bouche pleine de broches métalliques reliées par des élastiques humides.) En plus je vais pas faire la quête. Tu me prends pour quoi, un bébé ?

– Alors pourquoi es-tu affublée de la sorte ?

– Je suis invitée à une soirée sommeil chez Elsie.

– Ah oui ? Et qu'est-ce qu'une soirée sommeil ?

– Tu sais même pas ça ? C'est une soirée où on reste dormir jusqu'au lendemain.

– Jusqu'au lendemain ? Tu es trop jeune pour passer la nuit dehors.

– Maman a dit que je pouvais. » Matilda tire sa paupière inférieure droite vers le bas de façon hideuse pour se faire le tour de l'œil au crayon noir.

« Eh bien moi je dis non. » Brian note mentalement qu'il devra en parler à Erica. Si c'est vrai, elle ne peut avoir donné une telle permission que dans un moment d'égarement. « Si tu veux sortir dans le quartier, très bien, pourvu que tu sois rentrée à neuf heures, ajoute-t-il généreusement.

– Mais j'ai dit à Elsie que je venais ! » Sa fille a haussé le ton en flèche.

« Alors il va falloir lui dire que tu ne viens pas. »

Au-dessous du chapeau et des cheveux de sorcière, Matilda, avec son visage poupin de treize ans, prend elle-même l'air mauvais qu'elle y a peint. « J'ai pas à faire ce que tu me dis, déclare-t-elle. T'es pas mon patron. » Comme pour en donner la preuve, elle s'accroupit dans sa jupe noire et remet le phono en marche.

« Non, mais je suis ton père, et je veux... », commence Brian, mais sa voix est couverte par des éjaculations vocales lubriques et frénétiques quand le volume augmente : « awah boom BOOM GOTCHA ! » Il sent qu'il devrait arrêter l'appareil à nouveau, qu'il devrait mener jusqu'au bout cette lutte contre sa fille ; mais il est soudain frappé de dégoût et d'épuisement. C'est Erica qui est cause de cette insurrection ; qu'elle s'en charge. Il fait demi-tour et sort de la chambre.

En descendant l'escalier, poursuivi par les cris et les halètements obscènes, il songe que lorsqu'il a connu Erica, les deux albums qu'elle préférait étaient le double concerto pour violon de Bach et de vieilles ballades anglaises accompagnées au tympanon, parmi lesquelles il se souvient surtout d'une chanson où il était question d'une belle fille qui suivait son amour à la guerre. Il revoit Erica plaçant timidement mais passionnément le vieux 78 tours noir et cireux sur un phono poussif dans le salon de son dortoir à Radcliffe pour le lui faire entendre. Elle le suivrait partout où il déciderait d'aller, semblait lui déclarer la chanson, quelques semaines avant qu'Erica elle-même ne le lui déclare ; elle ferait couler sa vie derrière la sienne et dans la sienne avec autant de grâce que le deuxième violon de Bach faisait écho et s'unissait au premier. Une sensation d'étouffement envahit Brian ; il s'appuie un instant contre la tapisserie de l'escalier, mais la musique infernale de Matilda le repousse vers le bas.

Dans le salon, Jeffrey n'a pas bougé, sinon pour s'affaler un peu plus derrière sa B.D. de Plastic Man.

« Je croyais t'avoir dit de nettoyer le jardin, dit Brian, debout au-dessus de lui.

– Fait plus assez clair dehors, bougonne son fils, un trognon de pomme à la bouche. F'rai ça demain.

– Je veux que tu le fasses tout de suite.

– J'ai dit que je le ferais demain, compris ? » brait Jeffrey, levant finalement sur son père un regard insolent.

Brian soutient ce regard, et ne bouge pas. « Tu veux me foutre la paix maintenant, que je puisse lire ? »

Brian sent son cœur battre à tout rompre. « Ça, de la lecture ! explose-t-il. Tu es juste en train de te pourrir l'esprit avec des inepties puériles. Moi, à quinze ans, je lisais Gibbon, mais toi, en dehors de tes devoirs, je ne t'ai pas vu avec un livre depuis des semaines. A propos, as-tu des devoirs aujourd'hui ?... Jeffrey, je t'ai posé une question.

– Ah ! tu peux pas foutre le camp !

– Ne me parle pas comme ça. » Il arrache Plastic Man des mains de son fils.

« Rends-moi ma B. D. ! » aboie Jeffrey en se levant, hargneux et maladroit. Au cours de l'été il est devenu presque aussi grand que Brian, mais il pèse sans doute encore dix kilos de moins que lui. S'ils en venaient aux mains... Brian tient la B. D. dans son dos, et la serre plus fort.

« Je te la rendrai quand tu auras fait ton travail. »

Jeffrey lance un regard furieux, il ébauche un geste de menace, et arrête là. « Ça va, ça va, grogne-t-il. Allez, dégage. »

Ayant gagné, Brian ignore cette grossièreté ; il s'écarte, et Jeffrey quitte la pièce en traînant et en ronchonnant.

Cinq heures ; et Erica n'est toujours pas rentrée. Le front soucieux, Brian entre dans la cuisine pour vérifier sa montre. La vue des denrées en train de périr sur la table lui rappelle qu'il a omis de dire à Matilda de débarrasser, et de lui demander quand sa mère serait de retour.

Sa Timex est juste, mais les temps sont déréglés. Il se sent épuisé, persécuté ; il en a encore des battements de cœur. Il n'a jamais beaucoup aimé les enfants en général, mais pendant des années ses propres enfants ont été une exception. Il les a traités avec affection, avec sérieux, avec honnêteté. Alors pourquoi faut-il qu'il ait maintenant un fils comme Jeffrey, rétif et égoïste : un fils qui, lorsque les garçons de son âge sont dehors à ratisser les feuilles ou à jouer au football, reste vautré sur sa colonne vertébrale en plastique à lire la B. D. de Plastic Man ? Pourquoi faut-il qu'il ait une fille comme Matilda, si douloureusement différente de la gentille et jolie fillette qu'il voulait et qu'il attendait : une fille boulotte, grincheuse, boudeuse, qui se repaît des braillements commerciaux de délinquants sexuels et qui se déguise en sorcière ?

Soudain l'idée lui vient que ce n'est pas un déguisement – que cette harpie adolescente à l'œil mauvais est le vrai moi de Matilda, de même que Jeffrey est véritablement un homme en plastique ; que tous ces enfants monstrueux qu'il a croisés cet après-midi en rentrant chez lui, costumés en démons, en fantômes, en Dracula etc. ne font, ce jour-là de l'année, que rendre visible leur vraie nature.

Pendant qu'il piétine dans la cuisine en attendant Erica, avec impatience cette fois, il se dit qu'il est vraiment injuste qu'il se fasse injurier par ses enfants, et menacer aussi – oui, et même physiquement, car il y avait bien de la menace dans la voix et dans les gestes de Jeffrey. Et Jeffrey est encore en train de grandir ; bientôt il sera plus grand que Brian et il pèsera plus lourd que lui. Matilda se met à pousser elle aussi ; elle est déjà forte pour son âge. On ne saurait exclure la possibilité qu'un jour Brian Tate devienne le plus petit de la famille.

Il devrait donc subir quotidiennement les injures et les menaces de ces adolescents monstrueux, vivre dans la même maison qu'eux. – Cette sourde indignation s'arrête soudain dans sa tête. Une autre voix, plus claire, plus forte, lui fait observer qu'il n'est pas obligé de vivre dans cette maison ; qu'en fait, tous ceux que cela concerne sont surtout concernés par l'idée de le mettre dehors ; qu'il est venu négocier et implorer la permission de rester « pour le bien des Enfants ». C'est-à-dire pour Jeffrey et Matilda qui, manifestement, n'auraient cure de ne plus jamais le revoir.

Il faut qu'il soit fou. Pourquoi se soucier du bien de pareils enfants ? Pourquoi resterait-il là pour se faire injurier et menacer par eux ; pour se faire houspiller et réprimander par sa femme ? Etant donné ce qu'elle a fait d'eux, de quel droit le jugerait-elle ? Qu'elle se débrouille avec son œuvre ; ou plutôt – pour être charitable – avec ce qu'elle n'a pas réussi à empêcher. Qu'il aille donc où il est désiré, écouté, aimé passionnément.

Brian regarde à nouveau par la fenêtre, mais cette fois pour s'assurer que sa femme *n'est pas* de retour. Précipitamment, avant qu'elle n'arrive, il reprend son porte-documents, son imperméable, ses affaires pour la nuit, et il quitte la maison. Jeffrey est dans le jardin, sur le côté, il ratisse les pommes avec le gros râteau, qui n'est pas le bon, et qui abîme la pelouse ; mais Brian ne s'arrête pas pour le reprendre. Il monte dans sa voiture, il la met en marche, et il démarre dans le froid et l'humidité de la nuit tombante.

10

C'est le lendemain de Thanksgiving. Erica est dans la penderie du grenier, elle trie des vêtements : elle range les robes d'été dans des sacs en plastique moirés et elle sort les jupes et les manteaux d'hiver. Elle est seule dans la maison, car Jeffrey et Matilda sont dans le Connecticut chez la mère et la tante de Brian ; mais elle ne souffre pas de sa solitude. Cela fait presque un mois et elle ne se sent toujours ni seule, ni déprimée, ni malheureuse.

Au début elle a eu peine à croire à ses sentiments ; elle attendait toujours une réaction. Pourtant, jour après jour, elle n'a éprouvé que l'euphorie de la liberté – la joie et le soulagement d'avoir délogé Brian pour de bon – et pour le bien. En vidant la commode, elle n'a eu aucun regret – juste un vague dégoût pour toutes ces chaussettes marron foncé identiques roulées en boules et agglutinées comme du crottin de cheval, pour les chemises pâles (14 1/2 – 32) bien repassées et rigides sous leur enveloppe de cellophane. Elle a tout sorti et tout emballé dans des cartons ; puis elle a récuré les tiroirs au détergent et à l'eau chaude et elle les a retapissés à neuf avec du papier adhésif à fleurs bleues. Elle a épousseté et ciré les étagères vides dans le bureau.

Comme il y avait de la place dans la maison tout d'un coup ! Elle pouvait aller de pièce en pièce et tout bien arranger partout. Elle a pu enlever ces affreuses cartes anciennes couvertes d'un vernis jaune que Brian avait accrochées dans l'entrée ; elle a pu remettre dans le salon, à sa vraie place, la meilleure lampe de travail, qu'il s'était, en quelque sorte, appropriée. Elle a pu échanger son affreux et malcommode Pot de Beurre de Cacahuète contre un joli petit break Volkswagen bleu qui se gare n'importe où.

Désormais elle peut faire ce qui lui plaît dans sa maison ; elle peut s'habiller comme il lui plaît et faire la cuisine qui lui plaît. Brian ne sera pas là à cinq heures et demie ce soir, ni aucun soir, pour critiquer l'assaisonnement de la salade ou pour lui reprocher la façon dont Jeffrey se tient à table ou le fait que le plombier n'est pas encore venu réparer la fuite dans les cabinets du rez-de-chaussée. Elle n'a plus besoin de lui demander la permission d'acheter des rideaux neufs ou d'inviter Danielle à dîner. Et elle n'a plus à le supplier et à lui faire entendre raison si elle veut travailler à mi-temps : elle a juste à appeler le bureau de placement comme elle l'a fait la semaine dernière et à dire qu'elle peut commencer dès lundi. Elle trouve vexant d'avoir dû prendre quelque chose de moins bien que ce que Brian l'a obligée à refuser : novembre n'est pas la bonne saison pour chercher du travail, et le mieux qu'on ait pu lui offrir, ce sont quinze heures par semaine de dactylo et de lecture d'épreuves pour un journal scientifique. Enfin, c'est un début.

Mais surtout elle a recommencé à dessiner sérieusement. Petit à petit, prend forme dans son esprit un nouveau livre pour enfants, sur un lièvre qui vit dans une forêt du Nord et qui devient blanc quand arrive la neige. Elle n'est pas encore bien sûre de l'histoire, mais elle a déjà fait certaines des illustrations : de grands dessins à la plume et au lavis, raffinés dans les détails.

En pensant à son livre, Erica se tourne vers la fenêtre du grenier. C'est la seule pièce d'où la vue ne soit pas encore gâchée par les villas neuves ; tournant le dos à la ville de Corinth, on donne sur des champs et des bois vallonnés blanchis et dénudés pour la venue de l'hiver. Comme l'a fait remarquer un jour un peintre local, la nature est instinctivement une psychologue de la couleur : en été elle adoucit les yeux grâce à des verts et des bleus pleins de fraîcheur, mais quand le temps fraîchit, elle se revêt de teintes plus chaudes. Le paysage de la fin d'automne est tout en bruns et rouges éteints tachetés de blanc par la première petite neige. Voilà ce qu'il lui faut pour illustrer sa prochaine scène, un paysage vu de haut, un chêne ici, la route là, les grands prés en pente...

Erica pose le coude sur le bord de la fenêtre, parcourant du regard ce monde vide et enchanteur, et s'émerveillant de son propre état d'esprit. Elle s'attendait à des moments douloureux malgré la satisfaction d'avoir pris la bonne décision pour Wendy, et pas à cette joie ininterrompue. Est-il vrai, finalement, que la vertu soit récompensée ?

Bien sûr il y a eu des moments difficiles. Mais elle n'aurait pas voulu qu'il en fût autrement : sinon, son bonheur eût été comme un rêve ; irréel presque.

Si elle a connu de tels moments, c'est surtout parce que, pour la façade, elle vit toujours dans le mensonge, et un mensonge qu'elle n'a pas choisi. Jusqu'à présent, la vérité sur leur séparation n'est connue que de Danielle et de la coturne de Wendy. Tout le monde à Corinth est persuadé que les Tate se sont séparés parce qu'ils ne s'entendaient plus. C'est Brian, naturellement, qui a inventé cette fausse version. Il lui a fait promettre de cacher la vérité jusqu'à ce que le divorce soit prononcé – pour protéger Wendy, soi-disant. Mais en fait c'est lui qu'il veut protéger, car Wendy n'a pas honte de ce qu'elle est, et elle serait fière d'annoncer son état au micro du haut des marches de la bibliothèque. Erica n'a accédé aux exigences de son mari qu'avec beaucoup de réticence. Elle trouvait cela malhonnête d'une part, et en plus, stupide. On n'éviterait pas les ragots pour autant, ils seraient simplement remis à plus tard – et très probablement les gens jaseraient encore plus. Car maintenant, quand on dira les choses telles qu'elles sont, une de ces choses sera que Brian et Erica mentent à leur entourage depuis plusieurs mois.

Déjà, nombreux sont ceux dans cet entourage qui ne se contentent pas d'entendre parler d'incompatibilité réciproque : ils veulent des détails. Etait-ce le lit, l'argent, la famille, l'alcool ? Ils ont invité Erica à déjeuner ou à une soirée pour poursuivre leurs investigations. Elle s'y est généralement rendue, et elle a subi avec le sourire leur interrogatoire, déguisé ou non, et leurs remarques compatissantes ou indiscrètes ; elle a fait face à leurs questions délicates ou indélicates avec calme et maîtrise de soi. Il lui a été pénible de se retenir au début, mais elle a réussi à garder le silence en se disant que ses enquêteurs apprendraient la vérité bien assez tôt. Ils se souviendraient alors de la façon dont elle leur avait dit avec un sourire fin que cette séparation était la meilleure solution pour tout le monde. Désormais elle ne regrette plus d'avoir fait cette promesse à Brian ; elle a l'impression de parcourir le monde en portant en elle un merveilleux secret, qui grossit de jour en jour comme l'enfant de Wendy.

Cacher la vérité à ses enfants a été encore plus pénible. Brian et elle leur ont donné ensemble la version officielle lors d'un conseil de famille réuni spécialement ; ils avaient, non sans acrimonie, décidé auparavant de ce qu'ils allaient dire. Brian aurait voulu annoncer la nouvelle progressivement, et ne parler pour l'instant que d'une séparation temporaire. Mais elle avait soutenu que, sans nécessairement leur dire toute la vérité, il ne fallait pas leur raconter des mensonges dont ils se souviendraient plus tard. Il ne fallait pas promettre que cette séparation serait temporaire ; il ne fallait pas que Brian prétende qu'il avait besoin d'être seul à cause de son travail. Elle s'était épuisée pendant des heures à l'en persuader, et pendant de plus nombreuses heures encore à trouver des réponses honnêtes mais évasives à toutes les questions, qu'à son avis, les enfants risquaient de lui poser.

Le conseil, lorsqu'il a enfin eu lieu, est tombé à plat. Brian et Erica ont donné le communiqué bref et neutre sur lequel ils s'étaient mis d'accord ; Jeffrey et Matilda l'ont pris avec flegme, et sans curiosité apparente. Priés de donner leur avis, ils ont eu encore moins de choses à dire. Leur père allait partir de la maison pendant un temps – mais ce n'était pas nouveau, il s'absentait parfois pour des conférences ou des congrès ; seulement cette fois-ci il serait en ville et les verrait régulièrement. Alors pourquoi en faire tout un plat ? Eux, ça leur allait. Non, ils n'avaient rien à demander.

Pendant les semaines qui ont suivi, pourtant, Jeffrey et Matilda ont tous deux abordé leur mère chacun de leur côté. Chose qu'Erica attendait et espérait même. Quand Matilda lui a demandé combien de temps papa serait parti, la réponse était prête : « Pour l'instant, je n'en sais rien. Ça dépend de beaucoup de choses... ». Tout en parlant, elle a regardé sa fille et, pour la première fois depuis des mois, elle s'est soudain sentie de tout cœur très proche d'elle – moins en tant que mère qu'en tant que femme. Enfant, Matilda était remarquablement jolie, comme sa mère : la minceur et la grâce d'un elfe. Maintenant, à treize ans, elle était grosse et informe. Ses beaux cheveux soyeux châtain clair étaient maintenant fourchus, ternis, et striés de mèches orange dues à de mauvaises teintures ; elle avait la bouche pleine de matériel orthodontique. Mais sous cette apparence, sous le jean mal raccommodé et le sweat-shirt trop large arborant l'inscription ZOWIE en caractères de bande dessinée, il y avait – ou il y aurait un jour – une femme semblable à Erica en personne. Comme Erica – ou comme Danielle, ou Wendy – Matilda grandirait, tomberait amoureuse, aurait des enfants et perdrait ses illusions à cause d'un homme.

Et cet homme existait déjà, quelque part dans le monde. En ce moment même, où qu'il fût – en train de faire la queue au cinéma par une matinée de Thanksgiving dans une petite ville de province ou dans une grande cité, en train de se promener à la campagne, de jouer au football dans un terrain vague ou sur le stade de quelque université – il avançait lentement, il marchait, il courait en direction de cette maison, en direction de Matilda. Il mettrait peut-être longtemps, mais il finirait par arriver, et par l'atteindre, et tout recommencerait.

« ... alors attendons nous verrons bien », a conclu Erica, avec une petite caresse gentille sur l'épaule de Matilda dans son sweat-shirt ZOWIE rose.

« Tu crois que papa pourrait être parti combien de temps ? Un mois ?

– C'est possible », a souri Erica, mesurant tout ce qu'elle ne pouvait pas dire pour l'instant, et qu'elle pourrait dire plus tard.

« S'il ne revient pas... » Matilda l'a regardée attentivement, comme si elle avait plus ou moins compris, d'instinct – comme si elle savait que Brian ne reviendrait pas, et qu'elle en était contente.

« Oui, mon petit chou.

– Bon, alors, maman. (Les yeux de Mouflette se sont éclairés, elle s'est mise à parler avec l'enthousiasme fougueux de son enfance.) On pourra acheter une télé ?

– Certainement pas. » Erica a cessé de sourire.

« Pourquoi pas ? Tu as dit que c'était papa qui aimait pas la télé.

– Il n'aime pas la télévision, et moi non plus. » Erica a essayé de se maîtriser et de parler d'une voix plus posée.

« Tu as dit que ça t'était égal.

– Ça n'est pas vrai, Matilda.

– Si, c'est vrai. Et de toute façon, qu'est-ce que tu fais du principe de la majorité ? On est deux contre un maintenant, parce que Jeffrey aussi veut la télé... Ah ouais ? ... T'arrête pas de nous baratiner avec tes conneries sur la justice et la démocratie, en réalité t'en pensais pas un mot... du bidon... pas très sympa... » Elle a continué sur cette lancée pendant quelque temps, en insistant d'un ton geignard d'abord, et grossier ensuite, et elle a fini par traiter ses parents de « tordus séniles ».

Erica a réussi à rester calme, et même indulgente. En voyant cette bouche pleine de métal et de caoutchouc déverser tant d'insultes, elle a pensé au conte de fées dans lequel à chaque parole que prononce la fille laide, un crapaud lui sort de la bouche. On aurait dit que Mouflette avait été frappée par un mauvais sort – le mauvais sort des mensonges de Brian. Si Erica avait pu lui dire la vérité, elle aurait eu autre chose à l'esprit que la télé, et cette scène de cauchemar n'aurait pas eu lieu.

Quand Jeffrey l'a abordée quelques jours plus tard, Erica est restée davantage sur ses gardes. Il s'est montré à la porte de la cuisine pendant qu'elle préparait le dîner, et il a aboyé : « Hep, qu'est-ce qu'y a à béqueter ce soir ?

– Du steak haché de Kangourou, des Kangourous au four, et des brochettes de Kangourou. » C'était une vieille plaisanterie familiale qui signifiait que la réponse à la question posée était évidente, comme maintenant : les steaks hachés mijotaient dans la sauce aux oignons sur la cuisinière, les pommes de terre étaient visibles à travers la porte du four, et à l'instant même elle épluchait une carotte et la passait sous le robinet.

« Je demandais, c'est tout », a grommelé Jeffrey, sans un sourire. Il est entré en se traînant et, toujours de sa grosse voix désinvolte, il a déclaré : « Dis donc : ce coup de papa qui s'en va ? Je comprends pas.

– Vraiment ? (Erica a interrompu son épluchage.)

Qu'est-ce que tu ne comprends pas ?

– Tout le truc. C'est vrai, vous vous disputez pas ni rien, pas comme les parents de Joey.

– Il n'est pas nécessaire de se disputer pour préférer ne plus être ensemble un certain temps.

– Alors qu'est-ce qui coince ? Pourquoi tu peux pas saquer papa ? » a continué Jeffrey dans ce style branché qu'il se met à affecter. « C'est vrai, par moments il gonfle un peu tout le monde, mais c'est pas vraiment une mauvaise bête.

– Malheureusement, je ne peux pas t'expliquer pour l'instant. » Elle lui a souri, avec le sentiment de déployer beaucoup de calme et de patience.

« Quand est-ce que tu pourras m'expliquer ? » Jeffrey s'est mis à tapoter sur le plan de travail avec tous les doigts de la main, geste de générosité agaçant probablement imité de Brian.

« Je ne sais pas exactement. » Elle a fermé le robinet et posé les carottes mouillées sur la planche à découper que Jeffrey lui a faite en travaux manuels en septième, du temps où il était gentil et où tout allait bien. « Ça dépend de beaucoup de choses... » Mais, contrairement à sa sœur, Jeffrey n'a pas attendu la suite du discours préparé.

« Ouais, ça, tu l'as déjà dit, a-t-il coupé de sa voix mal posée d'adolescent. Seulement tu nous expliques jamais rien. C'est crétin, c'est tout.

– Tu veux bien ne pas m'interrompre, Jeffrey. Je suis en train de t'expliquer quelque chose justement. Je te disais que quand deux personnes ont des désaccords, il peut arriver qu'elles ne sachent pas tout de suite si...

– Mais putain, quels désaccords ?

– Si ces désaccords seront finalement sans importance, ou le contraire ; il se peut qu'on ait besoin de temps pour peser les choses et pour réfléchir, a-t-elle continué. C'est pourquoi il faut que nous...

– Ah, fait chier », s'est écrié Jeffrey. Il a tourné le dos

et il est sorti de la cuisine bruyamment, et Erica ne lui a pas pardonné comme elle a pardonné à Matilda.

Elle ne lui pardonne toujours pas. D'une part, il est plus âgé que Matilda : il a quinze ans, ce n'est plus un enfant. Il devrait comprendre qu'il peut y avoir des choses qu'elle n'est pas en mesure de lui dire pour l'instant ; il devrait avoir le tact... Et de quel droit implique-t-il que la séparation est de sa faute à elle, qu'elle ne peut pas « saquer » Brian – quoi qu'on entende par là – de quel droit lui dit-il que Brian n'est pas une mauvaise bête ?

Ça, c'est ce que tu crois, se dit Erica, qui repasse la conversation dans sa tête en regardant le paysage hivernal par la fenêtre du grenier. Car justement, elle s'aperçoit que Brian est une mauvaise bête ; elle repense à une certaine bête du voisinage il y a longtemps, un matou rôdeur et sournois du nom de George qui habitait Jones Creek Road quand les Tate y sont arrivés. George, qui appartenait à un fermier des environs tuait régulièrement les oiseaux chanteurs, et deux fois de suite à peu de temps d'intervalle, il avait engrossé Flopsy, la chatte des Tate, avant qu'ils ne la fassent opérer. Flopsy est morte de vieillesse et de suralimentation il y a deux ans ; et George est mort depuis longtemps, l'échine brisée par un camion qui déblayait de la terre pour la construction des premières villas de *Glenvue*, mais Erica ne lui a pas pardonné.

Jeffrey lui en veut déjà, se dit-elle, sans pourtant rien savoir sur la séparation. Changera-t-il d'avis quand elle sera en mesure de répondre à toutes ses questions ? Elle n'en est pas sûre. Outre cet égoïsme puéril et épais qu'il a en commun avec Matilda, il commence à prendre un nouveau genre : un langage et des gestes d'une brutalité braillarde et bien mâle. En allant le chercher à la sortie du lycée, elle l'a vu (avant qu'il ne la voie) avec une bande de butors en herbe, riant grossièrement et se donnant des coups d'épaule au passage des filles. Elle a trouvé un magazine intitulé *Penthouse*, parmi des papiers de bonbons, du gravier, et des mouchoirs en papier sales sous son lit défait. Même quand il saura la vérité, Jeffrey continuera peut-être à trouver que son père n'est pas une si mauvaise bête.

Tandis que Matilda comprendra ; plus le temps passera, mieux elle comprendra pourquoi Erica a agi ainsi, et plus elle sera proche de Wendy, une femme comme elle-même ; une jeune femme guère plus âgée qu'elle, en fait.

De la fenêtre de son grenier, Erica voit l'ombre des nuages passer sur le pré, pointillant le sol de taches de lumière plus pâles ou plus foncées, comme un tableau impressionniste ; et un effet de lumière semblable passe sur son esprit quand elle pense à Wendy. Elle sourit à l'idée que Wendy se montre affectueuse avec elle, continue à lui témoigner une vive reconnaissance, apprécie le gynécologue qu'elle lui a recommandé ; Wendy est contente d'avoir Erica pour la comprendre quand elle a ses vomissements matinaux ou ses crampes dans les jambes (d'autant plus que Brian ne supporte guère ce genre de chose) ; elle a maintenant un air de santé, de bonheur enthousiaste. Trop enthousiaste peut-être par moments : à vrai dire, contrairement à Erica, elle est bonne perdante mais mauvaise gagnante. Douce et résignée dans la défaite, elle a, dans la victoire, tendance à exulter, et même à crier son triomphe. Mais tout bien considéré, Erica n'a pas trop de mal à passer là-dessus.

Ce qui la déconcerte davantage c'est l'admiration aveugle de Wendy pour Brian. Il est évidemment souhaitable qu'elle l'aime et qu'elle croie en lui ; mais elle semble incapable de le juger en quoi que ce soit, et encore moins de lui tenir tête. Et sans cette indépendance morale, il lui sera difficile d'être vraiment une bonne mère, car il est des moments où il faut passer outre aux désirs du meilleur des maris. (Erica évoque, comme souvent, la fois où Brian avait essayé de la décider à partir à New York pour le week-end alors que Jeffrey était tout rouge et avait un peu de température. « Ce n'est rien », affirmait-il ; or c'était la rubéole.)

Pour elle, contrairement à Wendy, il est clair dès maintenant que Brian ne se sent pas assez responsable vis-à-vis du bébé, qui ne suscite chez lui qu'impatience et mauvaise humeur. Par exemple, récemment, Wendy a essayé de parler de prénoms. Elle voulait donner à l'enfant un nom unique et chargé de sens ; parmi ceux qui lui plaisaient, et à Linda aussi, il y avait Marjolaine et Lavande. Ou, si c'était un garçon, Salvia peut-être. « Pourquoi pas Epinard ou Chou Vert ? » a raillé Brian. Mais Wendy attribuait ce cynisme au fait qu'elle n'avait pas choisi le bon moment. (« C'est entièrement de ma faute en réalité. Je suis tellement idiote ; je l'interromps toujours quand il essaie de se concentrer. »)

Il faudra qu'elle épaule Wendy quand l'enfant sera là, qu'elle veille sur eux deux. Cette perspective la fait sourire franchement et lui fait hocher la tête. Puis elle fronce les sourcils à l'idée qu'elle n'a pas vu Wendy depuis presque une semaine. Elles avaient projeté de prendre un café ensemble sur le campus, mardi, mais au dernier moment, Wendy n'a pas pu venir sous prétexte que Brian avait besoin d'elle pour lui relire tout haut les épreuves d'un article. Erica a des doutes sur ce prétexte ; mais pas sur Wendy. Elle est persuadée que Brian a appris qu'elles avaient rendez-vous et qu'il a inventé cette nécessité de relire des épreuves ; elle pense que, pour une raison quelconque, il essaie délibérément de les empêcher de se voir – peut-être à cause du qu'en-dira-t-on, peut-être par pure jalousie.

Les hommes considèrent souvent l'amitié entre femmes avec jalousie et méfiance, et pourtant l'amitié est une chose à laquelle ils tiennent beaucoup entre eux. D'après les amies féministes de Danielle, c'est un démenti à l'idée qu'ils se font des femmes, qu'ils croient dépourvues de vertus politiques, et sans désir de liberté, d'égalité ou de fraternité. (« Notez que vous n'entendez jamais personne parler de *sororité.* ») On nous tient pour capables de dévouement envers notre mari et nos enfants, mais aussi pour des rosses qui rivalisent entre elles et sont dénuées d'affection véritable pour toutes les autres femmes.

Alors que la vérité, comme chacun peut le constater, c'est que les femmes sont entre elles bien meilleures amies que les hommes. Nous ne sommes pas égoïstes et agressives de nature, et nous n'avons pas à l'être. Brian est le rival direct de ses « amis » du Département de Sciences Politiques sur place, et le rival indirect de ceux des autres universités. Et puis, s'ils sont beaucoup plus âgés, il va vers eux par intérêt professionnel, et s'ils sont plus jeunes, ça se passe dans l'autre sens. Ce n'est que rarement, comme avec Leonard Zimmern, qu'il peut entretenir une amitié que n'entachent ni la rivalité ni les calculs – mais alors il ne peut pas y avoir de complicité professionnelle, car Leonard travaille dans un autre domaine. Tandis que les femmes, elles, sont toutes dans le même domaine, sans pour autant être rivales. Brian est obligé de thésauriser ses idées s'il veut publier ; tandis qu'elle, si elle donne une de ses nouvelles recettes, ses amies lui en seront reconnaissantes, et elle n'aura rien perdu.

Un nouveau nuage passe devant le soleil, assombrissant le paysage. Erica n'oublie pas que ses enfants vont arriver par le car de New York dans moins d'une heure. Il faut qu'elle termine ses rangements là-haut, qu'elle accroche les vêtements d'hiver dans chaque placard, qu'elle enfile son manteau et qu'elle descende en ville. Elle suit consciencieusement ce programme. Mais à la gare routière, elle est informée, à la fois par la notice écrite à la main affichée au guichet et par le jeune malappris qui est derrière que le car de trois heures vingt venant de New York aura une heure de retard.

Pour occuper le temps, elle décide d'aller à la bibliothèque. Laissant sa voiture, elle remonte la partie pauvre de Main Street, passant devant des épiceries minables, des bars, des petites boutiques de produits de beauté, des garages, un restaurant chinois, et une boutique étroite qu'elle ne se souvient pas avoir déjà vue : la Librairie Krishna.

Erica s'arrête. Depuis des semaines, dans cette amnésie rétroactive qui fait suite à un choc, elle n'a plus pensé à Sandy Finkelstein. Soudain, elle se rappelle que cette boutique est tenue par son vieil ami de Cambridge, ou par quelqu'un du même nom. Derrière la porte vitrée à l'intérieur de laquelle est accroché un écriteau (Oui, Nous Sommes Ouverts), elle voit une pièce étroite aux murs couverts de rayonnages, et où se trouvent deux personnes. L'une est une fille aux cheveux crépus, en duffel-coat ; l'autre un homme. Il tourne le dos à Erica, mais elle croit reconnaître quelque chose de familier dans ses épaules tombantes et asymétriques, dans sa manière de tendre son grand bras pour attraper un livre.

Erica ouvre la porte. L'homme se retourne pour lui jeter un rapide coup d'œil, fait bonjour de la tête – mais sans le moindre signe de reconnaissance – se penche pour ramasser un livre qu'il vient de faire tomber, lui tourne le dos à nouveau, et continue sa conversation.

Elle avance de deux pas et s'arrête devant une grande carte astrologique en couleurs, ne sachant que penser. Cet homme paraît trop vieux, trop chauve ; et puis, il n'a pas eu l'air de la reconnaître. Elle a peut-être simplement imaginé que c'était Sandy.

Tout en parlant avec animation (il s'agit de la nouvelle lune), la fille aux cheveux crépus passe à côté d'Erica pour aller à la caisse, suivie de l'homonyme vieillissant de Sandy. Elle lui tend son argent, reçoit sa monnaie et son livre enveloppé, et part avec des protestations d'amitié :

« Tu devrais revenir dîner avec nous à la ferme, d'accord ? Demain, ça te va ?

– Volontiers, si je trouve quelqu'un pour m'emmener », dit Zed avec la voix de Sandy – une petite voix douce et détachée.

« Pas de problème. Mike ou Stanley doivent rentrer avec le camion à un moment quelconque. Je leur dirai de te prendre au passage, d'accord ?

– Parfait. »

Si c'est vraiment Sandy, il a cruellement changé. Il a l'air très las, piteux, en mauvais état. Son visage pâle d'épouvantail, aux traits mal dessinés, est terriblement ridé autour des yeux ; quant à ses cheveux roux, épais et vigoureux, une des rares choses qu'il avait de bien, ils ont éclairci et déserté le dessus de sa tête, comme par épuisement. Ils traînent maintenant en boucles rouillées minables autour de la base du crâne couvert de taches de rousseur.

« A demain, alors.

– Paix à toi, Jenny. »

Jenny répond par un signe de paix, remonte les épaules sous son gros manteau, et sort. Zed la suit jusqu'à la porte et retourne l'écriteau qui y est accroché, pour que l'autre face se trouve vers l'extérieur (Désolés, Nous Sommes Fermés). Puis il fait volte-face, le dos à la porte, et regarde Erica, à l'autre bout de la boutique, en souriant, mais à peine.

« Vous n'êtes pas Sanford Finkelstein ? » demande-t-elle, souriant elle aussi, surtout par embarras.

« Plus maintenant.

– Plus maintenant ?

– Vous êtes Erica Parker ?

– Plus maintenant. (Erica sourit franchement, puis elle se met à rire.) Sandy... » Elle approche, en lui tendant la main. Zed hésite, et la prend dans la sienne, qui est sèche et froide au toucher.

« Je suis terriblement heureux de te revoir, dit-il.

– Oui, moi aussi. » C'était une des choses très

agréables chez lui, elle s'en souvient, que cette franchise quasi enfantine. Mais comme il est changé et abattu ! Il fait plus vieux que Brian, pourtant il doit avoir quatre ou cinq ans de moins, et sa peau, avec ses taches de son, est ridée et grisâtre. Elle ne l'aurait peut-être pas reconnu dans la rue, sauf, tout de même, qu'il a toujours ses grands yeux pâles au-dessous de ses sourcils blond-roux et cette perpétuelle expression de surprise.

« Cela fait combien de temps, huit ou neuf ans ?

– Presque dix. Nous nous sommes revus à un spectacle de ballet à New York juste avant Noël en 1959.

– Ah oui ? (Erica a l'air de chercher.) Oui, il me semble que je me souviens. C'était quel ballet ?

– *Casse-Noisette*. Tu portais une robe violette et tu étais avec ton fils, et un autre petit garçon qui s'appelait Freddy et sa mère. Elle était très enceinte.

– Emmy Turner Ça devait être juste avant la naissance d'Hannah. Quelle formidable mémoire ! Tu sais sans doute encore tous ces verbes grecs, alors que moi, je les ai complètement oubliés.

– Quelques-uns.

– Je te croyais au Japon.

– J'ai été au Japon, oui.

– Mais tu en es revenu.

– Apparemment. »

Erica rit à nouveau ; ce ton lui rappelle le passé, et elle regarde Zed avec la tendresse du souvenir. « Tu sais, il y a un an que tu es ici, et je ne l'ai appris que depuis environ une semaine », lui dit-elle en trichant sur le temps par politesse.

« Oui, c'est ce que je me disais.

– Ce que tu te disais. Comment, tu savais que j'étais à Corinth ? (Il fait signe de la tête.) Tu aurais dû me téléphoner. » Il hausse les épaules. C'est encore une chose dont elle se souvient chez lui : cette timidité et ce manque d'initiative dans ses rapports avec les gens. Il était toujours prêt à l'accompagner où qu'elle aille, à n'importe quel moment – à l'épicerie Sage, à la bibliothèque, au Musée des Beaux Arts de Boston, au sous-sol de Filene – mais lui-même proposait rarement une sortie ; et quand on l'invitait à une soirée, il ne venait généralement pas.

« Je n'aime pas les téléphones. Esprits malfaisants de l'air, comme les appelle un de mes amis de Tokyo.

– Mais à Cambridge...

– Je ne les aimais pas non plus. Je ne téléphonais jamais si je pouvais faire autrement ; je venais toujours te voir à Edwards House, si tu te rappelles.

– Ici, tu n'es pas venu me voir. » Erica sourit, mais elle se dit que ça n'est sans doute pas plus mal.

La réaction de Brian et des enfants devant ce pitoyable fantôme de son passé ; impatience et agacement probables de leur part, grossièreté même ; réaction de Sandy devant cette grossièreté...

« Je n'aime pas les automobiles. (Zed jette un coup d'œil dans la rue, où sont garées des autos, avec une moue particulière qu'elle se rappelle très bien.)

» Non. Ça n'est pas tout à fait vrai. J'ai eu l'idée d'appeler, ou de me faire conduire chez toi en voiture par quelqu'un. Mais après, je me suis dit, si ça devait arriver, ça arriverait. A la grâce de Dieu. (Il sourit bizarrement, et regarde Erica.) Veux-tu un peu de thé ?

– Oui, volontiers.

– Ça va prendre quelques minutes. » Zed va au fond de la boutique et passe derrière un rideau fait dans un dessus-de-lit en madras à rayures orange. Elle entend l'eau couler d'un jet irrégulier. Elle attend, en regardant les étagères tout le long de la pièce, les livres aux titres étranges publiés par des éditeurs inconnus, un panneau annonçant des cours : Lundi – Astrologie. Mercredi – Initiation à la méditation.

« Tu donnes aussi des cours ici, tu ne vends pas seulement des livres ? dit-elle quand Zed reparaît.

– Pas vraiment. Ce sont des séminaires. Je n'ai pas de rôle actif comme Levin ou Jaeger. J'en serais incapable, même si je le souhaitais ; mais je ne le souhaite pas. Pourtant c'est ça qu'ils voudraient, presque tous, dit Zed avec un sourire.

– Par paresse, tu veux dire ?

– Pas tant par paresse que par passivité intellectuelle. Beaucoup de jeunes s'intéressent au mysticisme parce qu'ils y voient une échappatoire possible à tout ce qui pèse sur eux, un moyen de sortir du système.

– Et ils ont tort ?

– Non, ils ont raison. Mais ça ne veut pas dire qu'il ne faille pas travailler. Pas simplement apprendre – généralement ils ne rechignent pas là-dessus ; ils y sont habitués. En fait, ils font tout ce qu'on leur dit de faire. Sauf penser. (Zed sourit.) Ils s'imaginent que le Chemin est une espèce de tapis roulant qui va les mener à la lumière, sans aucun effort sérieux de leur part. Quand ils ont des questions, ils croient qu'il suffit de me les poser.

– Mais si tu connais les réponses... » Erica s'efforce de ne laisser poindre aucune ironie dans sa voix. Elle ne veut pas se moquer de Sandy ; elle éprouve plutôt de la pitié pour lui, et un peu de curiosité.

« Non, je ne connais pas les réponses », dit Zed impatiemment. Il soupire et s'appuie contre une étagère derrière lui, creusant deux encoches avec ses deux coudes dans une rangée d'ouvrages sur l'alchimie. Elle voit le coude le plus proche d'elle, blanc et noueux, qui passe à travers un trou effiloché du chandail gris. « Je dis aux jeunes qui viennent me voir : “Ne me prenez pas pour votre gourou, je ne suis pas qualifié pour.” Je sais certaines choses sur la méditation, et je peux leur dire ce qu'il faut qu'ils lisent, et ce qu'il ne faut pas qu'ils fassent s'ils veulent accéder au Chemin, mais c'est à peu près tout. S'ils veulent un véritable maître, il faut qu'ils aillent ailleurs : au Centre Zen de Rochester, ou à New York. Ou en Extrême-Orient. Voilà, l'eau bout. » Il se redresse.

Cette fois Erica le suit jusqu'au fond de la pièce étroite et misérable et elle passe avec lui derrière la tenture dans une pièce encore plus étroite et plus misérable. Presque toute la place est occupée par des étagères et des cartons de livres, et aussi par un étroit divan. Dans un angle il y a un évier zébré de peinture avec de la vaisselle et des casseroles entassées sur le bord, et, au-dessus, des rangées de boîtes de conserve : potage à la tomate, petits pois, compote de pommes. A des clous, pendent des vêtements qui doivent être ceux de Sandy : un long pardessus, deux chemises de laine à manches longues, et un pyjama à rayures chiffonné.

« Tu habites aussi ici ? demande-t-elle (Zed hausse les épaules.)

« C'est commode. Et pas cher. » La bouilloire siffle et crachote ; il la soulève de la plaque chauffante et essaie de verser l'eau dans une théière posée sur l'étagère au-dessus. «Ah ! zut. »

En voyant l'eau se répandre et Sandy attraper quelque chose pour l'éponger, Erica repense à une autre tasse de thé prise avec lui un après-midi il y a presque vingt ans. Sandy est assis en face d'elle à une des petites tables carrées chez *Schrafft's* dans Brattle Street. Ils ont chacun devant eux un napperon de papier glacé avec deux coins opposés ajourés en toile d'araignée, et une tasse et une soucoupe avec un grand S vert en caractère gothique. Sandy soulève la théière vert foncé, il l'incline au-dessus de la tasse d'Erica, mais il en fait tomber le couvercle ovale, et l'eau chaude se répand sur le bois verni. Elle l'entend encore s'écrier : « Ah, zut », exactement comme à l'instant, et elle le revoit écarter les tasses et le sucrier en métal argenté qui, avec ses deux anses, a l'air d'avoir les poings sur les hanches, et les quatre petites tranches de pain grillé à la cannelle posés sur une assiette ; il éponge l'eau maladroitement avec leurs deux serviettes en papier successivement ; et finalement il se penche sous la table pour ramasser le couvercle, car à Waterford, bourg rural de l'Etat de New York, personne ne lui a jamais appris qu'au restaurant on ne ramasse pas ce qu'on a fait tomber par terre.

Il ne s'agit pas, cependant, d'un exemple de mémoire proustienne, de la découverte d'un souvenir perdu. Erica a repensé à cette scène bien des fois, car elle s'est déroulée au cours de la conversation la plus importante qu'elle ait jamais eue avec Sandy. L'objet de la conversation était de savoir s'il valait la peine de continuer à faire une chose, quelle qu'elle soit, après s'être aperçu qu'on n'y excellerait jamais. Ou, selon ses propres termes – il pensait à une dissertation de philosophie sur laquelle il avait peiné pendant trois semaines – « quand on sait qu'on obtiendra toujours A moins, jamais A. Quand on est sûr de cela, est-ce qu'on ne devrait pas abandonner la partie ? »

Mais Erica, qui était dans le même cas, avait soutenu le point de vue opposé. Quand Sandy avait refait surface au-dessus de la table avec ses cheveux roux tout de travers et le couvercle de la théière à la main, elle s'était entendue défendre une position que, jusqu'à cet instant, elle ignorait être sienne. On n'abandonnait pas la partie, avait-elle soutenu ; il fallait simplement se placer à un endroit où le terrain était moins difficile. Prenez son cousin à MIT. Il n'était pas aussi capable que certains en physique théorique, mais il ferait tout de même un bon ingénieur. Ou supposez que, comme elle, on s'aperçoive qu'on ne sera sans doute jamais un peintre de premier ordre, avait-elle continué avec conviction, le regard braqué sur Sandy, devant la table mouillée. On ne renonçait pas pour autant. Mais, il le voyait bien, non ? Il fallait se concentrer sur ce qui était à sa portée. A savoir, en ce qui la concernait, des dessins au trait de petit format.

« Oui ; je vois », avait répondu Sandy ; et pour une fois, il avait semblé réfléchir sérieusement à l'argument d'Erica, comme s'il pouvait être vrai et pas simplement l'expression d'une opinion personnelle. C'était chose rare : malgré sa timidité et sa naïveté chroniques, Sandy se laissait rarement impressionner par qui que ce soit intellectuellement. Né dans une bourgade rurale, il avait peut-être acquis instinctivement cette méfiance bien paysanne de toute théorie.

La suite des événements sembla pourtant prouver que, cette fois, il avait été convaincu. Erica ne fut pas la seule à suivre ce principe qu'elle venait de faire sien – Sandy parut le suivre aussi. L'ennui, c'est qu'il n'avait pas l'air de savoir où s'arrêter. Laissant derrière lui les sommets de la logique et de la métaphysique, il descendit sur les pentes moins ardues de l'éthique et de l'esthétique ; puis, l'année suivante, dans les régions inférieures de l'histoire de la philosophie, en insistant particulièrement sur la tradition orientale. Une fois diplômé, il se commit avec des établissements de moins en moins honorables, pour échouer finalement dans un petit collège de Californie avec un poste à temps partiel.

Mais il avait beau descendre toujours plus bas, il ne semblait jamais se trouver à son niveau de compétence. Cela doit surtout tenir à un manque de confiance en lui, plutôt qu'à une absence de capacité, se dit Erica avec tristesse en le regardant transvaser du sucre maladroitement à la cuiller d'une boîte en carton dans une tasse mal lavée qui n'a plus d'anse – pourquoi ne pas verser tout simplement ? Sandy n'est pas bête, et il a toujours été travailleur. Pourtant même à présent, au bas des pentes les moins arides de la philosophie (si on peut encore parler de philosophie), même ici, dans cette boutique miteuse, au milieu de ses brochures pour semi-illettrés et de ses tableaux d'astrologie, il ne se sent pas compétent. C'est vraiment pathétique. Voici plus d'un an qu'il vit dans cette arrière-boutique infâme en se nourrissant de conserves de petits pois Iona et de haricots blancs Heinz façon végétarienne, trop timide pour se prévaloir de leur amitié passée, se disant qu'elle n'aurait peut-être pas envie de le revoir maintenant qu'il est tombé si bas. Il faut faire quelque chose.

« Il faut que tu viennes dîner un de ces soirs », propose-t-elle par conséquent, en le suivant dans la boutique et en le regardant poser son plateau de fortune (un morceau d'étagère non peint) sur le comptoir près de la porte.

« Volontiers. (Il déplie une chaise métallique pour elle, et lui-même prend le tabouret.) Mais ce soir, j'ai un cours, et demain je vais à Vinegar Hill – la communauté. Ça serait possible dimanche », glisse-t-il plein d'espoir, en tendant à Erica, par-dessus le comptoir, une tasse en faïence épaisse pleine de thé foncé et rougeâtre.

« Alors dimanche. » Erica envisageait une date plus lointaine, mais elle sourit tout de même assez gentiment.

« Si tu es bien sûre de vouloir m'inviter. Je suis devenu végétarien, tu sais.

– Peu importe. Je ferai un soufflé au fromage par exemple. » Oui ; et il n'y aura pas à s'inquiéter en se demandant si le soufflé, ou Sandy ne vont pas agacer Brian.

« Ce qu'il y a, c'est que je n'ai pas de voiture. Mais ne t'en fais pas. Je me débrouillerai pour aller jusque-là.

– Ah », répond Erica, sans écouter vraiment ; elle vient de penser qu'il y a une chose qu'elle doit dire à Sandy.

« Brian ne sera pas là, tu sais, commence-t-elle, d'une voix mal assurée. Lui et moi...

– Oui, j'ai su.

– Ah oui ? Tout le monde sait maintenant, j'imagine. On a tellement peu de choses à se dire dans cette ville... Comment l'as-tu su ? »

Zed hésite, derrière sa tasse, les yeux sur Erica.

« C'est Wendy qui me l'a dit.

– Ah bon. (Erica avale cette nouvelle aussi chaude et insolite que son thé. Elle pose la tasse.) Alors tu connais toute l'histoire ?

– Seulement ce qu'elle m'en a dit. » Il prend un air vague, anodin. Mais Erica ne s'y trompe pas. Elle se rappelle qu'après les interrogations écrites de grec, quand elle lui demandait comment ça avait marché, il prenait ce même ton vague et modeste pour lui répondre. Il sait tout.

« Je ne l'ai pas vue depuis un moment, ajoute-t-il. Je ne suis peut-être pas à jour.

– Moi non plus. » Erica regarde par terre, elle réfléchit. Brian serait furieux que quelqu'un comme Sandy connaisse son histoire ; pourtant elle ne peut pas en vouloir à Wendy de s'être confiée à lui. C'était quelqu'un à qui il était toujours facile de dire les choses, même celles qu'on n'osait pas raconter à son meilleur ami ; peut-être, entre autres, parce qu'il était si flou, et en dehors de tout.

« Elle t'admire beaucoup, tu sais.

– Oui. (Erica relève la tête, avec une expression nouvelle qui ressemble à de l'orgueil.) C'est vrai que c'était un affreux embrouillamini. J'ai simplement essayé de démêler tout ça du mieux que j'ai pu.

– Wendy m'a dit que tu avais été d'une gentillesse incroyable avec elle. Elle trouve que tu es quelqu'un de formidable, d'extraordinaire. (Zed sourit.) Elle admire aussi Brian – peut-être même encore plus, ajoute-t-il sur un ton différent.

– Ah oui, elle le trouve... », commence Erica d'une voix pointue ; mais elle s'arrête, car elle a pris la décision de ne jamais critiquer Brian devant personne, à part Danielle. « Je n'en veux pas à Wendy, continue-t-elle plus calmement. D'aucune manière, en fait. C'est une gentille fille. Un peu naïve, un peu faible, c'est tout... Tu secoues la tête. Tu n'es pas d'accord ?

– C'est à eux que je faisais signe », dit Zed en montrant la porte de la boutique, derrière laquelle se tiennent deux jeunes gens. Erica les voit s'en aller l'air déçu.

« Mais je ne suis pas tout à fait d'accord, non. Après tout, la faiblesse est parfois une stratégie comme une autre.

– Une stratégie ?

– Un *modus operandi,* disons. Je vois ça tout le temps ici même dans ce magasin. Et je le sais par expérience. Déjà, si on renonce à se battre pour les raisons habituelles – l'argent, le prestige, le pouvoir – on libère une quantité d'énergie. (Il remplit les tasses, et il poursuit plus lentement.) Et puis, on se donne certains avantages tactiques. Ce ne sont pas toujours les plus forts qui gagnent, comme nous l'avons appris en Histoire Niveau I. Les faibles ont leurs armes eux aussi. Ils viennent s'effondrer sur vous, comme des nations vaincues, et on est obligé de s'occuper d'eux. "Ah ! Qu'est-ce que je vais devenir ?" gémissent-ils. Alors on leur dit quoi faire. (Il sourit avec un air moqueur.) Et ils s'exécutent, et après on est responsable de ce qui arrive. J'ai dû prendre pour principe de ne jamais donner de conseil à personne.

– Oui ; mais elle était tellement perdue – tellement désespérée en fait, dit Erica, comme pour elle-même presque. Elle ne pouvait pas... J'étais obligée... dit-elle encore, et elle s'arrête.

– Je sais bien. (Zed la regarde.) Je ne dis pas que ce soit calculé, poursuit-il. Ni même conscient, la plupart du temps. Mais ça marche. Comment crois-tu que Wendy a obtenu ce qu'elle voulait de Brian au départ ? Elle s'y est prise comme avec toi grosso modo. Elle est entrée dans son bureau et elle s'est écroulée. Typique du double Cancer.

– Elle s'est écroulée », répète Erica, en ignorant la plaisanterie astrologique, si c'en était une. Elle revoit Wendy en larmes vomissant dans l'évier de la cuisine.

« Ça n'a pas marché longtemps. Ton mari ne lui a donné que de mauvais conseils, pas du tout ce qu'il lui fallait. Il lui a dit de s'intéresser à autre chose, de travailler davantage, de prendre des douches froides...

– De toute façon, ces conseils, elle ne les a pas

suivis. » Erica se rembrunit ; elle est un peu étourdie.

« Mais si, elle les a suivis. Mais elle continuait à aller le voir pour lui dire que ça ne marchait pas. C'est toujours comme ça que ça se passe. C'est une stratégie très ancienne, vieille de milliers d'années – C'est la tactique habituelle pour entrer dans un monastère bouddhiste zen, par exemple. Je l'ai pratiquée moi-même. » A nouveau, Zed regarde vers la porte, dans le dos d'Erica. Les deux jeunes clients sont revenus, avec un troisième, et ils font des signes à travers la vitre ; l'un d'eux brandit un livre. « Un instant. Je vais leur dire de repasser plus tard. » Il se lève.

« Non, ce n'est pas la peine, dit Erica en jetant un coup d'œil à sa montre. Fais-les entrer ; il faut que je parte maintenant de toute façon pour aller chercher mes enfants. (Elle rassemble ses affaires.) Je t'attends dimanche.

– Bon. C'est entendu. » Zed s'avance vers la porte et, l'air de tapoter avec la main, il fait, pour ceux qui sont dehors, un geste qui veut dire *Attendez une minute*.

« A quelle heure dois-je venir ?

– Vers sept heures ? Comme ça je pourrai faire dîner les enfants d'abord.

– Très bien.

– Ah, il faut que je te dise où je suis, et comment arriver jusque-là ; c'est un peu compliqué. Tu pourrais me donner un papier pour que je te fasse un plan ?

– Ça n'est pas la peine ; je sais », dit Zed, en retournant l'écriteau pour remettre la face FERMÉ vers l'intérieur, et en déverrouillant la porte. « J'ai toujours su où tu étais. »

11

Dans le hall d'entrée du Frick Museum, un peu après midi le lendemain de Thanksgiving, Brian Tate fait les cent pas, jetant par moments un coup d'œil à deux coffres sculptés et à un petit groupe en bronze qui représente le triomphe de la Raison sur l'Erreur. De temps en temps il caresse le devant de son veston d'un geste rapide et inquiet qui indiquerait à un pickpocket expérimenté (heureusement absent de la scène) qu'une forte somme en liquide y est dissimulée. Sa tenue est plus sobre et plus guindée que d'habitude, il a un air d'assurance et de tension bien dominée, l'air d'un officier dirigeant une opération militaire – le même air, en fait, que celui du général Burgoyne dans le portrait de Reynolds accroché dans une des salles qu'il vient de traverser.

Pour aujourd'hui déjà, il a accompli beaucoup de choses. Il s'est levé de bonne heure, il a fait lever Jeffrey et Matilda, il les a obligés à petit-déjeuner, à faire leurs bagages et à quitter la maison de sa mère dans le Connecticut ; il a pris la route jusqu'à New York, il a mis sa voiture au garage, il a acheté aux enfants des coca et des petites choses à manger, il les a mis dans le car pour

Corinth, il a attendu leur départ – exécutant toutes ces manœuvres dans de si bons délais qu'il est arrivé au Frick Museum avec une demi-heure d'avance. Sur place, sa première opération a été de se livrer à une rapide reconnaissance des galeries au cas où Wendy serait arrivée encore plus en avance. Mais le musée est particulièrement vide ; c'est une journée désagréable, qui promet une pluie froide ou de la neige fondue, et seuls quelques vieilles dames bien habillées et quelques étudiants des beaux-arts mal habillés sont là qui déambulent.

Brian a choisi le Frick comme lieu de rendez-vous pour plusieurs raisons. Primo, c'est facile à trouver et, de là, il est commode de gagner l'endroit où Wendy et lui doivent se rendre ensuite. Secundo, c'est un des rares endroits de Manhattan où il soit encore possible de se poser dans un cadre plaisant sans acheter à manger ou à boire. Et puis, le premier arrivé trouve là de quoi passer un moment agréable et instructif pendant qu'il attend l'autre, au lieu de perdre son temps. Plus important encore, il n'y a jamais foule. Pendant les vacances, le Met et le Musée d'Art Moderne sont pris d'assaut par l'humanité entière, et il est statistiquement vraisemblable que des étudiants de Brian figurent parmi les assaillants. Le Guggenheim est plus calme, mais son architecture ne se prête guère aux rendez-vous – et en plus, elle lui donne toujours le vertige, l'impression d'être englouti par un escargot de béton.

Au-delà de ses avantages pratiques, le Frick Museum a une fonction symbolique importante – une leçon à donner. Mieux qu'aucune autre collection publique, il représente tout un art de vivre : l'élégance, l'art, le goût, et les raffinements de la civilisation – en fait, tout ce que Wendy peut gagner à avoir finalement écouté la voix de la Raison. Dans ces pièces hautes de plafond, aérées, se trouve la quintessence de tout ce qu'elle n'a pas reçu de son milieu et de son éducation ; un échantillon de ce qu'il lui montrera l'été prochain quand ils iront en Europe. Wendy n'est jamais allée à l'étranger, mis à part un voyage de trois semaines qui a surtout consisté, semble-t-il, à traverser des villes européennes sous une pluie battante, dans des cars de tourisme bourrés d'étudiants américains qui chantaient des chansons populaires américaines. Elle n'a jamais fait la connaissance d'aucun Européen en dehors de patrons d'hôtels et de commerçants ; elle n'est jamais allée à Sadler's Wells ou au Prado, elle ne sait pas ce que c'est qu'un repas dans un bon restaurant français. Tout cela, et même bien davantage, il peut le lui offrir, il va le lui offrir – ce qu'il n'aurait jamais pu faire autrement, car, Erica et lui en ont fait l'expérience il y a des années, il n'est pas possible, tant du point de vue des finances que des rapports humains, de voyager en Europe avec un petit enfant.

Au cours des quatre dernières semaines, Brian a eu son initiation lui aussi : non pas à l'Histoire de l'Art ou à la Civilisation Européenne, comme celle qu'il prévoit pour Wendy, mais à la Psychologie Sociale, qui est la spécialité de Wendy. Quand tout le monde a su qu'il était séparé d'Erica, et que certains ont su qu'il avait une liaison avec Wendy, il a appris directement ce que l'on entend par « définition des rôles » et « défoulement libidinal collectif ».

Les difficultés conjugales, a-t-il découvert, sont l'équivalent social d'une maladie infantile ou d'une affection banale – la colique, la varicelle, la grippe. Dès que les gens en entendent parler, ils s'y intéressent ouvertement ; ils vous témoignent un certain regret (« Désolé d'apprendre ce qui se passe avec Erica ») mêlé de curiosité (« Alors, comment ça se passe ? ») et ils éprouvent le besoin de vous raconter leur propre expérience des mêmes ennuis (« Sais-tu qu'un jour, Irène m'a quitté ? Eh oui, elle est partie chez sa mère avec les enfants pendant trois semaines ») et de vous donner des conseils (« C'est ça les femmes ; il faut leur donner le temps de se calmer »).

L'adultère, par contre, est un mal social. Comme la mauvaise haleine ou la chaude-pisse, c'est une chose dont tout le monde parle dans votre dos, mais seuls vous en toucheront mot votre meilleur ami ou votre pire ennemi. Brian ne peut donc que deviner combien de personnes sont au courant de sa liaison, et ce qu'on en pense dans l'ensemble, mais il sait très bien qu'il a baissé dans l'estime de son meilleur ami du département (Hank Andrews) ainsi que de son pire ennemi (Don Dibble).

Brian n'a pas trouvé toutes ses leçons de Psychologie Sociale aussi dures que cela. C'est pour lui un grand soulagement que de ne plus avoir à affronter chaque jour les reproches d'Erica, ceux qu'elle exprime et ceux qu'elle tait ; et c'est un soulagement plus grand encore que d'échapper à Jeffrey et à Matilda, à leur bruit, à leur grossièreté, à leurs exigences. Il se souvient d'une chose que Leonard Zimmern lui a dite bien avant son propre divorce : dans la plupart des cas ce que les hommes veulent fuir, ce n'est pas tant leur femme que leurs enfants adolescents.

Maintenant qu'il a vidé les lieux, Brian s'aperçoit qu'il a vécu en camp ennemi, avec des gens qui, au mieux, l'ont toléré, et au pire l'ont exploité ou défié, pendant une longue période – sa vie entière, au fond. Ce qui l'étonne le plus, c'est que cette découverte vienne si tard ; qu'il ait pu, par exemple, vivre quarante-six ans sans savoir ce que c'est que d'être aimé vraiment. L'affection de ses parents, quoique sincère, était toujours subordonnée à sa bonne conduite ; celle des autres membres de la famille et de ses professeurs aussi, du jardin d'enfants aux années de fac. Les filles qu'il a connues avant de se marier étaient toutes égocentriques : même quand elles prétendaient l'aimer, elles s'arrangeaient pour ne pas se donner entièrement, physiquement ou affectivement, selon l'usage social en vigueur, dans l'espoir qu'il s'engagerait plus avant pour obtenir davantage.

Quant à Erica, Brian a toujours su qu'elle tenait moins à lui qu'il ne tenait à elle. Dès le départ, celui qui avait aimé l'autre, c'était lui, tandis qu'elle s'était accordé de se laisser aimer par lui. Elle était ainsi faite, se disait-il. Ce n'était pas comme si elle avait préféré quelqu'un d'autre ; il était certes très évident que c'était lui qu'elle préférait. Ça, Brian était capable de l'accepter. De fait il l'avait accepté pendant presque vingt ans – jusqu'à ce qu'il rencontre Wendy, qui ne le juge jamais, qui se donne tout entière, et tient plus à lui qu'à elle-même.

Bien sûr cet amour inconditionnel a ses désagréments. Parfois Brian a l'impression de vivre avec un nouvel animal familier, affectueux à l'excès, et dont la dévotion ostensible et permanente est autant une source de satisfaction qu'une gêne. Il ne peut pas s'ébattre avec Wendy aussi souvent qu'ils en auraient envie l'un et l'autre – il doit garder de l'énergie pour son travail. Il a dû lui apprendre à se modérer en public : à ne pas le lécher, à ne pas poser la patte sur lui, à être sage, à se taire, à ne pas le déranger pendant qu'il travaille. Mais dans l'ensemble, elle a un effet dynamisant, et même euphorisant. Il n'a peut-être pas passé sur son livre autant de temps qu'il aurait dû, mais le temps qu'il y a passé a été fructueux.

Tout en arpentant le hall du musée, Brian jette des coups d'œil successifs au guide qu'il vient d'acquérir et à l'intérieur des galeries, réfléchissant à ce qu'il va montrer à Wendy, et dans quel ordre. La salle à manger, avec ses portraits un peu affectés de beautés anglaises, peut être escamotée. Les deux salles suivantes, plus petites – rien que des meubles et des panneaux décoratifs français du dix-huitième clairs et gracieux – semblent au premier abord exactement ce qui convient pour le début de la visite : contraste frivole, certes, mais agréable, avec la ville grise et sale au-dehors. Mais à y regarder de plus près, il les écarte. Il y a somme toute trop de bébés dans ces panneaux muraux peints par Boucher. En fait, ceux de la première pièce, qui représentent les arts et les sciences, sont entièrement peuplés de bébés : nouveau-nés poètes potelés et effarouchés, nouveau-nés astronomes et musiciens bien dodus – personnages qui ne manqueront pas de faire resurgir l'idée fixe de Wendy concernant le génie possible de son futur enfant.

Mieux vaut commencer en face, par la salle Fragonard, dont les panneaux représentent de gracieuses amours pastorales, et où les seuls enfants présents sont des chérubins ailés. Ce n'est pas le genre de peinture qui retient habituellement l'attention de Brian, mais aujourd'hui, un des tableaux, intitulé *Rêverie,* accroche son regard. On y voit une très jolie jeune fille, blonde, les joues rondes, assise rêveusement au pied d'un haut cadran solaire dans une pose nonchalante. Il a souvent vu Wendy assise ainsi, par terre, chez lui, la tête inclinée en arrière, un bras allongé au bord du canapé. A vrai dire, avec le costume approprié et les cheveux bouclés et légèrement poudrés, Wendy aurait presque pu poser pour ce tableau.

Quand ils seront à l'étranger l'été prochain – ou même ici en ville ce week-end – il faut qu'il emmène Wendy dans les magasins. Il n'a guère d'idées sur la toilette féminine, mais il se rend compte qu'elle s'habille de façon à la fois ridicule et peu seyante. Les bruns et les ocres épais de son costume en cuir d'Indien d'Amérique, les jaunes et les rouges sales de ses cotonnades imprimées de l'Inde, conviennent à des femmes au teint plus foncé. Wendy devrait porter du rose, des tons crème et lavande, comme ces jeunes filles à qui elle ressemble ; et puis, il lui faudrait des vêtements ajustés, plutôt qu'informes. On pourrait aussi lui trouver une autre coiffure.

A regarder à nouveau ce tableau, Brian se sent devenir romantique et lascif – manifestement, c'est ce qu'a voulu l'artiste. La fille est jeune mais, si l'on en juge par sa pose, et par ce qui est suggéré dans les autres panneaux, elle n'est pas innocente. Son décolleté profond, charmant, mais presque indécent, laisse supposer une certaine expérience, ainsi que sa manière de déplier les genoux sous le drapé de sa longue jupe, et sa main adroitement placée dans son giron. Le gros pilier du cadran solaire, avec son sommet arrondi et penché sur lequel un petit amour nu marque l'heure de midi, est certainement phallique. L'observateur est censé imaginer qu'il enjambe le cadre sculpté et doré, qu'il pénètre sous les frondaisons de ce jardin ensoleillé, qu'il soulève ces plis de soie rose et blanche...

Brian vérifie l'heure à son bras. Wendy devrait arriver incessamment, alors il retourne à l'entrée du musée, mais elle n'est pas là. Il est agacé, car il déteste attendre une femme même dans les meilleurs moments, et il lui a dit d'arriver en avance. Maintenant ils n'auront pratiquement pas le temps de bien voir quoi que ce soit avant leur rendez-vous avec « le docteur Sympa ». (Allez donc savoir quelles illusions ou quel accès d'humour noir a pu pousser l'avorteur à choisir ce faux nom.)

Brian retraverse les salles pour se diriger vers la Galerie Ouest où se trouvent les œuvres d'art les plus importantes. Quel soulagement ce sera à la fin de cette journée ; et à la fin de ce mois aussi. La Raison a mené une dure bataille ; sous un vernis de culture, Wendy a l'esprit illogique et têtu. Malgré ses airs d'étudiante et de femme libérée, elle n'est, au fond, pas différente des jeunes filles de la salle Fragonard : féminine, impressionnable, incapable de résister aux forces instinctives qui l'entraînent. Bien que cette lutte l'exaspère et l'épuise, il ne peut pas vraiment en vouloir à Wendy, il le sait – c'est pour cela que les femmes sont faites, comme le prouvent toutes les suaves madones accrochées à ces murs, des icônes byzantines à Renoir. Il reconnaît que le désir d'enfant de Wendy est un désir puissant, inévitable ; mais il est décidé à ne prendre aucune part personnelle à l'opération.

Les conclusions logiques de son raisonnement ne lui échappent pas. Quoiqu'il tienne à Wendy, il sait que leur relation ne pourra pas durer toujours. Il faudra bien qu'elle finisse par avoir des enfants ; elle épousera quelqu'un qui aura un âge plus proche du sien. Et lui finira par retourner avec Erica et avec ses enfants – probablement quand Jeffrey et Matilda seront un peu plus âgés. Mais pas tout de suite ; pas encore.

Il parcourt la longue galerie en examinant les tableaux. Il faudra attirer l'attention de Wendy sur les Rembrandt et sur le Goya ; sur les autres, ils pourront passer plus rapidement, car il ne leur restera plus beaucoup de temps. Mais, parmi ces toiles qu'il écarte, Brian en remarque une que son esprit sensibilisé et impatient trouve presque symbolique : c'est une *Allégorie du Vice et de la Vertu* de Véronèse. Il lui semble que le visage du beau jeune homme qui se lève de son siège derrière le Vice pour aller (en regardant derrière lui malgré tout) dans les bras de la Vertu couronnée de lauriers, ce visage pourrait être le sien plus jeune. La Vertu, qui est à peine plus grande que le jeune homme, arbore une expression de sollicitude tranquille et tendre. Bien que de toute évidence il ait péché avec la femme blonde et replète qui incarne le Vice, la Vertu est décidée à le reprendre ; elle l'enveloppe de son manteau bleu dans un geste clément et protecteur.

Il faudrait qu'Erica voie ce tableau ; elle aurait une leçon à en tirer. Mais elle ne voudrait pas la voir ; elle n'a pas encore pardonné à Brian et, maintenant, elle risque de ne jamais lui pardonner. Dans la majorité des cas, ce qui est prévu pour aujourd'hui apaiserait et réjouirait l'épouse, mais Erica, il le sait, va en être furieuse. Elle va faire semblant de regretter le bébé, mais Brian soupçonne que le bébé n'a jamais été qu'un prétexte pour se débarrasser de lui. Sinon pourquoi se serait-elle sacrifiée avec une telle ardeur, pourquoi l'aurait-elle si volontiers chassé « pour son bien à lui » et pour le bien du futur marmot d'une femme inconnue ? Grande, froide, impitoyable, cette Vertu moderne repousse le héros ; elle se détourne et c'est elle-même qu'elle enveloppe dans son manteau de satin.

Brian regarde à nouveau sa montre et s'aperçoit que Wendy a presque un quart d'heure de retard. Il retraverse les salles à la hâte. Dans le hall, il passe par le tourniquet et va jusqu'à l'entrée, mais Wendy n'arrive pas, ni d'un côté ni de l'autre. Elle a été retardée : est-ce sa mère, est-ce l'autobus ? C'est fâcheux, car leur rendez-vous à Park Avenue, 87e Rue, est dans trois quarts d'heure.

Peut-être devrait-il téléphoner, par simple prudence. Il retourne à l'intérieur du musée, essuyant un regard revêche du gardien posté près du tourniquet, et il avise la cabine publique, qui est mal placée pour voir entrer Wendy si elle arrivait. Ses dix cents ne lui donnent pas la tonalité, et, après en avoir perdu vingt, il remarque une affichette discrète qui indique Hors Service en italique. En jurant, il refait le tour des galeries encore plus rapidement, et il revient une fois de plus à la porte d'entrée, plongeant son regard dans la bruine froide pour voir s'il aperçoit une cabine téléphonique dans la 70e Rue. Il semble qu'il y en ait une au bout du bloc d'immeubles, de l'autre côté de Madison Avenue ; mais s'il va jusque-là, il risque de manquer Wendy. Et comme on est à New York, cette cabine ne marche sûrement pas.

De plus en plus nerveux, Brian retourne à l'intérieur du musée pour la troisième fois. Quand il repasse par le tourniquet, le gardien, un personnage grand et sépulcral dans le style du Greco, lui adresse la parole. « Alors Monsieur, vous entrez ou vous sortez ? demande-t-il d'un ton sarcastique. On n'est pas dans le métro ici. »

Ignorant la remarque, comme il se doit, Brian se rend d'un air décidé dans une salle appelée dans son guide la Salle à Vivre, et dont la situation stratégique est telle que tout visiteur du musée est obligé d'y passer pour accéder aux galeries importantes ; de là, également, on a vue sur le patio, au cas où Wendy déciderait de choisir ce chemin-là. La salle est dominée par une cheminée imposante surmontée par la menaçante figure du *Saint Jérôme en Cardinal* du Greco – le gardien de l'entrée transfiguré. Il montre du doigt d'un air sévère une page enluminée de sa Vulgate. Le texte est indéchiffrable, mais d'après l'endroit où il se situe dans le volume et d'après l'expression du personnage, ce doit être un passage des prophètes, et des plus fanatiques. « Ce lieu est damné, et tous ceux qui l'habitent sont damnés », semble-t-il déclarer à Brian.

De part et d'autre de saint Jérôme, le Thomas More et le Thomas Cromwell de Holbein se font face au-dessus du foyer de marbre vide : à droite, le saint érudit, fils du gentilhomme d'Oxford ; à gauche, le fils du brasseur de Putney.

Ni More ni Cromwell ne regardent Brian, et pourtant, debout devant eux il sent leur attention – et même, bientôt, leur désapprobation. L'expression de More, un des héros de sa jeunesse, est un mélange de tristesse et de détermination : c'est l'expression d'un professeur de Harvard qui se voit contraint de recaler un étudiant jadis prometteur. A la fois en bon mari et bon père, et en catholique loyal, il ne peut pas cautionner la conduite récente de Brian. A le voir là sur ce tapis avec sa liasse de billets de vingt dollars à la place du cœur, sa peine est contenue, mais profonde. Dans un instant, il va redire tristement, et presque pour lui-même, ces mots de son *Utopie* que Brian, il le sait, a recopiés jadis sur la page de garde d'un cahier de notes avec tant de détermination secrète :

> Car il ne se peut que chascune chose soit bien, sans que chasque homme soit bon. Ce qui, ce m'est advis, ne sera avant moultes années.

Quant à Thomas Cromwell, il a peu d'intérêt pour les promesses passées, ou les questions de morale. Cet administrateur à la tête froide, avec sa lourde bague au doigt et ses petits yeux de prêteur d'argent, n'a pas de temps pour ces bêtises. Il mesure la valeur à ce qui est accompli : marchés conclus, problèmes résolus, adversaires éliminés, rentrées d'argent. A certains moments de sa carrière, par exemple pendant certaines réunions de département interminables, Brian a secrètement invoqué cet homme qui, en un temps incroyablement court et presque à lui seul, a soumis l'Eglise d'Angleterre à l'Etat. Il est arrivé que le fantôme réponde ; qu'il lui donne l'énergie d'interrompre des arguments ennuyeux et de proposer qu'on ne s'embarrasse pas de scrupules mineurs et de chinoiseries administratives. Mais aujourd'hui, Cromwell ne montre envers Brian qu'un froid mépris. Il le condamne comme un petit imbécile maladroit et malappris qui a laissé de simples femmes avoir raison de lui ; qui n a pas réussi à s'affirmer ni dans le bien ni dans le mal. « Vous croyez encore que cette petite pute va venir, n'est-ce pas ? », demande-t-il brusquement, en bougeant à peine ses lèvres minces.

Troublé, et pas seulement par le fait qu'il s'imagine qu'un tableau va lui parler, Brian tourne le dos aux trois portraits et regarde sa montre. Il est deux heures moins vingt ; si Wendy n'arrive pas dans les minutes qui suivent, elle sera en retard à son rendez-vous. Pour la première fois, il comprend qu'il s'est passé quelque chose de grave. Elle a attrapé la grippe intestinale depuis qu'il lui a parlé hier, ou bien elle s'est fait agresser en venant de Queens à Manhattan.

Il commence à revenir par les galeries, s'obligeant à ne pas hâter le pas, et même s'arrêtant ici et là devant quelque tableau. La jeune fille de Fragonard, au pied du cadran solaire, rêve toujours de son amant ; mais cette fois elle n'a plus le même air. Sa pose d'abandon, ses seins gonflés (trop gros désormais pour être décemment maintenus par son corselet de soie), un certain épanouissement du visage qu'il a remarqué chez Wendy récemment, tout laisse entendre la même chose : comme elle dirait, elle est déjà *enceinte*. D'ailleurs le petit amour nu au-dessus d'elle, dont l'ombre penche vers le chiffre XII, ne montre-t-il pas qu'il est indubitablement trop tard ?

Brian repasse devant saint Jérôme en poussant le tourniquet de l'entrée et il ressort sur le perron froid et humide, qu'il arpente quelque temps dans les deux sens, consultant sa montre continuellement et sentant de plus en plus le froid et l'humidité. Finalement, à deux heures moins trois, il plonge dans la bruine en direction de la lointaine cabine téléphonique, se retournant de temps en temps pour regarder. Une fois arrivé, il hésite, se demandant combien de temps le docteur Sympa voudra bien patienter pour les mille dollars qu'il prend – moins les deux cents qu'il a déjà reçus : un quart d'heure, sûrement – alors il décide d'appeler chez Wendy d'abord.

Ce téléphone semble marcher, mais Brian hésite ; il reste là à écouter la tonalité, il n'a pas envie de composer le numéro et de parler à la mère de Wendy encore une fois. Il n'a jamais vu Mme Gahaghan, et il ne veut pas qu'elle entende sa voix trop souvent. Et puis une chose le gêne : quand il arrive qu'elle entende sa voix, elle lui répond comme s'il avait l'âge de Wendy, alors qu'il a seulement deux ans de moins qu'elle-même. Mais le téléphone bourdonne, le temps passe, il a froid. Il compose le numéro.

« Allô ? » La voix guindée, circonspecte, faussement distinguée de Mme Gahaghan.

« Allô, est-ce que Wendy est là, s'il vous plaît ?

– Ah, non, vous tombez mal. (Le ton change : elle exprime son regret avec bonhomie et naturel.) Wendee est déjà repartie dans sa fac.

– Déjà repartie ? (Brian feint la surprise, car c'est ce que Wendy a prévu de dire à ses parents.) Quand est-elle partie ?... Je devais la voir, vous comprenez, ajoute-t-il.

– Ah là là, vous comptiez voir Wendee *aujourd'hui ?*

– Oui, il y a une demi-heure environ. » Brian essaie de faire passer un ton léger et désinvolte dans la liaison téléphonique.

« Ah, ben vrai ! Excusez-la. Sans doute qu'elle s'est pas rappelé. Elle est repartie juste après le petit déjeuner, elles ont trouvé des gens qui remontaient à l'université en voiture avec sa camarade Linda, vous connaissez Linda ?

– Oui, je connais Linda, dit Brian en serrant les dents.

– Elle voulait prendre le car, comprenez, et puis hier soir Linda est venue chez nous, et elle avait des amis qui remontaient à la fac en voiture, naturellement c'est bien plus agréable que le car, et comme Wendy n'était pas très bien pendant ces congés, et puis elle voulait rentrer pour travailler, elle a un examen dans pas très longtemps, vous savez ce que c'est, alors elle a dû oublier. – Je suis sûre qu'elle va être désolée quand elle va se rappeler... »

Pendant ce discours Brian tient le combiné de plus en plus loin de son oreille, de sorte que les coin-coin d'excuse de Mme Gahaghan ne sont plus qu'un pépiement lointain. Quand elle est à bout de souffle, il rapproche l'appareil.

« Oui... Merci... Non, ça ne fait rien... Ne vous inquiétez pas », dit-il, et il raccroche.

Au cours de l'heure suivante, tel Burgoyne à Saratoga, Brian s'interdit toute conjecture sur ce qui s'est passé. Il s'applique à organiser les détails pratiques de sa retraite : téléphoner au docteur Sympa, annuler la réservation d'hôtel, rendre les deux billets pour *Little Murders,* et sortir sa voiture d'abord du garage où il l'a laissée, et ensuite de la circulation du vendredi après-midi dans Manhattan.

Mais une fois qu'il a traversé le George Washington Bridge et qu'il s'est engagé sur l'autoroute en direction du nord, il a tout le temps de réfléchir. Il a le temps de repenser à sa conversation avec Mme Gahaghan ; et aussi à sa conversation avec le docteur Sympa, au cours de laquelle le docteur lui a rappelé (1) qu'il est, lui, docteur Sympa, un homme fort occupé, qui a renoncé à une des rares occasions qu'il avait de passer du temps avec sa femme et ses enfants un jour férié pour rendre service à Brian ; (2) qu'il ne fait pas ce genre de chose pour l'argent, mais parce qu'il croit aux Droits de l'Homme ; et (3) qu'il a, néanmoins, des frais extrêmement lourds. Brian aurait aimé faire une remarque caustique sur ce point. Au lieu de cela, il a tenu sa langue, et il a réussi – en déployant des efforts considérables et en promettant une somme supplémentaire – à obtenir un autre rendez-vous pour la semaine suivante.

Brian a le temps non seulement de revenir en arrière, mais aussi de penser à l'avenir. Il jure tout haut en songeant aux assemblées d'étudiants et aux réunions de comité qui vont maintenant devoir être annulées, aux nouvelles réservations hôtelières à faire, aux billets de vingt dollars à retirer de la banque ; aux négociations à reprendre avec Wendy, qu'il va falloir à nouveau convaincre de la solution raisonnable, et remmener à New York. Cette fois il faudra qu'il l'empêche de voir Linda Sliski, et Erica et Danielle. Il ne faut pas qu'il la laisse aller dans sa famille. Il ne faut pas qu'il la quitte des yeux un seul instant.

Brian éprouve de l'exaspération, une grande fatigue, comme une lassitude du combat – un désir d'abandonner la lutte presque. Si Wendy est toujours enceinte, elle va s'attendre à ce qu'il l'épouse. Erica aussi, et Danielle, et Linda, et bientôt Mme Gahaghan, et toutes les sœurs, les cousines et les tantes de Wendy. Il voit déjà comment elles vont l'assaillir, usant de toutes les armes déloyales de l'arsenal féminin : larmes et reproches, airs blessés et feu continu de remarques indignées, chantage au scandale, jérémiades moralisantes et menaces de suicide. Il les voit en esprit en ce moment même, horde de harpies chargeant en direction de l'autoroute. de l'Etat de New York du haut du vallon glacé le plus proche – cheveux au vent, toutes griffes dehors – suivies par des dizaines, des centaines d'autres, par un régiment entier et monstrueux de femmes.

Il n'aura pas, pour résister à cet assaut, l'appui des hommes de son entourage, mais il sera condamné s'il se laisse battre. Quand Brian s'est imaginé l'opinion de ses collègues du Comité du Cursus, il y a quelque temps, ils ont été unanimes, il s'en souvient : rompre son alliance de longue date avec Erica Tate pour s'allier subitement à Wendy Gahaghan serait moralement et politiquement indéfendable. Dans certains cas, cette opinion ne changera rien : quoi qu'il fasse, Hank Andrews restera son ami, et Donald Dibble son ennemi. Mais s'il épouse Wendy, la femme de Hank (jeune, élégante, timide, et qui admire discrètement Erica) ne les invitera pas à dîner très souvent. La femme de John Randall (belle, un certain âge, des usages, une réputation locale de cordon bleu, et qui a toujours bien aimé Erica) ne les invitera sans doute pas à dîner du tout. Chuck Markowitz et sa femme les inviteront peut-être quand même ; mais comme Lily est végétarienne militante, elle ne fera guère, comme d'habitude, que de la semoule, des raisins secs et des aubergines à la vapeur, genre de nourriture que Wendy et ses amies ne lui servent déjà que trop.

Dans l'ensemble, s'il quitte sa femme et ses enfants pour Wendy, il baissera dans l'estime de ses collègues – y compris de ceux qui lui pardonneraient une liaison discrète. Certains l'envieront peut-être pour la bagatelle, mais pas vraiment, et pas très longtemps. Des que la grossesse de Wendy sera connue de tout le monde, ceux-là aussi n'auront plus que mépris, et ils riront par derrière, comme lui-même le ferait à leur place.

Et si Wendy est toujours enceinte et qu'il ne l'épouse pas, il sera réprouvé aussi, surtout par les gens de sa génération à elle. Quand ses étudiants découvriront la situation (et certains ne pourront pas y manquer, ou en tout cas, ils en entendront parler), ils lui reprocheront d'être égoïste, indigne de confiance, coincé et bourgeois. Autrement dit, quoi qu'il fasse, il sera condamné et ridiculisé par au moins la moitié du monde.

Au bout de cent cinquante kilomètres, le retour constant de ces idées et de ces souvenirs devient insupportable. C'est pour cette raison qu'aux environs de Liberty, il s'arrête pour prendre deux jeunes gens débraillés qui brandissent une pancarte en carton tachée de pluie où est écrit CORINTH U. En règle générale, il refuse de prendre des auto-stoppeurs – non pas pour se prémunir contre le vol, mais parce qu'il préfère ses propres pensées à leur conversation.

Dans le rétroviseur, quand il ralentit, il voit les deux étudiants venir vers lui au pas de course sous la pluie le long de la voie de dégagement boueuse. Ils sont à peu près de la même taille et ils portent le même jean, les mêmes grosses chaussures et la même parka anonymes et androgynes, ce qui ne permet pas vraiment de voir de quel sexe ils sont, même quand ils atteignent la voiture.

« Ah, merci. (Ils s'entassent à l'arrière avec leur sac à dos, essoufflés.) On a cru que personne s'arrêterait jamais. Vous allez jusqu'où ?... Corinth ? Ouais, génial. » Brian identifie l'un deux à son embryon de moustache claire comme étant du sexe masculin ; l'autre à sa voix chaude et dominatrice de contralto comme étant du sexe féminin.

« T'es toujours en pétard après moi, dis, Sara ? » demande la moustache quand la voiture repasse sur la chaussée.

« J'ai jamais été en pétard après toi, répond Sara avec dignité. Je trouve juste que tu t'es comporté comme un dégonflé... On vient d'avoir une sale expérience, vous comprenez », ajoute-t-elle, en s'avançant sur le bord du siège derrière Brian de sorte qu'il la voit dans le rétroviseur ; elle est très jeune, mince, garçonne, et pleine de fougue, avec d'abondants cheveux brun-roux foncé et des yeux de la même couleur surmontés d'épais sourcils rectilignes. « A la sortie de New York on a été pris par deux espèces de métèques en camion. Ils avaient déjà bien entamé un pack de bière et, ça n'a pas traîné, ils ont commencé à nous faire chier parce qu'on ne voulait pas boire. Surtout Stanley. Ils en avaient après ses cheveux, ils disaient qu'ils l'avaient pris pour une belle petite minette. (Brian bouge la tête pour revoir le visage de Stanley, qui ne serait pas mal en effet s'il était une femme, mais qui, pour un homme jeune, est juste mou et sans caractère.) Et puis il se sont mis à dire qu'ils allaient s'arrêter au bord de la route pour lui faire une coupe de cheveux ; et moi... enfin, vous voyez le genre de conneries. » Sara s'éclaircit la voix.

« Alors quand ils ont été obligés de ralentir à cause des travaux là un peu plus bas, on a ouvert la portière et on a sauté, explique Stanley.

– Ça a été une chance, dit Brian.

– Ouais, sauf qu'il a fallu rester sous cette foutue pluie pendant une demi-heure sans résultat, dit Sara pas contente, parce que Stan a décrété plus de camions. Comme s'il se figurait tout d'un coup qu'ils étaient tous comme ça. Dès qu'on voyait un camion à un kilomètre, il fallait faire signe qu'on n'en voulait pas... C'est pas toi qui aurais dû avoir les jetons, je comprends pas, ajoute-t-elle en s'adressant à lui. Tu y aurais laissé des cheveux, c'est tout. Moi, j'aurais pu attraper la chaude-pisse avec ces types-là.

– Ouais, c'est possible, marmonne Stan tout bas.

– Enfin. (Sara se tourne à nouveau vers Brian.) C'est grâce à vous si on a la vie sauve en somme, ou si on est encore ensemble en tout cas. Si vous n'étiez pas arrivé à ce moment-là, j'aurais arrêté tout ce qui roulait.

– Tu serais pas montée dans un camion toute seule, déclare Stanley.

– Tu crois ça. Enfin, peut-être pas encore pour l'instant, avoue-t-elle avec humeur. Mais quand on sera au point en karaté, j'irai partout où j'ai envie d'aller et merde.

– Vous faites du karaté ? » Brian tourne la tête pour s'adresser à eux deux.

« J'ai l'intention de m'y mettre, dit Stanley avec un sourire gêné. J'ai pas envie qu'elle me tabasse.

– Stanley, je pourrais te tabasser dès maintenant, dit Sara. Je pourrais te casser le bras avec la tranche de la main si je voulais. Quatrième Leçon. »

Brian se met à rire, en partie pour détendre l'atmosphère entre ses passagers.

« Vous croyez que c'est une blague, dit Sara en se penchant à nouveau vers l'avant Ça vous fait rigoler qu'une femme veuille apprendre le karaté.

– Je ne trouve pas absolument nécessaire que vous appreniez à casser le bras à un homme. » Dans le rétroviseur, Brian sourit à Sara, dont l'expression n'en devient que plus belliqueuse. Il a le pressentiment qu'il est sur le point de subir un discours sur le Nouveau Féminisme. « Encore que ça puisse s'avérer utile dans certaines circonstances, j'imagine, ajoute-t-il, dans l'espoir de détourner le sujet. Si on habite Manhattan de nos jours... »

Mais c'est trop tard. « Vous pensez ça parce que vous êtes un homme, lui apprend Sara. Vous êtes habitué à l'idée que les femmes sont le sexe faible, et vous ne voulez pas que ça change.

– Non, je...

– Si vous ne voulez pas qu'on apprenne le karaté, vous et Stan, c'est que ça vous fout vraiment une trouille pas possible, parce que depuis des milliers d'années vous maintenez la femme en état d'infériorité par la menace de la force physique et de la violence.

– Je vous assure, je...

– Je sais ce que vous allez dire, vous allez me raconter

que vous n'avez jamais frappé une femme de votre vie, mais c'est parce que vous n'avez jamais eu besoin de ça pour obtenir ce que vous vouliez. Vous n'avez pas besoin de les battre physiquement, il y a toutes nos institutions sociales pour le faire à votre place. Comme par exemple... »

Pendant l'heure et demie qui suit, Sara fait un cours à Brian et à Stanley sur la question des femmes : leur supériorité naturelle sur les hommes sur le plan physique, psychologique et moral ; les multiples injustices qu'elles ont subies par le passé ; et leur droit, de nos jours, à un salaire égal, à des chances égales dans leurs études et dans leur profession, à des crèches gratuites, et à la liberté de l'avortement. (Brian trouve cette partie-là du cours particulièrement irritante.) De temps en temps elle sort de son sac à dos des bouquins, des magazines et des coupures de journaux de toutes sortes et elle leur lit des passages de Simone de Beauvoir et d'autres femmes écrivains. Parfois Brian essaie de changer de sujet, ou d'affirmer qu'il est d'ores et déjà en faveur de l'égalité des sexes, mais Sara ne veut rien savoir. « Evidemment vous dites ça, mais vous n'y croyez pas vraiment. C'est pareil pour Stanley. Il croit qu'il veut se débarrasser de ce machisme de merde, mais il peut pas – c'est trop enraciné en lui, à cause de tout un conditionnement. Comme cette plaisanterie idiote qu'il a faite à propos du karaté. »

Stanley a les traits qui se crispent dans le rétroviseur, mais il ne proteste pas. Vraiment, se dit Brian, ce n'est qu'un semblant d'homme, un minable qui n'a rien dans le ventre. Il faudrait quelqu'un pour le lui dire, pour lui faire honte et le sortir de sa passivité, pour lui donner un peu de cran. Il commence à comprendre pourquoi ces chauffeurs de camion ivres se sont acharnés sur lui et l'ont menacé de lui couper ses longues boucles souples. Brian lui-même, à supposer qu'il soit deux grands métèques, au lieu d'être un professeur petit, pourrait bien lui aussi... Et Sara ? Oui, pourquoi pas ? La baiser un bon coup, pour la faire taire un peu.

Imaginant cette scène dans sa tête, Brian continue à rouler en direction de Corinth aussi vite que le permet la prudence, et à donner l'impression qu'il écoute Sara. Ce qu'il réussit à faire si bien que, son sermon terminé, celle-ci devient presque affable, et même confiante. Stanley et elle entretiennent Brian de leurs difficultés avec certains membres de leur communauté qui sont des nudistes acharnés (« D'accord, c'est eux que ça regarde, sauf qu'il leur faut le chauffage à vingt-quatre en permanence et que les autres étouffent ; en plus, ça fait grimper la note du gaz »), et avec d'autres qui se défilent pour la popote. Quand ils approchent de Corinth, Sara, qui est étudiante en Sciences, demande conseil à Brian : est-ce qu'il y a, dans son département, un cours qu'il puisse lui recommander pour compléter son cursus ? (Il est soudain pris d'un accès de perfidie et il recommande le cours de Droit Constitutionnel de Donald Dibble, avec un sourire intérieur à la perspective de l'inévitable collision des points de vue.)

Laissant ses passagers reconnaissants en bas d'un chemin de ferme boueux, Brian continue sa route jusqu'à l'immeuble qu'il habite depuis un mois en ville. Les Tours de l'Alpe *(la* Tour, plus exactement, car, si on redoute les suivantes, pour l'instant il n'y en a qu'une) sont une construction toute neuve, d'un modernisme tapageur. La plupart des appartements sont loués meublés, dans ce style aimable et impérissable des motels d'aéroports. Au bout de quatre semaines, Brian a encore souvent l'impression d'être dans un motel. A d'autres moments, il croit vivre dans une rangée de boîtes postales – à quoi ressemble fort, de l'extérieur, ce bâtiment peu profond et tout en hauteur, avec ses carrés de verre et son placage métallique. Certaines boîtes sont vides, d'autres pleines à craquer, et elles sont vidées et remplies constamment : les pièces étant particulièrement exiguës et les loyers particulièrement élevés, il y a des mouvements fréquents d'universitaires arrivant et de maris en partance. C'est le seul immeuble en ville où il y ait toujours un appartement libre.

Brian vit seul dans les tours. Il n'a pas laissé Wendy s'y installer avec lui, bien qu'elle y passe le plus clair de son temps. Pour l'instant, lui a-t-il expliqué, ça ne ferait pas bon effet. Par ailleurs, l'appartement n'est pas assez grand pour deux personnes – il ne l'est déjà pas pour une seule : les placards sont insuffisants, et, à part le séjour, il n'y a qu'une minuscule chambre à coucher mal éclairée. Mais les Tours de l'Alpe ne sont qu'à quelques pâtés de maisons au-dessus de la maison où Wendy a une chambre à Collegetown, et elle peut facilement faire la navette.

Comme Brian s'y attendait, il n'y a pas de lumière dans son appartement au cinquième étage ; Wendy a peur de l'affronter. Il va falloir qu'il la cherche, mais pas tout de suite ; pas ce soir. Il est presque neuf heures ; il a fait plus de huit heures de conduite dans la journée et il n'a rien mangé depuis le petit déjeuner. Son corps réclame une douche chaude, un dîner chaud, et au moins huit heures de sommeil.

Brian jette son pardessus sur le canapé danois impersonnel, et il se prépare un whisky à l'eau bien tassé. Il avale une gorgée, pousse un grand soupir, et emporte son verre dans sa chambre, allumant la lumière et balançant sa valise sur le lit, où elle tombe lourdement contre un gros tas de couvertures qui n'était pas là quand il est parti, car Brian fait régulièrement son lit au carré tous les matins comme on lui a appris à le faire dans la marine.

« Ouhh.

– Ah ! Wendy ? »

Les couvertures bougent et se soulèvent ; elle dresse la tête, le visage bouffi et sali par des coulures de larmes.

« Alors ? » dit-il, sur un ton d'officier de marine, épuisé, exaspéré.

« Je te demande pardon. (Wendy essaie de se mettre dans la position assise.) Je pensais pas que tu serais rentré si tôt, et Linda a invité des gens à fumer.

– Je vois », dit-il, sur le ton de quelqu'un qui ne voit pas.

« Brian, j'ai flanché.

– Il semblerait, oui. » Il pénètre plus avant dans la chambre, sur quoi Wendy recule de l'autre côté du lit avec un air d'effroi.

« J'ai pas pu, c'est tout, miaule-t-elle. J'ai pas pu.

– Tu. aurais. pu. me. prévenir. » Brian est conscient de maîtriser sa fureur, lâchant ses mots lentement les uns après les autres, froids comme des morceaux de fer.

– J'ai pas eu le courage. » Wendy fait un sourire rapide et gêné ; elle est à genoux maintenant, et il remarque qu'elle n'a sur elle qu'un sweat-shirt blanc trop grand et délavé avec des symboles de paix imprimés en rose.

« Tu. t'es. sauvée. parce que. tu as. eu. peur. d'une. intervention. bénigne. » Il tire une nouvelle salve.

« Pas seulement. C'est tout le truc qui m'a fait flipper. C'est comme toute la semaine dernière, tu sais bien comment j'étais. Et hier c'était pire. Enfin, tu vois, ma mère, mon père, et Brendan et Jakie. Et puis ma sœur et son mari qui sont venus du New Jersey en voiture avec le bébé pour le repas de Thanksgiving, alors on était en plein dans cette ambiance de famille. Ils étaient tous là souriants à me passer la sauce et à me demander si mes études me plaisaient, du fait qu'ils savaient pas que j'étais sur le point de commettre un meurtre. Parce que pour eux ça serait ça. C'est toujours mon vieux complexe du temps de l'école paroissiale qui revient, je vois bien, tout ce qui a été refoulé. Je sais. Seulement ça m'a vraiment foutue en l'air.

» Mais j'étais toujours décidée quand même. Et puis

hier soir Linda est venue, et je lui racontais tout ça, et alors elle a dit, et si on consultait le *Yi King ?* Alors on est allé chercher le livre dans ma chambre : et la première fois que j'ai jeté les pièces je suis tombée sur l'hexagramme numéro quarante-deux : Augmentation. Ouais, t'imagines. »

Elle lève les yeux vers Brian en espérant une réaction, mais rien. « C' qu'y a, tu vois, continue-t-elle, avec le *Yi King,* des tas de fois la réponse qu'on reçoit est difficile à rattacher à sa situation personnelle ; il est question de l'empereur et du grand torrent. Mais là, c'était tellement fantastique. Augmenter ! C'est juste ce que je suis en train de faire, non ? Et le texte disait, écoute ça : "La satisfaction des gens conséquente à cette augmentation est sans limite". Tu comprends ? Ça veut dire que tout va vraiment bien marcher pour tout le monde.

– Oui, je comprends, dit Brian, maintenant toujours le même ton. Tu veux me faire croire que tu as décidé de changer tous tes projets, et de foutre ta vie en l'air, et la mienne avec, parce que trois pièces de monnaie sont tombées par terre d'une certaine façon dans une chambre à coucher de Queens.

– C'est pas moi qui ai décidé... » Wendy a la voix qui tremble.

« Non ; je ne pense pas. Tu ne crois pas vraiment à ce genre de superstitions à la con. Linda, oui, peut-être, elle a la tête bousillée, mais pas toi. La vérité c'est que tu n'as tout simplement pas eu le courage, ou l'honnêteté, de t'en tenir à ta décision. » Wendy fuit la rafale de mitrailleuse en se glissant le long du lit, le dos au mur. Elle s'est mise à sangloter par intermittence, mais, depuis des mois, Brian est trop habitué à ses larmes pour se laisser émouvoir. « Tu n'as même pas eu la décence de me prévenir. Tu as quitté New York comme une voleuse, c'est tout ce que tu as trouvé à faire. » Wendy est arrivée à l'extrémité du lit ; elle se met debout contre le mur du fond, l'air atteinte.

« Mais, pleurniche-t-elle, si c'est, si c'est la volonté de Dieu, tu comprends.

– La volonté de Dieu ! » répète-t-il d'une voix grinçante. Il sent sa colère s'enflammer, comme si, en lui, quelqu'un avait mis le feu aux poudres, faisant exploser toute la rage accumulée depuis vingt-quatre heures : contre sa mère, ses tantes, Jeffrey, Matilda, le gardien du musée, Mme Gahaghan, le docteur Sympa, l'employé du garage, le réceptionniste de l'hôtel et le guichetier du théâtre, Sara et Stanley. Il fait le tour du lit pour s'approcher de Wendy, qui pleure maintenant sans interruption.

« Tu veux te taire, idiote ! » Il lève la main ; Wendy, voyant venir le coup, s'écroule par terre. Bien qu'il l'ait à peine touchée, elle ne se relève pas, elle ne bouge pas, elle reste là, tassée, sanglotant de façon monotone.

Le brasier brûle toujours ; Brian s'apprête à frapper à nouveau, un vrai coup cette fois, et puis il s'arrête. En partie à cause de cette inhibition dont a parlé Sara, un blocage moral et social qui l'empêche de frapper une femme – surtout une femme enceinte, une mère. Mais plus encore, parce qu'il en voit la vanité. A nouveau il compare Wendy et lui-même à la sculpture de la collection Frick : la Raison triomphant de l'Erreur. Un observateur désignerait sans hésitation le vainqueur et le vaincu. Brian est debout, très droit, entièrement vêtu, le bras levé, la mine sévère, le front marqué par un juste souci ; tandis que l'Erreur, à demi vêtue, se blottit sous ses pieds, pitoyable et tremblante.

Mais l'apparence est trompeuse ; l'art est généralement trompeur. Vingt-cinq années d'enseignement ont appris à Brian que la Raison mène souvent un vain combat, et voilà qui le prouve une fois encore. Tous ses arguments, son analyse logique de la situation pendant un mois entier, ont perdu toute valeur pour Wendy devant trois pièces d'un cent dès qu'il a eu le dos tourné. Maintenant elle est là à terre, l'air abattu, échevelé, défait ;

il peut toujours la maudire, la battre, la jeter dehors, elle n'opposera pas de résistance. Mais cette tactique-là ne le sauvera pas. Il est lié à l'Erreur par sa propre chair, comme les personnages de la collection Frick sont coulés dans le même bronze. Pour les séparer, il faudra du savoir-faire, de l'habileté et de la force, de la patience.

« Allez, lève-toi », dit-il par conséquent, poussant doucement du pied le flanc nu de Wendy. « Ne reste pas là à pleurer. Je ne t'en veux pas. Tout va s'arranger. »

12

Le seul endroit vilain de la jolie maison Tate, c'est la cave. Elle est presque entièrement au-dessous du niveau du sol, sombre, et généralement humide, avec des murs en ciment d'un gris irrégulier sur lesquels la peinture ne prend pas, et tout un réseau de tuyaux rouillés, de conduites d'air chaud et de fils électriques qui pendent du plafond bas. Dans le coin le moins humide, isolées du sol rugueux par de grosses cales de bois suintantes, se trouvent les deux machines Maytag à laver et à sécher le linge.

Erica est dans cette cave, un après-midi de décembre, à faire la lessive qu'elle aurait dû faire il y a longtemps, si elle avait été d'attaque. Depuis une semaine, elle se laisse aller à ses idées noires ; elle est, pour ainsi dire, complètement lessivée ; on croirait qu'elle est elle-même passée dans le tambour de la Maytag, qu'elle s'est laissée recouvrir de fureur bouillante et de découragement savonneux, que la machine l'a ballottée dans le noir avec son petit grincement avant de se vider avec un grand bruit de succion, la laissant telle qu'elle est à présent : molle, chiffonnée, vidée.

Vidée, elle l'est toujours, mais elle ne peut plus remettre cette tâche à plus tard, car le temps a brutalement empiré, comme tout le reste. Là en bas, Erica ne sent pas le vent, mais elle l'entend fouetter les murs de la maison avec un bruit qui ressemble à un rire hostile. L'air du sous-sol est à la fois froid et confiné, comme s'il était resté trop longtemps au frigidaire.

C'est la faute de Brian si elle est là, car lorsqu'il est venu chercher les enfants pour les emmener dîner dimanche dernier, il lui a demandé si elle pouvait lui chercher ses vieilles chemises de la marine – qu'elle a trouvées ensuite, sales, dans le placard de Jeffrey. « Il commence à faire vachement froid pour cette époque de l'année », a-t-il expliqué dans ce style emprunté aux jeunes qu'il cultive depuis peu pour aller avec ses rouflaquettes et son nouveau genre de vie. Elle aurait dû lui crier : Cherche-les donc toi-même ! Mais elle était trop abasourdie ; elle a juste été capable de faire un sourire pincé, en disant qu'elle regarderait. Elle a continué à se comporter comme elle se comporte depuis des semaines, comme si leur séparation était la plus civile, la plus empreinte de grandeur d'âme, la plus agréable aux deux parties de tout le comté de Hopkins. Et pourtant Brian venait de lui annoncer une nouvelle qui retirait tout son sens à cette séparation, ainsi qu'à tous les projets, les efforts et les sacrifices qu'elle-même avait faits. C'en était même risible. Depuis plus d'un mois, elle se prenait pour une héroïne vertueuse et romantique ; voilà que, d'un coup, il faisait d'elle un personnage de mauvaise farce.

Mais pendant plus de dix minutes, jusqu'à ce que Brian s'en aille avec les enfants, elle a continué à sourire et à converser – comme ces personnages de dessins animés qui continuent à courir dans le vide après avoir dépassé le bord d'une falaise, ou après qu'un pont a sauté sous eux – jusqu'au moment où ils baissent les yeux et comprennent. Alors, ils s'écrasent. Comme elle-même s'est écrasée quand elle s'est retrouvée dans la maison vide avec la nouvelle que Wendy n'aurait pas son bébé.

Brian le lui a annoncé calmement ; comme s'il n'avait

rien à y voir, presque. Pourtant, bien sûr, c'est lui qui a dû tout arranger ; il a dû s'y employer pendant des semaines. Elle a été naïve de ne pas se douter qu'il allait agir ainsi s'il le pouvait. Naïve et idiote. Le vent vient cogner contre la maison en pouffant de rire.

Et bien sûr Brian savait combien elle serait affectée par la nouvelle. C'est pourquoi il n'en a parlé qu'au moment de partir, quand les enfants auraient presque pu l'entendre, de sorte qu'elle n'a pas osé réagir. Car c'est un lâche, qui a peur d'affronter les conséquences de ses actes, comme l'a dit Danielle. Erica n'en veut pas à Wendy ; elle sait combien Brian a dû la tarabuster et réussir à la convaincre, grâce, sans doute, à certains des arguments dont il a usé ici-même, dans cette maison, quand elle a voulu un troisième enfant : la surpopulation, les responsabilités financières, et l'âge qu'il a. Elle imagine aussi combien il a dû minimiser les risques d'une intervention clandestine à ce stade – la douleur, le danger. « Mais ça n'est pas trop tard maintenant ? » a-t-elle murmuré quand il lui a annoncé la nouvelle. « Ça n'est pas trop risqué ? » « Non », a répondu Brian d'un ton supérieur, planté là dans la salle à manger, avec le nouveau duffel-coat beige sale fermé par du fil et des pinces à linge d'imitation, qu'il a acheté dans une Boutique Jeune pour aller avec ses rouflaquettes et son nouveau genre de vie. « Pas trop tard, non. »

C'est vrai qu'il peut prendre un air supérieur. Il a gagné ; ses mensonges ont réussi. Il vivra bien tranquille désormais, plus de biberons de nuit, plus de couches à changer, les pinces à linge ne serviront qu'à décorer son manteau. Il pourra être tranquille aussi pour sa réputation : presque personne, ne saura que Wendy a été enceinte ; et personne, sauf Danielle, Linda Sliski et Sandy, ne saura ce qu'Erica avait projeté de faire pour Wendy. Et si elle essayait d'en parler à quelqu'un d'autre, d'expliquer que cette séparation ne ressemblait à aucune autre, qu'elle l'avait organisée par pur altruisme, sûrement que personne ne la croirait. On penserait qu'elle se raconte des histoires, ou qu'elle raconte des histoires aux autres, tout ça à la fois, comme... Comme...

Comme sa mère, Lena Parker. Erica laisse glisser à terre une brassée de lessive chiffonnée, et reste plantée là. Cela fait vingt-huit ans, depuis ses douze ans, qu'elle fuit Lena Parker et tout ce que celle-ci représente. Or, ayant fait le tour du globe, la voilà revenue dans les bras de sa mère. A son tour elle peut se justifier haut et fort, et se targuer de plus de liberté de choix qu'elle n'en a eu vraiment.

Du moins Lena n'est-elle pas là pour voir ça, pour ajouter ses conclusions à celles d'Erica, pour tenir les propos qu'elle tiendrait infailliblement sur cette séparation, trouvant que c'est la meilleure solution pour tout le monde ; que Brian n'a jamais « réussi » à sa fille. « Un homme marié à son travail, qui ne sait profiter de rien, qui ne sait pas rire ! » s'était-elle écriée un jour.

Mais on peut être sûr qu'il rit bien à présent. Il a gagné : il a supprimé l'enfant de Wendy ; son propre enfant ; son enfant à elle.

Se penchant d'un air las, Erica ramasse le linge qu'elle vient de faire tomber, et elle monte jusqu'à la salle à manger. Elle trie le linge et le plie, et monte encore deux étages pour aller dans les chambres des enfants. On croirait que celle de Jeffrey vient d'être cambriolée : le lit est sens dessus dessous, les tiroirs ont été arrachés et tout en déborde, des livres et des magazines ont été jetés un peu partout. Elle commence à ranger, pour la troisième fois de la semaine, puis elle s'arrête. A quoi bon ? Qu'il vive dans la crasse et le désordre, si ça lui plaît de vivre ainsi. Elle pince les lèvres et ferme la porte derrière elle.

La chambre de Matilda, de l'autre côté du palier, est un peu plus nette, mais il est tout aussi douloureux d'y entrer. Le lit est plus ou moins recouvert, les tiroirs sont fermés – mais dans le coin derrière la porte, il y a un affreux tas de débris. Il est là depuis deux jours, depuis qu'Erica a envoyé les enfants faire le ménage dans leur chambre samedi matin. Jeffrey est redescendu presque aussitôt (ayant manifestement fait le minimum), mais Matilda a pris son temps. Bientôt, pendant qu'elle faisait le repassage, Erica a perçu des effets sonores alarmants venant du dessus : des coups, des choses qui volaient en éclats. Arrêtant son fer si brusquement qu'il en a craché de l'eau, elle s'est précipitée à l'étage en criant le nom de sa fille.

« Ouais, quoi ? » Matilda a entrouvert sa porte de cinq centimètres, jetant un regard mauvais par l'entrebâillement.

« Qu'est-ce qui se passe ici ? J'ai entendu des bruits épouvantables.

– Je fais le ménage, comme tu m'as dit.

– Le ménage ? On aurait dit qu'on cassait quelque chose. Montre-moi. »

Matilda n'a rien dit, elle s'est juste écartée pour laisser entrer sa mère.

« Mouflette ! Qu'est-ce qui s'est passé ? Ton métier à tisser est tout cassé – et ton planétarium aussi.

– Tu m'as dit de débarrasser toutes les saletés avec lesquelles je ne joue plus. Ça fait des semaines que tu me tannes avec ça.

– Je ne t'ai pas dit de tout démolir. Ah, regarde tes albums de danse ! Et cette belle carte du pays des fées que tu aimais tant. (Erica en aurait pleuré.) Et ta maison de poupées, elle est tout abîmée d'un côté. Comment as-tu pu faire une chose pareille ?

– J'en avais marre de tout ça, a coassé Matilda. J'ai le droit de faire ce que je veux de mes affaires, non ?

– Non, tu n'as pas le droit. (Avec difficulté, Erica a réussi à maîtriser sa voix.) Ces choses auraient pu servir à d'autres, tu n'as jamais pensé à ça ? On aurait pu les donner à Celia Zimmern. (Pas de réponse.) Ne t'avise pas de toucher à autre chose, tu m'entends ?

– Bien-bien », a soupiré Matilda d'un air théâtral – c'est son nouveau genre victime-d'une-injustice, qui exaspère Erica encore plus que ses mines renfrognées et ses hurlements d'autrefois.

Tous les vestiges de cette rage destructrice ne sont pas restés dans la chambre de Matilda. Erica a mis à la poubelle ce qui était irréparable, ne laissant que quelques jouets non endommagés ou réparables : des écheveaux de fil de couleur, quelques vieux livres d'images, certaines pièces d'un service à thé en plastique à décor chinois – celui que Mouflette et Rōu installaient sur l'herbe dans le verger pour leurs goûters de poupées, avec pour nappe un des torchons à rayures d'Erica, du jus de pomme en guise de thé, et des petits biscuits en forme d'animaux.

Et puis la maison de poupées. L'élégante demeure coloniale qu'elle était, avec ses rampes blanches en vrai bois tourné, ses tapisseries à fleurs et son imposte en celluloïd rose et jaune au-dessus de la porte, semble désormais avoir été ravagée par un ouragan. Le toit est déboîté et béant, les fenêtres ont été éjectées de leur cadre ; les meubles, les tapis, la vaisselle et les habitants miniatures ont été refoulés par les secousses dans les coins des pièces, qui sont comprimées en parallélogrammes désespérants. Saisissant les côtés ouverts de la maison, Erica essaie de la redresser. Mais dès qu'elle ne la tient plus, l'aggloméré et le bois s'affaissent à nouveau avec un craquement sinistre.

Elle sent monter la colère et les larmes. Ce besoin de détruire chez sa fille, et tout ce dont Celia aurait pu profiter – et pas seulement Celia, beaucoup d'autres enfants, des générations d'enfants auraient été très, très contents d'avoir tous ces beaux jouets. Un jour, si l'enfant de Wendy avait été une fille, si cet enfant était né, au lieu qu'un médecin rapace et malhonnête n'aille le gratter dans son ventre pour le faire disparaître par le tout-à-l'égout à New York. – Erica s'écroule sur la natte, devant la belle maison de poupées coloniale dont Matilda a fait un foyer détruit – comme si ce n'était pas assez du sien. Cette maison n'est plus qu'un foyer détruit à présent, se dit-elle – comme si quelque stupide adolescent géant passant au-dessus du monde s'en était saisi, et l'avait ensuite jetée à terre quand elle avait cessé de l'amuser. Comme Matilda, maintenant elle n'a plus envie de jouer avec ; mais c'est tout ce qu'elle a.

Elle a la tête dolente de larmes et de rage, mais il ne faut pas qu'elle se remette à pleurer, elle ne fera que s'épuiser, et en plus ça ne sert à rien. Même si son foyer détruit était réparable, elle n'en voudrait plus maintenant. Elle ne veut pas que son mari revienne, bien que la cause au nom de laquelle elle l'a mis dehors soit perdue ; qui en effet pourrait vouloir d'un homme pareil, aussi égoïste, cruel, lâche, faible et malhonnête ? Ce qu'elle veut c'est son vieil ami Brian Tate, le jeune homme honorable, fort, courageux, bon et généreux qu'elle a épousé. Mais c'est impossible. Cette personne-là n'existe plus.

Contre notre volonté nous sommes traînés dans le temps, par le temps. Matilda finira par devenir une femme, et par lui revenir. Mais Jeffrey va devenir un homme et rejoindre l'ennemi. Car l'ennemi ce sont les hommes. Sur ce point-là, au moins, les Fouines ont raison.

Erica est allée avec Danielle à deux assemblées des FUINES, qu'elle a trouvées modérément intéressantes, et à une séance de discussion informelle patronnée par elles, qu'elle a trouvée effroyable. Elle est d'accord avec les Fouines sur les principes, mais pas dans la pratique – autrement dit, en termes politiques, elle approuve leur Déclaration d'Indépendance, mais pas l'essentiel de leur Constitution. Elle n'est pas sûre, par exemple, d'être en faveur des crèches. Les mères se doivent à leurs enfants en bas âge, et il ne faudrait pas leur donner la possibilité de se dérober trop facilement.

Et puis, nombreuses sont les Fouines, lui semble-t-il, qui, tout en critiquant les hommes, essaient d'imiter ce qu'ils ont de pire – d'adopter leurs particularités les plus désagréables. Elles sont fortes en gueule, agressives, compétitives : par exemple, la femme chez qui s'est tenue la séance de discussion parle de solidarité féminine, mais elle pratique cet art de faire mieux que les autres que l'on observe généralement uniquement chez les hommes. Si vous lui dites que Jeffrey ne veut pas ranger sa chambre, elle ne vous dira pas : « Oui, c'est exaspérant », ou : « Je sais, Billy est pareil », mais : « C'est vrai ? Billy, lui, a toujours fait ça très bien. C'est peut-être parce que je lui ai appris à le faire quand il était petit... » etc.

Une autre caractéristique masculine désagréable affichée par les Fouines, et qui, plus que tout, a décidé Erica à ne plus aller aux réunions, c'est la grossièreté de leur langage. Elles utilisent le genre de vocabulaire qu'elle exècre chez ses enfants, mais d'une façon encore pire. C'est déjà pénible d'entendre Jeffrey dire qu'il n'a « rien à foutre » de ses devoirs et parler de ses professeurs « à la con » ; c'est bien pire d'entendre des femmes cultivées utiliser ce verbe et ce nom pour décrire des faits réels – de les écouter parler avec des détails cliniques de sujets que l'on ne devrait pas aborder en public.

Mais pour Erica, la campagne féministe tout entière est une erreur. Les Fouines ont bien repéré l'ennemi, mais leur plan de bataille n'est pas bon. Elles veulent bazarder le code des bons usages d'antan : elles n'aiment pas qu'on leur tienne la porte ou leur manteau, ou qu'on leur offre une place assise dans un train bondé. Elles rejettent ces gestes-là et tout ce qu'ils impliquent. Mais en repoussant les attentions habituelles des messieurs, en refusant d'être des dames, elles se privent de leur meilleure et peut-être de leur seule défense contre la brutalité naturelle et l'égoïsme des hommes. Impulsivement, bêtement, elles abandonnent le système de fortification soigneusement édifié et entretenu par leurs mères et leurs aïeules au cours des siècles.

Partout aujourd'hui, se dit Erica, les hommes doivent rire aux éclats de nous voir démanteler nos propres défenses de l'intérieur ; ôter les barbelés minutieusement embrouillés des bons usages, abattre les murs pudiques qui ont si longtemps protégé notre vie privée, et remplir de boue les douves de la chasteté. Dans une ville universitaire de province comme Corinth, la destruction de la forteresse n'est pas encore très avancée, ni très visible. Pendant des années, en sûreté dans son mariage à l'ancienne, Erica ne s'est à peu près rendu compte de rien. Mais le processus suivait son cours ; maintenant elle l'observe partout.

Le comportement des hommes envers les femmes qui vivent seules, par exemple. Danielle lui en avait parlé, mais elle avait mal interprété ses propos – ou plutôt on les avait mal interprétés à sa place. Après le départ de Leonard, il y a un an et demi, toute une série de maris semi-détachés se sont présentés chez les Zimmern en proposant de le remplacer temporairement. Erica a rapporté le fait à Brian avec une certaine indignation. Mais Brian lui a expliqué que, si ces hommes venaient chez Danielle, c'est qu'elle les y invitait, explicitement ou implicitement, car, a-t-il dit, elle « lançait des appels sur les ondes ». Et Erica l'a cru, puisqu'il était un homme lui aussi.

Mais en ce qui la concerne, elle sait bien qu'elle ne lance pas d'appels sur les ondes. L'émetteur est hors circuit, peut-être définitivement, et pourtant ces mêmes hommes, ou leurs semblables, ont commencé à se présenter chez elle, soi-disant pour emprunter des outils ou parce que leurs enfants voulaient voir les siens. D'autres viennent la trouver dans le bâtiment où elle travaille sur le campus pour l'inviter à prendre un café, ou, plus brutalement, ils proposent de la ramener chez elle après un dîner, partent dans la mauvaise direction et tout d'un coup arrêtent la voiture. Les moyens varient, mais la fin est toujours la même. C'est ce qu'elle a dit à Danielle, il n'y a qu'une chose qui les intéresse. (La réaction de Danielle, comme c'est souvent le cas ces derniers temps, n'a pas été satisfaisante : « Moi je me disais, merde, après tout, s'il n'y a qu'une chose qui les intéresse, ces pauvres mecs, pourquoi ne pas la leur donner ? »)

Ce qui exaspère le plus Erica, c'est l'attitude condescendante de tous ces hommes. Ils semblent persuadés, et certains l'ont déclaré ouvertement, en plaisantant, qu'ils lui font une grâce. Quand elle la décline, ils sourient d'un air entendu et réitèrent leur attaque, présumant qu'elle est en manque et bénirait l'occasion d'avoir des rapports avec eux.

Inutile de dire qu'Erica n'a pas béni ces occasions. La surprise polie avec laquelle elle a d'abord reçu l'empressement de ces hommes a vite fait place à une froide indifférence. S'ils ne se décourageaient toujours pas, elle faisait preuve d'une indignation plus morale. Celle-ci n'était pas bien reçue. Quand Erica expliquait qu'elle avait décidé de ne jamais faire à une autre femme ce qu'on lui avait fait à elle, ou quand elle rappelait à ses soupirants qu'ils étaient mariés, certains lui riaient au nez et lui demandaient si elle n'allait pas bientôt se mettre à vivre avec son temps ; d'autres soupiraient et se plaignaient de façon éhontée des insuffisances sexuelles de leur femme. Un ou deux d'entre eux finirent même par ricaner : si Erica ne voulait pas d'eux, laissaient-ils entendre, c'est qu'elle devait être frigide, alors rien d'étonnant à ce que Brian l'ait quittée.

Une autre chose consterne Erica : plusieurs de ses prétendants indésirables sont les maris de personnes qu'elle connaît et qu'elle a toujours crues heureuses en ménage – et qui certainement se croient toujours telles. Elle éprouve une sympathie attristée pour ces femmes trompées, et il lui est apparu qu'elle ferait peut-être bien de leur dire la vérité sur leur mari, mais jusqu'ici Danielle l'en a dissuadée. (« Elles ne t'en sauront pas gré, crois-moi. S'il s'agissait d'une vraie liaison, peut-être qu'elles auraient envie de savoir, certaines du moins. Elle a eu un sourire cynique. Mais pas pour une chose de ce genre. Même si elles ne te mettent pas tout sur le dos, elles t'en voudront, et tu seras rayée de la liste pour leurs soirées. Ou alors elles ne te croiront pas. Putain, tu te rappelles la fois où Ruth Taylor est venue me dire que Leonard avait essayé de la peloter pendant le pique-nique du Département d'Anglais et qu'elle trouvait qu'il fallait que je le sache ? Je l'ai pratiquement fichue à la porte. »)

Pourtant, Erica n'est toujours pas certaine que Danielle ait raison. Depuis quelque temps, son amie a une attitude négative à propos de tout ; elle est devenue si amère qu'il est presque pénible d'aller la voir. Rou et Celia ne sont pas heureuses non plus. Elles vont passer un triste Noël. Non seulement Leonard n'a pas voulu les inviter à New York, il a aussi refusé de venir les voir à Corinth avant début janvier, prétendant qu'il doit travailler à un article important. (« Un article important, je t'en fiche, a dit Danielle. Son article important c'est les fesses d'une nana. »)

De plus, il vient d'arriver à Danielle une aventure très moche, de quoi faire s'effondrer nerveusement une femme moins solide et qui a moins vécu – Erica, par exemple. L'affaire a eu lieu vendredi dernier, jour où Danielle a eu la visite inattendue du docteur Bernard Kotelchuk, le vétérinaire qui a soigné Pogo en septembre. Depuis, le docteur Kotelchuk est revenu de temps en temps voir son ancienne patiente et le reste de la ménagerie Zimmern ; Celia et Rou l'aiment bien et l'ont surnommé « saint Bernard ». Erica ne l'a rencontré qu'une fois. Il lui est apparu comme un homme à forte carrure, l'air canin, les traits épais, un peu niais, la cinquantaine, sentant vaguement le désinfectant et perdant ses cheveux.

Vendredi dernier, le docteur Kotelchuk est arrivé sans prévenir, à neuf heures moins le quart du matin, étrangement, alors que les enfants de Danielle venaient de partir pour l'école. Il était dans la maison depuis dix minutes à peine que, dit Danielle, « il m'a pratiquement violée sur le lit de Rou sous l'œil des six gerbilles. Au début j'ai essayé de me débattre autant que j'ai pu, a-t-elle raconté à Erica. Ça n'était pas si facile que ça ; il doit peser près de cent kilos. J'allais lui donner un coup de genou dans le bas-ventre comme dans le bouquin de self-défense, mais je me suis dit : Il a sans doute sauvé la vie à Pogo, et s'il a une telle envie de faire l'amour, pourquoi est-ce que je fais tant d'histoires ? Au fond ça n'avait pas tellement d'importance ; il ne me faisait pas mal ni rien. Alors j'ai cessé de me débattre et je me suis laissé faire, et c'était comme si rien ne se passait. Je n'ai pensé qu'à une chose : enfin, au moins mon stérilet est toujours en place, je ne risque pas d'avoir des petits. »

Hier soir, en réponse aux questions inquiètes d'Erica, Danielle a affirmé qu'elle était tout à fait remise de l'incident ; mais Erica n'en croit rien. Même avec une grande expérience de la vie, ce n'est pas le genre de chose dont on se remet en quelques jours. Et pour quelqu'un comme Danielle, à qui les hommes ont déjà fait tant de mal, cela pourrait avoir des répercussions psychologiques durables.

Depuis longtemps Erica espérait que Danielle guérirait de cette amertume vis-à-vis de l'autre sexe grâce à l'aide d'un homme bon et sensible qui aurait la bonne idée de l'aborder en douceur, petit à petit. Ce qui s'est passé vendredi va sans doute repousser cette guérison à des mois, à des années peut-être – à supposer qu'une guérison soit possible. Ou qu'il existe quelqu'un dans le comté de Hopkins pour qui il vaille la peine de guérir. Autrefois, elle s'en souvient, elle trouvait que Danielle et les Fouines étaient pleines de préjugés contre les hommes. Peut-être avaient-elles eu des expériences personnelles malheureuses ; mais tous les hommes n'étaient pas comme ceux qu'elles avaient connus, se souvient-elle avoir dit à Danielle. Brian Tate, par exemple, n'était pas comme ça, c'était quelqu'un d'honnête et de sérieux. – Aucune des femmes qu'elle connaît n'avait été trompée comme elle l'a été, et comme Wendy vient de l'être.

Une des heures les plus tristes de la triste semaine écoulée, c'est celle qu'elle a passée à déjeuner avec Wendy sur le campus. Il y avait longtemps qu'elles ne s'étaient pas vues. Depuis plusieurs semaines, Erica pensait rencontrer Wendy et Brian à une des nombreuses soirées données en cette saison. Il n'y avait pas de raison, avait-elle expliqué à toutes ses amies, de ne pas les inviter ensemble, elle était sûre qu'elle serait capable de se comporter avec calme devant lui, et de se montrer généreuse et tolérante quand il arriverait accompagné de sa petite amie hippie enceinte. Mais Erica n'avait pas eu l'occasion d'exercer sa tolérance ; et elle comprend maintenant combien il était naïf de penser que Brian se déciderait jamais à paraître en public avec une hippie enceinte.

C'était affreux de voir la mine qu'avait Wendy maintenant ; de la trouver non plus confiante et rayonnante, mais le teint cireux, l'air las, avec un tremblement nerveux dans la voix. Pire encore était la façon dont elle répétait comme un perroquet les arguments de Brian, acceptant sa propre défaite. Ce n'était pas à lui qu'elle faisait des reproches – c'était à elle-même, pour lui avoir causé tant d'ennuis. « C'est vrai, j'ai des années devant moi pour avoir des enfants », a-t-elle dit d'une voix bêlante, en repoussant un sandwich au fromage blanc dans lequel elle avait mordu à moitié. « Mais si Brian ne finit pas son livre maintenant, le temps qu'il soit publié, il serait peut-être trop tard pour sauver le pays. Je serais capable de me tuer quand je pense à tout le temps que je lui ai déjà fait perdre en me conduisant comme une idiote. » Que faisait-elle d'autre, en fait, que de se tuer ? Or aucun livre ne valait ce double sacrifice humain. Mais Erica n'a pas eu le cœur de le lui dire. Ça l'aurait simplement rendue encore plus soucieuse et plus malheureuse – aussi soucieuse et malheureuse qu'Erica elle-même.

Assise par terre dans la chambre de sa fille, elle est à nouveau prise de pitié et de découragement, et tentée de se remettre dans le tambour de sa machine à laver, et de se laisser aller au désespoir. Il faut qu'elle trouve au plus vite quelque chose d'utile à faire. Elle se rappelle le principe qu'on lui a enseigné jadis en colonie de vacances : quand ça ne va pas, fais quelque chose pour quelqu'un qui va plus mal que toi. Cynique psychologiquement, peut-être – mais efficace, Erica l'a vérifié au cours des années. A présent, par exemple, elle pourrait emballer ce qui reste des jouets de Matilda et porter ça chez les Zimmern. Y compris la maison de poupées ; réparable ou pas, au moins elle ne la verra plus.

Erica trouve Danielle chez elle, dans sa cuisine, où elle récupère les restes du poulet rôti qu'elles ont mangé hier soir pour le dîner dominical, l'air d'aller plutôt mieux. Elle s'est lavé et brossé les cheveux, et elle a mis un pull neuf à rayures rouges.

« Regarde-moi ça, dit-elle, en faisant un geste avec son couteau. Je n'arrive toujours pas à prévoir juste pour les repas ; je calcule toujours comme pour une famille normale. Et je ne pense jamais à Rou et à son régime idiot.

– Je sais. » La tension a monté récemment chez les Zimmern à cause de la conversion de Rou au végétarisme. Non seulement elle a refusé de manger du poulet rôti, mais elle a tout fait pour décourager les autres. (« Vous savez comment ils tuent ces pauvres petits poulets ? » a-t-elle demandé en fixant à tour de rôle sa mère, sa sœur, et Erica d'un air ému. « Ils les attrapent comme des brutes et ils leur tordent le cou, les pauvres, dans une espèce de gros étau, comme celui des Arts Industriels, et après ils prennent une grosse hache tranchante pleine de sang... » Mais là, Danielle a fait sortir sa fille.)

« Ce matin elle m'a dit qu'elle ne pouvait manger que des œufs non fécondés pour son petit déjeuner. Où diable croit-elle que je vais trouver des œufs non fécondés ? » Danielle se met à rire.

« Je croyais qu'ils étaient tous comme ça maintenant », dit Erica, en s'efforçant de ne pas penser à l'œuf fécondé de Wendy.

« Moi aussi. Mais il semble que non, en tout cas pas à la Coopé. Tiens, si on prenait un café, il est assez chaud. Avec Rou, je ne peux plus suivre. Ça change tellement vite.

– Merci... C'est pour tout pareil. Quelquefois, tu sais, ajoute Erica en s'asseyant sur un tabouret de cuisine et en se chauffant les mains sur sa tasse, j'ai l'impression d'être dans une machine à remonter le temps, comme dans les histoires de science-fiction de Jeffrey, il me semble qu'on m'a projetée dans une époque qui n'est pas la bonne. Mille neuf cent soixante-neuf – ça ne sonne pas juste, ça n'est pas une année pour moi. Ça ne me paraît même pas réel. La réalité c'était quand les enfants étaient petits, et avant les lotissements.

– Et avant que Lennie et Brian soient partis. Oui, je sais ce que tu veux dire.

– Tu vois, dans ce monde-là, on sait ce qu'il faut faire, continue Erica. Où faire ses courses, quoi lire, de quoi parler, comment s'habiller, qui recevoir à dîner et quoi servir, quelle sorte de sandwich préparer pour chaque repas froid, tout. Mais maintenant nous voilà propulsés en mille neuf cent soixante-neuf par erreur. Le vieux Maximarché a brûlé et on ne peut plus se garer sur le campus et les enfants des uns et des autres sont grands et épouvantables. Tout a changé, et je suis trop fatiguée pour apprendre ce qu'il faut faire. Je me fiche complètement de mille neuf cent soixante-neuf. Je me fiche des festivals de rock et du pouvoir noir, des révoltes étudiantes et des expéditions sur la lune. Je suis comme un voyageur du temps à bout de forces. Toutes leurs nouveautés, c'est peut-être intéressant, ou déprimant, ou sidérant, mais ça n'a rien à voir avec la vie réelle.

– Le traumatisme du futur, dit Danielle en riant.

– Je veux retourner en arrière dans le monde qui est le nôtre, à l'époque où on est arrivés ici, et où tu amenais Rou et Linotte à la maison pour des goûters de poupées avec Mouflette. » Erica regarde son amie, espérant se faire conforter avec l'humour et la compréhension qu'elle est habituée à trouver auprès d'elle, mais Danielle s'acharne à nouveau après son poulet. « Enfin, comment vont Rou et Linotte – ou plutôt Celia ?

– Bien. Elles sont toutes contentes parce que Bernie a promis de nous emmener à la campagne cet après-midi pour voir les écuries de ses voisins.

– Bernie ? (Erica pose sa tasse.) Tu veux dire Bernie Kotelchuk ? (Danielle fait signe que oui.) Je croyais que tu ne devais plus jamais lui parler.

– Oui, je sais. Mais quand il est venu hier soir après ton départ... Bon enfin, tu sais, ce qui s'est passé l'autre fois, c'est en partie de ma faute. (Danielle cesse de hacher le poulet et se retourne vers Erica, prenant appui contre le plan de travail.) Tu comprends, quand je l'ai vu arriver, je lui ai dit qu'il n'y avait rien à faire, que l'autre jour il s'était trompé lourdement.

Il l'a très bien pris. Il a dit que oui bien sûr il comprenait ; il s'est même excusé. Il m'a dit qu'il n'avait jamais eu l'intention de me toucher en venant ici ce matin-là, mais quand il m'a vue les cheveux défaits, nu-pieds et rien d'autre sur moi que ma "nuisette", comme il appelle ça, il n'a pas pu se retenir. Je n'ai pas pensé un seul instant que je n'étais pas habillée correctement. C'est vrai, ma chemise de nuit n'est pas transparente ni rien – c'était la rouge, tu sais, celle que je mets tout le temps pour être à la maison.

– Cette espèce de boubou hawaïen à grosses fleurs blanches ?

– Oui c'est ça. Parfaitement décente. Pardi, ça a été inventé à Hawaï par des missionnaires pour tout cacher. Mais apparemment, Bernie a été élevé dans une autre tradition, polonaise, ou autre. Une femme respectable ne se promène pas nu-pieds et en nuisette. Si je n'avais pas envie de baiser j'aurais dû enfiler une robe de chambre en flanelle et des mules roses vaporeuses avant de lui ouvrir la porte... Enfin, il s'est excusé de toute façon. Et puis il a regardé les tortues, et j'ai mis Celia au lit, et Rou est montée se coucher, alors on s'est assis là et j'ai sorti du whisky – tu comprends toutes ces dames de Brookdale qui veulent se faire épouser par Bernie et qui n'arrêtent pas de l'inviter à dîner avec des cuisines compliquées du jambon au four, trois sortes de pâté en croûte, elles ne lui servent jamais rien de buvable... Alors voilà... C'est arrivé encore une fois.

– Tu veux dire...

– Oui. » Danielle détourne les yeux, puis regarde à nouveau Erica en souriant d'un air presque gêné. Erica, elle, ne sourit pas. C'est assez que sa meilleure amie se soit fait violer par ce rustre de vétérinaire idiot et rougeaud. Qu'elle se soit passivement laissé faire une deuxième fois inquiète Erica encore plus. Elle décide de dire ce qu'elle en pense.

« Ça n'est pas parce que ce saligaud vient voir des tortues mal en point et qu'il a soigné ta chienne un jour que tu lui dois quoi que ce soit, tu sais. C'est son métier, après tout. Je trouve que tu devrais lui dire de ne plus mettre les pieds chez toi. S'il veut coucher avec quelqu'un, pourquoi ne pas aller coucher là-bas à Brookdale avec une de ces femmes qui lui font de la cuisine ? »

Danielle hausse les épaules. Elle met le poulet haché

au frigidaire et s'installe sur un tabouret en face d'Erica. « Pour ça, il faudrait qu'il ait l'intention de les épouser, dit-elle. Et encore, ça ne serait possible qu'après la cérémonie. Il m'a expliqué tout ça hier soir. Ces personnes-là fonctionnent d'après un système différent. Ce sont toutes de bonnes veuves et de bonnes célibataires pratiquantes qui étaient amies de feu sa chère épouse. Elles respectent les vieux principes et ne commettent pas le péché de fornication.

– Mais tu n'y es pour rien ! Tu n'as pas à le laisser se servir de ton corps simplement parce qu'aucune femme de sa connaissance n'accepte de le faire.

– Il ne se sert pas de moi, en fait. (Danielle baisse les yeux dans son café, puis les relève, avec défi presque.) Cette fois-ci, tu vois, ça n'était pas si mal. En réalité... (elle rougit.) Ça a été assez fantastique. Ça m'a étonnée.

– Je m'en doute.

– Lui aussi ça l'a étonné. Mais dans le bon sens. Il veut m'emmener dîner aux Pignons ce soir.

– Et tu y vas ?

– Bien sûr, pardi. Qui refuserait une invitation aux Pignons ?

– Je ne sais pas », répond Erica, en se disant qu'elle n'aurait jamais accepté, mais en s'efforçant de ne pas mettre le moindre accent de désapprobation dans sa voix. Elle se dit que les hommes que Danielle a fréquentés un temps après le départ de Leonard n'étaient pas parfaits non plus. Certains étaient opportunistes, d'autres névrosés. Mais au moins, c'étaient tous des hommes présentables et intelligents : des juristes, des artistes, des professeurs ; pas des vétérinaires polonais.

« Bien sûr, il ne me séduit pas vraiment, ajoute Danielle, comme si elle entendait les pensées d'Erica. Si je parle des cours que je fais, il a l'air de ne rien comprendre. Et politiquement, c'est la catastrophe : le populiste du fin fond de sa campagne. Mais après tout, merde, j'en ai marre de parler avec les hommes. Une fois qu'on commence à parler avec eux, on se laisse prendre par les sentiments, et ça n'est pas ce que je cherche avec un homme, quel qu'il soit. Avec Bernie je suis tranquille, parce que ça n'est pas ça qu'il cherche lui non plus. Par nature, il est plutôt du genre casanier, et même un peu sentimental. Il finira sans doute avec une de ces bonnes dames de Brookdale. Mais pour l'instant il n'est pas encore prêt pour cette vie-là. Sa femme est morte depuis un an seulement à peu près. Il n'y a rien d'autre entre nous qu'une relation physique : j'en ai besoin et lui aussi, c'est tout.

– Anh-anh », commente Erica, pensant malgré elle qu'au printemps dernier Brian lui a décrit ce qu'il ressentait pour Wendy pratiquement dans les mêmes termes.

« Et décidément je n'aime pas me masturber, avoue Danielle en parlant plus bas. J'ai essayé un certain nombre de fois, mais ça n'a jamais bien marché. Je n'arrivais pas à prendre mon pied ; je me sentais juste gênée, comme une idiote, tu comprends ?

– Anh-anh », répète Erica, qui a fait l'expérience inverse.

« On en a discuté avec Bernie, continue Danielle. Je l'ai prévenu, pas de mensonges sentimentaux, pas d'engagements, pas de promesses. » Elle rejette en arrière sa lourde chevelure brune et avance la mâchoire.

« Je vois. » Erica le sait, Danielle veut lui faire accepter, à défaut de la lui faire approuver, son idée de trouver temporairement du plaisir avec Bernie Kotelchuk. Mais comment le peut-elle ? Tout cela est tellement terre à terre, et bassement pratique – comme si Danielle déclarait : « J'ai besoin d'un morceau de viande, alors je vais chez le boucher. » Mieux vaut, à coup sûr, se débrouiller avec ce qu'il y a dans le buffet, ou devenir végétarienne.

Mais elle ne veut pas blesser son amie, alors elle reste dans le vague, et puis, inventant un rendez-vous chez le dentiste, elle annonce qu'elle doit s'en aller, afin d'éviter d'en dire plus long – ou, pire, d'avoir à rencontrer Bernie Kotelchuk. Dans un accès de fausse précipitation, elle se précipite sur son manteau, ses chaussures, son écharpe et ses gants et s'enfuit littéralement de la maison. Elle fait vite démarrer sa voiture, et, au cas où Danielle la verrait, elle prend la direction du centre ville.

C'est un après-midi désagréable, le temps est froid et bouché ; les nuages sont bas, juste au-dessus des arbres dépouillés, comme une énorme tente de toile détrempée ; le vent, qui souffle toujours fort, malmène et fouette les branches dénudées en tous sens. Erica a envie de pleurer en pensant à Danielle, qui a été tellement malmenée et exploitée par les hommes – et parce qu'elle a été si dépendante d'eux. Serrant le volant froid avec ses gants de voiture, elle se jure qu'elle ne se laissera jamais exploiter ainsi. Malgré elle ses yeux se remplissent de larmes. Jamais, jamais...

Elle s'arrête à un feu rouge, clignant des yeux. Elle est au centre ville, mais pour quoi faire ? Il doit bien y avoir quelque chose d'utile à faire, des courses, des achats pour Noël. D'habitude Erica a toujours terminé cette tâche dès la première semaine de décembre, mais cette année elle est très en retard, en partie parce qu'elle n'a d'idées de cadeaux pour personne, surtout pour les enfants. Hier, Brian lui a dit qu'il pensait leur offrir à chacun un poste de radio coûteux AM/FM, ce qu'elle considère tout à fait superflu, une façon à peine déguisée de les acheter, en réalité. Sans compter le bruit supplémentaire que ces radios vont causer dans la maison, où bien entendu Brian n'habite pas actuellement.

Envers Jeffrey et Matilda, il se sent coupable, mais pas envers Erica. Il croit lui avoir fait une grâce en organisant le meurtre de l'enfant de Wendy, et il se prépare à lui en faire bientôt une autre en revenant s'installer chez elle et dans sa chambre. Car c'est sûrement ce qu'il avait dans la tête hier soir quand il lui a dit qu'il fallait qu'ils aient bientôt une discussion sérieuse. Comme ses soupirants indésirables, il commencerait par ne pas la croire, puis il deviendrait grossier, si elle lui disait qu'elle ne veut pas de lui ; qu'elle ne veut pas vivre dans le monde moderne avec un homme moderne.

Mais elle ne peut pas pleurer au volant, au milieu de la circulation. Elle pourrait peut-être se garer et faire le tour des magasins à pied ; il y a une place en face, à la hauteur de la poste. Elle la prend en marche arrière, descend de voiture et part à pied – puis elle revient sur ses pas et met une série de pièces dans la gueule métallique du parcmètre. Jeffo et Mouflette aimaient bien le faire à sa place quand ils étaient petits. Ils adoraient l'histoire qu'elle avait inventée pour eux, selon laquelle tous les parcmètres de la ville appartenaient à une grande famille de girafes souterraines qui, tard la nuit, quand personne ne regardait, rentraient la tête sous le trottoir et jouaient toutes ensemble sous la ville. Mais la dernière fois qu'elle a fait allusion à ce fruit de son imagination, il y a un an à peu près, elle s'est fait durement rembarrer : « Ah ! Maman, c'est pas possible d'être aussi bête ! »

La girafe fait claquer ses lèvres métalliques et froides sur chacune des pièces, pst, pst, pst, et, un peu plus à chaque fois, tire sa langue métallique arrondie. Erica s'éloigne en direction de Main Street, en regardant les vitrines. Mais en fait d'achats utiles, tout lui rappelle ce qu'elle veut oublier : les « Belles Villas en Photo » d'une agence immobilière ; dans la vitrine de la Caisse d'Epargne, des travaux de poterie d'enfants venant de l'école que Mouflette et Jeffo ont fréquentée jadis et où ils lui ont fait avec amour des bols tout de guingois et des animaux bleus vernissés exactement comme ceux-ci ; l'étalage de Puzzles des Grands Peintres à la boutique de cadeaux, où est présentée une nativité de la Renaissance en petits morceaux découpés dans du bois.

De l'autre côté de la rue, c'est encore pire. Les devantures des grands magasins s'acharnent contre elle avec leur symbolisme : d'un côté une imitation de famille idéale – la sienne il y a cinq ans – en tenues de ski assorties saupoudrées de savon en paillettes ; de l'autre, quatre jeunes gens à large sourire habillés pour une sortie. La vitrine qui jouxte l'entrée est remplie de bottes et de chaussures d'homme alignées en rang à différents niveaux, décorées de chaussettes écossaises et de houx en plastique. Reluisantes, avec leurs épaisses semelles et la brutalité du neuf, elles sont prêtes à piétiner, à repousser, à écraser les femmes.

Sa tête ne va pas bien aujourd'hui. Ce n'est pas normal de se sentir visé, nargué et menacé par des étalages. C'est de la paranoïa, ce sont des fantasmes. Il faut qu'elle entre dans le magasin comme une personne normale et qu'elle achète quelque chose. Mais après un quart d'heure d'attente à un des rayons, poussée et bousculée par d'autres acheteurs, tout cela pour apprendre qu'ils n'ont plus la taille de Matilda en collants de patinage sauf en rose layette, Erica est envahie par un sentiment d'épuisement et de dégoût et elle quitte le magasin. Elle s'éloigne de l'heureuse famille en plastique, inspirant profondément l'air froid et humide de décembre pour essayer de se calmer.

Main Street a été abondamment décorée pour les fêtes, avec des guirlandes de faux sapin vert tendre et d'ampoules de couleur accrochées en feston d'un réverbère à l'autre, et de grosses lettres rouges et argent qui disent JOYEUX NOEL suspendues en travers de la rue. Les vitrines aussi sont décorées, mais dans deux styles opposés. Comme déclarait Sandy la semaine dernière, à cette époque de l'année, l'Amérique vénère deux divinités différentes ; et chaque marchand de Corinth choisit celle qu'il va révérer. Ainsi, certaines vitrines exposent une crèche de la nativité, éclairée d'une lumière douce, et garnie de paille, de glaçons en papier d'argent, et d'étoiles ; hommage à la nature, à la simplicité des champs, et à l'amour maternel.

Mais la plupart des commerçants préfèrent un autre dieu. Ils ont érigé des autels, non pas à une jeune femme pauvre avec son enfant, mais à un vieillard riche et gras. Malgré sa jovialité évidente, il a des côtés déplaisants. Par exemple, il n'est pas particulièrement tendre pour les animaux. La famille qui est dans la vitrine du libraire partage affectueusement son logis avec deux vaches et un âne ; mais à la papeterie juste à côté, un découpage en carton grandeur nature montre le vieillard vêtu d'un costume de velours garni de vraie fourrure. Il a aussi de grandes bottes de cuir, et il fait claquer un long fouet sur les flancs de son attelage. Il ne favorise pas les classes laborieuses, mais porte la plupart de ses cadeaux aux riches. C'est un dieu païen – Jupiter peut-être – et ses adorateurs ont placé son effigie devant leur boutique pour qu'il apporte non pas des bienfaits spirituels, mais l'abondance matérielle. C'est aussi Bacchus : voyez ce ventre rebondi, ce teint rougeaud d'ivrogne ; écoutez son rire d'obsédé, que diffuse en permanence le haut-parleur placé au-dessus de l'entrée du bazar à prix réduits : « aHa Ha Ha ! aHa Ha Ha ! » Et il a tout lieu de se réjouir : il a gagné maintenant, il a vaincu la Vierge et l'Enfant, et il s'en va chez Erica avec son traîneau plein d'objets inutiles et coûteux.

Mais est-elle obligée de le laisser entrer ? A-t-elle vraiment raison de reprendre chez elle cette espèce de Père Noël que Brian s'est révélé être ? Permettre cela, c'est fermer les yeux sur tous ses agissements ; c'est se faire, après coup, complice de ses crimes. Et que penser de l'effet moral sur Jeffrey et Matilda ? Et la pauvre Wendy, comment le prendra-t-elle, après ce sacrifice qu'elle a fait ?

Par ailleurs, Brian a son travail. Il a besoin d'être seul pour terminer son Grand Livre, et s'il ne peut pas disposer de son temps, il finira par les incriminer, les enfants et elle, même si c'est lui le responsable et pas eux.

Non, non, se dit Erica, en s'en retournant le long de Main Street, pratiquement la seule personne à avoir les mains vides parmi tous ces gens chargés de paquets de Noël. Il ne faut pas qu'il se réinstalle à la maison. Il faut qu'elle l'en empêche, pour lui-même, pour les enfants, et pour Wendy. Ce sera difficile : il va essayer de la convaincre, de lui faire entendre raison. Il va invoquer son affection pour elle, son devoir vis-à-vis des Enfants ; le rapport entre les foyers désunis et l'échec scolaire. Il va essayer de la culpabiliser.

Mais il ne faut pas qu'elle l'écoute. Il faut qu'elle lui barre sa porte, même littéralement parlant si nécessaire (ce ne serait pas une mauvaise idée de faire changer la serrure), et s'il essaie de descendre par la cheminée, il faut qu'elle allume du feu.

13

Début mars. A Corinth c'est encore l'hiver ; semaine après semaine, des nuages froids restent accrochés au-dessus de la ville comme du linge sale humide. Il arrive, mais rarement, qu'une matinée ensoleillée laisse paraître des plaques de terre et quelques pousses de crocus, mais l'air reste vif ; toutes les nuits le sol gèle fort.

Sur la route de Jones Creek la pelouse des Tate est toujours nappée de couches inégales de neige craquante, comme un gâteau d'anniversaire au glaçage raté – celui qu'Erica a fait pour Jeffrey cette semaine, par exemple – et un vent humide passe dessus en sifflant contre la maison, comme si un grand enfant très enrhumé essayait de souffler les bougies. Ce vent, Erica le sent de sa chambre, où elle est en train de s'habiller pour la soirée de Danielle.

Elle est elle-même à peine guérie d'un gros rhume, qui a commencé il y a plus d'un mois et qui a traîné, avec maux de tête, nez pris, fosses nasales bouchées et perte d'appétit. Elle se serait vite remise si elle avait pu rester au lit deux ou trois jours, elle en est sûre ; mais une femme qui vit seule avec ses enfants ne peut pas rester au lit, pas même un jour.

Ce soir, c'est la première fois depuis plus d'un mois qu'elle se rend chez des amis – à la fois par choix et parce qu'on ne l'a guère invitée récemment. Même quand elle va bien, ce n'est pas commode de sortir seule – surtout depuis Noël, où il a fait mauvais temps et où les difficultés pratiques (routes gelées, voitures bloquées, enfants malades à la maison) se sont ajoutées à celles de son nouveau statut. De plus en plus, il lui semble inutile de se donner tant de peine.

Et puis elle a eu moins d'occasions de sortir. Pendant le mois qui a suivi le départ de Brian, elle a été une héroïne tragique locale – ou en tout cas la victime d'un désastre ; elle a eu plus d'invitations qu'elle n'a pu en accepter. Maintenant que le vent de compassion et de curiosité est retombé, elle n'est plus qu'une femme seule de plus, qu'on omet volontiers quand on fait sa liste – surtout si elle a décliné l'invitation précédente. A Corinth, les femmes en trop sont déjà trop nombreuses ; célibataires, veuves, ex-épouses. Impossible de les inviter toutes en une fois ; il faut qu'elles attendent leur tour, et qu'elles s'estiment heureuses.

Un homme en trop, au contraire, est toujours le bienvenu. Erica soupçonne, sans en avoir la preuve, de n'avoir pas été invitée à un bon nombre de soirées parce que c'est Brian qu'on invitait. Et pourquoi pas ? Il a mieux réussi, il est plus en vue, et de meilleure compagnie qu'elle parce qu'il est plus en forme – et même, en un sens, plus sympathique. La découverte la plus déprimante qu'Erica ait faite au cours des quatre derniers mois, c'est que le malheur n'arrange pas le caractère des gens. C'est plus difficile de bien prendre les choses, en paroles et en actes. Parfois c'est à peine si elle reconnaît sa propre voix quand elle fait ses remarques aux enfants ou quand elle se plaint auprès de Danielle, elle en est horrifiée – et il y a toutes les fois où elle ne s'entend pas.

C'est plus difficile aussi de faire quelque chose de

créatif, de préparer un dîner d'anniversaire pour Jeffrey, par exemple, de travailler à ses illustrations. Quant à son livre sur le lièvre blanc, elle a dû y renoncer complètement. L'idée d'être seule à la campagne en hiver, qui paraissait si attrayante l'automne dernier, a fait place à la froide et épuisante réalité d'allées à déblayer, de moteurs qui ne démarrent plus et de grippes en série dans la famille.

En combinaison de dentelle bleue, debout devant la penderie de sa chambre, Erica fronce les sourcils en se demandant comment elle va s'habiller pour la soirée. Il n'y a guère de choix, et pourtant pendant des années, il y a eu trop de choses dans cette penderie. Désormais non seulement les vêtements de Brian n'y sont plus ; mais Matilda a emprunté définitivement beaucoup de toilettes de sa mère. Il y a un an qu'Erica ne s'est pas acheté de nouvelle robe habillée, et aucune des anciennes ne semble convenir pour l'occasion. Sa jolie robe écossaise mauve et marron est trop longue pour la mode actuelle, et la noire en lainage est trop simple et trop sévère. Celle à motifs cachemire et celle en soie marron brillante sont maintenant trop décolletées pour sa condition : en décolleté, l'épouse ne fait que rehausser la réputation de son mari ; l'ex-épouse affiche vulgairement qu'elle est libre. Si la femme en décolleté n'est pas encore divorcée, ou même officiellement séparée de son mari, ce n'en est que pire : en offrant sa chair aux regards, c'est à l'adultère plutôt qu'à la fornication qu'elle invite tous les partants.

Il y a quatre mois qu'Erica est bloquée dans cet état difficile et embarrassant, dans ces limbes entre le mariage et le célibat.

Involontairement : elle a hâte d'être « démariée », d'être coupée de ce qu'est devenu Brian. Elle connaît des couples – les Zimmern par exemple – qui se sont chamaillés pendant des mois pour des questions de droit ou d'argent et qui semblaient y prendre plaisir. Mais Erica n'a jamais eu que mépris pour ce genre de chamailleries. Elle n'a pas envie de discuter pour savoir qui paiera l'assurance automobile ou les notes de l'orthodontiste. D'ailleurs point n'est besoin d'en discuter. Elle sait que les propositions qu'elle a faites sont très raisonnables, généreuses même – car son avocate, une dame qui se nomme Clara Dickson, le lui a dit.

Brian prétend que lui non plus ne veut pas se battre pour des détails ; il dit à Erica qu'il est impatient lui aussi d'aboutir à un accord. Mais en même temps, par le truchement de son avocat, il n'a pas cessé de faire des difficultés. D'après Clara, sa première contre-proposition était tellement inacceptable qu'il était inutile d'en examiner les termes avec elle. Il paraît qu'ils sont en train de dresser un compromis, mais ce n'est pas très rapide. Chaque fois qu'Erica appelle l'étude, Clara lui répond qu'elle n'a pas pu joindre l'avocat de Brian par téléphone, ou bien qu'il est absent en ce moment et qu'il n'a pas répondu à sa dernière lettre. « On dirait vraiment que Jack Lucas fait traîner les choses tant qu'il peut, avoue-t-elle d'un ton encourageant. Je ne m'explique pas pourquoi, à moins que peut-être Brian ne veuille pas d'une séparation. »

Mais Erica n'est pas encouragée par les encouragements de Clara, et elle ne croit pas un instant à son explication. A son avis, Brian, aidé de Jack Lucas, essaie de les avoir à l'usure, Clara et elle, pour les forcer à accepter ses conditions. Il veut se garder le plus d'argent possible, par égoïsme, et parce qu'il a envie de s'offrir des vêtements neufs trop jeunes pour lui, une nouvelle chaîne stéréo, et d'aller en Europe avec Wendy l'été prochain. Il veut la réduire à la misère (ainsi que Jeffrey et Matilda), pour satisfaire ses envies et pour se venger ; pour la punir d'avoir voulu bien agir et d'avoir voulu l'obliger à en faire autant.

Ce dont elle ne se remet pas, c'est qu'il semble n'avoir aucun sens du devoir ou de ses obligations à l'égard des siens. Comme si son absence de responsabilité morale vis-à-vis de l'enfant de Wendy s'étendait maintenant à ses propres enfants. Par exemple, il ne lui est pas venu à l'esprit de proposer de les prendre au moins pendant une partie des grandes vacances, et au premier abord il s'est montré presque indigné qu'elle fasse cette proposition. Et cela bien qu'il prétende que Jeffrey et Matilda se sont beaucoup améliorés au cours des derniers mois et sont devenus (de son point de vue) relativement faciles à vivre.

C'est mesquin et malhonnête de la part de Brian de dire cela ; car il ne vit pratiquement pas avec eux, puisqu'il n'est jamais à la maison. Il a pu arrêter l'escalade militaire contre Jeffrey et Matilda, retirer ses troupes des territoires occupés et établir des relations diplomatiques neutres sinon cordiales. Erica, par contre, a dû rester sur le terrain, menant un vain combat et maintenant un gouvernement fantoche, avec seulement un minimum de renfort très occasionnel de l'aviation de son ancien allié.

Elle a souvent entendu parler d'enfants qui, après la séparation des parents, apportaient leur aide et leur appui à leur mère avec loyauté et affection. Rou Zimmern, par exemple, qui n'avait pourtant que onze ans à l'époque. Mais Jeffrey et pire encore Matilda soutiennent, ou du moins préfèrent leur père, qui n'exige désormais pratiquement plus rien d'eux, qui n'a plus de règles à leur imposer, et qu'ils ne voient que quelques heures par semaine pour un repas somptuaire. Pendant ces sorties, ils se conduisent fort bien, et quand ensuite Brian les ramène, il prend un air d'autosatisfaction pour faire compliment de leur meilleure tenue à table et de leur connaissance de l'actualité.

A la maison, cependant, ils sont aussi détestables qu'avant, sinon plus : plus mal embouchés, plus désordonnés, plus rebelles et plus désobéissants. Quels que soient le tact et le bon sens déployés par Erica, ils refusent d'aider à faire quoi que ce soit dans la maison, et de vivre à des heures raisonnables. Ils lisent sous leurs couvertures avec une lampe-torche après l'heure de dormir, et pendant les week-ends ils sortent jusqu'à onze heures du soir ou plus avec leurs amis, Dieu sait où, à faire Dieu sait quoi. Quand elle cherche à savoir où et quoi, ils grognent avec insolence ou ne disent rien du tout. Mais si Erica ne répond pas à leurs questions, ou qu'elle ne rentre pas à l'heure dite, ils se plaignent et manifestent une juste indignation.

Poussant un soupir, pinçant les lèvres, Erica fait glisser du cintre sa robe écossaise en tricot et l'enfile par la tête. Le lainage fin aux tons doux se met en place sur ses hanches, souple – trop souple ; le large col en lainage pongé tombe mollement. Ces derniers mois elle a perdu du poids. Elle se redresse, la poitrine en avant, mais l'encolure bâille toujours, et l'excédent de tissu fait des plis autour de la taille.

Repoussant dans le dos l'étoffe superflue autant qu'elle le peut, Erica traverse la chambre pour aller à sa coiffeuse, elle s'assied, et elle se regarde dans la glace avec un vague sourire. Pendant quarante ans, elle a eu de bons rapports avec les miroirs. Dès le début, elle les a considérés avec enchantement ; le miroir ovale de l'entrée, au cadre de noyer, devant lequel elle riait, bébé, portée par son père ; le miroir long et étroit de la penderie de sa mère, fixé à l'intérieur de la porte par des pattes métalliques qui cliquetaient, comme pour l'applaudir, quand, à sept ou huit ans, elle se pavanait dans les toilettes de Lena Parker vers la fin des années trente avec ses chaussures plates de petite fille. Elle aimait les grands miroirs à trois faces des magasins : chez Manon, chez Altmans à White Plains, plus tard chez Filene et Jordan Marsh, plus récemment chez Lord and Taylor et chez Bloomingdale pendant ses voyages à New York ; les miroirs de salle de bains sous la lumière vive du néon ; les petits morceaux de verre, ronds, carrés ou ovales, brouillés par la poudre, de ses nombreux poudriers successifs. Tous ceux-là, et tant d'autres, renvoyaient d'Erica un reflet flatteur car, depuis sa plus tendre enfance, elle avait ce genre de beauté égale qui s'adapte sans effort à son cadre. Etudiante, quand elle se brossait les dents dans la salle de bains de son dortoir, elle était toute rose innocence ; dans le miroir fumé d'une boutique de Greenwich Village, drapée dans un châle à franges, elle devenait sombre et mystérieuse. Elle était à l'aise même avec les miroirs que fuient la plupart des femmes. Sous l'éclairage dur des lavabos publics, elle était simplement d'une pâleur intéressante ; et dans le tain taché et verdâtre des vieilles commodes de toilette, moucheté de mercure comme une eau stagnante, elle avait l'air d'une nymphe verte qui sort d'une mare.

A présent, par cette nuit froide de mars, Erica est devant le miroir qu'elle connaît le mieux, et pour la première fois depuis des semaines elle s'y regarde de près, avec un joli sourire anticipé. Une femme qu'elle reconnaît à peine la regarde, l'air interdit d'abord, puis choqué et stupéfait. Cette personne au teint de petit-lait est d'âge moyen, maigrichonne, elle laisse paraître un décolleté osseux à chair de poule, au-dessus d'une robe de gamine incongrue qui ne lui va pas. Ses cheveux bruns ont été coupés trop court pour son cou trop long, et ce qu'il en reste est parsemé de filets gris crêpelés. L'étrangère a les narines pincées, les lèvres serrées. Erica ne reconnaît que les yeux – grands, gris, aux cils épais – et qui maintenant clignent et bougent dans un réseau de petites rides, comme des poissons pris au filet.

Bouche bée comme un poisson, Erica se lève et s'écarte de la coiffeuse ; et plus elle s'éloigne, plus l'image familière se reforme : celle de la grande jeune femme jolie et élégante dans sa jolie robe en pongé. L'image diminue, quitte le miroir, et reparaît avec soulagement, se rapproche, grandit, se penche sous la lumière crue du néon au-dessus du lavabo, les yeux écarquillés ; puis elle lève les deux mains pour cacher le visage, qui est devenu et qui demeure blanc, maigre et ridé.

Erica est prise de vertige et d'épouvante ; elle a envie d'injurier le miroir, de fondre en larmes. Mais elle avale sa salive, elle serre les dents, et elle retourne dans sa chambre, où elle retire sa robe en pongé de laine et passe la noire en lainage à col haut. Le miroir de la chambre approuve, encore que de mauvaise grâce ; il renvoie l'image d'une femme mince, pâle, aux traits réguliers, sévèrement vêtue, pas du tout ridicule. Elle agrafe autour de son cou une rose et un foulard de soie blanc (acheté à Paris jadis en des temps meilleurs) pour en masquer la longueur et la maigreur, et aussi l'austérité de sa tenue. Puis elle fait une boule de sa robe en pongé et la fourre dans un carton marqué VIEUX VETEMENTS tout au fond de sa penderie.

En se dépêchant maintenant, car il se fait tard et elle a promis d'être chez Danielle avant l'arrivée des autres invités, Erica retourne dans la salle de bains pour voir ce qu'elle peut faire avec son maquillage. A nouveau, elle se regarde de près dans la glace. Elle se sent perdue, dépossédée de ses droits. Elle se souvient de Leonard Zimmern disant que si les Martiens débarquaient en Amérique, ils concluraient que nous avons pour religion le culte de la jolie jeune femme, car on la voit partout, elle ou son image : dans les rassemblements politiques, les défilés, les manifestations sportives, sur les panneaux d'affichage et les emballages ; présidant à toute cérémonie publique et à tout échange de marchandises. Depuis plus de vingt ans elle a été, elle, Erica, une des incarnations de la déesse. Désormais, l'esprit l'a abandonnée.

Il faut qu'elle camoufle cette désertion, mais elle ne sait pas bien comment s'y prendre. Brian préfère le naturel, et en beauté naturelle il y a des années qu'elle n'utilise qu'un peu de rose à lèvres et de bleu à paupières – pas même de mascara, car elle a les cils et les sourcils naturellement fournis et foncés. Elle ne possède pas d'autres cosmétiques. Mais Matilda a commencé récemment à accumuler toutes sortes de tubes et de flacons ; ils occupent déjà tout un rayon de l'armoire de toilette. Ouvrant un pot presque au hasard, Erica recouvre la surface délicate de sa peau sèche et ridée d'une fine pâte rose qui sent vaguement le savon médicinal et sert à masquer l'acné juvénile. Le produit déborde sur ses cils et ses sourcils, qu'elle mouille pour l'en faire partir et, comme le résultat est nul, elle les reteinte avec le mascara de Matilda, et s'enduit les paupières de son propre fard. Elle dessine le contour de sa bouche avec le crayon à sourcils et la peint en mauve rosé. Puis, reculant, elle se regarde dans la glace. L'effet obtenu est une sorte de masque artificiel, et la pâte rose a fait virer curieusement son fard à paupières à la couleur bleu lavande d'une ecchymose – mais au moins elle n'a plus l'air tout à fait aussi vieux. Elle fait bouffer ses cheveux avec ses mains et elle va prévenir les enfants qu'elle s'en va.

Matilda, cela s'entend, est dans sa chambre. Erica monte l'escalier et frappe à sa porte ; comme il n'y a pas de réponse, elle l'entrebâille. Matilda est couchée sur son lit, les yeux fermés avec un manuel scolaire ouvert, les pages contre son ventre ; les cris rauques d'un groupe de rock sortent de deux haut-parleurs placés face à face. Erica promène son regard de l'un à l'autre avec une sensation de lassitude. Tout ce mois-ci, Matilda s'est plainte que son tourne-disque était nul et esquintait ses disques, ce qui l'obligeait à les passer en bas dans le salon. La maison résonnait de cris et de battements frénétiques, ainsi que de la voix hargneuse de Jeffrey et de Matilda aux prises l'un avec l'autre pour savoir quand, à quelle intensité et combien de temps elle pouvait utiliser l'appareil, tandis qu'Erica s'efforçait de dominer sa propre voix et de faire l'arbitre. Finalement, dans un moment d'épuisement, elle a dit à sa fille de monter la chaîne stéréo familiale dans sa chambre. Avec ce résultat qu'Erica ne peut plus passer ses propres disques, et qu'il y a constamment un vague fond de mauvaise musique dans toute la maison et à toute heure.

« Matilda !

– Ouais. » Matilda entrouvre les yeux. Les enfants ne cessent pas de changer l'un et l'autre et cela va de mal en pis, mais c'est chez Matilda que le changement est le plus alarmant ces derniers temps. Il y a quelques mois, c'était une enfant replète et boudeuse. Maintenant c'est une adolescente boudeuse, dont le développement physique est presque gênant pour ses treize ans. De ses vêtements, plus un seul n'est à sa taille et à son goût, de ses camarades d'autrefois non plus. Des garçons dont la voix a déjà mué commencent à téléphoner en demandant « Tilda ». Elle n'a pas le droit de sortir seule avec un garçon avant ses quatorze ans, le mois prochain ; mais elle va faire de longues promenades après la classe et elle a été vue dans un fastfood mal famé de Collegetown. Périodiquement Erica se demande si elle ne devrait pas lui parler sérieusement de contraception.

« Je m'en vais à la soirée chez Danielle maintenant. Je veux que tu prennes ton bain et que tu sois couchée à neuf heures et demie. Il y a école demain. » Cette dernière phrase sonne plus fort tout d'un coup, car le disque s'est arrêté.

« Ouais. » Le ton de sa voix donne a penser que Matilda n'a aucune intention de se coucher à neuf heures et demie. Elle lève la tête. « Dis donc, t'as pas l'air d'avoir la frite.

– La frite ? Qu'est-ce que ça veut dire ? » Mais un autre disque se met à brailler des deux côtés de la chambre ; Matilda referme les yeux, et sa mère n'a pas l'énergie de poursuivre sur ce sujet. En descendant, elle s'arrête devant un autre miroir, mais elle ne voit rien qui s'effrite. C'était peut-être une sorte de compliment ?

Jeffrey est à la cuisine, encore en train de manger et peut-être de faire ses devoirs ; en tout cas il a un livre posé devant lui.

« Je m'en vais maintenant. Si tu as besoin de moi tu peux m'appeler chez Danielle. Et je voudrais que tu sois au lit à dix heures, s'il te plaît ; tu as école demain. Jeffrey, franchement. Tu pourrais me répondre.

– Pour quoi faire ?

– Pour que je sache que tu m'as entendue. » Erica s'efforce de garder un ton gentil.

« Comment est-ce que je pourrais ne pas t'entendre ? T'es là justacoté.

– C'est une question de politesse. (Pas de réponse.). Et aussi Jeffrey, tu ne devrais pas manger tant de biscuits au chocolat ; c'est mauvais pour ta peau. Si tu as faim, prends donc un fruit. Une orange, ou une des bananes qui sont là. Jeffrey ?

– Dis, si tu te tirais ? grogne son fils. Il me semblait que t'avais dit que tu partais. »

Erica ouvre la bouche pour protester puis elle la referme, n'étant pas sûre de pouvoir parler calmement. Elle risquerait de crier, de hurler, de perdre le contrôle d'elle-même. Pour éviter cela, elle bat en retraite dans l'entrée, où elle met son manteau et ses bottes. Avec ses chaussures dans un sac en plastique marqué *Maxipain*, elle quitte la maison, sans même claquer la porte derrière elle.

Chez Danielle toutes les lumières sont allumées et, vue à travers la porte de la véranda, la salle de séjour a son air d'avant-soirée, éclairée et vide comme une scène avant la représentation. Danielle, dans son boubou rouge, ouvre la porte.

« Oui ? Ah Erica, entre. J'avais peur que ce ne soit encore Mme Heyrick.

– Elle est venue se plaindre ?

– Tu l'as dit. J'ai voulu parer au grain ; cet après-midi

je l'ai prévenue que j'avais du monde ce soir pour qu'elle puisse faire son cirque avant. Mais il y a dix minutes, elle est venue me demander si c'était possible qu'on ne se serve pas du tourne-disque parce que son mari n'est pas bien. »

Danielle part d'un gros rire. Depuis cinq ans, depuis que les Zimmern se sont installés à Corinth dans cette maison jumelle, elle est en guerre avec les propriétaires de l'autre jumelle, un couple d'un certain âge du nom de Heyrick. Le combat s'est engagé dès le début quand, par une chaude matinée de septembre, Mme Heyrick, de sa véranda, a observé Linotte accroupie dans un massif de pétunias avec sa jupe relevée.

« Qu'est-ce que tu fais, petite fille ? » a-t-elle demandé de sa voix coassante, en se dressant sur ses deux jambes.

« Z'arrose les fleurs », a répondu Linotte, alors âgée de trois ans.

Après être rentrée chez elle pour se visser un petit chapeau à voilette sur la tête, Mme Heyrick s'est mise en devoir de descendre l'allée de son jardin, de sortir dans la rue à l'ombre des ormes, et de remonter l'allée de ses voisins. Là, elle a sonné à la porte et elle a informé Danielle qu'on était dans un quartier bien habité et que sa fille était assez grande pour ne pas faire de bêtises et pour mettre une culotte. Il s'en est suivi un conflit qui dure toujours ; on se bat pour de nouvelles raisons sans oublier totalement les anciennes. La situation varie en fonction des saisons : pendant les mois d'hiver, il y a généralement une période d'accalmie, avec seulement quelques accrochages de temps en temps à propos du bruit ou de la neige à déblayer ; quand la chaleur revient et que le comportement peu convenable des Zimmern et de leurs amis se voit davantage, la tension remonte.

Si Erica et Brian s'étaient trouvés dans une telle situation, ils auraient déménagé aussi vite que possible ; mais les Zimmern ont refusé de partir. Pour Leonard – qui, tant qu'il a vécu là, a joué dans cette guerre un rôle à part entière – faisant parfois, d'après Erica, tout ce qu'il pouvait pour la provoquer – c'était une question de principe. « Jamais de la vie », s'est-il écrié un jour où elle avait lancé l'idée d'un déménagement. « Pourquoi laisserais-je un couple antisémite et sénile faire de ma famille des Juifs errants ? »

Depuis le départ de Leonard, les batailles ont surtout lieu entre Danielle et Mme Heyrick, une dame très maigre qui parle bas d'une voix perçante et possède une grande collection de petits chapeaux. M. Heyrick n'est là qu'en renfort, ses indispositions fréquentes servant de munitions à sa femme.

« Où en es-tu ? » demande Erica en suivant Danielle à la cuisine, où des plats préparés pour le buffet sont alignés sur le plan de travail.

« Ça va. J'ai oublié de rapporter de la farine, alors j'ai décidé de laisser tomber les croquettes au fromage. En fait, il n'y a plus grand-chose à faire – attends, tu pourrais peut-être couper un peu de pain de seigle. Tiens. Rou a préparé toutes les mousses à tartiner, ça m'a bien aidée. Elle essaie de me soudoyer. (Danielle ricane en regardant sa fille qui gratte le mixeur et lèche la spatule.) Elle veut installer un élevage de gerbilles dans la lingerie.

– C'est vrai ? » interroge Erica, mais Rou ne dit rien.

« Je lui dis que c'est bien gentil, mais où est-ce que je me mettrai pour coudre ? Et puis je ne veux pas d'une vingtaine de gerbilles qui vont courir dans toute la maison ; c'est assez de deux déjà. Et ne me dis pas que tu les laisserais dans leur cage, ajoute-t-elle quand Rou ouvre la bouche pour protester. Tu aurais bien vite pitié d'elles et tu les laisserais sortir pour qu'elles fassent de l'exercice, exactement comme avec Victoria et Albert en ce moment.

– Si tu voulais m'acheter un cheval, je n'aurais pas envie d'élever des gerbilles, dit Rou brusquement.

– C'est idiot. (Danielle s'arrête de découper en tranches un fromage d'Edam rouge.) Tu sais bien que je n'ai pas les moyens de t'acheter un cheval.

– Non, je n'en sais rien. Tu dis toujours ça, mais ça n'a pas de sens. Tu as des centaines de dollars, j'ai vu ton relevé de compte. Si tu considérais que c'est vraiment important, tu m'en achèterais un.

– Pourquoi tiens-tu tellement à avoir un cheval, Rou ? » demande Erica, plus pour détendre l'atmosphère que par curiosité, car ce que Leonard appelle le complexe de « Houyhnhnnm » de sa fille dure depuis des mois.

« Parce que les chevaux sont ce qu'il y a de plus noble, de plus beau, de plus merveilleux au monde. J'aurais voulu naître cheval.

– Tu prends déjà des leçons d'équitation, tout de même ?

– Oui, admet Rou. Mais...

– Mieux que des leçons. Elle peut aller dans les écuries quand elle veut », explique Danielle en arrangeant des demi-lunes de fromage à lisière rouge sur une assiette. « Saint Bernard a arrangé ça avec ses voisins.

– Et ça ne te suffit pas ? demande Erica.

– Non. (Rou parle avec flamme.) Je veux un cheval à moi. C'est une des raisons pour lesquelles je veux commencer à élever des gerbilles, tu comprends, pour avoir plus vite de l'argent pour en acheter un.

– Ce ne sont pas les gerbilles qui vont te rapporter beaucoup d'argent, dit Danielle en s'attaquant à un pavé de fromage de chèvre jaune pâle. Il y a déjà des annonces dans le journal à cinq dollars les deux, alors que Victoria et Albert en ont coûté douze à Noël dernier aux Jouets Contemporains. Maintenant tout le monde a des gerbilles, et tout le monde en élève. D'ici quelques mois les gens les donneront. De toute façon tu sais bien comment tu es, Rou – tu vas t'attacher à toutes ces dizaines de bébés, et tu ne voudras pas en vendre un seul.

– Si, je les vendrai. Pourvu que je sache qu'ils vont dans une bonne maison. Et je n'en aurai pas des dizaines pour commencer. Je veux juste garder la portée de Victoria. Pourquoi c'est pas possible ? »

Danielle soupire. « Je n'ai pas le temps de discuter de ça maintenant ; il faut que je m'habille. Arrête de couper du pain, Erica, il y en a bien assez. Viens là-haut avec moi. J'ai quelque chose à te dire. »

Dans la chambre, pendant que Danielle quitte ses chaussures et commence à enlever sa tunique à fleurs, Erica s'approche de la commode victorienne au large miroir, et elle lève les mains pour faire semblant de s'arranger les cheveux. Le premier coup d'œil est rassurant : à un mètre, la glace légèrement jaunie renvoie l'image d'une jolie jeune femme mince. C'est seulement quand elle se penche au-dessus de la commode que des défauts apparaissent et qu'on s'aperçoit que tous les traits du visage sont parcourus de petites rides sous la couche de fard vieux-rose anti-acné de Matilda. De près, on dirait qu'Erica est passée dans une toile d'araignée.

« Tu sais, Bernie est venu avec moi à la Coopé aujourd'hui pour m'aider à rapporter toutes les choses à manger et à boire pour ce soir. On a acheté de ce nouveau vin du Chili, je ne sais pas comment les gens vont le trouver mais à mon avis... »

Bien qu'elle se soit détournée du miroir, Erica n'écoute pas vraiment. Les vins exotiques ne l'intéressent guère, et le docteur Bernard Kotelchuk encore moins. Par contre, elle observe son amie pour voir si elle aussi a vieilli tout d'un coup. Comme d'habitude, Danielle ne s'embarrasse pas de la pudeur habituelle ; pendant qu'elle retire son collant noir et dégrafe son vieux soutien-gorge léopard (taille 95), il est possible d'avoir une vue d'ensemble. Même de près, son visage aux traits vigoureux et simples, au teint coloré, a juste l'air d'avoir subi les intempéries, comme si elle venait de rentrer du dehors.

Il y a de légers plis de chaque côté de la bouche pulpeuse et entre les sourcils bruns, mais pas de rides. Par contre le corps est lourd, usé. La poitrine généreuse est un peu tombante ; des vaisseaux ont claqué sur les cuisses brunes et les hanches sont enveloppées de bourrelets – et au milieu, l'ample arrondi jadis lisse et doré comme une dune de sable un jour d'été, porte les marbrures et les plis qu'y ont laissé une appendicite et deux accouchements.

Des femmes vieillies comme des pommes sauvages, a lu Erica un jour. La plupart, tombées sous l'arbre et non ramassées, ramollissent peu à peu, gonflent, virent au brun et pourrissent ; c'est ce qui arrivera à Danielle. D'autres restent accrochées aux branches, où elles flétrissent, se ratatinent et gèlent quand vient l'hiver. Ainsi en sera-t-il pour elle.

« Bref, la surprise de la journée », continue Danielle au bout d'un instant, d'une voix plus grave qui force finalement l'attention d'Erica, « c'est que ça n'était pas une plaisanterie ; il était sérieux. Saint Bernard veut m'épouser pour de bon. » Elle fait un grand sourire et ouvre le tiroir de sa commode.

« Non ! C'est vrai ? dit Erica en riant. Tu veux dire qu'il t'a fait une demande en mariage officielle aux Caves de la Coopé ?

– Exactement. » Assise sur le bord du grand lit, Danielle se penche et commence à enfiler son collant gris clair.

« Quelle idée ! » Cette demande en mariage surprend Erica ; non pas à cause de la beauté en ruine de Danielle (son amie est encore beaucoup, beaucoup trop bien pour quelqu'un comme Bernie Kotelchuk), mais parce que cela ne colle pas avec les intentions qu'elle prête à cet homme. « Pourquoi acheter une vache quand le lait coûte si peu cher ? » voilà ce qu'il devrait se dire, d'après elle. « Qu'est-ce que tu as bien pu lui répondre ?

– Je lui ai dit que je réfléchirais. » Danielle se lève et

étire le nylon vaporeux jusqu'à sa taille, voilant les ravages dans le paysage estival de ses hanches et de son ventre. « Après tout, il y a longtemps que ce genre de choses ne m'est pas arrivé. » Elle rit, un peu gênée, et passe d'abord une épaule, puis l'autre, sous les bretelles d'un soutien-gorge en dentelle blanche.

« Hum. » Erica se rembrunit ; elle n'aime pas entendre son amie se moquer d'elle-même.

« Ça présenterait certains avantages, tu sais », continue Danielle, la tête sous la nouvelle robe en brocart rouge foncé qu'elle s'est faite pour cette soirée. « Je me suis habituée à Bernie maintenant ; j'ai même une certaine tendresse pour lui. Et naturellement, les filles l'adorent. Si je l'épousais, on pourrait aller habiter sa maison de Brookdale tous ensemble ; Rou aurait son cheval ; et il y a des tas de gosses avec qui Celia pourrait jouer dans le quartier, ce qui m'éviterait d'avoir à la conduire à droite et à gauche comme je le fais. Et je n'aurais plus jamais besoin d'adresser la parole à Mme Heyrick. » Danielle tire sur sa robe et se retourne vers Erica. Elle a presque l'air sérieux, mais pas tout à fait.

« Ça serait un avantage considérable, évidemment, dit Erica en pouffant de rire. L'ennui c'est qu'à la place il faudrait que tu adresses la parole à tous ses amis et voisins de Brookdale.

– Je sais. (Danielle fait une grimace.) Toutes ces faiseuses de pâtés en croûte qui ont connu sa femme. Elles ne me pardonneraient jamais de l'avoir épousé.

– Jamais. » Erica rit toujours.

« Et elles ne seraient pas les seules. Ça ferait de la peine à mes parents parce qu'il n'est pas juif. A ma mère surtout. (Danielle a cessé de rire.) Et tu imagines ce que dirait Leonard.

– Ça oui. » Bien que Danielle ne lui ait jamais parlé de Bernard Kotelchuk, Leonard est plus ou moins au courant de son existence. En janvier dernier, il a trouvé dans la chambre de Rou la copie d'un article du docteur Kotelchuk sur la maladie des porcelets, et depuis il parle de lui comme du « pédiatre pour cochon ».

« Je me demande pourquoi il t'a demandé de l'épouser ? » poursuit Erica, puisque son amie se tait. Elle n'hésite pas à parler ainsi, puisque Danielle a déclaré plusieurs fois qu'elle faisait seulement de Bernie un usage temporaire et plus souvent encore qu'elle n'a pas l'intention de jamais se remarier – considérant le mariage comme une institution imbécile, surannée, dans laquelle les femmes sont exploitées. « Il se dit peut-être qu'il faut qu'il te demande au moins une fois pour te traiter comme une honnête femme. Tout en sachant que tu vas refuser.

– Moi aussi j'ai pensé à ça, dit Danielle après un petit instant. Je lui ai demandé si c'était ça. Mais il affirme qu'il est amoureux de moi.

– *Amoureux* ? » Erica pouffe à nouveau.

« Oui oui. (Danielle finit de remonter sa fermeture Eclair dans son dos et s'assied à nouveau sur le lit.) C'est-à-dire que, tu vois, il n'a pas tellement d'expérience pour un homme de son âge. Je croyais que c'était pour être poli qu'il me faisait des compliments, qu'il me disait, par exemple, que j'étais formidable au lit. Je me disais que je n'étais sans doute pas à la hauteur pour remplacer sa femme, Marnie, dont il parlait toujours avec tant de respect et de componction.

» Mais en réalité, il semble que c'était plutôt une garce. Pas d'une façon qui se voyait de l'extérieur ; mais en privé elle était tout le temps après Bernie parce qu'il buvait et fumait et n'allait pas assez souvent à l'église. Il dit qu'il enviait ses amis qui pouvaient rouspéter après leur femme parce qu'elle laissait brûler le dîner, cabossait la voiture, ou ne savait pas gérer un budget. Tandis que Marnie était une femme d'intérieur extraordinaire, et un vrai cordon bleu. Elle faisait ses tapis et ses conserves de tomates, elle faisait son pain et elle consacrait tout son temps libre aux bonnes oeuvres. Tout le monde la trouvait quasiment parfaite. Bernie n'a jamais dit à personne qu'elle n'aimait pas faire l'amour et qu'elle le considérait comme un homme faible, corrompu et indigne de confiance qui avait une mauvaise influence sur ses fils. Le plus triste c'est qu'il était en partie d'accord là-dessus. Quelquefois, quand il s'absentait, il prenait une cuite, et de temps en temps il levait une fille dans un bar. Marnie ne disait jamais rien, mais il était toujours sûr qu'elle savait. “Comment pouvait-elle savoir ce genre de choses ?” lui ai-je demandé. “Ça, je l'ignore, mais elle savait, m'a-t-il dit. Elle racontait aux garçons qu'elle était comme les rayons X et qu'elle voyait à l'intérieur de leur cerveau.

– C'est plutôt effrayant », dit Erica, à qui les deux personnages de cette histoire déplaisent autant l'un que l'autre. « Est-ce que ça lui arrive toujours de prendre des cuites et de lever des filles ?

– Je ne crois pas. Mais même à ce moment-là, il n'en tirait guère de plaisir, apparemment. Il dit qu'il n'a jamais connu une femme qui aime faire l'amour comme moi.

– Ah oui.

– C'est vrai que c'est bon. (Danielle rit d'un air gêné qui ne lui est pas habituel.) C'est bizarre, mais avec lui, je trouve que c'est encore mieux qu'avec Leonard. Leonard était un merveilleux amant, c'est vrai, mais tellement imprévisible. Il voulait tout le temps innover. Moi aussi j'aimais bien ça, mais ça ne marchait pas toujours. Peut-être que je vieillis, tout simplement, mais c'est pas désagréable de savoir à quoi s'attendre, au lieu de toujours essayer des positions inconfortables parce que quelqu'un les a vues dans un livre sur l'Art Oriental.

– Oui, je comprends ça, dit Erica, parfaitement d'accord pour la première fois depuis le début de la conversation. J'ai exactement le même sentiment.

– Et puis aussi, je crois que Bernie est très seul »,

poursuit Danielle en se levant. Devant la glace, elle relâche ses épais cheveux bruns ramassés en queue de cheval, et se met à les brosser en arrière si vigoureusement que l'air en grésille dans la pièce. « Ses deux fils sont partis maintenant, et il n'aime pas vivre seul. Si je ne l'épouse pas, il trouvera sûrement quelqu' un d'autre.

– Alors toi aussi, dans ce cas-là, dit Erica avec un certain enthousiasme.

– Peut-être. (Danielle arrête un instant de se brosser les cheveux, tenant la brosse en l'air à la fin de son geste.) Tu connais ce vieux dicton qui dit que les hommes sont comme des autobus ? Si on en rate un, il ne faut pas s'en faire, il va en venir un autre quelques minutes après. Oui, c'est possible. Pendant un temps. Mais quand il se fait tard, ils passent moins souvent.

– Oui – enfin. (Erica a un rire gêné.) Je ne sais pas. Tu as toujours trouvé sans peine chaque fois que tu as voulu.

– C'est autre chose. (Danielle ouvre son tiroir à produits de beauté.) Si c'est juste pour baiser, il y a toujours des amateurs. Ça va bien pendant un temps. Mais on se lasse de toutes ces allées et venues. (Elle souligne au crayon ses sourcils bruns déjà bien dessinés.) Je suis comme Rou ; j'ai envie d'avoir un cheval à moi.

– Mais pas un cheval de ferme. (Erica sourit.) Ce n'est pas que Bernie Kotelchuk me fasse vraiment penser à un cheval de ferme, il ressemble plutôt à... » Elle s'arrête, remarquant l'expression de Danielle dans la glace. C'est peut-être simplement parce qu'elle raidit les muscles de son visage le temps de se faire les yeux ; malgré tout, Erica s'abstient de dire que c'est à un chien de ferme que lui fait penser le docteur Kotelchuk, et que, ce chien, elle le voit très bien : un gros vieux saint-bernard qui, par une froide nuit d'hiver, le long d'une route de campagne, vient rejoindre Danielle en train d'attendre l'autobus suivant – il arrive péniblement jusqu'à elle dans la neige, il lui donne de grands coups de langue et lui offre son mauvais cognac de ménage.

« Je sais qu'il ne te plaît pas beaucoup », dit Danielle épaississant au mascara ses cils déjà épais.

« Ça n'est pas ça. » A nouveau Erica regarde dans le miroir le visage de Danielle dans son cadre victorien de volutes et de feuillage en acajou. Avec ses cheveux sur les épaules et son maquillage, dans sa robe rouge acajou, c'est encore une très belle femme ; beaucoup, beaucoup trop bien pour Bernie Kotelchuk. « A mon avis... » Elle hésite. – En bas, la sonnette nasillarde retentit. Danielle tourne la tête.

« Ah, bon sang, voilà déjà quelqu'un. Rou, mon chou ! Tu veux bien ouvrir ? Dis que je descends tout de suite. » Elle quitte le cadre du miroir et va chercher dans sa penderie, d'un pied, puis de l'autre, ses escarpins de satin noir.

« Je te rejoins dans un instant », dit Erica en se dirigeant vers la salle de bains. Pendant que son amie descend bruyamment l'escalier, elle verrouille la porte et s'inspecte dans les deux miroirs : le petit miroir au-dessus du lavabo et la grande glace contre la porte. Le résultat est toujours le même. De près en pleine lumière son visage a l'air d'une pierre passée à la craie rose, fragile, usée. Mais en se tenant à une certaine distance des gens – à une soixantaine de centimètres – elle aura l'air parfaitement normale, un peu pâle seulement.

Ce soir, ça ne devrait pas être trop difficile ; et même, dans certains cas elle devrait trouver une certaine coopération. Parmi ceux qui tiendront leurs distances à coup sûr il y aura les hommes qui ont essayé de la voir de trop près l'automne dernier. Etant donné l'importance de la ville, Erica n'a pas pu éviter complètement ces maris adultères qu'elle a repoussés – d'autant moins que les épouses trompées sont souvent des connaissances proches qui seraient étonnées et peinées qu'elle cesse de les voir sans raison apparente. Plusieurs d'entre elles vont être là ce soir, et il va falloir qu'elle leur parle aimablement comme si de rien n'était, ainsi qu'à leur mari ; sans laisser paraître ce qu'elle sait, sans savoir ce qu'elle laisse paraître – et en plus, sans savoir ce qu'eux-mêmes, et tous ceux qui seront là, savent ou ne savent pas.

Par exemple, officiellement, Brian ne vit pas avec Wendy, il vit seul. Selon sa promesse, Erica ne l'a jamais démenti, seulement il ne fait pas de doute que maintenant certains ont appris la vérité, en partie du moins. Mais elle ne sait pas du tout qui. Qui, parmi les invités de Danielle, en est toujours à la version officielle ? Qui connaît toute l'histoire ? Et qui, sans ignorer l'existence de Wendy, mais sans plus, se dit qu'Erica est encore une de ces femmes de la quarantaine dont le mariage a craqué – une de ces femmes abandonnées par un mari qui, selon une expression de Leonard Zimmern, a échangé la quarantaine pour la vingtaine ?

La sonnette retentit à nouveau ; d'autres voix en bas. Erica se regarde une dernière fois dans les deux miroirs et, en soupirant, sort de la salle de bains ; elle descend l'escalier en ajustant un sourire mondain sur son visage crayeux.

Déjà les pièces se remplissent de monde ; Danielle, en hôtesse impulsive de dernière minute, a invité presque tous les étudiants de son séminaire de première année, tous les membres de son groupe de femmes, et plusieurs voisins. Mais le gros de la troupe se compose de ses collègues des Langues Romanes et de leurs épouses. Ces derniers, comme toujours, ont tendance à former des petits groupes serrés, à rire et à parler vite avec un accent étranger ou dans une langue étrangère. Erica passe parmi eux en souriant et en faisant des signes de tête ; s'arrêtant parfois pour dire quelques mots, mais ne manquant pas de respecter l'intervalle préalablement fixé des soixante centimètres. Ce n'est pas si facile qu'elle l'avait espéré, à cause de cette habitude chez les Langues Romanes de se tenir un peu trop près – assez près pour souffler, et dans certains cas postillonner, au visage de l'interlocuteur. Mais Erica y parvient tout de même. Au cours des derniers mois elle a appris à garder ses distances avec tout le monde – physiquement, et psychologiquement aussi.

Pendant des années elle a pris plaisir et s'est exercée brillamment à ce genre de flirt inoffensif qui n'est pas un préambule aux rendez-vous galants et à la fornication, mais simplement une façon agréable de passer le temps et de faire savoir à l'autre qu'on lui trouve du charme. Désormais la manière enjouée, complice, qu'elle adoptait pour les soirées est aussi déplacée qu'un grand décolleté – et pour les mêmes raisons. Cela incite les femmes, en bonnes épouses, à la considérer avec méfiance ; et les hommes à venir vers elle avec des intentions non déguisées – ou, pire encore, à la fuir avec l'air de dire : Non merci.

« Salut, Erica ! » Chuck Markowitz, un de ses anciens poursuivants, la hèle bruyamment, pas confus le moins du monde – ne se souvenant peut-être même plus qu'un jour de décembre dernier il est venu chez elle de sa villa de *Glenvue* avec sa fraiseuse à neige toute neuve pour lui proposer de déblayer l'allée après la première grosse tempête de l'hiver. Comme Chuck est un voisin, un jeune collègue de Brian, et qu'il a à peu près dix ans de moins qu'elle, elle a accepté avec plaisir et sans se méfier. Et même après, pendant qu'il prenait un café à la cuisine en se plaignant avec humour de ses responsabilités familiales (sa femme était alors enceinte de huit mois de leur deuxième enfant), elle ne s'est doutée de rien. C'est pourquoi elle a été d'abord ahurie, et puis très furieuse quand, posant sa tasse, il s'est penché sur la table et lui a dit : « Allez viens, Erica, t'as pas envie que je te caresse un peu ? »

« Bonsoir, Chuck. Comment vont Lily et le bébé ? » Erica n'a pas reparlé à Chuck seule à seul depuis décembre, mais elle est souvent passée en voiture devant la villa des Markowitz et elle l'a vu en train de pousser sa fraiseuse, ce grand engin qui tend son museau rouge vif et crache de la neige avec un gros bruit de machine. Il est revenu quelquefois lui proposer à nouveau de déblayer son allée ; naturellement elle a toujours refusé.

Dès qu'elle le peut décemment, Erica quitte Chuck. En faisant des sourires et des signes de tête, à bout de bras, elle passe parmi les invités pour aller vers la salle à manger, où, debout derrière la longue table en chêne, le docteur Bernard Kotelchuk sert à boire avec de grands gestes, une cravate rouge criarde, et un air très choquant d'être celui qui invite.

« Bonsoir, Madame Tate ! Comment allez-vous ?

– Bien, merci. » Elle sourit à peine, agacée qu'il l'appelle « Madame Tate », même si elle sait que ce n'est pas par plaisanterie mais par simple politesse.

« Qu'est-ce que je peux vous offrir ?

– Un peu de vin blanc, s'il vous plaît.

– Tout de suite. »

Erica s'éloigne avec son verre, buvant par petites gorgées parcimonieuses : d'une part il faut qu'elle rentre chez elle en voiture – et puis elle se rend compte qu'on l'observe. Etant une femme séparée de son mari, si elle a l'air ne serait-ce qu'un tout petit peu ivre, tous, hommes et femmes, vont s'apitoyer sur elle d'un air soupçonneux : est-ce que cette Pauvre Erica s'est mise à boire ?

Maintenant la soirée bat son plein, augmentant de minute en minute en nombre et en intensité. Trempant un biscuit salé dans une jatte de fromage blanc d'un geste nerveux, Erica scrute la pièce. Il y a des années, et à nouveau pendant un temps cet hiver, chaque fois qu'elle allait à une soirée, elle s'imaginait que quelqu'un serait là – « quelqu'un » qu'elle reconnaîtrait (sans pourtant l'avoir jamais rencontré auparavant) – et qui la reconnaîtrait.

Ridicule ; pathétique. Comme d'habitude, elle connaît tous les hommes mûrs qui sont là ce soir, et elle n'a aucune envie de faire plus ample connaissance avec eux.

La plupart d'entre eux sont inaccessibles de toute façon, étant mariés – comme la majorité de la population de Corinth au-dessus de trente ans. Parmi les autres, il y en a deux ou trois (absents pour le moment) avec qui Erica accepterait peut-être de sortir, a-t-elle décidé finalement. Non que son opinion sur les hommes ait changé, ou qu'elle ait un désir quelconque d'une histoire sentimentale. Mais elle ne serait pas fâchée parfois d'avoir quelqu'un de respectable, qui soit assez bel homme, pour l'accompagner au concert, au cinéma ou aux expositions de peinture.

Mais jusqu'ici, aucun de ces hommes-là n'a proposé de l'accompagner. Le seul avec qui elle soit allée quelque part depuis presque trois mois c'est Sandy Finkelstein, qui n'est ni respectable ni bel homme, mais qui – exactement comme à Cambridge jadis – est généralement libre. Même avec lui, ce n'est pas simple : il n'a pas les moyens d'aller dans des endroits chers, et il ne veut jamais qu'elle paie pour lui ; il n'est pas motorisé, et il a une drôle d'allure. Dimanche dernier, pour le concert en matinée, il portait une capote d'occasion de l'armée qu'il a achetée deux dollars, et un bonnet en tricot rouge avec une grande queue et des pompons comme un des Sept Nains.

Erica pense à quelque chose que Danielle a dit un jour : tu sais ce que font les hommes quand ils peuvent se l'offrir ? Ils prennent une jeune femme naïve, ils lui donnent deux enfants à élever et une grande maison à tenir, et quand elle s'est échinée pendant quinze ans, ils s'en débarrassent. A ce moment-là elle n'est plus qu'un article qui a déjà servi ; de la marchandise endommagée. Personne ne veut plus d'elle. Sauf peut-être le genre d'homme qui n'achète pas de pain frais et qui s'habille dans les ventes de charité.

Mais il faut qu'elle chasse ce genre d'idées. Elle est à une soirée, où les gens sont ensemble pour s'amuser. Elle scrute la pièce, cherchant quelqu'un à qui parler ; mais, après un sourire, tout le monde a l'air de se détourner, de l'éviter. C'est une sensation étrange. Pendant des années, en jeune femme belle et heureuse, elle a fait l'objet de l'admiration et du ravissement de tous ; l'automne dernier aussi, quand Brian est parti, elle a été entourée partout où elle est allée par des gens qui s'intéressaient à son sort et par des maris coureurs. Mais maintenant son histoire n'est plus d'actualité et, en femme seule d'une quarantaine d'années qui a des principes moraux, elle n'est pas drôle, et elle gêne. Comme disait Danielle, c'est plus dur, les autobus passent moins souvent – et même plus du tout à la fin.

Elle respire à fond, chasse ces pensées, scrute à nouveau la foule des invités et passe au milieu d'eux pour aller vers Clara Dickson, son avocate – qui a aussi été celle de Danielle. Femme opulente et maternelle, heureuse en ménage depuis de longues années, Clara s'applique en fait à mettre fin à la plupart des ménages malheureux que connaît Erica dans cette ville.

« Bonsoir, Clara. Comment allez-vous ? » Les convenances exigent qu'elle ne demande pas immédiatement si Jack Lucas fait toujours traîner les choses en longueur pour le compromis ; Erica entame la conversation en demandant des nouvelles des nombreux enfants de Clara, qui sont grands et réussissent bien. Avant qu'elle n'arrive au bout de ce cérémonial poli, elles sont interrompues par les voisins de Clara, qui restaurent une maison au bord du lac et ont l'intention de lui décrire les travaux une pièce après l'autre. Découragée, avec un sourire blafard, Erica s'en va plus loin, attendant des circonstances plus propices. Elle se déplace au milieu des invités, en maintenant la distance convenable, s'arrêtant par moments pour faire un sourire, se lamenter sur le temps, et éluder les questions indiscrètes par des réponses toutes faites. « Comment ça va en ce moment ? » « Ah, ça va. »

« Alors, quoi de neuf ? » « Oh, pas grand-chose. » « Et les enfants ? »

Dans la pièce du devant, loin du bar, il y a moins de monde ; dans l'entrée il y a une seule personne : un homme grand, l'air minable, l'air absent, debout près de l'escalier, plongé dans une revue.

« Sandy. » Erica lui sourit. Elle est soulagée de voir quelqu'un qui connaît son histoire et qui ne va pas lui poser de questions, et elle est plutôt contente de voir Sandy. « Je ne pensais pas que tu viendrais.

– Moi non plus. » Zed pose le magazine.

« Je suis heureuse que tu sois venu. » Erica sourit, mais ses sentiments sont partagés. Elle a demandé à Danielle si elle pouvait inviter Sandy – par bonté pour lui, pour qu'il ait à nouveau l'occasion de rencontrer des gens de son âge, de son milieu, de son niveau intellectuel. Car en dépit de son allure miteuse, c'est un homme intelligent, un intellectuel ; il a été très gentil avec elle pendant ce long hiver déprimant, et Erica veut le remercier – lui rendre en ce monde la place qui lui est due.

Mais maintenant qu'il est là, Sandy paraît incongru et mal à l'aise. Il a mis sa seule chemise convenable – une chemise élimée en oxford blanc, à col boutonné, vestige de ses années d'enseignement, semble-t-il et une cravate noire en tricot, étroite et sans tenue. Le résultat c'est qu'il a encore plus l'air d'un sinistre paria que dans ses pantalons et ses pulls d'occasion.

Pourtant, maintenant qu'il est là, il ne peut pas passer toute la soirée dans l'entrée à lire la *New York Review of Books*.

« Tu as eu quelque chose à boire, non ? demande-t-elle. Il y a des sodas et du jus d'orange si tu ne veux pas d'alcool, ou bien je peux te faire du thé...

– Non merci. Je n'ai pas soif.

– Alors viens parler un peu avec quelqu'un. » Erica fait une reconnaissance dans la pièce voisine et retient parmi les gens qui s'y trouvent un professeur de français du nom de M. Alain connu pour sa bienveillance. Elle pousse Zed près de lui, les présente l'un à l'autre et lance la conversation sur le sujet neutre du théâtre japonais, dont on vient d'avoir une représentation en ville.

Ragaillardie d'avoir accompli une bonne action, Erica va voir à la cuisine si elle peut en faire une autre. Elle trouve Danielle en train de tartiner du pâté sur des petits carrés de pain grillé et, simultanément, de parler au téléphone.

« Oui... D'accord... Je vous en prie, au revoir. (Elle repose l'appareil un peu violemment.) Pfff. C'était encore Mme Heyrick. Elle veut savoir si on ne peut pas vraiment, vraiment, faire un peu moins de bruit. M. Heyrick a une migraine.

– On s'en douterait, dit Erica, en pensant qu'elle a une migraine elle aussi. Je peux te faire quelque chose ?

– Oui. On n'a déjà plus assez de verres. Les gens doivent les laisser un peu partout.

– Je vais voir si j'en trouve quelques-uns, et je les laverai.

– Tu serais gentille. Je ne pensais pas que j'aurais tant de monde. »

Pourquoi pas, tu les as invités, se dit Erica en retournant dans la salle de séjour avec un plateau, commençant à ramasser des verres qui ont déjà servi. Elle en a presque une douzaine et elle rebrousse chemin quand la porte s'ouvre devant quelqu'un que Danielle n'a pas invité – pas Brian, non, mais ce qu'il y a de pire après lui : Jack Lucas, son avocat. Jack est accompagné d'une amie de Danielle qui s'appelle Nancy King et qui l'a manifestement amené ici. Erica les regarde le cœur lourd, furieuse, car non seulement Jack est l'avocat de Brian et donc son ennemi à elle, mais il est aussi un des hommes sans attaches avec qui elle a flirté autrefois et avec qui, plus récemment, elle a envisagé de sortir. Elle s'était même imaginée, avant que

Brian n'aille le trouver, qu'il refuserait de se charger de l'affaire par admiration pour elle. Qu'il vienne ce soir avec Nancy, cela porte à Erica un nouveau coup – car jusqu'à ces derniers temps ses préférés ne lui ont jamais préféré quelqu'un d'autre.

« Erica ! » hennit Nancy, s'avançant vers elle au galop et lui mettant la patte sur le bras. « Ravie de vous voir. Ça fait des années. Vous connaissez Jack, n'est-ce pas ?

– Bien sûr que nous nous connaissons », s'écrie Jack, qui arrive en boitillant aussi vite que possible avec un large sourire. Il fait traîner, littéralement cette fois, un de ses deux pieds, qui est dans un plâtre à la suite d'un de ses perpétuels accidents de ski. « Comment allez-vous, Erica ? »

Jack se penche en avant ; devinant son intention, Erica essaie de se replier, mais elle a un mur dans le dos et les mains occupées. Elle n'a d'autre recours que de tourner la tête au dernier moment, de sorte que le baiser agressif de Jack atterrit sur sa joue avec une explosion mouillée.

« Il faut que je remporte ces verres, Danielle en a besoin », affirme-t-elle en fuyant. Elle se précipite à la cuisine pour se plaindre auprès de son amie. (On aurait pu espérer qu'il sache – qu'il ait le bon goût de ne pas...) Mais Danielle n'est pas là.

Elle lave les verres, les essuie et les rapporte dans la salle à manger, où Danielle, au milieu d'un groupe bruyant, est en train de rire avec Bernie Kotelchuk. Frustrée, elle retraverse la pièce avec ses doléances.

« Jack Lucas vient d'arriver », annonce-t-elle tout bas à Clara d'un air mécontent.

« Ah oui ? (Clara se tourne vers elle en souriant.) Très bien.

– Je ne trouve pas. Je trouve que c'est extrêmement grossier de sa part. Il devait bien se douter que je serais ici.

– Grands dieux, Erica. (Clara hoche la tête en riant

doucement.) Si Jack et moi ne pouvions aller nulle part où nous risquons de rencontrer quelqu'un contre qui nous avons une affaire en instance, nous serions tous les deux condamnés à rester chez nous la plupart du temps. Dans une ville comme celle-ci.

– Vous avez sans doute raison.

– Bien sûr que j'ai raison.

– Hum. (Erica hésite.) Mais maintenant qu'il est là, est-ce que vous allez lui parler ?

– Mais oui je vais lui parler, évidemment ! (Clara cesse de sourire.) Jack et moi sommes de vieux amis.

– Du compromis, je veux dire. Vous pourriez lui demander pourquoi il n'a pas répondu à vos deux dernières lettres.

– Certainement pas maintenant, dit l'avocate avec fermeté. Nous sommes dans le monde. » Elle fait à Erica un sourire de désapprobation maternelle mêlée de pitié, comme à une enfant qui chercherait à ramener une vieille querelle idiote devant les invités. « Ah, Nancy, bonsoir. Comment ça va ?

– Splendide. » Ancienne cliente de Clara elle aussi bien sûr, Nancy embrasse celle-ci chaleureusement, tandis qu'Erica se retire, plus malheureuse que jamais.

Dans l'entrée, où elle se réfugie pour retrouver son calme, il n'y a à nouveau plus personne que Zed, qui est accroupi sur le tapis et lit un des livres de Danielle.

« Sandy ?

– Oui. » Il se redresse en souriant d'un air penaud.

« Tu ne t'amuses pas. Tu n'as pas aimé M. Alain ?

– Si, si. Mais après il est arrivé d'autres gens. Un homme très nerveux qui riait sans arrêt, avec une barbe hérissée et une femme triste. Je ne sais plus leur nom.

– Les Diacritis, l'informe Erica avec un soupir. C'est le président du département de Danielle.

– Ah bon.

– Mais que s'est-il passé ?

– J'ai dit quelque chose qui ne lui a pas plu. Il se plaignait d'avoir beaucoup de mal à arrêter de fumer. Quand il va à une soirée où il y a des gens qui fument la cigarette comme M. Alain, il devient très nerveux et il a envie d'en fumer une lui aussi. Il m'a demandé mon avis sur ce qu'il devrait faire à ce sujet. Je lui ai suggéré de cesser d'aller dans les soirées, ou bien de faire ce que m'a recommandé un jour un Maître Zen, à savoir d'essayer de vivre ses désirs pleinement sans les satisfaire. Alors il a compris que j'étais le cinglé qui tient la fameuse librairie, et il a commencé à m'injurier. (Le téléphone de l'entrée se met à sonner.) Alors je suis parti. Tu crois que je devrais répondre ?... Allô... Oui, un instant... C'est la voisine. Elle veut parler à Danielle.

– Ah, mon Dieu. Je vais la chercher. »

Erica retourne parmi les invités, donne le message, et revient. « Danielle est occupée pour le moment, elle demande de dire à Mme Heyrick qu'elle... Sandy ! Tu lui as raccroché au nez.

– C'est elle qui m'a raccroché au nez. (Zed fait un grand sourire.) Elle était inquiète parce qu'il y a une voiture garée devant l'entrée de son garage. Elle avait peur de ne pas pouvoir sortir si jamais il y avait un incendie ou une urgence quelconque. Mais je lui ai dit qu'elle n'avait pas besoin de s'en faire parce que ce soir les lumières sont dans des signes d'eau, et Jupiter est en aspect d'Uranus. Il ne peut arriver que de bonnes aventures.

– Oh ! Sandy. Comment as-tu pu te moquer d'elle ainsi ?

– Je ne me moquais pas d'elle.

– Mais c'est ce qu'elle aura pensé. Elle doit être furieuse. » Erica regarde la cloison qui sépare les deux maisons jumelles, imaginant Mme Heyrick de l'autre côté, dans la pièce qui est le pendant de celle-ci ; elle est debout en face d'Erica, furieuse, dans son éternel chapeau. Et maintenant, que faut-il faire ?

Elle regarde dans la salle de séjour. A l'autre bout,

Danielle est en train de rire, l'air éméché, appuyée sur Bernie Kotelchuk, qui est encore plus rouge que d'habitude – manifestement ivre. Elle est submergée par une vague d'épuisement, de dégoût, d'impuissance.

« Où vas-tu ? » demande-t-elle encore en voyant Zed passer devant elle pour aller vers la penderie.

« Je m'en vais. »

Erica ouvre la bouche pour protester, la referme, et la rouvre encore une fois. « Je vais te ramener.

– Ce n'est pas la peine, Erica, dit-il d'une voix tendue. Je peux rentrer à pied.

– Il fait trop froid dehors. De toute façon, j'ai envie de sortir un petit peu. (Elle avale sa salive.) Moi non plus je ne m'amuse pas beaucoup.

– Ah non ?

– Je t'en parlerai en voiture. »

Non seulement il fait froid dehors, mais il commence à neiger. La route glisse déjà dans la côte, ce qui rend la conversation difficile ; quand ils arrivent à la librairie, Erica est loin d'avoir exprimé tout son ressentiment envers Nancy et Jack.

« Tu veux entrer prendre une tasse de thé ? »

Erica hésite, regarde sa montre. Il n'est pas encore dix heures. Elle souffre du froid et de l'humidité ; elle a le cerveau pris par la dépression. Chez elle rien ne l'attend que le chantier que Jeffrey et Matilda auront laissé dans la maison, dans sa cuisine surtout ; et elle n'a pas envie de retourner à la soirée, où Mme Heyrick et les Diacritis se sont probablement déjà plaints de Zed auprès de Danielle en demandant qui diable a bien pu l'amener. « Oui, quelques instants, je veux bien. »

14

A l'autre bout de la ville ce même soir glacé de mars, une réunion fort différente a lieu dans l'appartement de Linda Sliski que Wendy partage nominalement avec elle. A la soirée de Danielle, tous les feux sont allumés, tout le monde est debout et parle fort. Ici on est dans une pénombre enfumée ; les invités sont assis ou couchés par terre sans parler, et se passent un joint. Quand arrive le tour de Brian, au lieu de tirer une bouffée, il le tend à Wendy, qui est appuyée contre sa jambe, la tête sur son genou plié.

Ici tout est paisible et tiède ; un peu trop tiède et trop paisible pour Brian, qui n'arrive pas à lancer une conversation quelconque et dont la jambe gauche commence à s'engourdir. Mais il est décidé à s'en accommoder, et même, c'est son orgueil qui est en jeu. Pour lui, un politologue, comme un politicien, doit être capable de s'adapter à tout un éventail de situations.

Il vaut mieux qu'il soit dans cet état d'esprit, car ces derniers temps il a eu peu d'occasions d'assister à des soirées plus conformistes. Comme Erica, il a noté une baisse de sa vie mondaine. Néanmoins il en connaît la raison exacte, à savoir que – quoiqu'ils aient dit et répété qu'ils se séparaient à l'amiable – personne ne tient à les inviter ensemble, parce que ça n'est pas l'usage. L'usage, c'est de les maintenir séparés de convier l'époux désuni à de petits dîners où il fera un homme de plus à table, parce qu'il ne sait pas cuisiner et qu'il meurt sans doute de faim ; tandis que l'épouse désunie est invitée à de grands cocktails pour les célébrités de passage sous prétexte qu'elle a besoin de voir des gens.

Dans le cas des Tate, c'est une politique qui contrarie tout le monde. Brian trouve que Wendy ne le nourrit déjà que trop mais il ne serait pas fâché d'avoir l'occasion de prendre un verre et de parler de choses intéressantes avant de rentrer aux Tours de l'Alpe. Erica, de son côté, n'a aucune envie de rencontrer les célébrités de passage, et les cocktails ont lieu à l'heure la plus incommode de la journée pour elle – l'heure du dîner des enfants.

Quand elle leur a servi la pizza, les spaghettis ou les hamburgers qu'ils réclament, elle serait ravie de partager la table de gens civilisés, mais personne ne l'invite.

Quant à Wendy, elle est plus déprimée que contrariée. Elle pleurniche chaque fois que Brian va à un dîner sans elle, et elle est persuadée que, s'il n'est pas invité à des soirées où il pourrait l'emmener, c'est que les gens n'aiment pas ce qu'elle est et ne veulent pas d'elle chez eux. Quant à ceux qui donnent ces dîners ou ces soirées, ils sont eux aussi contrariés et déprimés de voir tant de leurs invitations refusées.

Brian ne peut pas rendre d'invitations, même celles qu'il reçoit effectivement, parce que son appartement est trop petit et trop rempli par Wendy. Pour la forme, elle vit toujours avec Linda, mais elle est rarement chez celle-ci, et au cours des derniers mois il y a eu transfert régulier de ses vêtements et de ses affaires personnelles aux Tours de l'Alpe. Désormais, tout invité qui ouvrirait par hasard le placard de la salle de bains ou la porte de la penderie se trouverait devant l'évidence qu'une femme vit plus ou moins dans les lieux. De plus, si Brian renvoyait Wendy pendant qu'il reçoit, il lui ferait de la peine, mais si elle restait là, ce serait déclarer ouvertement qu'ils vivent ensemble.

Bien qu'il n'ait pas été invité chez Danielle, Brian n'ignore pas du tout l'existence de cette soirée. Plusieurs personnes de connaissance lui en ont parlé, en ajoutant, innocemment, ou perfidement, qu'elles espéraient bien l'y voir. Son avocat, Jack Lucas, lui a même proposé de suivre le mouvement en y allant avec lui et sa compagne de la soirée. Inutile de dire que Brian a refusé. Il n'a jamais aimé « suivre le mouvement », et en l'occurrence, s'il s'était avisé d'accepter, Danielle l'aurait sans doute prié de partir.

De plus, Brian en a assez de Jack Lucas et de ses négociations interminables. Leonard Zimmern – qu'il a vu à New York récemment – lui a conseillé de changer d'avocat. (« C'est un chic type, certes ; c'est bien ça l'ennui. Quand on divorce, on ne demande pas à un avocat d'être un chic type. Si tu ne veux pas que ça traîne, va voir Frank Panto. C'est ce que j'aurais dû faire moi-même, si j'avais été moins bête. ») Jusqu'à maintenant, Brian a hésité à suivre cet avis. Il ne connaît pas Frank Panto ; mais, comme à tout Corinth, le nom lui dit quelque chose. Il apparaît souvent dans les journaux, dans les comptes rendus de procès pour effraction, contrefaçon, viol et conduite en état d'ivresse – et il est toujours signe que le prévenu est coupable, mais qu'avec un peu de chance il s'en tirera, ayant pris Panto pour le défendre.

Brian n'aime pas l'idée d'admettre ainsi ses torts. D'un autre côté, il est las d'entendre Jack lui dire que l'avocate d'Erica n'a pas encore répondu à sa dernière lettre ou qu'elle ne l'a pas rappelé, ou encore qu'elle n'a fait que des propositions ridiculement malhonnêtes : « Six cents dollars par mois ? Vous savez ce qu'elles cherchent à faire, ces harpies ? Elles cherchent à vous émasculer, à vous couper les couilles. Elles veulent s'en prendre à votre sur-moi et vous ruiner financièrement. Clarabelle a essayé la même chose avec moi, mais finalement je l'ai obligée à rabattre. »

Par moments Brian se dit que son ami a peut-être raison en ce qui concerne l'incompétence de Jack et la perfidie de Clara. Plus fréquemment pourtant, il soupçonne qu'il y a collusion entre Jack et Clara : qu'ils se sont mis d'accord pour retarder le divorce des Tate, comme celui des Zimmern autrefois, et bien d'autres, dans l'espoir que le temps opérera peut-être une réconciliation. Il n'en ont pas forcément discuté ouvertement ; ce sont de vieux amis, qui se comprennent à demi-mot. (« C'est franchement dommage pour les Tate. » « Anh-anh. » – On fait traîner au moins six mois. « Pas vraiment une surprise, l'affaire Farrell. » « Non ; disons qu'il était grand temps. » Formalités réglées en quinze jours.)

Malgré ses soupçons, Brian n'a pas encore attaqué Jack sur ce point, car, d'une certaine manière, ce retard le sert : il met le désir de mariage de Wendy en état de blocus. En réalité elle ne parle plus de mariage depuis quelques semaines mais il sent ce désir en elle constamment, exactement comme il sent en ce moment le poids lourd, tiède, et légèrement engourdissant de son corps contre sa cuisse.

La séparation légale a d'autres inconvénients. Cela coûte cher, d'une part, et ce sera peu pratique et gênant s'il décide, ou quand il décidera de retourner auprès de sa femme et de ses enfants. Il n'a pas abandonné l'idée d'un tel retour, mais il a tendance à l'imaginer comme une échéance de plus en plus lointaine. Il ne le souhaite pas pour tout de suite, et Erica non plus, et pourtant ce serait vraiment dans son intérêt. Cela ne lui a rien valu de vivre seule : elle a été souvent malade cet hiver, elle est filiforme et tendue. Dimanche dernier, quand il est allé chercher les enfants, elle avait si mauvaise mine que Brian n'a pas pu s'empêcher d'en faire la remarque : « Tu es très pâle. Tu es enrhumée encore une fois ? » « Effectivement, oui », a répondu Erica d'un air morne. « Tu es surmenée, voilà ce qu'il y a. Si tu arrêtais de travailler, c'est ridicule... » « Si j'arrêtais de travailler, a-t-elle coupé d'une voix grêle et tendue, je ne pourrais plus remplir le frigidaire. »

Brian s'est arrangé pour ne pas se laisser trop troubler par ces propos en se disant qu'il donnait maintenant une telle part de son salaire à Erica que c'est lui qui ne peut plus remplir son frigidaire ; qu'elle vit toujours au large dans une maison confortable et pas à l'étroit dans un petit appartement. Il s'est répété les paroles de Leonard Zimmern : « Il ne faut pas se laisser attendrir, sinon elles vous mettent au trente-sixième dessous avec leur mélo et leurs jérémiades bien féminines. J'ai toujours vu Erica en bonne santé. »

Ce système a été en partie efficace. Brian n'a pas conscience d'être coupable ; il ne pense même pas à Erica très souvent. Mais il fait de mauvais rêves. Dans ceux-ci, ses expériences de guerre reviennent fréquemment, lui rappelant les cauchemars qu'il faisait juste après son expédition dans le Pacifique sur un contre-torpilleur escorte ; des cauchemars pleins d'ordres confus, d'eau, d'obscurité visqueuse et de grands bruits. Seulement maintenant Erica fait partie de ces rêves. La semaine dernière elle lui est apparue avec de grandes ailes, perchée sur le toit de la véranda de Jones Creek Road, semblable à une figure des tableaux de la Renaissance. C'était le soir, le ciel était couvert, l'air traversé de bruits plaintifs et menaçants, comme des missiles antiaériens qui l'ont fait suffoquer, crier tout fort et réveiller Wendy. « Brian, qu'est-ce qu'il y a ? Tu es dans un de tes cauchemars de guerre ? Réveille-toi ! Qu'est-ce qui se passait, raconte-moi. »

Et Brian lui a raconté, mais mal lui en a pris. Car après l'avoir serré dans ses bras pour l'apaiser, elle lui a demandé : « Comment ça se fait que tu rêves toujours d'Erica ? Peut-être que tu l'aimes encore. » « Mais non, je ne l'aime plus. Et je voudrais bien qu'elle foute le camp de mes rêves. » Wendy pas convaincue, n'a rien répondu. « Elle avait des ailes comme une harpie », a-t-il continué, ajoutant que c'était sûrement lié aux exigences irrecevables de Clara Dickson.

Mais Wendy n'y a pas cru. « Je sais pas. Elle demande peut-être tout ce blé exprès, pour faire foirer la procédure. C'est parce qu'elle veut que tu reviennes, c'est parce qu'elle est toujours amoureuse de toi.

– Non, Erica n'est pas amoureuse de moi, a affirmé Brian avec encore plus de conviction. En fait, je ne crois pas qu'elle ait jamais été amoureuse de moi. (Dans le noir, Wendy a marmonné quelque chose d'un air de doute.) Allez, il faut qu'on dorme. J'ai deux cours demain.

– Oui, j'te demande pardon. C'est juste que... enfin bon, merde, jamais tu rêves de moi.

– Je n'ai pas besoin de rêver de toi », a dit Brian de sa voix la plus tendre, et avec le geste adéquat. Il l'a sentie plus calme ; elle a répondu à son geste, avec un rire chaleureux, et elle s'est retournée sur le ventre. Elle dort toujours ainsi, souvent un poing dans la bouche, comme une enfant ; et puis, comme une enfant, elle s'est rendormie en quelques instants.

Brian, lui, a mis plus d'une heure à se rendormir, poursuivi périodiquement par le bruit plaintif de son rêve.

Le joint a fait le tour et revient à Brian : mince cigarette un peu écrasée, pincée et humide à un bout. A nouveau il le passe. Moralement, il n'a rien contre la marijuana, mais il n'en aime pas les effets. Quand il fume de l'herbe, il entre dans un état de morosité, d'abrutissement et de lascivité où il voit le monde avec des couleurs violentes, aplati, comme dans la peinture abstraite qu'il trouve la plus ennuyeuse. Il a, en alternance, une impression de ralentissement et d'accélération : une minute met un temps infini à s'écouler, et des quarts d'heure filent entre deux phrases. Avec leur sens puéril d'un avenir sans limites, Wendy et ses amis trouvent peut-être ça amusant ; mais Brian trouve ça désagréable : il n'a pas envie de laisser mordre ainsi sur son temps de vie. Pire encore que les déformations sensorielles est l'effet de la drogue sur l'intellect. Le sens et l'ordre sont brouillés, et toute discussion ou comparaison rationnelle devient impossible.

De plus, ça rend les gens ennuyeux en société. Quand on leur sert à boire, ils s'animent et communiquent ; ils parlent et bougent davantage. L'herbe a l'effet inverse : regardez donc Linda et ses amis, couchés là depuis une demi-heure, sans dire un mot ou presque, comme des vaches dans de la vraie herbe.

Brian est sérieusement préoccupé par l'usage constant que fait Wendy de la marijuana. Il semble que ses amis et elle ne puissent pas passer un moment ensemble sans allumer un joint, et il s'écoule rarement une journée sans qu'elle en fume un, en partie du moins, et souvent (comme pour l'instant) mélangé à du hasch pour qu'il soit plus fort. C'est peut-être inoffensif en petites quantités, mais qu'est-ce qu'une petite quantité ? Sans contrôle fédéral, comment savoir ce qu'ils consomment ? Et puis, il a lu que l'effet peut être cumulatif sur des mois ou des années. En outre, c'est une drogue, qui mène à des drogues plus dures : LSD, amphés, héroïne ; à la dépendance, à des hallucinations bizarres, à l'effondrement mental et moral, à l'overdose et à la mort. Il n'est pas prouvé que la marijuana elle-même ne crée pas une dépendance, psychologique du moins. Et, indépendamment de tout le reste, elle est interdite par la loi. Elle est distribuée par des organisations criminelles dont une partie des bénéfices finance la corruption de toute sorte et peut-être le meurtre ; sa consommation fait de vous un criminel. En ce moment même Wendy et ses amis violent la loi fédérale. Ils pourraient être arrêtés, jugés, et envoyés en prison ; et lui aussi, pour complicité. Le juge serait probablement particulièrement sévère pour lui étant donné son âge et sa situation.

Brian soupire et tend le bras pour attraper une autre boîte de bière en passant devant Wendy dont le paisible sourire bovin fait place a un regard angoissé. Il sait pourquoi : elle s'inquiète de le voir boire constamment. Elle s'est aperçue qu'apparemment ses amis et lui ne peuvent pas passer un moment ensemble sans déboucher une bouteille ; qu'il s'écoule rarement une journée sans qu'il prenne au moins un verre de vermouth avant le dîner, souvent mélangé à du gin pour que ce soit plus fort.

En fait Wendy considère l'alcool à peu près comme lui considère la drogue. Pour elle, l'herbe permet d'être détendu, heureux, et en paix avec le monde ; elle affine et amplifie les perceptions. L'alcool brouille les sens et mène au tapage et à la violence. En outre, comme chacun sait, il crée une dépendance. Une petite quantité, une boîte de bière, un ou deux verres de vin sont peut-être inoffensifs, mais ils peuvent mener à la consommation de boissons plus fortes et plus dangereuses, à la perte de contrôle, aux cris, aux coups, aux vomissements, et aux accidents d'auto mortels ; et finalement à l'impuissance, à des visions de serpents et à la cirrhose du foie. Et indépendamment de tout le reste, c'est du vol manifeste. Une bouteille de whisky coûte six à huit dollars, dont une bonne partie va à l'Etat, ce qui revient à financer un gouvernement corrompu et à tuer des gens au Viêt-nam.

La porte s'ouvre brutalement pour laisser entrer deux autres amis de Linda : une jolie fille énergique à la coiffure judéo-afro, et un jeune homme barbu. Tous deux sont déjà connus de Brian : le jeune homme est l'étudiant en physique du nom de Mark qui habitait en bas. Maintenant il vit dans une communauté avec cette Jenny, une étudiante de licence avec qui il a une relation, mais pas une relation importante. Comme l'a expliqué Wendy à Brian,

« Quand t'as une relation, tu baises juste avec le mec. Quand t'as une relation importante, tu baises avec lui et en même temps c'est ton meilleur copain. »

« Salut tout le monde. » Jenny ôte son poncho en le tirant par-dessus ses cheveux drus. En dessous elle est habillée dans un style que Brian connaît bien, mais qu'il continue à trouver curieux. Contrairement à Wendy, avec son costume indien indo-américain, Jenny et la plupart de ses camarades de licence sont accoutrées comme de pauvres cow-boys et des fermiers bouseux. Elles portent des grosses bottes et des jeans délavés et rapiécés, avec une chemise ou un pull d'homme. Pour sortir, elles remplacent le pull par une blouse décolletée fantaisie garnie de dentelle ou de broderies colorées ; et elles ajoutent des colliers et de longues boucles d'oreille. Mais le jean et les bottes demeurent, ce qui fait qu'elles ont l'air mal assorties à la taille, comme les figurines en carton d'un jeu que Brian avait quand il était petit.

« Comment ça va ? » dit Linda qui, prostrée à terre, lève une main et un bras osseux.

« Pas fort. » Jenny refuse d'un geste le joint que lui tend un des autres invités et elle s'assied à côté de Brian en attrapant une boîte de bière. « Je suis vraiment dégoûtée de l'université.

– Ah oui ? » Brian change de position, se dégageant du poids appuyé contre sa jambe, et il se tourne vers Jenny avec plaisir – non seulement parce qu'elle est très jolie, mais parce qu'il risque enfin d'entendre quelque chose d'intéressant. Et puis, il va peut-être pouvoir proposer ses services. Ces derniers mois, il a servi de conseiller aux amis de Wendy sur toutes sortes de problèmes, qu'il s'agisse de difficultés dans leurs études, d'ennuis avec leurs propriétaires, de postuler un emploi, d'échapper à l'armée. Son avis leur est précieux, à cause de sa plus grande expérience de la procédure universitaire d'une part, et de sa plus grande expérience du monde d'autre part. « Qu'est-ce qui se passe ? »

Jenny prend un air noir en ouvrant sa boîte de bière, mais elle ne répond pas.

« Il y a un problème avec ce type de votre département, ce professeur Dibble, explique Mark. Il semble qu'il arrête pas d'attaquer les femmes dans ses cours.

– Il semble pas, dit Jenny. C'est flagrant.

– Ah ! » Brian connaît bien le problème ; de plus il en est, d'une certaine manière, responsable. C'est lui après tout qui, à Thanksgiving dernier, a suggéré à une autostoppeuse de s'inscrire au cours de Dibble. Non seulement Sara a suivi ses recommandations, mais elle en a fait profiter des amies et des membres de sa communauté. Le résultat c'est qu'au moins trois étudiantes féministes militantes suivent Sciences Po. 202. Elles se sont aperçues que Dibble ne voulait rien entendre, pas plus qu'elles ne veulent l'entendre : Brian a déjà eu les doléances des deux parties.

« Je me doutais qu'il allait devenir salaud quand on en serait au dix-neuvième amendement, mais je ne pensais pas que ça serait à ce point-là. Franchement, c'est vraiment un facho, un sale machiste. Il a dit de ces trucs, je pensais pas qu'on pouvait entendre ça dans une université américaine ; on dirait que ça sort de *Mein Kampf*. Et il n'y a pas moyen de discuter avec lui.

– Vous avez essayé ?

– Oui, oui. Pat et Sara ont essayé de lui parler après le cours, et moi je suis allée le voir dans son bureau deux fois cette semaine. La première fois il n'a pas voulu me parler parce qu'il avait une réunion, et hier il m'a fait attendre à peu près une demi-heure pour me recevoir cinq minutes. Et il a été vraiment grossier. Il s'est déclaré surpris qu'une charmante jeune femme comme moi s'intéresse à une cause aussi imbécile. » Jenny imite l'allure hautaine et le ton affecté de Dibble, puis elle prend un air sombre. Ni l'une ni l'autre de ces deux expressions ne sauraient dissimuler une beauté si remarquable que même un misogyne comme Dibble y a été sensible – cette bouche juvénile et pulpeuse, ces jolis seins ronds et jeunes, nus sous l'étoffe légère de la blouse brodée.

« Dégoûtant », coasse Linda, qui jamais ne fera l'objet de remarques de ce genre. « Tu sais ce que vous devriez faire, vous devriez cesser d'aller à son cours.

– C'est ce que dit Pat. A son avis, on devrait tout simplement laisser tomber le cours et écrire au Doyen Kean en lui expliquant pourquoi. Je ne sais pas, mais il me semble que ça ne servirait pas à grand-chose. Je me suis dit qu'on devrait peut-être essayer de boycotter. (Elle se tourne vers Brian.) On pourrait réunir toutes les femmes du cours et leur demander à toutes de sécher, et puis écrire au *Star*. Qu'est-ce que vous en pensez ? Et pourquoi est-ce que ça ne marcherait pas ? (car Brian hoche la tête).

– Ça n'est pas valable politiquement, explique-t-il. La tactique n'est pas bonne. Permettez-moi de vous poser une question : que voulez-vous de Dibble ? »

Jenny prend son souffle, redresse les seins. « Nous voulons qu'il nous écoute, et qu'il cesse de dénigrer les femmes, qu'il s'excuse publiquement – ou du moins qu'il rectifie ses mensonges, comme quand il dit que les femmes ont douze ans d'âge mental, et...

– Très bien, interrompt Brian. Mais Dibble ne vous écoute pas ; et il ne prêtera pas plus d'attention à une lettre du *Star*. Et je ne suis pas sûr que sécher le cours soit plus efficace. Combien de filles, de femmes, pardon – il sourit à Jenny – êtes-vous en 202 ?

– Je ne sais pas exactement. Une vingtaine.

– Et vous en auriez combien avec vous, à ton avis ?

– Toutes, j'espère, dit-elle, enthousiaste. Ou presque toutes. Il y a toujours quelques dégonflées dans un groupe.

– Anh-Anh. Bien. A supposer qu'elles soient toutes réellement partantes. Je connais Don Dibble. Ça ne le dérangerait pas de ne plus avoir de femmes à ses cours. Et il se ferait un plaisir de recaler une dizaine ou une quinzaine d'entre vous pour absences non justifiées. Ou en tout cas de vous baisser vos notes. Non. (Brian hoche de nouveau la tête, d'un air encore plus catégorique.) Ça n'a pas de sens de faire partir les femmes de son cours. Ce qu'il faut, au contraire, c'est en faire venir davantage. » Il regarde autour de lui ; personne n'a compris, sauf Jenny.

« Vous voulez dire qu'on devrait demander à toutes nos copines de venir au cours ? – en masse – pour remplir la salle ? (Elle se dresse sur ses genoux, le feu de la bataille commençant à briller dans ses grands yeux bruns.) Ouais, j'y suis ! Quand Dibble commencera son baratin on pourra toutes prendre l'air pas content – se mettre à protester et à siffler – l'interrompre même – taper des pieds... » Elle rit de bon cœur.

« Voilà. » Brian sourit à Jenny, en se disant qu'elle a l'esprit vif et, pour quelqu'un d'aussi jeune, une bonne intelligence des principes d'action politique. Puis il baisse les yeux vers Wendy, dont le visage est toujours dans un brouillard d'inintelligence. Il s'aperçoit, et ce n'est pas la première fois, que s'il avait voulu délibérément quitter sa femme pour une étudiante, il aurait pu trouver mieux à la fois intellectuellement et physiquement.

« Tu peux faire venir toutes les filles que tu connais, dit Linda en s'asseyant. Je viendrai aussi, et je pourrais demander à Marilyn...

– Mieux que ça, interrompt Jenny. Je vais aller à la prochaine réunion des FUINES et je demanderai des volontaires. Après on pourra organiser des roulements, convenir de signaux... C'est une idée géniale, extra, merci ! » Elle se tourne vers Brian et brusquement l'entoure de ses deux bras en l'embrassant sur la joue, appuyant un instant contre lui ses seins opulents et tièdes.

« Il n'y a pas de quoi.

– Sensationnel », renchérit Wendy d'un air d'adoration, en l'étreignant et en l'embrassant par l'autre côté. Brian lui rend son étreinte ; mais il ne peut pas s'empêcher de faire la différence, et de se demander pourquoi, pour la deuxième fois de sa vie, il s'est embarqué avec une femme qui a relativement peu de poitrine. Ce n'est pas comme s'il préférait les petits seins. Mais sa vie n'est pas finie. Un jour peut-être Jenny et lui...

« Pour Brian c'est facile. Il les voit juste une fois par semaine. » Erica s'arrête, s'entendant se plaindre d'une voix pointue.

« Ah ! » Zed lui tend une grande tasse de thé à la menthe.

« Il les laisse faire tout ce qu'ils veulent », continue Erica, car après tout il faut bien qu'elle se plaigne auprès de quelqu'un. « Il les emmène juste dîner dehors et il leur permet de commander tout ce qui leur fait plaisir : du pâté en croûte, du coca, des hamburgers et des frites grasses ; il ne les oblige jamais à boire du lait, ou à manger des légumes. Alors évidemment ils le trouvent gentil. (Sa tasse à la main, elle s'assied sur le divan plat et défoncé, dans l'arrière-boutique de la Librairie Krishna. Je sais ce que c'est, étant donné ma propre enfance.

– Ah ! » Zed s'est juché en face d'elle sur un escabeau de cuisine, sa veste de tweed élimée jetée sur ses épaules, semblables aux ailes d'un oiseau maigre et déplumé.

« Seulement pour moi c'était pire. Je ne voyais presque plus mon père après son départ dans l'armée canadienne ; alors non seulement c'était lui que je préférais, mais je le considérais comme un héros parfait. Pendant toutes mes années de lycée, chaque fois que j'étais malheureuse ou que je trouvais la vie injuste, je m'imaginais qu'il allait venir à mon secours. Ou bien quelquefois, je me figurais que j'irais le rejoindre en Angleterre, en France ou au Canada et que nous aurions des retrouvailles romantiques.

– Et alors, quand il revenait ? » demande Zed au bout d'un instant.

« Il ne revenait pas vraiment. De moins en moins ; quand j'ai eu quinze ans, il n'est plus revenu du tout. Mais à mes camarades d'école, je racontais qu'il revenait de temps en temps », ajoute-t-elle en baissant les yeux. Puis elle regarde ; mais il a toujours la même expression – de douceur, de bienveillance.

« Une fois je suis allée le voir, poursuit-elle. C'était aux vacances de Pâques, en deuxième année de fac. J'ai dit à ma mère et à tout le monde que j'étais invitée chez une amie à Détroit. Et puis j'ai pris un billet de car pour Ontario, et je lui ai écrit en disant que j'arrivais, trop tard pour qu'il puisse m'en empêcher. Ou plus exactement, pour que Myra, sa femme, ne puisse m'en empêcher ; je m'étais mis dans la tête que tout était de sa faute à elle, que c'était elle qui nous séparait depuis des années, en disant du mal de moi et même en déchirant les lettres que j'écrivais toujours à Noël et pour son anniversaire, ce qui expliquait qu'il ne me réponde jamais.

– Et qu'est-ce que ça a donné quand tu l'as vu ?

– Ça a été affreux... Il n'était pas comme ma mère le décrivait, non – ni odieux, ni cruel, ni insensible ou névrosé. Mais il avait l'air – comment dire – d'un Canadien. Un Canadien plus très jeune dans les affaires, avec une grande femme et trois petits enfants. Assez bel homme – ça je le savais ; depuis toujours je trouvais que c'était l'homme le plus beau du monde. Mais il était bien plus vieux que sur les photos ; il était las et soucieux, il n'avait pas vraiment réussi et il n'était pas très cultivé. Il ne lisait guère. Il s'intéressait aux matchs de hockey, et au camping – moi je ne l'intéressais pas, c'était ça l'essentiel. Mais j'étais là. » Elle a du mal à en rire.

« Au début ça a été vraiment terrible. Mon père et Myra ont cru que j'étais venue leur demander de l'argent, alors ils ont été très froids, sur leurs gardes, et ils ont essayé de me faire comprendre qu'ils étaient vraiment fauchés – le lit fait avec des draps en flanelle de coton, du hachis de corned beef pour le dîner, et des discours à n'en plus finir auxquels je ne comprenais rien sur les impôts au Canada. Une fois qu'ils ont vu qu'ils se trompaient, ils sont devenus plus gentils avec moi mais ils ne comprenaient toujours pas. Quand ils ont su que je partais avec deux jours d'avance, ils ont été soulagés, et ils sont même devenus aimables. Ils ont pris une photo de moi devant la maison et ils m'ont donné une boîte de bonbons au sucre d'érable en forme de feuilles d'érable, chacune dans une petite coupelle de papier gaufré vert.

– Je parie que tu ne les as pas mangés.

– Non, répond Erica en riant. J'ai donné toute la boîte à Marian en rentrant.

– Tu lui as dit d'où elle venait ?

– Je n'ai jamais rien dit à personne. (Elle rit à nouveau un instant, comme si elle toussait.) Je me sentais trop idiote d'avoir fait tout ce chemin pour rien... Le dernier soir, dans la chambre qu'ils m'avaient donnée – sauf que ça n'était pas une chambre à donner, c'était en fait la chambre de l'aîné des garçons, avec des photos de vedettes sportives canadiennes découpées dans les journaux et punaisées au mur – je me suis dit – j'étais couchée et je ne dormais pas, et je me suis dit que la raison pour laquelle mon père n'était jamais revenu à mon secours durant toutes ces années, c'était qu'il n'en avait pas envie. (Elle a la gorge serrée.) Il ne voulait pas assumer la responsabilité de ses enfants. Lui-même était plus ou moins un enfant.

– Oui.

– Et j'étais là, couchée dans ce lit, en diagonale presque, tellement il était court, un lit pour un adolescent, et alors j'ai décidé que jamais je ne serais comme ça ; que jamais je n'épouserais quelqu'un comme ça, sur qui on ne pouvait pas compter, qui n'était pas adulte, tout bel homme et tout gentil qu'il était... Ah Sandy, je t'en prie, ne ris pas.

– Je ne ris pas.

– Mais tu sais, quand je l'ai épousé, Brian n'était pas comme mon père », dit Erica avec insistance, en s'asseyant sur le bord du divan. « Il était sérieux, et responsable. Je ne sais pas ce qui s'est passé. (Elle plonge son regard dans sa tasse de thé à la menthe.) Il a changé. Tout le monde change, j'imagine. »

Un silence. Puis Zed répond : « Non, Brian n'a pas changé. Il a toujours été le même. Typiquement double Capricorne ; il a besoin de paraître responsable et sérieux aux yeux du monde. D'ailleurs la plupart des gens sont comme ça. Ils veulent avoir l'air de quelqu'un de bien. Toi, tu es une originale ; ce que tu veux, c'est être quelqu'un de bien.

– Non je ne suis pas une originale, s'écrie Erica, en posant sa tasse. Je suis plutôt quelqu'un de conformiste en fait. En tout cas, jamais je ne me suis considérée comme anticonformiste. » Ce dernier mot, qui, dans la bouche de sa mère, était un compliment, elle le prononce avec une amertume particulière.

« Oh ! Erica. (Cette fois, Zed se met à rire, bien fort.) Ne me raconte pas d'histoires. Si tu avais été conformiste, tu aurais refusé de parler à Wendy. »

Erica juge ces propos d'une familiarité excessive, et même d'une certaine incorrection. Mais elle décide d'excuser Sandy ; après tout, c'est un très vieil ami.

« Peut-être, dit-elle. Mais enfin, c'est ce que Brian voulait que je fasse, je crois. En fait, ce qu'il voulait sans doute, c'est nous garder toutes les deux.

– Tiens, tu penses. » Le ton sur lequel ces mots sont prononcés rappelle à Erica ce qu'elle s'est dit une ou deux fois : que non seulement Sandy n'aime pas Brian mais que, pour une raison quelconque, il le déteste vraiment.

« Etant donné la position de la lune en Capricorne. »

Erica ne fait pas de commentaire. L'air légèrement sceptique, elle s'assied en arrière. « Tu crois vraiment à tout cela ? demande-t-elle, d'une voix plus sèche. Que les mouvements des étoiles ont une influence sur la vie des gens ?

– Pas les étoiles, les planètes. » Zed change de position lui aussi : il pose ses pieds sur le dessus de l'escabeau, et appuie ses coudes sur ses genoux.

« Ça paraît d'un tel déterminisme ! (Elle sourit maintenant, contente d'avoir changé le sujet de la conversation.) Quelquefois je regarde l'horoscope dans le journal – comme tout le monde, j'imagine – et c'est toujours le même genre de choses, si vous êtes né en septembre vous êtes quelqu'un de difficile qui critique tout, et vous n'y pouvez rien, surtout le mercredi.

– Dans les journaux, c'est de la fumisterie. C'est même un danger ; la plupart des astrologues sérieux condamnent ce genre d'horoscope. L'idée en astrologie, c'est que tout individu est unique. Bien sûr il y a le destin – les planètes – mais il y a aussi la volonté humaine. On ne peut pas inverser sa nature, mais on peut la mettre au service du meilleur ou du pire. C'est très réconfortant : ça vous apporte à la fois des encouragements et une excuse, selon les besoins.

– Oui, dit Erica en riant. Mais tout de même... Quel bien est-ce que ça fait, réellement ? »

Zed lui sourit, le visage encadré de ses deux mains longues et fines. « Tu te poses toujours cette question. A Cambridge, je me souviens, c'est une des choses qui m'impressionnait le plus chez toi. J'étais moins ambitieux que toi moralement, même à cette époque-là. Je n'aspirais pas à faire le bien ; ça me paraissait trop difficile. Je voulais seulement ne pas faire de mal. (Il soupire.) Et même ça – quelquefois je me dis que je devrais fermer cette boutique et me contenter de faire des horoscopes.

– Tu as l'impression de faire du mal ici, dans la librairie ?

– Difficile à dire. » Zed s'est mis à dénouer sa vieille cravate noire en tricot ; maintenant il la tire par un bout en la sortant de son col élimé. « Au début ça allait. Mais maintenant il y a trop de gens qui viennent tout le temps me demander de résoudre les problèmes de leur existence – de répondre aux questions d'ordre spirituel qu'ils se posent, de leur dire quoi faire, quoi penser. Ils notent tout ce que je dis, y compris les idioties, et ils me le répètent. Je ne sais pas si je vais tenir encore longtemps comme ça. Je ne suis pas comme ton mari ; je n'aime pas être adoré. Ça me rend claustrophobe. »

Tout en riant, Erica commence à parler, puis elle s'arrête. Elle a toujours méprisé les gens qui se moquent de leur ex-époux et qui le dénigrent, et elle ne voudrait surtout pas devenir comme eux. Elle a décidé depuis des mois de ne jamais critiquer le caractère de Brian, et même de ne jamais en parler, sauf avec Danielle ; elle a coupé court à maintes conversations qui s'engageaient ainsi : « En fait, j'ai toujours pensé que Brian était... » en répondant sèchement : « Je préfère ne pas parler de lui, si vous permettez ». Erica aime trop Zed pour lui parler ainsi ; alors elle regarde sa montre, soupire un peu, volontairement et se lève.

« Tu t'en vas ?

– Je ferais bien, oui ; il est presque onze heures. Il faut que je retourne chez Danielle – j'ai plus ou moins promis de l'aider à ranger après la soirée. » Erica soupire à nouveau, plus involontairement. Pour la première fois depuis presque une heure, elle revoit l'image que les miroirs lui ont renvoyée : cette femme aux traits tirés, ridée, plus vraiment jolie. C'est cette personne pas jolie et ridée qui doit aller rejoindre les invités, et rester parmi eux, peut-être pendant des heures.

Elle prend son manteau de fourrure sur une pile de cartons et elle commence à l'enfiler. Zed descend de son escabeau, il veut l'aider. « Attends, laisse.

– Ça va, merci. » Erica boutonne son manteau ; elle ramasse son grand châle en mohair rose qui est tombé par terre, elle en secoue la poussière, et se le met sur la tête et autour des épaules. Zed, en s'excusant pour l'état du plancher, suit Erica à l'avant de la boutique plongée dans la pénombre.

« Ça dure toujours », s'écrie-t-elle. Derrière les formes noires des livres, on voit des flocons mouillés et des mottes de neige collés sur la vitrine grise.

Zed tire les verrous et ouvre la porte devant une grosse masse de neige qui éclate. A quelques pas de là, sous un réverbère, la voiture d'Erica n'est plus qu'un monticule blanc et flou.

« Ah, mon Dieu ! Regarde ça. » Elle fait deux pas dehors ; elle est aussitôt assaillie et aveuglée ; elle bat en retraite. « Le chasse-neige n'est même pas passé. Qu'est-ce que je vais faire ?

– Tu pourrais attendre ici un moment, et voir si ça s'arrête », suggère Zed, en se protégeant le visage avec un bras.

« Oui, ça vaudrait peut-être mieux. (Erica revient dans la boutique, et tape ses bottes par terre.) Je me demande combien de temps ça va durer. Tu as écouté la météo à la radio ?

– Je n'ai pas de radio. » Il referme la porte – sans y arriver du premier coup, car la neige s'est collée après les montants ; alors il la claque.

« Je pourrais peut-être appeler Danielle. (Erica se souvient que Sandy n'a pas de téléphone non plus.) Est-ce qu'il y a un téléphone près d'ici ?

– Il y en a un au restaurant chinois. Mais c'est sans doute fermé à cette heure-ci.

– Tu devrais avoir le téléphone. (Zed ne répond pas.) Enfin, si Danielle voit le temps qu'il fait, je pense qu'elle comprendra ce qui s'est passé, et qu'elle demandera à quelqu'un d'autre de l'aider. A son ami le docteur Kotelchuk, par exemple. (Erica retire son châle couvert de fines gouttelettes d'humidité.) A son soupirant, je veux dire », ajoute-t-elle en défaisant son manteau et en suivant Zed dans l'arrière-boutique.

« Je ne m'en remets pas, tu sais, continue-t-elle. Je t'ai dit qu'il l'avait demandée en mariage au beau milieu des Caves de la Coopé ? Mais vraiment. » Elle se met à rire.

« Il aurait pu choisir un lieu plus romantique ?

– Oui, il me semble. Plus intime en tout cas. Ça n'est pas ce que tu aurais fait ?

– Je n'ai jamais demandé personne en mariage », dit Zed, prenant le manteau d'Erica et le posant soigneusement sur les cartons pour la deuxième fois. « Mais je suppose que oui ; j'attendrais sans doute des circonstances plus favorables. Evidemment on risque de laisser passer sa chance. Tu veux encore du thé ? »

– Oui, je veux bien. » Erica met son châle sur ses épaules. Il commence à faire froid, car le propriétaire, par économie, ne chauffe que pendant les heures ouvrables. « Ça n'est vraiment pas possible, poursuit-elle. Comment peut-on épouser quelqu'un qui s'appelle Bernie Kotelchuk ?

– Ou Sandy Finkelstein. (Zed est penché au-dessus de l'évier, il rince leurs tasses ; il parle d'une voix blanche.) C'est peut-être pour ça que je...

– Ça n'a rien à voir », dit gaiement Erica, mentant, et s'en voulant intérieurement. « Rien du tout. »

Il hoche la tête. « C'est un nom ridicule. (Sa voix se mêle au bruit irrégulier de l'eau qui coule.) Je l'ai toujours détesté.

– C'est pour cela que tu en as changé.

– Oui. » Il ferme le robinet.

« Pourquoi as-tu choisi Zed ? Qu'est-ce que ça veut dire ?

– Rien. C'est la dernière lettre de l'alphabet. » Il ouvre une boîte et met une cuillerée de thé dans la théière.

« Je comprends que Finkelstein puisse te déplaire, dit-elle. Mais qu'est-ce que tu avais contre Sanford, en soi ?

– Je ne sais pas. (Zed promène son regard autour de la pièce, en haussant ses maigres épaules.) Il finissait peut-être par être trop connu – trop lié à un personnage littéraire célèbre.

– Je n'ai pas le souvenir d'un Sanford dans la littérature, dit Erica, intriguée. Dans quoi est-ce... dans des livres de Henry James ?

– Dans les tiens.

– Les miens ? Ah. Mais ça n'était pas... je n'ai pas voulu... (Elle s'entend hausser la voix et hésiter sur un ton douteux.) C'était juste un nom.

– Tu m'as changé en autruche.

– Je suis désolée », dit Erica, tour à tour affrontant et évitant son demi-sourire. « Le nom collait bien, c'est tout – C'était une autruche sympathique, tu sais. » Pleine de remords, elle regarde Zed attraper une boîte de biscuits aux germes de blé tout en haut d'une étagère. A cette vision, se superpose dans sa tête l'illustration en couleur où elle a représenté Sanford attrapant gentiment de sa longue patte noueuse, pour le donner à Mark et à Spencer, le gâteau au chocolat que leur mère a caché en haut de l'étagère.

« Je ne pensais pas que tu tomberais jamais sur ces malheureux livres, dit-elle. Généralement, seuls les gens qui ont des enfants les connaissent ; et je ne pensais pas que tu aurais jamais des enfants.

– Non », avoue-t-il, un non forcé, comme un cri d'oiseau.

Bref silence. Erica s'en veut à nouveau, plus sérieusement. Zed, le dos tourné, s'affaire avec une assiette. « Je suis désolée, répète-t-elle. Je ne voulais pas. Ça te fait de la peine de ne pas avoir d'enfants ?

– Ça m'en a fait, oui. (Il se retourne.) En fait, ça m'en fait encore, quelquefois, quand je vois des petits gosses –

Mais je sais que ça n'a pas d'importance... La volonté divine. (Il hausse à nouveau les épaules.) Créer des êtres qui vous ressemblent physiquement, c'est la forme d'immortalité la plus basse. Quelle plaisanterie ! Et plutôt mauvaise parfois !

– Oui. » Erica pense à Jeffrey et à Matilda, dont on a dit qu'ils lui ressemblaient tous les deux.

« Il vaut mieux avoir des enfants spirituels. Comme Sanford.

– Peut-être... Ça ne t'a pas vraiment fait de la peine, si ? Les livres, je veux dire.

– Non, j'ai été content de savoir que tu pensais encore à moi de temps en temps.

– Mais c'est vrai que je pensais à toi, tu sais, proteste-t-elle. Pas juste à cause des livres.

– Ah oui. (Zed hausse les sourcils.) Moi aussi je pensais à toi de temps en temps », dit-il d'un air moqueur, en s'adossant aux rayonnages.

Soulagée, Erica sourit, et elle se met à parler sur le mode du flirt. « Au fait, Sandy. Il y a une chose que je voulais te demander : quand tu es venu à Corinth est-ce que tu savais que nous habitions ici Brian et moi ?

– Non, je... (Il hésite.) Oui, je le savais. C'est pour ça que je suis venu. » A sa tête, c'est impossible de savoir s'il plaisante.

« Je croyais que tu étais revenu ici parce que tu y avais fait tes études.

– C'était un coup double en quelque sorte », dit-il avec un grand sourire.

« Alors tu étais ici depuis des mois, et tu ne nous as jamais fait signe ni rien, lui reproche-t-elle avec coquetterie. Et Brian m'a dit qu'il était venu ici une fois à l'automne dernier et que tu n'avais pas voulu lui dire qui tu étais. (Erica est souriante ; elle prend plaisir au jeu.) On croirait vraiment que tu essayais de te cacher de moi.

– Pas du tout, je… (Il se reprend à nouveau.) Si, en fait, c'est vrai. Je ne sais pas ce qui m'arrive ; il y a longtemps que je ne mens plus, mais à toi, on dirait que je n'arrive pas à dire la vérité. Voilà ce qui s'est passé : quand Brian est entré dans cette boutique, j'ai su tout de suite qui il était, mais lui ne m'a pas reconnu – il ne m'avait vu qu'une ou deux fois il y a des années, quand j'avais plus de cheveux que maintenant. Je ne voulais pas lui dire mon nom parce que je pensais qu'il s'en souviendrait et qu'il te le dirait, et je n'avais pas envie que ça se passe comme ça. Je voulais que ça se passe comme il faut. C'est comme ce que tu disais à propos du docteur Kotelchuk et de sa demande en mariage en plein magasin au milieu des bouteilles. » Zed sourit.

« A mon avis, tu n'avais pas envie que ça arrive du tout », dit Erica avec indignation. Elle serre son étole couleur de rose autour de ses épaules, ravie de se redécouvrir charmante et enjouée comme autrefois. « Quand je pense que tu étais ici depuis une éternité et que tu n'as pas fait signe. Tu ne sais pas ce que tu veux, j'ai l'impression. »

L'eau bout ; il se retourne pour remplir la théière.

« Si, dit-il par-dessus son épaule. Je sais ce que je veux.

– Et quoi donc ? » Elle rit presque.

« Toi. » Zed tourne la tête, et, pour la première fois, fixe sur elle ce regard clair et intense que Brian et les habitués de la librairie connaissent bien déjà.

« Je... (Le rire d'Erica s'éteint, et elle reste coite.) Sandy, c'est absurde », dit-elle sur le ton de quelqu'un qui réprimande gentiment un enfant. En même temps, presque inconsciemment, elle se lève du divan et place une chaise entre Zed et elle.

« Enfin, grands dieux, il y a vingt ans qu'on se connaît.

– Il y a vingt ans que je te veux », dit-il obstinément.

Erica sent monter en elle une satisfaction involontaire. Elle la réprime de toutes ses forces, s'apercevant que c'est elle qui s'est attiré cette déclaration. Comme maintenant elle ne peut plus flirter sans risques avec personne, elle a flirté avec ce pauvre vieux Sandy ; pour qu'il la console d'avoir passé une mauvaise soirée avec les autres et de se sentir laide et ridée.

« Ça n'est pas possible que tu parles sérieusement », affirme-t-elle en souriant, tenant toujours le dossier de la chaise. « Tu as bien dû avoir des liaisons.

– Oui, avoue Zed au bout d'un instant. Mais assez rarement ces derniers temps. Et sans grand succès.

– Je croyais que tu avais renoncé à tout ça comme à la viande et au téléphone, dit-elle en essayant de prendre un ton léger.

– Non... Mais aucune autre femme n'a jamais été vraiment réelle pour moi tu vois. Tu es la seule femme au monde, en ce qui me concerne. J'ai toujours l'impression que les autres ne sont que des imitations – de mauvaises reproductions. »

Il parle sérieusement, il n'y a aucun doute. Mais Erica se défend d'en être heureuse ou flattée. « Ah, Sandy c'est ridicule », déclare-t-elle sèchement pour eux deux.

Zed ne répond pas, il ne fait pas un geste. Il reste appuyé contre les rayonnages, haussant ses maigres épaules sous sa vieille chemise blanche. Son regard s'est presque éteint. Il ne fera pas un geste, se dit-elle, un peu surprise ; elle ne risque rien. Elle pousse presque un soupir de soulagement.

Mais au soulagement succède la honte. Sandy est un de ses plus vieux amis ; il lui a offert d'innombrables tasses de thé et de café, il a prêté une oreille attentive à ses angoisses d'examens et à ses ennuis de plomberie, il lui a prêté des livres, il l'a aidée à porter ses commissions, il l'aime depuis vingt ans. Et comment le remercie-t-elle ? Elle s'est amusée à se servir de son nom dans des histoires pour enfants, elle lui a fait passer une mauvaise soirée avec tous ces gens, et puis elle l'a d'abord aguiché et ensuite offensé. Pas étonnant qu'il la regarde maintenant en étouffant son chagrin et ses reproches, tel un grand oiseau décharné, blessé par un chasseur après la fermeture de la chasse.

Il faut qu'elle trouve un moyen de se racheter. Elle sort de derrière la chaise, et s'avance vers Sandy.

« Sandy, je te demande pardon » dit-elle, en posant une main sur son bras. A sa grande détresse, elle le sent effectivement trembler sous sa chemise. « Je ne voulais pas...

– Ça n'est pas grave. » Il a un sourire peiné, qui indique que c'est grave. Erica est horriblement ennuyée. Qu'est-ce qu'elle peut faire ? Comme Brian dans une situation similaire, elle se dit que si elle embrassait Sandy affectueusement il irait peut-être mieux. Elle ne sait pas très bien comment s'y prendre, car elle n'est pas habituée à prendre l'initiative et elle n'a embrassé personne depuis des mois. Il se présente aussi un type de difficulté qu'elle n'a pas connu depuis vingt ans, c'est que Zed est très grand ; il faut qu'elle se dresse sur la pointe des pieds pour atteindre sa joue.

Sa réaction à ce baiser est bizarre : au moment où elle s'approche, il se dérobe presque puis il a l'air surpris ; il sourit enfin, mais d'un air crispé.

« Tu n'es pas fâché ? », demande-t-elle.

Zed hoche la tête sans conviction. Manifestement, il ne croit ni à ses excuses ni à son affection. Ce qu'il se dit, c'est qu'avec ses sentiments, elle le trouve « absurde » et « ridicule ».

Comment a-t-elle pu prononcer ces mots-là, être aussi inconsidérée, aussi blessante ? Comment les effacer, comment guérir la blessure qu'elle a faite ?

Mais alors même qu'elle se pose la question, Erica entrevoit la seule solution possible. Une solution qui va exiger d'elle un sacrifice plus grand que tout ce qu'elle a jamais fait, ce qui l'effraie au premier abord, mais va finir par la décider. Si vous connaissez quelqu'un à qui vos vieux vêtements et vos restes de pain rendraient service, ce n'est pas bien de les garder égoïstement dans un placard ; c'est ce qu'elle a toujours pensé. Pendant des années elle a gardé tout le pain rassis de la maisonnée et, une fois par semaine, elle allait à Reed Park avec Jeffo et Mouflette pour le jeter aux oiseaux du parc ornithologique.

Zed n'a toujours pas bougé. Il est là debout, appuyé contre les rayonnages, les ailes en l'air, ne la regardant même pas, attendant simplement qu'elle s'en aille. Au lieu de cela, elle fait un pas dans l'autre sens, vers lui.

« Cher Sandy, que se passe-t-il ? »

Il tourne la tête, baisse les yeux, hésite. – Maintenant qu'il la voit de si près, si ridée, peut-être qu'il n'a plus envie. – Puis lentement il se redresse et se rapproche ; elle voit en gros plan son visage las d'épouvantail mal rasé, couvert de taches de son ; ses yeux clairs aux bords rougeâtres et aux cils orangés. Encore plus près. – Elle ferme les yeux, cela vaut mieux pour ce qu'elle a à voir.

Au début, c'est à peine si elle sent qu'on l'embrasse ; et puis, d'un geste maladroit, presque à l'aveuglette, il l'attire plus près, et il change sa bouche de position pour qu'elle se place sur la sienne avec plus de précision. Elle revoit son regard il y a quelques instants ; elle revoit les oiseaux du parc, elle se rappelle comme ils étaient toujours impatients et avides, comme ils se pressaient contre elle et son sac de pain, en battant des ailes et en piaillant ; elle se rappelle Brian et elle attend que Sandy aussi la serre et l'étreigne.

Mais il la tient seulement en lui caressant le visage et les cheveux, et en l'embrassant doucement et par intermittence. Peu à peu elle se détend, elle s'appuie contre lui. Elle soupire – pas pour protester – mais Zed la lâche, clignant des yeux et tenant une main en arrière pour prendre appui contre les rayonnages.

« Sandy ? Ça ne va pas ?

– Si. Non. Je tourne. J'ai l'impression... de recevoir un cadeau d'anniversaire auquel je ne m'attendais plus, dit-il en riant.

– C'était ton anniversaire ?

– Comment ? Mon anniversaire – c'était la semaine dernière.

– Tant mieux. » Erica lève les yeux vers lui d'une façon que Brian, ou tout autre homme, aurait prise pour une invitation à l'embrasser une autre fois. Mais Zed ne bouge pas. Il n'a pas idée de la taille du cadeau qu'elle a l'intention de lui faire. Il va falloir qu'elle le lui dise – qu'elle le lui montre. – Mais pour l'instant elle est gênée ; elle recule et regarde autour d'elle. « Il neige toujours, tu crois ? demande-t-elle.

– Voyons. » (Zed soulève le rideau qui ouvre sur la boutique.) « Non. On dirait que ça s'est arrêté. » (Il va jusqu'à la porte en passant entre les rayons mal éclairés, il jette un coup d'œil dehors.) « Et le chasse-neige est passé. Maintenant tu peux partir. Je vais te chercher ton manteau. »

15

C'est un matin d'avril froid et lumineux. Là-haut, dans son appartement des Tours de l'Alpe, Brian Tate petit-déjeune à son aise : des *muffins* et de la confiture d'orange, des œufs brouillés, et du café fait dans une cafetière à filtre, selon la méthode qu'il a enfin réussi à enseigner à Wendy. C'est une des rares choses qu'il ait réussi à lui enseigner – car à la connaître de près, la malléabilité de Wendy s'est révélée aussi difficile à vivre que l'opiniâtreté d'Erica. Wendy est toujours d'accord pour tout, elle accepte l'opinion de Brian à tout propos ; mais quelques heures après elle va rencontrer Linda ou une autre, ou elle va suivre un cours, ou lire un article dans une revue, et la voilà qui change d'avis. Pour qu'elle reste sur la bonne voie, il faudrait qu'il passe avec elle vingt-quatre heures sur vingt-quatre.

Brian n'en a aucune envie ; de son point de vue, ils ne sont déjà que trop ensemble. Il y a trois semaines, Linda, avec qui habitait Wendy, s'est liée avec un dénommé Avery, jeune barbu à l'air profond, sans abri, qu'elle a décidé d'abriter dans son appartement. Depuis, Wendy vit aux Tours de l'Alpe en permanence, solution que Brian trouve fort peu satisfaisante. Il se rappelle Leonard Zimmern disant avec cynisme que, pour en finir avec une femme, il n'y avait que deux moyens infaillibles : l'un était de rompre avec elle complètement, sevrage total ; ne plus jamais la voir, lui téléphoner ou lui écrire. L'autre, tout aussi efficace, était de la voir sans arrêt.

L'idée qu'il fallait garder une certaine pudeur, une certaine retenue, même dans les situations les plus intimes, était chez Erica un principe inné. C'est une idée étrangère à Wendy. Désormais, chaque jour, Brian la voit se moucher quand elle est au lit ; se brosser les dents au-dessus du lavabo, la bouche pleine de salive rose moussante ; laver ses petites culottes le soir. S'il n'avait pas mis le holà, elle aurait utilisé les toilettes pendant qu'il se rasait. Et puis, elle se laisse aller, elle prend du poids : en un mois elle a bien dû gagner deux kilos. Ses seins ont grossi, ce qui n'est pas pour déplaire à Brian ; mais elle a aussi épaissi de la taille, ce qui donne à sa silhouette une lourdeur qui n'est pas du tout de son goût.

Mais encore serait-elle plus pudique et aussi mince qu'avant, Brian se serait peut-être lassé de Wendy malgré tout. Finalement sa théorie n'était pas fausse : le moyen de guérir une passion, c'est de l'assouvir. La consommer n'est pas suffisant ; tant qu'une liaison demeure secrète, il reste tout ce qu'il faut pour attiser le désir : l'absence, l'angoisse, les retards, l'attente solitaire.

Désormais les amants sont entièrement l'un à l'autre. Ils peuvent se voir à longueur de journée. Ils peuvent petit-déjeuner, déjeuner et dîner ensemble, et recommencer...

A Jones Creek, les enfants étaient toujours à la maison quand Brian rentrait ; il était rare qu'il puisse avoir une conversation intime avec Erica avant la fin de la soirée. Tandis que Wendy et lui sont constamment seuls, et toujours en présence l'un de l'autre, car l'appartement n'a qu'une seule pièce utilisable. Cela ne semble pas la déranger ; il faut croire qu'ayant grandi dans une promiscuité semblable, elle se sent bien ainsi. Et puis, autant qu'il puisse en juger, l'ardeur de ses sentiments pour lui n'a pas faibli ; en fait elle prétend qu'elle l'adore plus que jamais. Quand il insinue qu'elle pourrait peut-être chercher un autre logement, elle prend un air désarmé et larmoyant, affirmant qu'on ne trouve pas d'appartement à cette époque de l'année et qu'elle va s'appliquer encore plus à ne pas le déranger dans son travail.

Cependant, elle continue à le déranger – surtout quand elle s'applique à faire le contraire : quand elle va et vient dans l'appartement sur la pointe des pieds, ouvre et referme le frigidaire avec tout un raffinement de précautions, passe sous son bureau en rampant pour débrancher la radio qu'elle veut faire passer sur le tapis et emporter dans la chambre avec elle – car, comme les enfants de Brian, Wendy semble incapable de travailler si elle ne mange pas et n'écoute pas de la mauvaise musique en même temps. Pour arriver à travailler un peu, ne serait-ce que pour corriger des copies, Brian est obligé de se réfugier dans son bureau sur le campus. Comme Jeffrey et Matilda, Wendy le chasse de chez lui.

Brian pousse un grand soupir. Il a fini par comprendre tardivement qu'en amour comme à la guerre, la différence essentielle entre les intéressés devient le problème majeur. Quand ceux-ci se ressemblent, à part le fait que l'un est homme et l'autre femme, la relation prend une forme idéale. Mais s'il y a d'autres différences importantes – de classe, de race, de couleur, de nationalité, d'éducation, etc. – les amants sont finalement polarisés l'un et l'autre par ces différences au lieu d'être engagés dans le duel amoureux naturel.

Les différences entre Brian et Wendy sont nombreuses, mais la différence de génération est la plus importante. Il est né vingt ans avant elle et il s'intéresse à certaines choses, il a certaines habitudes, certains goûts ; ce qui intéresse Wendy et ses amis l'agace, leurs habitudes et leurs goûts aussi. La semaine passée, au cours d'une soirée d'étudiants particulièrement échevelée et délirante, quand il a refusé de danser de cette manière échevelée et délirante, actuellement en vogue, Wendy elle-même s'en est pris à lui en s'écriant d'un ton plaintif : « Allez, essaie de swinguer un peu ! » « Ah non. Je n'ai pas envie de me balancer comme ça, a répondu Brian. Je ne suis plus un enfant. La balançoire, les glissades, ou la bascule, ça ne me dit rien. »

Il soupire et déplie le journal étudiant de ce matin. Après les nouvelles déprimantes de la situation internationale, qu'il a déjà entendues à la radio hier soir, rien n'attire son attention, à part une nouvelle lettre de plaintes contre le cours de Donald Dibble. C'est la quatrième ou cinquième lettre de ce genre à paraître dans le *Star,* et elle n'est ni très originale ni bien écrite ; mais Brian la lit consciencieusement, car il a un intérêt personnel dans cette controverse.

Depuis la soirée chez Linda Sliski, la guerre entre Dibble et les féministes locales a connu des phases diverses, au cours desquelles Brian a joué un rôle consultatif important. Son idée initiale de faire venir un plus grand nombre de femmes au cours de Dibble a été adoptée avec enthousiasme. Pendant ce premier week-end, Jenny a réussi à recruter cinq ou six sympathisantes, dont Linda et Wendy. Lundi, elles sont entrées en force dans la salle, s'asseyant en groupe dans le fond. Si Dibble avait le moindre sens politique, il se serait abstenu de dire quoi que ce soit pour les provoquer ; il les aurait simplement laissées attendre jusqu'à la fin. Mais il a fait une remarque antiféministe, ou qui pouvait passer pour telle, et, au fond de la salle, elles ont commencé à chuchoter et à protester à mi-voix. Lundi soir Jenny et Sara sont allées à une réunion des FUINES et ont fait de nouvelles recrues ; et, le mercredi, une douzaine de femmes de plus sont venues au cours et, sans attendre les déclarations choquantes de Dibble, elles se sont mises à protester et à siffler quand il a parlé favorablement du Parti Républicain, ce qui l'a amené à poser violemment son texte et ses notes et à prier tous les auditeurs de sortir, d'une voix tremblante. Voyant que personne ne bougeait, il a fourré ses livres et ses papiers dans sa serviette et il a quitté la salle.

Mais Dibble ne s'est pas avoué vaincu pour autant. Quand Jenny et Sara sont arrivées pour le cours le lundi suivant, suivies cette fois d'une vingtaine de femmes, elles ont trouvé un appariteur à l'entrée, avec la liste officielle des étudiants du cours, et l'ordre de ne laisser entrer que ceux qui étaient régulièrement inscrits. Déconcertées, les meneuses du mouvement sont retournées chercher conseil auprès de Brian. Elles étaient désemparées et furieuses ; certaines voulaient lancer une action radicale contre Dibble, alerter très largement l'opinion publique.

En fait, l'opinion publique commence déjà à être alertée ; la nouvelle du conflit, qui a alimenté d'abord les potins du département, et de l'université ensuite, est maintenant parvenue à certaines personnes en dehors de Corinth. Leonard a appelé Brian de New York pour avoir des détails. « Nous avons eu la même chose ici, a-t-il annoncé. Nos Fouines locales ont protesté parce que ce sont des hommes qui enseignent Jane Austen, et les Brontë, et cetera, or comment pourraient-ils donc comprendre, et patati et patata. Mais, comme je disais à Irv, il faut nous montrer très durs et tenir bon, sinon on est foutus. Les homos viendront bientôt nous mettre des piquets de grève en Litté Comparée parce que ce ne sont pas des pédés qui enseignent Proust et Gide. »

Brian a ressenti une certaine sympathie pour la cause de Jenny. Après tout, Dibble a sans doute bêtement tenu des propos que sa fonction lui interdisait. C'est un rustre réactionnaire, et un ennemi de longue date, alors que Jenny est une belle fille jeune qui l'admire et qui lui serait reconnaissante s'il l'aidait à vaincre leur adversaire commun ; Brian imagine déjà certaines des formes que pourrait prendre cette gratitude.

Au lieu de se montrer dur envers Jenny, par conséquent, il s'est efforcé de la calmer et de la persuader que, pour leur prochaine démarche, les manifestantes devraient utiliser les voies officielles, exposant leur cas dans une lettre adressée au président du Département de Sciences Politiques par intérim, avec un double pour Dibble et pour le doyen. Mais il ne fallait pas se contenter de griefs vagues ; il fallait des preuves : des citations directement tirées des cours où Dibble attaquait les femmes.

A la suite de cette conversation, Jenny et Sara, les deux seules meneuses du mouvement maintenant inscrites au cours, ont entrepris d'y assister avec un magnétophone caché dans leur sac. Elles se sont placées au premier rang, mais chacune à un bout ; c'était une nécessité, car Dibble avait l'habitude de parler en parcourant nerveusement toute la longueur de l'estrade dans un sens et dans l'autre. Jenny a caché le micro dans son chemisier ; Sara, moins généreusement pourvue, dans la poche du plastron de sa salopette. Mais les résultats ont été décevants. Dibble en avait fini avec le dix-neuvième amendement, et en deux semaines il ne s'est guère rendu responsable que de deux choses : traiter les prohibitionnistes d'espèces de « maîtresses d'école célibataires hystériques » et prononcer le nom d'Eleanor Roosevelt sur un ton sarcastique.

Un examen des notes prises par des sympathisantes pendant les cours précédents a été plus fructueux, néanmoins, et le clou (ou l'horreur) a été un enregistrement fait subrepticement par Linda Sliski quand elle est allée voir Dibble dans son bureau sous prétexte de lui demander des renseignements pour sa thèse de doctorat : « Si vous voulez mon avis, je trouve qu'on perd son temps à enseigner les sciences politiques à des filles », a déclaré le collègue de Brian sur le magnétophone de Linda – comme il l'a souvent fait dans des réunions. « Vous savez quel pourcentage de nos étudiantes finissent par faire un usage quelconque d'un enseignement qui coûte si cher ? » Brian a entendu la voix de Dibble, transformée par l'appareil, cancaner désagréablement en sourdine, et continuer à citer des chiffres, avant d'être interrompue par le bêlement criard et tout aussi désagréable de Linda, accusant Dibble de raisonnements spécieux et de parti pris réactionnaire et l'informant qu'elle, en tout cas, avait bien l'intention de faire usage de cet enseignement, et nullement l'intention, Monsieur le Professeur, d'être juste une femme au foyer et d'ajouter des enfants à un monde comme celui-ci, et qu'il n'avait peut-être pas une très haute opinion de ses capacités, mais qu'elle aimerait lui faire savoir que sa note était A et qu'elle venait d'obtenir un poste à l'Université d'Etat de l'Ohio. A cette nouvelle, ou peut-être à la vue de Linda au bord des larmes, Dibble est parti d'un rire que Brian connaît bien et il a dit : « Vous êtes nommée assistante en Ohio ? Alors vous feriez bien de vous accrocher. C'est la mode en ce moment d'engager des femmes dans certaines universités, mais ça ne va pas durer. »

En écoutant l'enregistrement de cette conversation, Brian a eu une étrange sensation de vertige – une grisante impression de pouvoir. Presque sans effort, il avait dressé l'une contre l'autre les deux personnes qu'il détestait le plus à Corinth. C'est lui qui avait choisi le lieu de l'affrontement et les armes du combat ; maintenant, il n'avait plus qu'à se mettre dans les coulisses pour les écouter se déchirer et dire ce qu'il aurait aimé dire lui-même.

Ce sentiment de pouvoir n'a fait qu'augmenter il y a trois jours, quand Brian a été appelé en consultation par Bill Guildenstem, le président du département par intérim. Comme beaucoup de présidents par intérim, Bill est un homme jeune, de belle prestance, ambitieux et prudent ; un administrateur, qui s'applique à faire fonctionner le département sans heurts et à en accroître le prestige, mais qui n'a pas d'opinions personnelles très marquées. Il a eu pour politique de consulter individuellement ses collègues de haut rang sur tous les problèmes qui se présentent (c'est un politicien trop habile pour les consulter tous ensemble), et ensuite de faire passer sa décision pour un consensus. Brian, en tant qu'ancien président, est souvent consulté.

« Je voudrais votre avis sur ceci », a dit Bill, tendant à Brian une lettre que celui-ci avait déjà vue, et qui était maintenant signée par onze personnes inscrites au cours de Dibble et dix-huit non inscrites, toutes des femmes.

« Mais certainement », a dit Brian. Il a fait semblant de lire la lettre, avec les réactions sonores appropriées.

« Anh-Anh, hum. Eh bien, tout cela me paraît assez modéré, assez direct, au train où vont les choses », a-t-il commenté, sans se forcer, car il avait vu le brouillon et il avait recommandé à Jenny d'être plus mesurée. « Mais j'imagine que cela a quelque peu échauffé Don.

– Il bout », a répliqué Bill.

L'espace d'un instant, Brian s'est laissé aller à savourer la vision de Dibble dans son bureau, ouvrant un double de cette lettre, la lisant, bouillant. « Ou-i », a-t-il dit en plissant le front pour ne pas sourire. Il est revenu à la deuxième page, où les femmes demandaient que Dibble s'excuse publiquement et laisse parler pendant la moitié du cours une personne de leur choix. S'il l'avait voulu, Brian aurait pu conseiller que cette demande soit accordée, et faire bouillir Dibble encore un peu plus fort. Mais, comme Bill, il devait prendre en considération la réputation du département, éviter l'agitation et le scandale. Il était temps de revenir à la politique de *l'endiguement.*

Evidemment, il pouvait, peut-être même devait-il, recommander les moyens dilatoires habituels : suggérer qu'on en réfère à un comité qui serait incapable d'arriver à une décision avant la fin du trimestre. Mais en fait, cela reviendrait à une victoire complète pour Dibble. Ce serait profondément décourageant pour Wendy, la belle Jenny et toutes leurs camarades. De plus, elles considéreraient cela non seulement comme un échec de leur cause mais aussi des conseils et du savoir-faire politique de Brian.

Pour toutes ces raisons, il a décidé d'un compromis. Il était clair qu'il ne fallait pas songer aux excuses. (« Moi, m'excuser ! avait bramé Dibble, d'après Bill. Ce sont ces mômes gâtées qui devraient me faire des excuses. ») Il ne fallait pas autoriser les interventions pendant les cours, mais demander à Dibble d'annoncer des réunions facultatives pendant la semaine d'arrêt des cours (on n'était plus qu'à quinze jours de là) où le point de vue féministe pourrait être présenté. Et quand Bill a hoché la tête et souri pour manifester son approbation de cette solution, Brian s'est senti encore une fois grisé par le pouvoir politique. Il croyait comprendre maintenant comment on pouvait avoir envie d'être agent double.

Il n'a pas été surpris de voir que Bill Guildenstern avait suivi son conseil. Mais hier il a été un peu étonné d'apprendre que Dibble n'avait même pas voulu accepter ce compromis favorable. Naturellement, Wendy et ses camarades ont été non seulement surprises mais indignées. Vers midi Sara et Jenny ont fait leur apparition dans le bureau de Brian, l'une blême de colère, et l'autre presque en larmes. Il s'est efforcé de les calmer, de leur dire qu'il n'y avait pas grand-chose de perdu – qu'elles pourraient continuer à agir en tenant des réunions pendant la période d'arrêt des cours sans la permission de Dibble. Jenny a semblé en partie convaincue, mais pas Sara. « Vous savez quoi ? » s'est-elle écriée avec passion, agrippée de ses petits poings blancs au dossier d'une chaise comme à une tribune, et ressemblant plus que jamais à un jeune révolutionnaire. « Si on était des Noirs, au lieu d'être des femmes, ils n'oseraient jamais nous faire ce genre de saloperies. Dans cette société, n'importe qui, oui n'importe qui a droit à un statut meilleur, et à plus de respect que nous !

– Le statut des Noirs n'est pas meilleur, a rectifié Brian. Simplement, les autorités ont plus peur des Noirs que de vous. Si vous étiez des Noirs, elles craindraient que vous ne fassiez sauter Burnham Hall, ou que vous ne gardiez Dibble en otage dans son bureau.

– Oui ! C'est ce qu'on devrait faire, dit Sara avec entêtement. Mais on n'a pas assez de cran. On s'est laissé laver le cerveau pendant trop longtemps. (Elle a regardé Brian d'un air accusateur et découragé, comme une autre femme aurait regardé un dépanneur incompétent, et elle s'est retournée vers Jenny.) Allez, viens, on se tire. Il faut qu'on organise cette réunion. »

Du point de vue du département, les choses tournent au mieux, mais Brian regrette que l'action des étudiantes se termine par la déroute. Sara a tenu sa réunion hier soir, et Wendy, comme il se doit, y a assisté pendant les deux premières heures. (Brian, comme d'habitude, n'y est pas allé ; il aurait été indésirable, pas parce qu'il est professeur, mais parce que c'est un homme.) Les discussions allaient encore bon train quand elle est partie, lui a-t-elle raconté, mais il n'y avait toujours pas de plan d'action. Brian n'a pas été surpris ; livrées à elles-mêmes, des femmes ne savent jamais mener une lutte. Pas seulement par manque de mordant, mais aussi, comme il l'a lu récemment, parce qu'elles n'ont pas ce sens de l'union qu'ont les hommes, cette longue habitude d'œuvrer ensemble contre un ennemi commun.

Wendy vient de lui verser une autre tasse de café, et elle est en train de se faire cuire une pâtée diététique brunâtre aux céréales, aux noix et aux raisins secs quand le téléphone sonne. C'est Linda tout essoufflée qui demande à lui parler.

« Pour toi. » Brian lui tend l'appareil.

« Salut... Quoi ? ... Ah, pas possible ! ... Sensationnel... Non, on a pas écouté la radio... Ben, je sais pas. Attends une seconde. (Elle se retourne.) Linda dit qu'elles ont investi le bureau de Dibble ! Elle y part tout de suite, et elle veut que j'aille avec elle. Ah dis donc, c'est époustouflant, non ?

– Investi son bureau ? » Brian lâche le *Times*, faisant tomber la belle fille de la dernière page dans le jaune d'œuf et la confiture d'orange, et il se lève. Il est partagé entre sa répugnance à parler à Linda et son désir d'être informé. Mais il se souvient qu'elle n'est jamais très précise, et c'est le premier mouvement qui l'emporte. « Dis-lui que tu la rappelleras. Et mets Radio Université.

– Je te rappelle... Dès que je peux... Elle dit qu'elle peut pas attendre », transmet Wendy en raccrochant.

«... plus amples informations à mesure que les nouvelles nous parviendront, annonce la radio. Et maintenant un message de Bud Worksworth, président de la Caisse d'Epargne. » Brian baisse le son, sachant par expérience que cette pub sentencieuse va durer soixante secondes.

« Elles ont investi le bureau de Dibble, répète-t-il. Combien sont-elles ?

– Entre douze et quinze, d'après Linda. Presque toutes celles qui sont restées jusqu'à la fin hier soir. Linda aurait dû y être aussi, mais il fallait qu'elle aille faire cours à huit heures. Mais dis, c'est formidable, tu trouves pas ? »

Brian ne répond pas, mais il regarde sa montre ; il est neuf heures un quart. « Et qu'est-ce que fait Dibble ? demande-t-il.

– Rien, je suppose. Il a parlé au téléphone pendant un moment, mais après elles ont coupé le fil.

– Tu veux dire qu'il est dans le bureau avec elles ?

– Ouais, bien sûr. (Wendy a le sourire.) C'est ça le but. Sara en parlait hier soir, mais je pensais pas qu'elle arriverait à les convaincre. Elles l'ont pris en otage, comme tu leur as dit. » Elle admire Brian avec fierté.

« Ciel. » Il a soudain la vision de Donald Dibble à son bureau, encerclé – ou plutôt bousculé, car la pièce n'a guère que dix mètres carrés – par des étudiantes en colère. A nouveau Brian éprouve le sentiment qu'il a le pouvoir d'infléchir les circonstances ; mais cette fois, il semble que ce soit le pouvoir incontrôlé et ignare de l'apprenti sorcier.

Il remet la radio plus fort, pour entendre d'abord que l'épargne fait la prospérité de notre communauté et ensuite que tout ce qu'a dit Wendy est vrai. La police du campus a été appelée sur les lieux, apprend-il, mais aucune mesure n'a encore été prise contre les manifestantes ; ni William Guildenstern, président du Département de Sciences Politiques, ni Ned Kane, Doyen des Humanités, n'ont fait aucune déclaration.

Une nuance amusée dans la voix du journaliste fait prendre conscience à Brian pour la première fois que la situation ne manque pas d'humour, et a même un côté grotesque. Quoi qu'il arrive maintenant, le compte de Dibble est réglé. Jusqu'à la fin de ses jours, il sera épinglé à Corinth comme le professeur qui a été fait prisonnier par une bande de filles. Les gens vont faire des plaisanteries, y compris ceux qui connaissent suffisamment Dibble pour se douter que la pire chose qu'il aurait pu imaginer c'est d'être enfermé dans une pièce avec une quinzaine de femmes. Pour la première fois depuis le coup de téléphone de Linda, Brian sourit, et puis il rit tout fort.

Mais évidemment pour Dibble ce n'est pas une plaisanterie. Ni pour Bill Guildenstern.

« Je ferais bien d'y aller, dit-il. Allez viens. Laisse la vaisselle, je t'en prie. »

« Tu comprends bien qu'il n'est pas question que tu entres dans le bâtiment », annonce-t-il à Wendy dans l'ascenseur quand ils descendent cinq minutes plus tard.

« Mais Linda m'attend », miaule Wendy. Elle est maintenant équipée pour la lutte révolutionnaire, en jeans, bottes, et vieille veste de cow-boy à franges marquée de symboles de paix sur les revers. Ses cheveux blonds, clairs et fins lui tombent sur les épaules, ses yeux brillent. « Je lui ai promis...

– Ce que tu as promis à Linda, je m'en fiche »,

réplique Brian, qui s'est changé lui aussi, mais dans le sens opposé, remplaçant le pantalon en velours côtelé et le pull tricoté par un costume, une chemise et une cravate, en prévision de son entretien avec Bill et Ned Kane. « Je ne veux pas que tu te mêles de cette fâcheuse histoire.

– Fâcheuse ? gémit-elle. Mais c'est toi qui as eu cette idée.

– Non, ce n'est pas moi », rectifie Brian au moment où l'ascenseur s'arrête avec le toussotement et la secousse habituels. « Je n'ai jamais conseillé de violence politique d'aucune sorte, poursuit-il, tenant à signifier clairement qu'on ne peut pas le rendre responsable de l'occupation du bureau de Dibble. Dès qu'on agit dans l'illégalité, on est dans son tort, et même si on est gagnant, moralement, on est perdant.

– Oui. (Wendy s'arrête au milieu du hall.) C'est ce que dit Zed. Chaque fois qu'on commet un acte de violence, on perd une année sur le Chemin, c'est ce qu'il dit.

– Vraiment. » Brian tient la porte d'entrée et fait signe à Wendy de passer, s'abstenant, pour les besoins de la cause, de faire les autres remarques qui lui viennent à l'esprit. Néanmoins, il est profondément agacé de voir que Wendy en réfère toujours à un raté de quarante ans qui s'est fait sauter les plombs grâce à la drogue et à un mysticisme inepte. Et ce pauvre type n'a pas remonté dans son estime depuis qu'il s'est révélé être une vieille connaissance d'Erica.

En entrant sur le campus, ils voient qu'il se passe manifestement quelque chose d'inhabituel. Le parking près de Burnham semble plein de voitures officielles, dont certaines n'ont pas l'autocollant de l'université, et, au moment où il se gare à une place qui se libère à point, Brian voit deux hommes sortir d'un camion de la radio-télévision avec ce qui paraît être une caméra portative. Devant la façade côté cour, il y a un attroupement peu important mais grossissant de curieux et de journalistes. Il suit les regards dirigés vers la fenêtre du bureau de Dibble au premier étage, mais il ne peut rien distinguer derrière l'éclat aveuglant du soleil sur la vitre.

Recommandant encore une fois à Wendy de ne pas le suivre, il entre dans le bâtiment. Il y a aussi des curieux dans le hall ; il se fraye un passage avec difficulté et indignation, en se disant comme souvent que les étudiants semblent être chaque année de plus en plus grands et de plus en plus grossiers. Il passe en s'expliquant avec les deux flics du campus postés au pied de l'escalier et avec celui qui est à l'étage. A l'autre bout du hall du premier, il voit un groupe de gens, tous des hommes. Il en identifie certains : deux étudiants du journal du campus connus de lui, Mark, l'ami barbu de Jenny, et Stanley l'auto-stoppeur sinistre. Il se garde d'approcher et entre dans le bureau du département, où Bill est en conférence avec des représentants de l'administration et de la Police du Campus.

« Ah ! Brian. (C'est un soupir de soulagement.) Excusez-moi un instant, messieurs. » Bill entraîne Brian à l'écart dans le bureau de sa secrétaire (non occupé pour l'instant) et, d'un air crispé et affolé, il essaie de le mettre au courant : Dibble est prisonnier depuis plus d'une heure déjà. Plusieurs personnes ont essayé de le convaincre par téléphone de faire ce qui n'est après tout qu'une concession minime, mais sans succès. Maintenant la ligne est coupée, et le groupe de sympathisants hommes ne veut laisser entrer personne. Pour comble de malheur, le Doyen Kane et le Président Backson sont tous deux absents.

Devant sa première situation de crise, et n'ayant personne à qui en refiler la responsabilité, Bill ne fait pas le poids. Quand il parle, sa voix monte et descend nerveusement, et il n'arrête pas de se tapoter le haut des bras avec ses deux mains comme pour s'assurer qu'il est toujours bien là.

« Je connais certains d'entre eux », propose finalement Brian. Contrairement à Bill, il est assez calme. « Il est possible qu'ils me laissent entrer. Mais inutile que j'essaie de parler à Don ; il ne peut pas me saquer. Si vous demandiez à John Randall ?

– Je l'ai appelé, gémit Bill. Il ne veut s'en mêler en aucun cas – il dit que les manifestantes ont perdu tous leurs droits en engageant une action illégale.

– Ah ah ! » Il n'en attendait pas moins de Randall.

« Bien sûr, il y a la Police du Campus », dit Bill, prenant les devants pour une solution que Brian n'a pas l'intention de recommander. « Mais ça pourrait être dangereux. » Et tapoti et tapota.

« Vous croyez qu'ils cogneraient sur les étudiantes ?

– Je n'en sais rien. Ce sont peut-être elles qui cogneraient sur eux. Mais d'une manière comme de l'autre, vous imaginez le bruit que ça ferait. Il faut absolument sortir Don de là : quand je l'ai eu au téléphone il y a une demi-heure, il était déjà complètement fou.

– Vous voulez faire sortir Don. » Brian parle lentement mais les idées fusent dans sa tête. Il existe un moyen, il en est sûr. Un moyen lié en quelque sorte à la situation dans la cour sous la fenêtre de Dibble.

« Oui.

– J'ai une idée, dit-il. Attendez. Pas ici. » Il montre de la tête Helen Wells et les secrétaires dans l'autre partie du bureau. Helen travaille dans le Département de sciences politiques depuis plus longtemps que lui, et les autres ont toujours été gentilles et serviables. Mais ce sont des femmes, et il peut y avoir une espionne parmi elles. Il ramène Bill dans le bureau du président et, penché tout près de lui à la table où sont assis les autres avec des visages inquiets, il expose son plan.

Un quart d'heure plus tard, dans le sous-sol de Burnham Hall, Brian émerge d'un placard de service. Il a plutôt une drôle d'allure, car il a revêtu l'imperméable de Bill Guildenstern, qui est beaucoup trop long pour lui et qui, en temps normal, serait aussi trop large. Mais pour l'instant, le vêtement se place très bien par-dessus les quinze mètres de grosse corde à nœuds qu'il a enroulés autour de lui sous son veston, lui donnant la corpulence d'un homme bedonnant ou d'une femme enceinte.

Dans l'escalier qui mène au rez-de-chaussée, il croise Hank Andrews.

« Alors, tu connais la bonne nouvelle, je suppose ? » Hank a le sourire et s'appuie à la rampe. Mais Brian n'a pas le temps de tenir une conversation.

« Oui, je vais justement voir Don. » Il réprime son envie de se confier à Hank, se promettant de tout lui expliquer plus tard et de recevoir ses amicales félicitations.

« Tu vas voir Don dans son bureau ? (Hank prend un air sombre.) A ta place, je m'abstiendrais... De toute façon, elles ne te laisseront pas entrer, ajoute-t-il plus calmement.

– Si, peut-être. Je connais certaines d'entre elles.

– Malgré ça. Je ne te le conseille pas.

– Et qu'est-ce que tu conseilles ? » demande Brian avec impatience. Il monte la marche suivante, ce qui lui permet d'avoir la tête au même niveau que Hank.

« Je te suggérerais de suivre l'exemple de notre Chef : en cas de crise, quitter les lieux immédiatement. » Hank parle avec tant de sérieux que Brian se dit qu'il plaisante.

« C'est trop tard maintenant ; je viens de promettre à Bill de faire ce que je pourrais. Il n'est plus tout à fait en possession de ses facultés, ajoute-t-il avec un sourire.

– Tu pourrais tomber malade subitement. » Hank pose une main sur l'épaule de Brian, geste inhabituel.

Brian cesse de sourire. Généralement, il apprécie l'humour de son ami, et il tient compte de son avis ; mais en l'occurrence, il se dit que Hank a toujours fui les responsabilités – récemment, par exemple, il a refusé encore une fois qu'on le propose comme président. Il a beau mesurer un mètre quatre-vingts, pense Brian, c'est un intellectuel passif, un lâche, qui n'oserait jamais ni concevoir ni exécuter un plan comme le sien. « A tout à l'heure. » Brian gravit encore une marche ; il est plus grand que Hank maintenant.

« Sérieusement, reprend Hank. Laisse Bill s'en faire tout seul. – Mais qu'est-ce que c'est que ça ? » demande-t-il quand sa main, glissant de l'épaule de Brian, sent le bourrelet de la corde à nœuds. Brian ne répond pas, il ne se retourne même pas, il continue à monter, deux marches à la fois.

C'est la fin des cours de neuf heures, et il a encore plus de mal que tout à l'heure à se frayer un passage dans le hall. Cette fois les flics ne lui demandent rien ; ils ont peut-être déjà été avertis de ce qui va se passer.

Au premier, les sympathisants montent toujours la garde devant le bureau de Dibble, en compagnie maintenant d'un reporter et d'un photographe du journal local qui prennent des notes et font un cliché de Brian. Comme il l'avait prévu, il n'a guère de mal à persuader Mark et Stanley de le laisser parler aux manifestantes. Mais quand Sara et une dénommée Pat qui lui ressemble sortent dans le hall, il n'arrive que de justesse à les convaincre de lui accorder un peu de temps seul à seul avec Dibble.

« Nous ne pouvons pas parler si vous êtes toutes là dans ce bureau, vous devez bien le comprendre », insiste-t-il, regrettant de ne pas pouvoir traiter avec la belle Jenny, ou même avec Linda Sliski, plutôt qu'avec ces garçons manqués de militantes. « Dibble ne peut pas négocier autrement qu'en privé, il faut qu'il sauve la face...

– On n'a rien à faire de sauver sa sale face », interrompt l'acolyte de Sara, une fille petite et maigre avec de longues nattes gris souris.

« Mais rendez-vous compte des conséquences que tout cela peut avoir pour lui. Dibble n'est pas un homme en bonne santé, improvise Brian. Il a le cœur malade.

– Impossible qu'il ait le cœur malade, réplique Sara. Il

n'a pas de cœur. J'aurais voulu que vous entendiez ce qu'il a pu nous sortir là dans ce bureau.

– Il nous a traitées de petites imbéciles, de petites filles gâtées, cite Pat avec indignation.

– Il a traité Linda de femme dénaturée, et il a dit qu'il allait veiller à ce qu'elle n'ait plus jamais de poste de sa vie.

– Insupportable. (Brian s'empêche de sourire, si peu que ce soit.) Mais la question est de savoir si vous voulez gagner cette bataille ou pas. Allez-vous vous laisser troubler par de la propagande, des insultes et des menaces ? Je trouve que vous devriez au moins informer toutes les autres que j'ai proposé de parler à Dibble, et demander un vote, ajoute-t-il en voyant Sara hésiter.

– Bon. D'accord. Viens, Pat. »

Pendant quelques minutes, Brian attend dans le hall, écoutant de son côté de la porte les bruits de la discussion et se demandant si Mark, Stanley ou les autres remarquent quelque chose de suspect dans sa mise. Finalement la porte s'ouvre ; Sara lui fait signe et lui annonce la décision qui vient d'être prise de le laisser voir Dibble seul à seul, mais pendant dix minutes seulement. A la suite de Sara, les autres manifestantes sortent dans le hall – petit groupe de jeunes femmes hargneuses et mal habillées. Toutes fixent Brian du regard, certaines avec un air de méfiance.

« Où est Wendy ? » lui demande Linda, avec méfiance elle aussi.

« Dehors. » Brian avance parmi la foule des présents pour échapper à d'autres questions, tenant ses deux bras serrés contre son corps pour empêcher la corde de se dérouler.

« Dix minutes, avertit Sara.

– Il ne vous écoutera pas, vous savez, lui dit Jenny avec sérieux en lui touchant le bras. Il déconne complètement.

– Possible. »

Brian lui sourit, hausse les épaules, et entre dans le bureau de Dibble en fermant solidement la porte derrière lui. La pièce et son occupant ont tous deux l'air dérangé, effectivement. Les tiroirs du classeur sont ouverts, des papiers et des dossiers sont éparpillés sur le bureau et sur le sol. Des bottes et des manteaux de femmes sont empilés un peu partout, et Dibble a le visage blême et un regard d'obsédé quand il se lève de son bureau et fixe Brian du regard en lui parlant d'une voix grêle et rauque qui semble pasticher sa voix normale.

« Je sais pourquoi vous êtes ici, Tate, s'écrie-t-il. Je sais que vous êtes responsable de ce scandale, et permettez-moi de vous dire que je n'en suis pas étonné, oh non, pas étonné du tout. (Il secoue la tête plusieurs fois.) Mais inutile de venir me trouver ici. Je ne négocierai pas avec un petit fauteur de troubles de rien du tout, non, non, non. (A nouveau il secoue la tête très rapidement, comme un chien mouillé.) Je n'ai pas la moindre intention de négocier. J'ai déjà dit clairement quelle était, quelle était ma position. Je me suis expliqué clairement auprès de Bill Guildenstern, il me semble. Ce que j'ai déclaré, ce que je lui ai dit, c'est que, quand on a le moindre respect des principes de libertés dans l'enseignement – quand on a un peu d'honnêteté ou de loyauté professionnelle... » Brian n'essaie pas d'interrompre Dibble, ni de lui tenir le discours convaincant qui constituait son Plan N° 1 ; il voit que Jenny avait raison, et en plus, le temps presse. Il commence à déboutonner l'imperméable de Bill, Plan N° 2.

» ... loyauté, envers sa profession, un peu de conscience, un embryon de conscience, ce dont je doute franchement, et je vous répète la même chose, car vous êtes certainement parfaitement conscient des sanctions qui peuvent, qui auraient dû être légalement appliquées immédiatement, il y a plusieurs heures, aussitôt que possible, contre ces écœurantes... » Subitement, Dibble arrête son discours. La stupéfaction, puis la panique apparaissent sur son visage quand il voit Brian retirer d'abord son veston, puis son pull. « Ah, mais qu'est-ce que vous faites ? » hurle-t-il, en se réfugiant dans un coin à l'approche de Brian.

« Je vais vous faire sortir d'ici », répond Brian tout bas, d'une voix posée, en se penchant vers Dibble. « Ne criez pas comme ça, continuez à parler normalement. (Il jette son veston sur un tas de manteaux.) Est-ce que vous êtes capable de descendre à la corde ?

– Comment ?

– A la corde », répète Brian patiemment, cherchant le bout de la corde dans son dos. « Je vous demande si vous êtes capable de descendre à la corde. »

Dibble se tourne pour suivre le regard de Brian. « Vous voulez me faire passer par cette fenêtre ? » demande-t-il dans un demi-chuchotement pointu.

« C'est le plan que j'ai soumis à Bill et au Commandant Beaver. » Brian tire sur la grosse corde à nœuds rugueuse enroulée autour de son corps. La tâche est rude et prend du temps – trop de temps pour celui dont ils disposent. « Je leur ai dit qu'à mon avis, vous deviez pouvoir vous en tirer. » Il lâche la corde et essaie de faire glisser tout le rouleau d'un seul coup.

« Vous leur avez dit ça ? Je suppose que c'est dans mes possibilités, oui », dit-il avec une certaine vanité – il est bien connu qu'il passe plusieurs heures par semaine au gymnase à faire de la course à pied et parfois des poids. « Mais c'est inutile. Tout à fait inutile. Il n'y a qu'à alerter la Police du Campus, ils sont équipés pour les cas de force majeure, ils ont des matraques maintenant, depuis les troubles de l'an dernier. – Ce serait très simple. – Du gaz lacrymogène aussi je crois. On aurait dû les appeler tout de suite.

– Bill ne veut pas prendre la responsabilité d'envoyer les flics. Il attend le retour du Doyen Kane ce soir », explique Brian, qui se débat impatiemment avec la corde. Il a beau retenir sa respiration et tirer de toutes ses forces, au point que les nœuds rugueux lui labourent les mains, il n'arrive pas à la faire bouger. « Si vous voulez rester ici jusqu'à ce soir avec toutes ces filles, ça vous regarde, dit-il, essoufflé et furieux.

– Non. (Le regard de Dibble va rapidement de la fenêtre à la porte.) Mais à mon avis...

– Alors taisez-vous, je vous en prie, et attrapez ça. (Brian lui lance le bout de la corde par-dessus le bureau.) On n'a pas trop de temps. (En reculant, il se met à tourner sur lui-même pour dérouler la corde.) Allez, tirez... Plus fort que ça... Voilà. »

Il continue à tourner : en passant devant les rayons de livres, le bureau en désordre, la fenêtre, le classeur béant, la porte ; devant Dibble, qui tire sur la corde tout en continuant à exposer ses idées, dont Brian saisit des bribes chaque fois qu'il repasse devant lui :

« ... lâcheté morale... parfaite imbécillité... de mon point de vue... »

La corde est enfin dévidée. Brian s'arrête, à bout de souffle ; mais la pièce tourne toujours. Il est tout étourdi, il en a presque la nausée. Il porte la main à son front et se dirige en titubant vers le bureau de Dibble, maintenant recouvert des replis du gros serpent de corde.

« ... administrateurs débiles... sans précédent...

– Une seconde. (Brian cligne des yeux, avale sa salive.) Bien. Maintenant on va attacher ce bout-là à... » Il s'arrête et cherche du regard dans la pièce qui tourne toujours. Il avait prévu de fixer la corde à un pied du bureau, mais Dibble a un bureau futuriste sans pied. « – A ce tuyau là-haut », improvise-t-il, en le montrant du doigt.

Malheureusement, ces vieux bâtiments sont très hauts de plafond, et Brian est petit. Pour atteindre le tuyau, il est obligé de mettre une chaise sur le bureau et de grimper dessus.

« Attendez. Bon, passez-moi la corde. Mais non, bon sang, le bout !

– ... lisant impudemment ma correspondance personnelle... des manuscrits de valeur... », continue Dibble, en passant la corde machinalement. Brian n'écoute pas ; il est encore très étourdi, il sait qu'il agit au ralenti, que le temps passe vite, que la porte est là avec ses deux grands panneaux rectangulaires de verre opaque et l'ombre massive de tous ceux qui attendent derrière dans le hall – S'ils allaient ouvrir cette porte...

« ... absolument intolérable... une action légale... »

La corde est enfin fixée, le nœud solide ; Brian s'en assure en s'y accrochant de tout son poids pour redescendre. Il leur reste quatre minutes. A la hâte, il dégage le bord de la fenêtre, envoyant livres et manteaux par terre.

« Bien. Il soulève le châssis lourd et poussiéreux. De l'air froid entre dans la pièce qui en manquait, il a déjà la tête moins lourde. Le soleil brille, radieux.

« ... le bureau des inscriptions... d'anciens étudiants responsables... »

Brian tire la corde vers la fenêtre et commence à la faire passer au-dehors, un nœud après l'autre ; il se sent mieux.

« ... injures... détermination... »

Un cri monte du bas. Regardant à travers les branches d'arbre encore dénudées, Brian voit des gens qui s'agitent, qui montrent...

« Allez, dit-il à Dibble, descendez le premier.

– Je...

– Vite, bon Dieu. (Il pousse une chaise vers la fenêtre.) Avant qu'elles ne comprennent. »

Avec réticence, Dibble grimpe sur le rebord de la fenêtre. Il est là, accroupi, ce grand bonhomme au visage allongé et au teint rose, le regard stupéfait et furieux, agrippé à la corde d'une main et, de l'autre, au châssis levé de la fenêtre.

« Euh, je n'ai pas vraiment...

– Pressez-vous. » On entend de nouveaux cris ; des rires ; des acclamations désordonnées.

Dibble plonge sous le châssis et saisit la corde à deux mains. Son visage rose et allongé apparaît de l'autre côté de la vitre, ses lèvres remuent. « Vous êtes sûr que ça tient ?

– J'ai essayé », dit Brian impatiemment. En bas dans la cour les acclamations redoublent ; il voit des silhouettes qui traversent la pelouse boueuse en courant pour s'approcher de Burnham Hall. « Allez-y. Non, attendez. Retournez-vous, bon Dieu. Tournez-vous de mon côté et mettez les pieds. – Voilà. Attention à la branche. Bon. »

Tout doucement, Dibble se met à descendre de l'autre côté du large rebord de pierre. Maintenant, il y a des gens aux fenêtres du bâtiment voisin, riant et criant des encouragements ; et d'autres en bas sur le piédestal de la statue. Certains, avec des caméras, photographient déjà sa descente lente et hésitante.

A son tour Brian grimpe sur l'appui de la fenêtre. Se tenant à la corde, il passe sous le châssis et, debout sur le rebord extérieur, il attend que Dibble touche terre, car il n'est pas sûr que la corde ou le tuyau puisse supporter leur poids à tous les deux. Il a le cœur qui bat vite ; il est grisé.

Il regarde sa montre : il reste deux minutes. Il a gagné ; il a mené son plan à bien, et il a même du temps d'avance.

Cris et gestes d'acclamation énormes en bas, maintenant que Dibble approche du sol. Des mains se tendent vers lui ; des flashes fusent. On va voir la photo de Dibble – et la sienne ! dans le journal local, et même peut-être à la télévision. Les exploits de Brian vont entrer dans l'histoire de Corinth. Souriant, inspirant profondément, il consacre quelques secondes fatales à contempler la vaste cour étincelante, et plus loin la tour de la bibliothèque, fanal et symbole de l'université ; puis, la foule à ses pieds, parmi laquelle il reconnaît plusieurs visages, dont ceux de

Wendy et de Bill Guildenstern. D'un geste de l'avant-bras, il leur fait signe modestement.

Soudain, par-derrière, des hurlements, des trépignements ; des cris de « Non ! Arrêtez ! » Brian se retourne, s'agenouille sur le rebord de pierre et commence à se laisser descendre, cherchant des pieds les nœuds de la corde...

Mais trop tard. Sara, se précipite à la fenêtre en passant par-dessus le bureau de Dibble, et l'empoigne par un bras. Il se dégage, mais au même moment deux étudiantes plus fortes s'emparent de lui, la première par la chemise, l'autre, en lui faisant très mal, par les cheveux. Comme il se tient à la corde, il n'a qu'une main pour repousser ses assaillantes, tandis que chacune d'elles en a deux ; et Sara lui enfonce à nouveau ses griffes dans le bras.

« Oui. Tenez-le bon, ce salaud », crie-t-elle haineusement à d'autres manifestantes qui viennent de se saisir de lui, et toutes ensemble elles le tirent par-dessus le rebord de la fenêtre pour le faire rentrer dans la pièce pleine de femmes hurlantes et de flashes qui crépitent.

« Allons, allons, ça va bien ! » crie Brian, essayant de remettre pied à terre et se libérant les bras. Quelqu'un ferme la fenêtre d'un coup sec dans son dos.

« Tu l'as laissé filer ! Qu'est-ce qui t'a pris ? hurle Pat.

– Tu nous as roulées ! »

Brian respire à fond, en se répétant que, même inférieur par le nombre, il est supérieur par l'âge, le sexe, la condition et l'habileté politique, à ces jeunes femmes en colère qui sont autour de lui.

« Je peux vous expliquer, dit-il d'une voix forte et décidée. Si seulement vous vouliez bien vous calmer et m'écouter... » Il regarde autour de lui, cherchant un visage compréhensif, un point faible dans le cercle ; et il le trouve : Jenny, qui paraît plus déconcertée que furieuse.

« Laissez-moi vous expliquer. (Il sourit à Jenny, dont les grands yeux sont embués de larmes.) Il fallait que je fasse sortir Dibble d'ici. C'est un homme malade ; il aurait pu lui arriver quelque chose de grave, insiste-t-il en posant la main sur le doux bras de Jenny. Vous comprenez...

– Oui ? » Jenny se tourne vers Brian. Sautant sur l'occasion, il la pousse et fonce par cette brèche vers la porte ouverte et les visages amis – ou neutres en tout cas – des hommes qui sont dans le hall. Mais il se prend le pied dans un tas de manteaux et il trébuche.

« En fait de nous expliquer, il essaie de s'évader ! glapit Linda Sliski. Arrêtez-le, attention ! » Et, suivant sa propre consigne, elle le pousse brutalement de côté.

« Mais non ! Bon Dieu, c'est ridicule, s'exclame-t-il. Vous ne comprenez pas ! » Le voilà par terre, sur un genou ; il essaie de se relever, mais elles sont plusieurs à l'en empêcher.

« Tu crois ça, espèce de sale indic. (Sara l'empoigne à nouveau.) Fermez cette porte ! aboie-t-elle.

– Non... attendez... franchement... » Sous le feu des flashes, Brian, qui crie et se débat, est brutalement plaqué à terre, et il se cogne la tête contre le bord d'une chaise. Trois des manifestantes le maintiennent au sol en hurlant ; et la belle Jenny – douloureux renversement de tous ses fantasmes – s'assied sur lui. La porte du bureau de Dibble est claquée ; fermée à clef.

Une semaine plus tard. La crise est passée ; l'université de Corinth est revenue à la normale. En un sens, Brian est remis de sa captivité : ses bleus ne se voient plus, sa bosse à la tête disparaît. Par contre, au fond de lui-même, il ne s'en remettra jamais.

L'idée qu'il se faisait des femmes, par exemple, a été transformée à jamais. Auparavant, généralisant à partir de sa mère et d'Erica – qui sont l'exception, il le comprend maintenant – il les croyait essentiellement différentes des hommes : plus faibles et moins rationnelles, mais aussi plus douces, plus fines, plus sensibles. Les deux heures qu'il a passées emprisonné dans le bureau de Dibble ont été une révélation. Pas seulement à cause des récriminations et des larmes (celles de Jenny), pourtant pénibles à supporter. (« Tu sais ce que c'est que de subir les réflexions et les reproches d'une femme pendant une heure ? a-t-il dit à Leonard ce soir-là au téléphone. Alors imagine ce que ça peut donner quand ça dure deux heures avec quatorze femmes. ») Le pire a été leur violence, leur grossièreté, leur brutalité. Les manifestantes ont refusé d'écouter ses arguments ou ses explications, et même finalement de le laisser parler. (« Si tu ne fermes pas ta grande gueule, on va te bâillonner », a menacé Pat.) Et puis elles n'ont pas accepté qu'il voie Bill Guildenstern ni personne du bureau du Doyen, même en leur présence ; elles n'ont pas voulu lui apporter quoi que ce soit à manger ni à boire ; et quand il a émis le besoin d'aller aux toilettes, elles lui ont proposé de pisser dans la corbeille à papier de Dibble.

Pendant que Brian était tenu captif, une discussion opiniâtre avait lieu dans le bureau du département. Effrayé par la toute dernière tournure des événements et par la concentration croissante de badauds et de journalistes à Burnham Hall, ce qui donnait l'impression d'une grande manifestation ou d'une émeute, Bill essayait de négocier un accord avec Dibble. Mais Dibble n'était pas d'humeur conciliante ; en fait ses exigences s'étaient accrues. Il insistait maintenant pour qu'à la place des « flics fantoches du campus » l'université appelle, pour faire évacuer son bureau, des C.R.S. capables de « donner une leçon à ces brutes, à ces délinquantes juvéniles ». L'idée qu'il pourrait y avoir des blessés au cours de l'opération a semblé le ravir. Au bout de deux heures de discussion, Bill n'était pas plus avancé, bien qu'il ait été soutenu dans ses efforts par plusieurs délégués du département et de l'administration, et enfin par un appel téléphonique du Doyen Kane, qui, d'Austin, au Texas, a parlé à Dibble pendant vingt-cinq minutes sans parvenir à le faire bouger d'un iota.

Devant la fenêtre de Bill, la foule, importante, devenait houleuse et bruyante. Plusieurs pancartes avaient fait leur apparition, avant même que la peinture rouge ait pu sécher sur certaines ; des bagarres commençaient entre la Police du Campus et certains étudiants qui avaient apporté une échelle, et d'autres armés de pistolets à eau. La bonne humeur régnait parmi la foule, mais cela pouvait mal tourner à tout moment. Bill a rappelé le Doyen Kane au Texas et il a obtenu de lui l'autorisation de céder aux manifestantes.

Deux heures après être entré dans le bureau de Dibble, Brian a été libéré. Il a eu, et a toujours, la petite satisfaction d'avoir vu sa stratégie adoptée ; et la grande, mais plus secrète satisfaction de savoir que son vieil ennemi va abandonner le terrain – car Donald Dibble, qui considère qu'il a été ignoré et trahi par son Président et par son Doyen, a donné sa démission de l'université.

Mais le gain n'est rien au regard de la perte – et force lui est de constater que le sort qu'il s'est amusé à imaginer pour Dibble va en fait lui échoir. Ceci est dû en partie à un accident journalistique : il se trouve qu'une des photos où Brian est aux prises avec les manifestantes est très bien sortie. L'actualité étant plutôt pauvre cette semaine-là, le rédacteur en chef du *Courrier de Corinth* s'est emparé de ce saisissant cliché et l'a publié sur quatre colonnes à la une. C'est presque l'image classique, comique et symbolique à la fois, de la menace que représente la libération des femmes : un petit homme d'âge mûr, l'air apeuré et scandalisé, jeté à terre par de jeunes Amazones aux cheveux longs.

Le lendemain, cette photo est parue dans le *New York Times* en même temps qu'une photo de l'évasion de Dibble et un compte rendu des événements. L'article a été repris par une agence de presse, et à la fin de la semaine il était répercuté dans toute la nation – mais dans la plupart des cas la photo de Dibble, qui ne montre rien d'autre qu'un homme montant ou descendant à la corde le long d'un bâtiment, apparaît en beaucoup plus petit, ou pas du tout. Plusieurs journaux, reculant manifestement devant la complexité des faits, ont carrément omis de mentionner Dibble, donnant à leurs lecteurs l'impression que c'est Brian Tate qui a outragé toutes ces jeunes femmes. Et tel est le pouvoir de l'image que même ceux qui auraient pu lire une version à peu près exacte des événements ont posé leur journal avec l'idée que Brian Tate est un violent opposant du nouveau féminisme – sinon pourquoi toutes ces jeunes femmes l'ont-elles attaqué ?

Déjà les effets de tout ceci commencent à se faire sentir. Les antiféministes de Corinth se réclament de Brian comme d'un allié, et certains lui ont téléphoné pour le féliciter de sa position. Il reçoit des lettres d'encouragement, du comté de Hopkins et d'ailleurs, de personnes qu'il n'a jamais rencontrées. Quelques-unes de ces lettres sont courtes et sensées ; mais la plupart sont longues et délirantes, et expriment une misogynie fanatique. (« Jésus vous Bénira pour vos Souffrances aux mains de ces Chiennes Immondes, de Ces Viles Catins Nées de Satan – Car elles ne sont pas Nées Femmes mais Putains Stériles... » prédit une de ces lettres, tapée à la machine sur le papier à en-tête d'une agence Oldsmobile du New Jersey.)

Tous les fans de Brian ne sont pas masculins ; il a reçu de nombreuses lettres de sympathie de femmes qui se définissent elles-mêmes comme « de la vieille école », certaines appartenant à une organisation dont il ignorait l'existence, dénommée Heureuses Hôtesses d'Amérique. Deux d'entre elles lui ont lourdement fait comprendre que s'il lui arrivait un jour de se trouver à Cape Neddick, dans le Maine, ou à Victoria, dans le Kansas, elles seraient heureuses de l'accueillir chez elles.

Toutes ces lettres, Brian a été capable de les lire avec humour et détachement, sinon avec indifférence. Il a plus de mal à prendre légèrement ce qu'il appelle son courrier de la haine – émanant de femmes, exclusivement. Celui-ci comprend aussi bien les questions mortifiées que se posent ses anciennes étudiantes préférées et ses parentes (y compris sa mère et sa tante), que des cartes postales hideuses, et de grandes lettres de féministes en colère qui l'insultent et l'injurient – parfois dans un langage beaucoup plus violent que celui de l'agent Oldsmobile. Ces lettres et ces cartes arrivent au Département de sciences politiques, où les cartes en tout cas peuvent être et sont sans doute lues par Helen Wells et ses trois auxiliaires, avant d'être placées dans sa boîte à lettres. A cause de l'article de *Times,* où le nom de Brian a été fâcheusement assorti des qualificatifs « petit, carré de la mâchoire, séparé de sa femme depuis peu », elles disent souvent que ce n'est pas étonnant que sa femme l'ait mis à la porte. Un autre thème fréquent est la taille insignifiante ou l'absence présumée de ses organes sexuels. A lire ce courrier, Brian se dit souvent que s'il n'était pas déjà convaincu de l'agressivité et de la grossièreté fondamentales des femmes, il le serait désormais.

En dehors de cette correspondance désagréable, Brian a dû subir de nombreux appels téléphoniques indiscrets et des demandes d'interviews (« Mon problème : les Femmes », c'est le titre qu'a proposé un journaliste indépendant qui avait un « contact » et espérait faire passer son article dans *Penthouse) ;* et aussi les réflexions faussement joviales de ses collègues, les regards et les murmures des étudiants, et les ricanements des gens qui le reconnaissent en ville dans les magasins ou dans les stations-service (« Dites donc, c'est pas vous le professeur qui... »)

Les autres guerres se terminent un jour ou l'autre par une victoire, une défaite, ou l'épuisement, mais la guerre entre hommes et femmes est sans fin. A cause d'un accident journalistique, tout se passe comme si Brian était venu se placer devant Dibble sur ce champ de bataille perpétuel, faisant dévier sur lui les huées de la foule et la colère armée de la déesse-garce américaine sous toutes ses formes. Cependant que Dibble, l'ennemi véritable, prend la fuite. Il a reçu un bien moins grand nombre de lettres, dont aucune n'est injurieuse ; bientôt il sera sur un autre campus, et son rôle dans cette crise sera oublié.

Mais Brian doit rester à Corinth, où les événements récents entreront dans l'histoire de l'université ; où il sera hanté jusqu'à la fin de ses jours par cet article qui dénature les faits et par cette photo d'un comique vulgaire. D'odieuse façon, il a ce qu'il souhaitait ; la formule magique prononcée au-dessus de son berceau s'est réalisée ; après quarante-sept ans d'efforts il est devenu un homme célèbre.

16

Mi-avril ; c'en est fini du grand froid beau et sec, et il pleut depuis presque une semaine. Les fossés, les ruisseaux et les gorges sont pleins de chocolat au lait bouillonnant ; l'herbe nouvelle est collée à plat sur les pelouses boueuses ; les nuages restent accrochés tout près du sol. Dans la maison de Jones Creek Road, l'eau ruisselle le long des vitres ; l'eau goutte à travers le toit de la véranda de derrière, exactement comme à l'automne dernier. Brian avait promis de le réparer, mais il ne l'a pas fait. Maintenant il ne le réparera sans doute jamais.

Erica n'a pas les moyens de faire réparer le toit de la véranda, ni le poêle électrique, elle n'a pas d'argent pour faire redresser le pare-chocs du break dans lequel une personne maladroite et malhonnête a reculé sur le parking de l'université le mois dernier, s'en allant sans laisser le moindre mot. Elle arrive à peine à faire face aux dépenses avec ce que Brian lui donne, bien qu'elle soit maintenant occupée vingt heures par semaine par un travail très astreignant. Elle ne peut plus rien s'offrir : ni rosbif, ni un nouveau roman, ni voyages à New York, ni billets pour une série de concerts ; il y a des mois qu'elle ne s'est pas acheté une nouvelle robe.

Et à part les enfants, qui se plaignent de ne rien manger qui leur plaise, personne ne s'en aperçoit. Apparemment personne ne trouve bizarre qu'Erica ne fasse pas réparer sa voiture, qu elle n'ait pas une nouvelle robe à mettre et qu'elle n'aille plus au concert. Elle ne fait plus partie de leur monde, elle n'appartient plus à l'aristocratie universitaire locale, elle n'est plus qu'une ménagère laissée en plan et une assistante de rédaction mal payée. Brian par contre a conservé sa situation de professeur, et en plus maintenant il sort beaucoup. Et, depuis l'autre jeudi, il est devenu un héros national de l'antiféminisme réactionnaire avec sa photo dans tous les journaux d'Amérique .

En un sens ce n'est pas juste que Brian ait acquis cette réputation. Il n'était pas obligé d'aller au Département de sciences politiques pour essayer de sauver Dibble, qui est quelqu'un de fort désagréable et qui ne lui a jamais rendu le moindre service. De plus, ce n'est pas une bonne chose pour lui, ça ne le serait pour personne d'être puni pour avoir fait ce qu'il fallait, alors que les autres sont récompensés de leurs méfaits, ou en tout cas s'en sortent impunément.

Mais d'un autre côté, se dit Erica, ce n'est que justice poétique si son mari sert de bouc émissaire aux féministes à la place de Dibble ; car Brian lui aussi a fait du mal aux femmes, et pas dans l'abstrait, mais de façon précise et personnelle. Il est donc juste qu'elles se vengent de lui ; et que tout le monde puisse voir ce qu'il est réellement sous son masque de raison et de vertu.

Et en fait, si elle se fonde sur les commentaires de son entourage, tout le monde voit – à la seule exception de Wendy Gahaghan. Bien que son ancienne coturne et meilleure amie Linda Sliski ait pris un vilain coup à la jambe en se battant avec lui, Wendy reste loyale à Brian. Evidemment l'aptitude chez elle à la dévotion imbécile était manifeste dès le début. A une certaine époque, Erica a pensé que Brian méritait une telle dévotion ; à un moment où elle-même se sentait coupable de ne pouvoir la lui apporter, et où elle ne demandait qu'à passer le flambeau à quelqu'un d'autre. Elle se sent toujours coupable ; mais cette fois pour avoir encouragé Wendy à croire en un faux dieu, et pour avoir ainsi donné à Brian ce qu'il attendait depuis toujours et ne méritait plus – ce qui à la longue ne peut être que mauvais pour lui, et encore plus mauvais pour elle.

Avec un soupir, Erica prend le seau sous l'évier de la cuisine et le remplit d'eau chaude. C'est son jour de liberté, mais comme elle n'a pas les moyens de se faire aider, elle le passe généralement en grande partie à faire le ménage. Aujourd'hui il faut qu'elle se presse, car elle voit Sandy à midi. Elle met du détergent et de la poudre à récurer dans le seau, en se demandant pourquoi elle fait tout ça, puisque ça ne dérange personne que ce soit sale par terre ; les enfants ne remarquent rien ; Sandy ne vient pas ici, et d'ailleurs il ne remarquerait rien non plus. C'est décourageant, mais en un sens ça vaut encore mieux que Brian – qui remarquait toujours, et quelquefois se plaignait.

Sandy est plus gentil que Brian par bien des côtés, se dit Erica en soulevant le seau dans l'évier. Il est plus aimable et plus attentionné, il a plus d'humour, et il en sait beaucoup plus en jardinage et en menuiserie, en peinture et en musique et sur les vieux livres d'enfants. Il ne veut aller à aucune soirée, mais il l'accompagne en des lieux et pour des occasions que Brian méprisait : un vernissage, une visite de la nouvelle remise des pompiers, une vente ou une sortie ornithologique. C'est important, maintenant que Jeffrey et Matilda refusent grossièrement de l'accompagner, et que Danielle est de plus en plus prise par son ennuyeux docteur Kotelchuk.

Pour toutes ces sorties, Sandy est un compagnon agréable. Son travail à la Librairie Krishna est rarement un empêchement – encore qu'il l'ait prévenue qu'il serait moins libre cet été, quand ses étudiants et lui commenceront à travailler à leur « centre de méditation ». Ils ont déjà acheté du terrain à une trentaine de kilomètres de Corinth, dans une région inculte et boisée, et ils projettent de le défricher et d'y construire une cabane de leurs propres mains, celles de Sandy comprises. Par la fenêtre de la cuisine, Erica regarde un instant au bout des champs à l'ouest, en direction du centre de méditation prévu, l'air sombre. Puis elle ouvre la porte de la cave pour prendre le lave-pont accroché au mur, et elle la referme aussitôt pour oublier que la cave aussi a besoin d'être nettoyée.

Elle met le lave-pont à tremper dans le seau et pose les chaises sur la table, tout en se disant que Sandy, malgré ses croyances bizarres, est d'un commerce plus facile que Brian. Il n'essaie pas, comme elle l'avait craint, de la convertir à sa foi ; il ne lui fait jamais la leçon, il ne lui dit jamais ce qu'il faut qu'elle lise ou qu'elle pense. Il écoute beaucoup mieux que Brian ; en plus il a une merveilleuse mémoire et il sait raconter des histoires amusantes sur son enfance et sur ses aventures en Californie et en Extrême-Orient.

Erica trempe le balai dans l'eau moussante et commence à le passer sur le sol par bandes luisantes qui se chevauchent. Pour la centième fois en six ans elle se répète qu'elle a vraiment fait une erreur coûteuse en achetant ces carreaux de gerflex rouge, qui lui avaient paru tellement bien dans le magasin, mais qui au bout d'un an avaient déjà viré à un rose sale et sur lesquels, dès le début, la moindre éclaboussure et le moindre grain de poussière se voyaient. Puis, pour la centième fois en six semaines, elle repense à une réflexion de Danielle lui disant que non seulement Sandy est gentil, mais qu'il est « trop gentil pour être un homme ».

Récemment Erica a eu la preuve que cette affirmation était juste, mais une preuve peut-être pas concluante malgré tout. Pourtant elle aurait pu s'en douter plus tôt – dès ce premier soir de neige à la librairie, où Sandy n'avait pas profité de la situation comme l'auraient fait la plupart des hommes. Ou bien elle aurait pu le deviner au cours des semaines suivantes où il avait semblé se satisfaire tout à fait de baisers et d'embrassades gentiment enthousiastes du genre de ceux que prodiguerait un enfant affectueux à un nouvel animal familier.

Erica avait remarqué cette hésitation, cette méfiance puérile – mais elle en était plutôt contente qu'inquiète. Sandy, pensait-elle, était trop intimidé par elle pour espérer ou imaginer qu'elle couche avec lui ; il voulait leur épargner à tous deux la gêne et la peine d'un refus. A n'en pas douter, il avait essuyé des refus auparavant ; on s'était moqué de lui, on l'avait repoussé, souvent peut-être. Il s'était sûrement produit quelque chose de ce genre pour qu'il hésite ainsi, qu'il se détourne de la vie. Mais connaissant les hommes, Erica savait qu'instinctivement Sandy devait désirer autre chose. Elle considérait de son devoir de le lui donner – pour bien lui montrer que son amitié pour lui et son amour du prochain étaient réels. Un amour du prochain qu'elle voulait plus profond que celui qui consiste à servir la soupe aux pauvres : elle ne voulait pas seulement satisfaire chez lui un besoin temporaire, mais reconvertir Sandy, le ramener au monde sur tous les plans et lui en faire goûter la réalité, afin qu'il abandonne son ascétisme pathétique et vide.

Avec tout cela dans l'esprit, Erica choisit avec soin le moment et le lieu. Ce cadeau d'anniversaire qu'il n'attendait pas, elle l'avait fait à Sandy spontanément et dans de mauvaises conditions. Maintenant qu'il allait doublement recevoir le cadeau de sa vie, il fallait que ce soit dans les meilleures circonstances possibles et dans un très joli papier cadeau. Il fallait que ça se passe chez elle, car les motels étaient sordides et la Librairie Krishna crasseuse et mal chauffée ; et à un moment où ils ne risquaient pas d'être interrompus. Elle attendit donc que les enfants soient partis dans le Connecticut avec Brian pour les vacances de Pâques, et qu'il n'y ait personne dans la maison.

Erica, comme tout le personnel non enseignant de Corinth, n'avait pratiquement pas de vacances, mais elle avait congé le vendredi saint. Elle prépara un déjeuner léger mais raffiné (salade d'avocat, bisque de crevettes, vin blanc) et fit le ménage dans les parties intéressantes de la maison. Elle refit le lit de la chambre d'amis avec des draps frais à motifs d'églantines, et elle tira les stores aux trois-quarts, afin que le soleil vienne tomber en parallélogrammes sur la moquette et que le reste de la pièce soit baigné d'une lumière tiède et douce. Elle renonça à une tenue habillée – cela paraissait trop appuyé, et de toute façon elle n'avait rien de vraiment bien à mettre – mais elle prit une douche et elle mit un pull grenat tout propre et un pantalon de lainage noir par-dessus son soutien-gorge et son slip en dentelle lavande les plus jolis. Puis elle sortit son diaphragme, raidi et desséché faute d'usage sous sa couche de talc, mais qui, après inspection, semblait intact – en tout cas il ne fuyait pas sous le robinet – et elle le mit en place avec une généreuse ration de gel, acheté la veille, non sans une certaine gêne, dans une pharmacie où on ne la connaissait pas.

Tout était prêt. Et pendant la première heure, tout se passa comme elle l'avait prévu. Elle embrassa Sandy encore plus affectueusement que d'habitude quand il arriva, bien qu'il eût le visage tout marbré par le froid à cause du temps qu'il avait passé à faire du stop pour venir jusqu'à Jones Creek Road. Elle servit le déjeuner, et amena subtilement la conversation sur l'amour, le taquinant, évoquant des souvenirs. Il y eut un moment décisif où elle parla des hommes en généralisant, et où Sandy protesta avec un sourire : « Tu ne peux pas dire ça.

– Oh, si, tout à fait.

– D'après ta grande expérience, j'imagine.

– Je n'ai jamais eu d'autre expérience que celle de Brian, répondit-elle. Mais une femme sait ces choses-là. » Et elle se mit à rire gaiement, contente d'avoir fait savoir à Sandy ce qui donnerait encore plus de prix au cadeau qu'il allait recevoir.

Elle n'eut pas de mal après cela à faire comprendre ses intentions ; à passer de la cuisine au salon, puis au bureau du premier. Entre la chaude émotion de ces déplacements et le froid jeté par ce qui suivit, elle a oublié les détails. Elle se souvient des paroles échangées au moment où, l'ayant doucement aidée à se déshabiller, Sandy ôte à son tour ses vêtements minables. Bien qu'ils viennent de s'étreindre étroitement, elle est suffoquée, elle est presque effrayée par ce qu'elle voit : le long torse blanc et étroit, le buisson ardent de poils drus – que les années n'ont pas décoloré comme les cheveux, et qui au contraire est resté d'un roux éclatant – et ce qui en sort.

« Tu », susurre-t-elle à demi, en tendant la main, mais pas pour toucher. « Ça... Enfin je veux dire, elle est terriblement grosse, non ?

– Juste normale, autant que je sache. »

Il y a un silence, pendant lequel ils pensent tous les deux la même chose à propos de Brian.

Mais le trouble et le désarroi d'Erica à ce moment-là n'étaient rien en comparaison de ce qui allait suivre. D'abord un malentendu et des encouragements malencontreux – car, croyant que Sandy hésitait par égard pour elle, elle lui répétait tout bas que tout allait bien – jusqu'au moment où, y mettant finalement la main, elle s'aperçoit que tout n'allait pas bien. Elle entend encore ses propres vagissements désespérés : « Ah ! Mais qu'est-ce qu'il y a ? » et Sandy lui répondre, d'une voix éteinte et sinistre : « Je ne sais pas. »

Ensuite les efforts maladroits, les gémissements de désarroi et d'impuissance. Les efforts renouvelés ; l'échec confirmé. Et puis Sandy reculant et, accroupi entre les jambes d'Erica, le visage empourpré, disant : « Rien à faire ».

Et enfin elle se rappelle les excuses et les explications, cumulatives et contradictoires. « Je ne m'attendais pas à... Je craignais ça, tu vois. On a attendu trop longtemps. » Erica, soutenue par l'espoir, la foi et l'amour du prochain, accepta ces excuses ; elle en fit aussi de son côté. Elle apaisa et consola Sandy, l'assurant qu'elle comprenait, qu'elle ne lui en voulait pas, qu'elle n'était pas vexée, que ce serait mieux la fois suivante.

Mais ce ne fut pas mieux la fois suivante. Ce fut pire. Rien qu'à voir Erica nue la nuit dans un bureau de l'université (ses enfants étaient rentrés de vacances, mais elle avait une clef du bâtiment où elle travaillait), Sandy mollit et se ratatina de partout. Il s'assit sur l'extrême bord du canapé en plastique noir appartenant au rédacteur de *La Chimie organique actuelle*, à côté des pieds froids d'Erica ; ses bras pendaient sans force entre ses jambes, et sa voix n'était plus qu'une variante affaiblie d'elle-même. « Vénus est encore en carré avec Neptune. Ça doit être une sorte de signe. »

Cette fois Erica ne lui exprima ni encouragement ni consolation. Au contraire, toute la tristesse et tous les doutes qui mijotaient dans son esprit depuis quatre jours se mirent à bouillir et à déborder. C'est avec un rire amer et presque hystérique qu'elle dit à Sandy qu'il avait dû se tromper. Manifestement il ne la désirait pas, et il ne l'aimait pas.

« Non, murmura-t-il au bout du canapé. Je t'aime trop. »

Erica ne le crut pas. Elle pensa que Sandy, comme il l'avait dit l'autre fois, avait attendu trop longtemps. L'Erica qu'il aimait était une belle fille jeune ; à la vue de son visage ridé et de son corps de femme mûre en gros plan, le désir l'avait quitté. Elle se redressa, attrapa ses vêtements, et commença à se rhabiller d'un air las, se disant que Sandy aurait pu savoir, ou en tout cas prévoir, que ça serait pareil cette fois-ci ; qu'il aurait pu s'en douter dès la première fois. Elle se mit à lui en vouloir de n'avoir pas su éviter ces deux scènes embarrassantes et sordides, scènes pendant lesquelles elle s'était offerte et exposée au grand jour, et avait été repoussée. Maintenant c'était trop tard. Ce vilain incident, humiliant et ridicule avait eu lieu, entachant cette journée et leur amitié comme cette grosse giclée de purée de légumes à l'agneau que Jeffrey avait un jour crachée sur une des illustrations de *Sanford très affairé,* ce qui l'avait obligée à redessiner toute la page.

Mais elle ne pouvait pas redessiner cet épisode de sa vie ; il demeurerait à jamais. Et le pire c'est qu'elle l'avait provoqué elle-même, en voulant faire l'amour à un être aussi laid, bizarre et impossible. Une sorte de fureur l'envahit tandis qu'elle regardait Sandy, toujours assis à l'autre bout du canapé, courbant son dos blanc et noueux pour remettre ses chaussettes. Elle eut envie de crier, de le frapper, de bourrer de coups de poing sa tête chauve et ses épaules voûtées. Cependant elle fut horrifiée de sa propre réaction et la réprima aussitôt, se rappelant que non seulement Sandy était son vieil ami, mais que c'était aussi quelqu'un de pathétique et de malheureux qui méritait la pitié. Malgré tout, il aurait pu se douter. La seconde fois en tout cas...

« J'aurais dû me douter », dit soudain Sandy, faisant écho aux pensées d'Erica comme cela lui arrivait souvent – en des temps plus heureux elle avait interprété ce phénomène comme un signe de communion psychique.

« J'ai compris depuis longtemps que ce que je désire le plus, je ne l'obtiens jamais. C'est mon destin.

– C'est idiot », s'écria Erica. Une autre idée lui était venue ; elle s'immobilisa, une jambe nue en l'air, laissant pendre un collant mauve. « Tu sais ce qu'il y a, c'est toi-même qui t'infliges ça. C'est toi qui accomplis ta prophétie. L'échec n'est pas un destin, pas plus pour toi que pour les autres. Tout le monde a droit à une part de succès, à une part de bonheur.

– Non. (Sandy, qui avait cessé de s'habiller pendant qu'elle parlait, laissa échapper un grand soupir et commença à renfiler son chandail gris à col roulé.) Pas tout le monde. Loin de là. Ce que tu n'as pas encore compris, Erica, c'est que ce monde est entre les mains du Diable.

» C'est évident, il suffit d'observer, continua-t-il avec un petit sourire amer, mets-toi à la place du Diable. Si tu voulais rendre les hommes le plus malheureux possible, tu songerais d'abord à les affliger de tous les maux que tu pourrais trouver : la guerre, le chômage, l'héroïne, le cancer, la torture politique, la famine, la cécité, les difformités, l'exposition à la radioactivité. Tu ferais souffrir tout le monde, en permanence.

» Mais c'est trop simple. Si la condition humaine est misérable partout, les hommes n'espéreront rien d'autre et s'y résigneront. La chose à faire, c'est de faire régner la maladie, la laideur, la peur et la faim presque partout. Et puis de garder un petit nombre de gens qui ne connaîtront pas la souffrance – pour qui tout ira toujours bien – qui seront jeunes, riches, beaux, en bonne santé, et heureux. Et de les placer un peu partout dans le monde pour décourager les autres ; pour bien faire mesurer aux autres chaque jour et à chaque heure tout ce dont ils sont privés. (Sandy parlait d'une voix méchante.) Des gens comme toi et Brian, vous êtes là pour ça.

– Mais les choses ne vont pas bien pour nous. (Erica se mit à rire d'un air gêné, en se disant que Sandy plaisantait.) Pas ces derniers temps en tout cas.

– Oui. Ton tour est passé. On t'envoie rejoindre la majorité. » Il ne riait pas.

« Tu ne crois pas vraiment ce que tu dis.

– Je ne sais pas. (Il parlait plus lentement maintenant, d'une voix plus faible.) Ça m'arrive d'y croire.

– Je pensais que tu croyais en Dieu, que c'était Dieu qui avait créé le monde, pas le Diable.

– Je n'ai pas dit qu'il avait créé le monde. Le Diable ne peut rien créer. Il suffit d'aller dans la nature et de regarder autour de soi pour savoir qui l'a faite – de regarder les champs, le ciel, les oiseaux. Mais évidemment il y a longtemps de ça. Quand on voit ce qui arrive à ce monde, on se dit que Dieu s'en désintéresse.

– Et tu crois qu'il se désintéresse de nous aussi, peu lui importe qu'on soit heureux ou pas ?

– Je crois que ça n'est pas son problème. Un homme que j'ai rencontré au monastère à Elmira m'a dit un jour : "Dieu ne se soucie pas de savoir si nous sommes heureux, mais seulement si nous sommes bons".

– Et tu es d'accord avec ça ?

– Je ne sais pas. (Sandy haussa les épaules et se pencha pour lacer ses chaussures.) Quelquefois je me dis que s'appliquer à être bon c'est encore une forme de vanité. »

De toute cette triste scène, c'est cet échange final qui continue à hanter Erica ; tout le reste, elle peut l'évacuer en se disant qu'il s'agit, chez Sandy, d'un fantasme, d'un manque superstitieux de confiance en lui et d'une façon d'attirer l'échec.

D'ailleurs, ce fantasme, elle le comprend, car elle aussi – surtout quand elle lit les journaux – voit parfois le monde comme un lieu de souffrance ; elle s'est souvent dit que si Dieu existait, ce serait le Diable. Mais heureusement Erica ne croit plus en Dieu depuis des années. Elle a, vis-à-vis de toute foi religieuse, un mépris profond et de longue date qui remonte à sa dixième année, au moment où sa mère, prise d'un élan inhabituel de grégarisme de quartier et de piété mondaine après le départ du père, a décidé que ce serait une bonne chose que sa fille suive l'Ecole du Dimanche à l'église presbytérienne du lieu.

Erica était partante. Malgré son éducation de païenne ou presque, elle avait pu observer les avantages de la foi religieuse chez sa grand-mère paternelle. Pour grand-maman, tout dans la vie était bien réglé, sérieux et important. Bien qu'elle vécût seule dans un appartement de trois pièces à Worcester, dans le Massachusetts, elle ne se plaignait jamais de s'ennuyer, comme sa belle-fille. Pour elle, chaque jour comptait, présentant toujours une série de problèmes d'arithmétique morale. Le moindre détail de la conduite, qu'il s'agît de poser une souricière ou de reprendre une tranche de gâteau, était bon ou mauvais ; chaque soir, lors d'une intime et poignante délibération avec Dieu, il y avait des opérations morales à faire, additions, soustractions – et même multiplications. De plus, expliquait-elle, Dieu ne faisait pas de différence entre les gens ; il était tout aussi intéressé par la conscience d'Erica, âgée de dix ans, que par celle de grand-maman.

Alors on les mit à l'Ecole du Dimanche. La petite Marian fut envoyée dans le groupe des petits, où elle apprit à chanter des cantiques faciles et à faire des décorations de Pâques avec des cure-pipes et du papier à découper lavande et jaune. Mais Erica fut placée dans la section d'une grosse dame d'un certain âge du nom de Mme Winch, qui portait, épinglé sur la poitrine, un mouchoir bordé de dentelle auquel une montre en or était accrochée la tête en bas, de sorte qu'elle seule pouvait voir l'heure. Mme Winch croyait à la discipline à l'ancienne ; elle avertit ses élèves qu'ils devaient toujours être propres, polis et sages, afin que Dieu les aime, et que, s'ils venaient à mourir brusquement, il ait envie de les emmener au Ciel et de les garder avec lui à jamais. S'ils étaient malpropres, impolis et désobéissants – eh bien, Mme Winch n'était pas vieux jeu au point de leur expliquer ce qui leur arriverait ; mais elle le laissait entendre, et les autres élèves renseignèrent Erica.

Cependant, loin de trouver cette doctrine convaincante, Erica en fut scandalisée moralement. On lui avait appris à bien faire en soi et pour soi. Son père, qui à la même époque se battait pour la liberté dans un camp d'entraînement de l'Armée canadienne, lui avait enseigné que sa récompense serait tout simplement la dignité qu'elle éprouverait, et le sentiment d'avoir bien agi et d'être quelqu'un de bien. Elle s'indigna avec intransigeance à l'idée d'une vertu qui dépendait de récompenses promises et de menaces – d'un Dieu qui avait si piètre opinion des gens qu'il espérait les faire tenir tranquilles en les menaçant d'être brûlés vifs dans des flammes éternelles. C'était pire qu'à Noël, où on disait aux petites filles et aux petits garçons qu'ils n'avaient pas intérêt à faire la moue ni à pleurer parce que le Père Noël était en route. C'était comme Tante Ida qui disait : « Donne-moi un baiser et je te donnerai un bonbon » – ce que grand-maman appelait avec mépris « de l'amour de buffet ».

Erica trouva donc la conception de l'univers de Mme Winch âpre, lâche, cruelle et fausse. Si Dieu fonctionnait vraiment ainsi, c'était quelqu'un qu'Erica n'avait pas envie de connaître. En rentrant à la maison, elle dit à sa mère que Mme Winch sentait la lessive et qu'elle ne voulait plus retourner à l'Ecole du Dimanche. Et Lena, dont l'enthousiasme pour les possibilités mondaines de l'église presbytérienne déclinait, donna son accord.

Mais que Sandy imagine Dieu comme un non-Père Noël, sans jouets dans sa hotte, guettant Erica pour voir si elle continuait à bien agir sans penser à une récompense – voilà qui la tracassait. Car si elle était Dieu, c'est sans doute comme ça qu'elle se comporterait.

Et si Dieu existait, ce qu'elle va faire aujourd'hui ne lui plairait sûrement pas. C'est mal d'après les critères traditionnels, et c'est aussi contraire à la loi. Mais ce n'est pas ça qui dérange vraiment Erica, encore qu'elle n'aimerait guère que son entourage ou la police l'apprennent. Son souci, c'est la pureté de ses intentions, pour elle-même. A-t-elle accepté de faire ce trip avec Sandy pour l'amour de l'art et par amour – à savoir, pour étendre sa vision créatrice et pour prouver à Sandy qu'elle l'aime vraiment et qu'elle lui a pardonné sa sottise récente ? Ou est-ce qu'elle essaie simplement de fuir la réalité pendant quelques heures ?

Mais maintenant il est trop tard pour reculer. Vidant le dernier seau d'eau de rinçage dans l'évier, elle sort de la cuisine et monte pour retirer son jean et son pull mouillés, et mettre – au fait, comment s'habille-t-on pour un trip ?

« Je ne ressens rien », se plaint Erica. Elle est assise très droite sur un divan dans la chambre d'un étudiant de Sandy qui est parti pour la semaine. Il y a une demi-heure, elle a avalé une poudre blanche avec un peu de limonade ; et depuis, elle observe les meubles, la lucarne dégoulinante de pluie, les murs blanchis tendus de batik et un poster de dieu dansant à multiples bras, pour voir s'ils vont se mettre à remuer ou à changer de couleur.

« Il est encore un peu tôt. Et on n'a pas pris grand-chose, répond Zed pour la troisième fois.

– Je crois que tu t'es fait escroquer. Il ne va rien se passer, sauf si la police vient nous arrêter pour avoir pris cette poudre.

– On ne peut pas se faire arrêter pour avoir pris de la drogue ; c'est seulement si on en possède. C'est l'inverse des lois sur l'alcool. On pourrait arriver complètement défoncés dans un commissariat de police, ils n'auraient pas le droit de nous toucher.

– Je n'ai même pas l'impression d'être ivre. J'ai un peu sommeil, peut-être. Mais tout est exactement comme d'habitude. Moi qui voulais que le monde se transforme.

– Se transforme ? » Zed hausse ses pâles sourcils.

« Oui, et j'aurais pu le représenter dans mes dessins, pour les rendre plus intéressants. Pour changer, parce qu'en fait je les trouve ennuyeux. Ou alors j'aurais pu avoir une vision, une expérience mystique.

– Une expérience mystique, répète-t-il lentement en séparant les mots.

– Je sais qu'il y a des gens à qui ça arrive. Evidemment je ne suis pas une mystique, mais tu sais ce que c'est quand ta vie tourne mal : tu as l'impression qu'on te punit sans doute de quelque chose. Mais de quoi ? C'est ce que je voudrais bien savoir.

– Alors tu crois que Dieu devrait t'apparaître dans un grand peignoir de bain blanc et te dire avec l'accent canadien : "Vilaine Erica, petite méchante". (Zed grimace.) Le mysticisme, ça n'est pas ça. Si tu as une vision, ça ne sera pas comme ça.

– Alors ce sera comment ? demande Erica, avec un rire pointu. Explique-moi, puisque tu es parvenu si loin sur le Chemin.

– Je ne suis pas bien loin.

– Allons donc. » Elle est agacée par cette manière constante et presque automatique chez Sandy de se dénigrer, comme elle l'a été tout à l'heure par sa plaisanterie sur son père.

« C'est vrai. Je ressemble plus que tu ne crois à Brian et à tous ses amis de l'aréopage. On enseigne par incapacité.

– Tu fais beaucoup d'astrologie.

– Oui, c'est un aimable compromis pour des gens comme moi qui n'ont pas tenu le coup spirituellement. »

Erica regarde Zed, ne sachant pas trop s'il plaisante ou s'il a besoin d'être compris. « Mais tu n'as pas que l'astrologie. La libraire... tes cours...

– Tout dépend de ce qu'on entend par la connaissance. (Zed respire profondément.) Pour l'essentiel, je ne suis pas même parvenu au premier degré. J'ai essayé bien sûr. J'ai lu des tas de livres, j'ai fait des tas d'exercices.

– Mais il faut du temps, tu l'as dit toi-même. Des années parfois. » Elle met la main devant sa bouche pour bâiller.

« Ça fait des années que je m'acharne. »

Erica note un tremblement dans sa voix ; elle se penche en avant et essaie d'être attentive. « Depuis ton séjour au Japon.

– Plus longtemps que ça. J'ai commencé à lire et à étudier avant d'aller en Californie. En 1964, j'ai cru que j'allais arriver à quelque chose, seulement j'avais besoin de plus de temps pour me concentrer. Alors j'ai quitté mon travail, j'ai vendu ma voiture, je me suis débarrassé de tout ce que je possédais, et je me suis installé dans une pièce dans l'ouest d'Hollywood. (Zed fait un sourire ironique.) Je me suis aperçu, comme c'est le cas de la plupart des étudiants, que ça n est pas si facile de se détacher des contingences matérielles. On renonce à l'argent et à la réussite – au désir de posséder une décapotable et une bonne chaîne stéréo, d'être titularisé et d'obtenir le prix de l'A.P.A. Parfait. On se sent très fier de soi. Et puis on s'aperçoit qu'on est dévoré par de menues envies, comme un hot dog ou un bain chaud. On essaie de méditer, mais on est ramené sur terre par des besoins physiques – parce qu'on a le rhume des foins, ou qu'on a mal aux jambes dans la position du lotus.

– Anh-Anh. » Erica s'appuie en arrière contre les coussins de batik du divan, plus somnolente que jamais.

« Mais au Japon j'ai dépassé tout ça – ou du moins je m'y suis habitué, poursuit Zed. J'ai beaucoup travaillé toute mon année là-bas, et quand je suis revenu en Amérique, j'ai voulu passer au degré suivant. Je voulais l'illumination ; je m'en sentais même digne – à cette époque-là j'avais une assez bonne opinion de moi-même. J'ai décidé d'aller méditer sérieusement quelque part : d'essayer d'entrer dans le Silence, de me fondre dans le Tout – appelons ça comme on voudra.

» Alors j'ai commencé par aller voir ma famille, et puis je suis allé à Cambridge en stop et je me suis enfermé dans un appartement que des amis m'avaient prêté. Le moment était propice – c'était un week-end d'août ; le téléphone était débranché, et tous les gens que je connaissais étaient partis.

» Alors j'ai fermé la porte à clef, je me suis assis sur la moquette et j'ai commencé à méditer. Je suis resté assis là pendant deux heures environ, à faire divers exercices d'abord, et puis simplement à attendre. Tout était parfaitement calme. Je n'étais plus conscient ni de la rue au-dehors, ni de la pièce, ni de mon corps ; je me concentrais sur un champ de vide uniforme, un champ de blancheur qui s'étendait à l'infini dans le temps et l'espace.

» Et puis une chose bruyante et violente est passée dans ce champ, tout près de moi. J'ai ouvert les yeux sans le vouloir et j'ai vu que c'était une grosse mouche. Elle a fait le tour de la pièce quatre ou cinq fois en bourdonnant, alors que j'essayais de ne pas y faire attention, et puis elle est allée droit vers la fenêtre dans mon dos.

» J'étais bien content, car je croyais qu'elle allait sortir. Mais elle était trop bête pour ça. Il aurait suffi qu'elle monte de quelques centimètres pour être libre ; mais pas du tout, elle est restée à bourdonner entre la vitre et le store. Il fallait que je cesse d'y faire attention, je le savais bien. J'ai pensé à tout ce que j'avais lu sur l'illumination, à tout ce que j'avais appris. Cette mouche représentait tout ce dont je devais me débarrasser, me disais-je – sa souffrance et son égarement stupide n'étaient pas réels, ils faisaient seulement partie du monde des fausses apparences. Je me disais que c'était un démon, envoyé pour me mettre à l'épreuve. J'ai réglé ma respiration et je me suis mis à compter à rebours à partir de trois cents, en m'efforçant de me déconnecter de toute perception du monde extérieur, de ne rien voir et de ne rien entendre ; je me suis concentré sur la blancheur, l'uniformité, l'extension, l'infini... Et finalement – je ne sais pas au bout de combien de temps, peut-être dix minutes seulement, peut-être une demi-heure – quelque chose a commencé à se passer : comme si tout convergeait, se refermait...

» Mais à ce moment-là j'ai recommencé à entendre ma mouche. Elle était toujours là à bourdonner et à se cogner contre la vitre et le store. Ça n'était plus qu'un tout petit bruit maintenant mais je la sentais là, au niveau de l'estomac : boum, boum, aie, aie, aie. J'étais fichu. Je n'avais plus qu'à déplier les jambes, me lever et la faire sortir. J'ai levé le store, et elle est partie au soleil d'un vol saccadé, étourdie de fatigue, surprise et délivrée, et je me suis dit : « Ainsi s'évanouissent tes prétentions à la spiritualité, Sandy. » (Il sourit tristement.) « Et j'avais raison.

– Tu n'as pas réessayé une fois la mouche partie ?

– Si, bien sûr ; nuit et jour pendant les quarante-huit heures qui ont suivi. Et encore après, pendant des mois. Mais rien à faire. Je restais à des lieues du point auquel j'étais parvenu cet après-midi-là.

– Tu continues pourtant à faire de la méditation, dit Erica, se souvenant de conversations antérieures.

– Oui. (Zed a détourné la tête et il parle à un grain du tapis de tweed vert.) Seulement ça ne marche pas. J'arrive bien à me détacher du monde, mais je n'arrive pas à approcher Dieu. Je reste en panne à mi-chemin. Je suis comme la mouche, seulement il n'y a personne pour m'ouvrir le store.

– Mais Sandy, je ne comprends pas – (Erica plisse le front.) Pourquoi est-ce que tu n'aurais pas dû la faire sortir ? (Zed ne répond pas.) Si elle souffrait, c'était de la bonté de ta part. (Elle regarde la fenêtre, se lève, puis se rassied.) Ah. C'est drôle. J'ai cru qu'il y en avait une ici aussi, derrière la vitre. Mais c'est juste une partie de l'arbre là dehors.

– Tu commences à partir.

– Je ne sens rien. La pièce n'a pas changé.

– C'est que tu ne t'en aperçois pas. Ce cendrier jaune, là, tu ne le vois pas comme une fleur ?

– Je... Enfin, oui, si on veut. » Erica contemple une

coupelle en terre, au bord entaillé d'encoches arrondies pour poser les cigarettes, qui, sans cesser un instant d'être un petit cendrier, est en même temps une grosse fleur dorée. « Tu as raison. Oui, c'est joli : je crois que c'est une primevère. Ou un souci peut-être, avec ces pétales carrés. » Elle tend la main pour toucher un pétale du cendrier ; il est doux et tiède et, simultanément – ou plutôt en alternance rapide – dur et froid.

« Et regarde Krishna qui danse. » Zed montre le poster au-dessus du divan.

« Où ça ? Oui, je vois – Non. Il ne danse pas ; mais il nous fait signe avec ses bras. Avec ses bras bleus. Seulement ils ne remuent pas. Evidemment qu'ils ne remuent pas, c'est juste une image. (Avec l'impression de faire un effort, Erica se redresse.) Pour l'instant je ne le vois plus remuer... Si, il recommence. A présent il s'arrête. Qu'est-ce qui se passe ? Pourquoi est-ce qu'il fait ça ?

– C'est le privilège de la drogue. Le monde est ce qu'on dit qu'il est. » La voix de Zed ne semble pas venir de l'autre bout du divan, mais de tout près.

« Je me sens toute drôle. Quand je bouge la tête, la pièce part tout de travers. Et toi, Sandy, tu te sens bizarre ? Toi aussi tu vois les posters remuer et des choses comme ça ?

– Pas pour l'instant. Je pourrais si je voulais.

– Pourquoi ? Ça ne te fait aucun effet ?

– Si. Mais je suis plus habitué que toi à ce genre d'expérience. Et puis je ne suis pas un visuel. (Il ferme les yeux, il les rouvre.) J'ai plutôt tendance à entendre des choses. Pas pour l'instant ; mais la dernière fois qu'on s'est défoncés ici avec Ralph, au petit matin, on a entendu les pigeons parler toutes sortes de langues sur le toit là dehors. (Il rit.) Ils invoquaient le Seigneur dans des imitations de langues étrangères, comme une assemblée évangéliste.

– Je n'entends rien du tout dehors, dit Erica en jetant un coup d'œil vers la fenêtre. C'est très assourdi, très lointain... Mais les rideaux tissent un dessin. Un écossais – des bandes vertes comme une vannerie souple. Un tissu tissé dessus dessous doucement, joliment. Tu vois ça aussi ? C'est vraiment ravissant. » Elle n'attend pas et n'entend pas la réponse de Zed ; elle regarde le tapis à présent : tous les différents verts du tweed. Vert mousse, vert pré, vert lichen.

« Tout ça pousse comme un puzzle », s'exclame-t-elle en riant. Elle ne voit pas vraiment un « pré » ni un « puzzle » – juste un tapis normal ; mais ce tapis vit en silence, s'anime sans bouger, renaît constamment et superbement à la vie. Le monde est vivant, pense-t-elle. Il ne faut pas que j'oublie ça. Tout est vivant, dans les moindres détails. Et elle se dit que c'est cela qu'elle voulait offrir à Sandy, cette expérience d'un monde réel bon et vrai.

« Sandy, il faut que tu regardes ce tapis ! s'écrie-t-elle. Ce qui en fait la beauté, c'est qu'il est vraiment là, et que c'est un tapis.

– Ah oui. » Mais il ne jette même pas un coup d'œil au tapis ; c'est elle qu'il regarde, avec un sourire absent, comme d'habitude.

« Tu ne regardes pas. Pourtant c'est vrai. Dans cette chambre, tout est réel, et à sa place, et c'est ce qui en fait la beauté.

– Tout ? » dit enfin Zed, en s'incluant dans l'ensemble d'un geste qu'Erica ne voit pas. Mais elle entend sa question et s'arrache à la contemplation d'un très joli abat-jour vert qui s'est perché sur la lampe à sa gauche et qui tient l'ampoule habilement et poliment de sa griffe circulaire.

« Oui. (Elle se tourne.) Non. Ça c'est laid. (Elle montre le verre à moutarde dans lequel ils ont bu leur limonade.) C'est plein de bosses et de bave, avec des grosses coulures. Beurk. C'est hideux. Je vais le cacher. »

Elle se penche et saisit le verre par son extrême bord d'un air dégoûté.

« Attends – méfie-toi », prévient-il.

Quand Erica se lève, le plancher se lève avec elle en basculant légèrement de son côté ; les murs tanguent et tournent. « Non, ça va. Je veux juste enlever cette chose. La mettre à un endroit où elle ne nous voit pas – Ah-là-là, toute la pièce a le vertige. »

Lentement, tenant le verre à bout de bras (il devient plus laid à chaque seconde), Erica traverse tant bien que mal le tapis-puzzle, qui devient semi-liquide, et elle contourne un fauteuil rembourré (qui la soutient gentiment comme un ours gentil). « Merci. Voilà. » Arrivée dans la salle de bains, elle dépose l'affreux objet, et elle se retourne. A quelques dizaines de centimètres seulement, quelqu'un la regarde par une fenêtre au cadre jaune écaillé : un visage de vieille femme, sans expression, blafard, ridé. – En le reconnaissant, elle gémit. Elle essaie de détourner la tête. Ne peut pas. Gémit plus fort.

« Erica ? (Zed se lève, avec difficulté.) Qu'est-ce qu'il y a ? Ça ne va pas ? (Il traverse la pièce en titubant, lui saisit le bras.) Reviens t'asseoir. Bon Dieu, le plancher fait des vagues... Voilà. Ça va ?

– Oui. Non. » Elle rit, l'air ébranlé.

« Appuie-toi sur moi. Respire lentement... C'est ça. Il ne faut pas se lever si vite. C'est pas bon quand on est parti. »

Erica respire encore plusieurs fois. Elle regarde autour d'elle, mais la chambre n'est plus vivante ni jolie. Au contraire tout est plat et mort : on dirait que les rideaux, les cadres, le tapis, les fenêtres, ont été peints n'importe comment sur les murs et sur le plancher, comme un décor bon marché.

« Ce que j'ai vu dans la salle de bains, dit-elle brusquement. Dans l'image du miroir. Ça n'est pas juste la drogue, je n'arrête pas de la voir partout – tout de même, cette horrible vieille femme. Mais c'est moi. C'est ce que je suis en train de devenir. J'ai déjà quarante ans, c'est affreux non ?

– Non, dit Zed au bout d'un certain temps. Tu as quarante ans de vie. Ce qui serait affreux, c'est que tu ne vieillisses pas. Comme ces vieilles stars de cinéma qu'on voit à Los Angeles, qui ne sont plus que les momies en plastique d'elles-mêmes.

– Oui... Mais... » Erica entend sa propre voix – son plaintif, grêle et désincarné. « Je ne suis pas habituée, continue cette voix. Tu comprends, j'étais très jolie, et je pouvais aller n'importe où, je faisais toujours bien. Un jour que j'étais assise devant Emerson Hall, un homme s'est approché de moi et m'a dit que j'ajoutais à la beauté du décor, à la beauté des feuilles d'automne. Comme le soleil sur les feuilles d'automne. Et n'importe où. Mais maintenant c'est fini. Bientôt je serai comme ce verre à moutarde répugnant, je vais gâcher le paysage partout. J'ai horreur de devenir vieille et laide, horreur, horreur ! (La plainte se change en sanglots.) Il y a quelqu'un qui pleure, dit-elle. Je crois que c'est moi.

– Allons. Ce n'est rien. » Zed la tient dans ses bras, le visage contre sa chemise, et il la caresse. Les pleurs disparaissent.

« C'est bizarre, dit Erica, en avalant un dernier sanglot. Je pleurais, mais pas exactement.

– Ce n'est rien.

– Merci. (Elle le serre dans ses bras et se laisse aller en arrière.) Mais est-ce que tu ressens la même chose ? Est-ce que tu as horreur de devenir vieux et laid ? »

Un temps d'arrêt. « Pour moi c'est différent, dit enfin Zed, j'ai toujours été laid. L'âge ne change pas grand-chose. Ce que je n'aime pas c'est la façon dont le temps s'enfuit. Savoir qu'il y a des choses que je ne ferai pas dans cette vie, des lieux que je ne verrai pas. Des gens qui meurent. »

Erica regarde autour d'elle : la pièce n'est plus aplatie comme un décor, mais tridimensionnelle et dépourvue de substance, pleine d'ombres colorées. « Mourir, ça n'est pas ce qui me fait peur, dit-elle enfin. C'est plutôt ne plus savoir se tenir à la fin. Finir en vieillard faible, geignard et répugnant. Je voudrais partir dans un accident de voiture, pour ne pas avoir à vivre cette mauvaise dernière partie. Quelquefois je conduis vite, pour aider un peu les choses, surtout quand les routes étaient gelées l'hiver dernier. Mais quand je pense que je pourrais juste m'estropier à vie, je ralentis.

» Si ça avait pu arriver pendant le voyage, quand je devais partir à Boston, juste après Noël, poursuit-elle en regardant glisser les ombres. L'avion aurait pu s'écraser, c'était rapide et simple. Mais il a tellement neigé que tous les vols ont été annulés. (Elle rit.) J'ai été très déçue. Maintenant, plus tellement... Tu as déjà ressenti ça ? »

Long silence. Erica regarde les ombres glisser et chavirer.

« Tu m'as demandé quelque chose ? dit finalement Zed.

– Ça ne fait rien.

– Non. Je veux te répondre. J'ai réfléchi, mais après j'ai oublié... Quelle était la question ? »

Cette fois c'est Erica qui ne répond pas. Elle est trop occupée à regarder les ombres avancer et reculer, tandis que le plafonnier se balance dans des déplacements d'air invisibles. Dans le cercle de lumière plus vive sous l'abat-jour-oiseau, des écheveaux de poussière tourbillonnent comme une soie pâle et finissent par s'immobiliser lentement dans l'air, qui est une mince substance tiède et bleue, avec des niveaux et des courants divers. Derrière, la silhouette de Zed a l'air d'onduler et de flotter.

« L'air est plein d'eau, dit-elle. Tu es très loin... Pourquoi es-tu si loin dans l'eau ?

– Parce que je suis Poissons. » Zed sourit. De loin, il

tend ses longs bras vers Erica et l'étreint, en l'attirant vers lui. Les océans d'air qui les séparaient se vident. « C'est mieux comme ça ?

– Oui. (Elle s'appuie contre lui en soupirant.) Je dois être vraiment partie maintenant... Combien de temps ça va-t-il durer ?

– Pas longtemps. C'est un trip spécial petite dame. On devrait bientôt commencer à descendre.

– Ça me plaît bien. Je me sens portée par l'eau, comme si j'étais en train de nager. De plonger, et toi ? »

Zed répond, ou ne répond pas ; elle ne sait pas trop. Elle regarde les murs de la piscine qui se dressent autour d'eux, hauts et blancs, comme trois anges qui déploient leurs grandes ailes blanches les uns vers les autres. Le quatrième descend les rejoindre, il se pose ; son visage, la lucarne, est strié de larmes de pluie à cause de toute la douleur qu'il a vue au-dehors. Pourtant, ce n'est pas une hallucination ordinaire. Elle voit des murs ; mais elle sait que ce sont des anges.

« Les murs sont des anges blancs, apprend-elle à Zed.

– Ah bon, très bien. Qu'est-ce qu'ils font ?

– Je ne sais pas. Je crois qu'ils nous protègent, tant que nous restons ici. (Appuyée contre lui, elle se détend et se met à rire doucement.) Ça me plaît bien ici. Restons-y pour toujours.

– Si tu veux. » Zed, d'un doigt, lui caresse distraitement l'avant-bras gauche. Le fin duvet vibre comme les antennes de multiples papillons de nuit, et il en jaillit de minuscules étincelles.

« C'est curieux, dit-elle. On dirait des épingles et des aiguilles, mais c'est plus chaud. Et toi, qu'est-ce que ça te fait ?

– C'est bon. »

Erica lève sa main libre et lui caresse le poignet, dont les taches de rousseur sont ombrées par des poils-papillons roux. De nouvelles étincelles jaillissent et fusent de tous côtés ; la pièce n'est plus une piscine mais un champ électrique avec des cercles concentriques de minuscules et lumineux signes plus, qui sortent de tous les points de contact direct entre Sandy et elle. « Nous fabriquons de l'électricité, lui dit-elle. Les signes moins sont dans les coins de la pièce.

– C'est vrai ? » Zed dirige son regard de côté. Les pupilles de ses yeux clairs sont agrandies et noires. Au bout d'un long moment, à moins que ce ne soit tout de suite après, il l'embrasse doucement. L'effet est comme le contrecoup d'un choc électrique.

« Il fait très chaud ici, murmure-t-elle bientôt. Avec toute cette électricité de papillon, il fait bien trop trop chaud. Si on ouvrait la fenêtre ?

– Non. » La bouche de Zed est à côté de l'oreille d'Erica ; elle entend venir sa voix de l'intérieur de sa propre tête. « Déshabillons-nous.

– Très bien », approuve Erica, tandis qu'une partie de son esprit, enfermée, dirait-on, dans une petite cage lui souffle d'une voix à peine audible qu'elle avait décidé de ne pas faire ça.

« Mais fais attention en te relevant. Ne bouge pas trop vite, sinon tu vas être étourdie. On est bien partis maintenant.

– Je suis tout étourdie, oui, c'est vrai. (Erica commence à retirer son pull par la tête avec des gestes lents.) Mais ça va... La seule chose c'est que ça prend un temps fou », ajoute-t-elle après avoir passé plusieurs minutes à l'intérieur de son pull, caverne mauve et chaude tapissée de mousse. « Ça ne me plaît pas ici. Trop de mousse. » Elle agite les bras.

« Attends. Je vais t'aider... Voilà. Ça va mieux ?

– Beaucoup mieux. (Elle s'étire.) C'était une idée brillante. Tu es vraiment brillant, Sandy, tu sais ça ? C'est vrai. C'est drôle. » Nue, agréablement étourdie, Erica s'affale en arrière sur le coussin, riant de plaisir en face de

Zed, dont les bras et le torse resplendissent d'un éclat liquide et fluorescent. « Je n'ai jamais vu ça. Comment se fait-il que je ne sois pas brillante comme toi ? ajoute-t-elle en levant une jambe. Mes jambes sont très très longues, mais elles ne brillent pas.

– Bien sûr que si. (Lâchant son pantalon dans la mer de tweed vert, où il flotte tranquillement, Zed se rapproche d'Erica.) Tu brilles de partout, comme l'étoile du matin. »

Elle rit, elle se penche en avant. A titre expérimental elle frotte ses lèvres serrées contre la joue phosphorescente de Sandy. L'effet produit est – Magnétique ? Radioactif ? « Ou bien c'est une affaire de temps, dit-elle encore. Tu crois qu'il est temps ?

– Oui », dit Zed ; à moins que ce ne soit « Non. »

Erica baisse les yeux. Il se passe un phénomène ahurissant : il y a là une chose soyeuse, pâle, exotique qui grossit, se redresse, rougit...

« Qu'est-ce que c'est que ça ? C'est toi ? (Elle rit.) On dirait un gros cornet de glace à la fraise. Alors ça, formidable. (Elle se penche pour lécher la glace, qui a une vague saveur de fraise.) C'est bon, tu devrais goûter, dit-elle au bout d'un instant.

– Non merci. Mais sers-toi.

– Je n'ai encore jamais fait ça, dit-elle un peu plus tard. Quelque chose me faisait signe qu'il ne fallait pas mais maintenant elle a rapetissé dans sa cage et son chapeau est ridicule alors je ne l'entends pas... Enfin (elle relève la tête) Brian est framboise foncée, et je n'aime pas la framboise foncée. Ça a trop goût de violet brunâtre. » Elle part d'un petit rire nerveux et se laisse aller en arrière sur le divan ; elle referme les yeux et, derrière ses paupières, elle regarde couler les lumières auxquelles se mêle de la glace colorée. Zed s'allonge aussi, au-dessus d'elle, autour d'elle – ou bien est-il entré en elle ?

Peu importe. Car les lumières – les couleurs – le courant électrique à la fraise. – Elle se laisse glisser, elle s'enfonce. – Oui – Oui...

Mais à ce moment-là, de très loin au fond de sa tête, dans un voltage différent et plus fort, une alarme retentit. Le son fade et désagréable d'une sonnette d'entrée, rouge sale. Danger – Angoisse.

« Ah ! là, là, attends ! Je n'ai pas... On ne peut pas... » s'écrie-t-elle. Très au ralenti, dérapant à maintes reprises et retombant dans le courant, elle commence à se débattre, des pieds et des mains. Enfin, haletante et tremblante, elle se redresse sur son séant, désunie de Zed.

« Non ! » crie-t-il. Il y a une explosion, un phénomène de fontaine, de jet d'eau argenté. Prudemment, à distance, Erica regarde avec une ombre de crainte et de regret. « Ah – Erica – Bon Dieu... »

Il retombe en arrière, secoué de sanglots.

Encore étourdie, elle se penche au-dessus de lui. « Pardon », dit-elle, en lui tapotant l'épaule, et en détournant les yeux de son visage, qui s'est crispé et noué : rouge, atroce. « J'ai eu peur – je ne pensais pas que tu...

– Oui », répond enfin Zed, d'une voix qui semble être à des kilomètres de là. Il ne bouge pas.

« Je te demande pardon. » Evitant l'endroit du divan où la fontaine a débordé, ainsi que la fontaine elle-même, elle prend Zed dans ses bras ; elle le regarde même enfin bien en face. Son visage s'est dénoué, a repris forme humaine, bien que ses yeux clairs soient toujours humides et cerclés de rouge.

« Ça va ? » demande-t-elle avec inquiétude, plusieurs fois.

« Oui, ça va, finit-il par répondre. Et toi ?

– Je crois que oui. Je commence à redescendre. Le tapis va moins vite.

– Oui. »

Erica baisse les bras. Silence.

« Je vois, maintenant », dit-il.

Erica se redresse et suit le regard de Zed dans l'angle opposé de la pièce, remarquant que les ombres glissent plus lentement, que leurs couleurs pâlissent. « Qu'est-ce que tu vois ?

– En fait c'était plutôt une voix. Dans la corbeille à papier. (Il sourit.) Mais elle avait raison. Elle m'a dit de laisser tomber le centre de méditation.

– Ah oui ? Tes étudiants vont être déçus.

– Ils peuvent se lancer tout seuls. S'ils en ont envie. Ça vaudra mieux pour eux finalement.

– Et ça te donnera moins de mal. (Elle sourit.) Ils pourront toujours venir te voir pour te demander conseil.

Il hoche la tête. « Non. Il faut aussi que j'abandonne la librairie.

– Que tu abandonnes la librairie ? Ah oui ? Pourquoi ?

– Ça ne marche plus. Au début ça allait ; mais maintenant il y a trop de frimeurs – des jeunes qui n'ont pas envie de se mettre sérieusement à l'étude, qui viennent juste là pour glander et boire du thé, pour discuter ensemble de leur horoscope, et pour me faire jouer le rôle de Grand Gourou... Ils ne sont pas tous comme ça. Mais ceux qui ne sont pas comme ça, les sérieux, je leur ai déjà enseigné ce que je sais. Si je continue, je vais me mettre à leur dire des mensonges. » Il soupire, et tend le bras pour ramener ses vêtements vers lui.

« Ça a été la même chose en Californie, poursuit-il. Pendant un temps, tout allait bien ; et puis les gens ont commencé à me prendre trop au sérieux. Certains ont voulu m'enregistrer sur bande : je me suis laissé persuader, et alors je n'ai pas tardé à être embarqué dans les studios d'enregistrement, avec des experts du son et des nègres de la publicité, quel karma ! Et puis une vedette de la télévision, Laura Moon, a voulu me donner une maison à Laurel Canyon. Son idée c'était que j'allais vivre là, faire de l'astrologie, et émettre des vibrations spirituelles qu'elle et ses amis viendraient absorber.

» J'ai essayé de lui dire que je n'étais qu'un imposteur, mais elle a cru que c'était de la sainte humilité de ma part. Ça s'est terminé par une scène ridicule où elle s'est jetée par terre pour essayer de baiser mes baskets. (Zed rit d'un air las.) Alors j'ai laissé tomber. Je me suis dit que c'était de ma faute, je n'aurais pas dû choisir une ville comme L.A. Mais c'est partout pareil. Un jour ou l'autre, ça tourne mal. Ça prend juste un peu plus longtemps dans un climat froid. » Il commence à enfiler son pantalon.

« Tu vas fermer la librairie », dit Erica, essayant d'y voir clair. Elle aussi a commencé à se rhabiller, mais lentement et prudemment, car elle a encore la tête toute noyée de lumière.

« Je ne sais pas bien. Je vais peut-être la laisser à Tim. Il a le sens des affaires ; et il n'est pas mauvais en astrologie.

– Et toi, qu'est-ce que tu vas faire alors ?

– Je ne sais pas.

– Tu pourrais recommencer à enseigner, dit-elle avec un certain enthousiasme.

– Je ne pense pas. Je n'ai pas enseigné depuis six ans, depuis que je suis parti en plein milieu du trimestre de l'Université d'Etat de L.A. J'ai sûrement été blackboulé par l'A.P.A.

– Je suis certaine que tu pourrais obtenir un poste quelque part. Après tout, tu as un doctorat de philosophie de Harvard.

– Je n'en voudrais pas », dit Zed, en tirant sur son chandail gris et en levant les mains pour dégager du col montant sa couronne de cheveux roux décolorés et désordonnés. « ... Tout ce que je sais, c'est que je vais partir.

– Partir ? » En répétant le mot, Erica voit une image : un homme avec un baluchon et un bâton qui marche le long d'un chemin, peut-être le Chemin dont parle Sandy. C'est un tableau, dans un musée ou dans un livre, quelque part.

« Oui.

– Tu sais, je viens d'avoir un éclair, lui dit-elle. Comme une vision, en fait, dans ma tête. Tu étais dans un tableau. Un tableau de toi, je veux dire, depuis toujours, mais je ne m'en étais jamais aperçue. Il est de Bosch : un homme en haillons qui part pour un voyage, et qui te ressemble.

– Je crois savoir de quel tableau tu parles. Est-ce qu'il y a un chien, et une maison en ruines à l'arrière-plan ?

– Oui ; je crois.

– Il a représenté à sa manière la dernière carte du jeu de Tarots. Celle qu'on appelle le Fou. Chez Bosch, l'homme a la même pose, et il a aussi un chien sur les talons, et un bâton.

– Ah oui ? C'est intéressant. J'ignorais ça. (Elle se tourne vers lui.) Je suis désolée que tu partes.

– Vraiment ?

– Oui bien sûr. Très désolée. Sans toi, qu'est-ce que je vais devenir ici ?

– Alors viens avec moi.

– Je serais ravie. (Elle rit.) Si seulement je pouvais !

– Qu'est-ce qui t'en empêche ? » Zed ne rit pas, lui.

« Eh bien, la maison. – Et puis, Jeffrey et Matilda.

– Je croyais que tu ne pouvais plus les supporter.

– C'est vrai, dit Erica de tout cœur. Mais c'est justement pour ça que je dois rester avec eux. A ma place, personne ne resterait. Mais c'est à moi de m'occuper de mes enfants, si insupportables soient-ils, parce que je suis leur mère.

– Brian est leur père. Si tu lui laissais son tour ? » Cette fois pas de doute; il parle sérieusement, en partie du moins.

Erica a une sensation de lumière croissante à l'intérieur de la tête. Le mot « oui » se forme dans sa bouche, mais quand elle est sur le point de le prononcer, elle regarde Zed, elle plonge dans ses yeux clairs avec leur pupille sombre dilatée, et alors elle a une vision objective décisive. Une vision double et achromatique, comme une plaque stéréoscopique. Réfléchie au milieu de chaque œil elle voit la minuscule silhouette de Sandy qui part sur le Chemin ; elle le suit de près, vêtue elle aussi de haillons sales et incolores. Tournant le dos à la maison et aux gens, tous deux s'élèvent doucement vers la droite en direction d'une zone obscure, floue, froide, et brumeuse, au-delà du cadre du tableau, dont ils vont bientôt sortir pour passer dans ce vide. Elle se dit que, symboliquement, le tableau a raison ; c'est un acte de Fou que de se mettre en route sans savoir où l'on va.

Zed cille des yeux, et la vision disparaît. Erica rit à nouveau un instant, mais cette fois c'est le rire grêle et hystérique de la peur, le rire de quelqu'un qui s'aperçoit qu'elle a failli tomber du bord d'une falaise.

« Ah, je ne pourrais jamais faire ça, dit-elle. Brian serait incapable de se débrouiller avec eux. (Nouveau rire.) Et puis, ça ne serait pas bien. »

17

C'est une assemblée disparate qui est mobilisée sur le campus de Corinth ce matin de mai, à Norton Hall – où en d'autres temps, se déroulent aussi l'entraînement périodique des officiers de réserve, des matchs de basket, des compétitions de course à pied, des concerts de rock, et les inscriptions de début d'année. Des groupes divers se rassemblent sur le plancher verni et luisant de la vaste piste et sur les gradins qui l'entourent, tels des évadés de toutes les autres foules qui ont pu se rassembler là par le passé ou qui pourraient s'y rassembler dans l'avenir.

Beaucoup sont des étudiants ; il y a toute une troupe de première et deuxième années bruyants et chevelus, accroupis et vautrés par terre au centre, et divers clans plus petits, chacun avec son allure particulière ; d'un côté une bande de jolies filles d'Eco Domestique, en jeans pastel ou à fleurs ; de l'autre un groupe d'étudiants en droit, guindés et assez habillés. Il y a un petit contingent du Centre d'Etudes Africaines, arborant dashikis et coiffures afros, et un autre d'Asiatiques en turbans et saris. Un peloton de secrétaires s'est emparé d'une des tables installées sur le côté sud, et elles déballent des sandwichs et des rations de café. Non loin de là, un escadron de vétérans opposés à la guerre, portant tout ou une partie de leur uniforme tournent sur place autour d'un des leurs, réduit à la chaise roulante.

Çà et là on peut voir des représentants de l'Union Universitaire des Ministres du Culte dans des tenues hétéroclites qui vont de l'ample chemise indienne blanche brodée avec la croix autour du cou du Père Dave, le prêtre radical du lieu, au complet-veston et gilet de flanelle grise de l'aumônier méthodiste ; il y a aussi plusieurs habits de religieuses, l'habit traditionnel avec la coiffe empesée, et l'habit réformé. Près de l'entrée principale, une clique de femmes d'étudiants plus âgés promènent de long en large dans des poussettes des bébés rieurs ou grincheux, ou parfois se détachent précipitamment du groupe pour courir après de jeunes enfants grimpés sur la tribune d'honneur toute proche, où une troupe d'étudiants des beaux-arts a établi son camp avec des banderoles de papier et des ballons.

Tout cela a décidément un air de vacances ; la clameur de tous ces gens qui parlent est ponctuée de cris quand certains veulent attirer l'attention des nouveaux arrivants ; il y a un mouvement continuel parmi les groupes, et entre chacun des groupes et le quartier général de la Marche pour la Paix, qui se trouve sur une estrade basse (parfois utilisée pour les matchs de boxe) d'un côté de la salle. La foule est plus dense par là, et des gens à l'air important et affairé sont assis derrière une table couverte de piles de papiers. Ce sont surtout des hommes, et surtout des professeurs ; Brian Tate est parmi eux.

« Vous avez beaucoup de monde », lui dit un de ses collègues qui s'approche pour prendre deux brassards en papier marqués d'un symbole de paix bleu et une poignée de tracts. « J'en prends deux autres pour Walt et Jimmie, si je peux me permettre.

– Bien sûr. Oui, pas mal. En fin de compte », approuve Brian modestement. Il se lève légèrement de sa chaise pour regarder l'ensemble de la salle. Le départ de la marche est prévu dans une vingtaine de minutes seulement, et pourtant il doit bien y avoir déjà un millier de personnes. Les tracts et les brassards ont été imprimés à temps et sans erreurs typographiques graves ; le temps est favorable – doux et couvert, mais sans pluie, et toute activité universitaire a été officiellement annulée pour l'après-midi.

Se rasseyant, Brian se félicite – non seulement du succès probable de l'événement, mais de la décision qu'il a prise, il y a quinze jours, de faire partie des organisateurs. Il savait dès le départ que la plupart du travail d'organisation allait lui échoir, car les autres dirigeants – Archibald Matlack du Département d'Anglais, et le Père Dave – sont des hommes fortement engagés, mais faiblement doués de savoir-faire pratique. Mais il savait aussi que c'était l'occasion dont il avait besoin. S'il pouvait encore sauver sa réputation, ce serait grâce à une chose de ce genre. Les explications que la presse continuait à donner de son véritable rôle dans l'affaire Dibble n'y suffiraient pas ; comme les errata d'un texte, elles venaient à la suite du compte rendu erroné de l'article original en clopinant loin derrière, en tout petits caractères.

Ce n'était pas assez qu'il se dissocie de la cause de l'antiféminisme (refusant, par exemple, malgré une offre d'honoraires substantiels, de contribuer à un dossier pour le magazine *Esquire* sur la question « Les Femmes sont-elles nécessaires ? »). Il fallait qu'il se signale au plus vite à l'attention du public pour d'autres raisons ; qu'il s'associe à d'autres causes, plus opportunes – et plus populaires.

Mais, bien qu'il se soit lancé dans cette tâche avec une énergie délibérée, l'organisation de la Marche pour la Paix a été beaucoup plus difficile qu'il ne l'avait prévu. Ceci a été dû en partie à son succès personnel. Contre toute attente, de nombreux groupes ont répondu à l'appel lancé ; il a dû élargir son plan initial encore et encore, au fur et à mesure qu'arrivaient de nouvelles promesses de soutien.

Mais indépendamment de cela, la besogne a été compliquée par la presse de fin de trimestre, et surtout, par des événements inattendus dans sa vie privée : une série de terribles révélations dont il n'est pas encore remis. D'ailleurs, pense-t-il dans son abattement, il ne s'en remettra peut-être jamais.

La crise a éclaté sans alerte quelques jours après qu'il avait accepté de s'occuper de la Marche pour la Paix, un soir, au coucher, au moment où il a fait à Wendy quelques réprimandes sur l'embonpoint qu'elle prenait. Pendant qu'ils se déshabillaient, il était en train de lui raconter une conversation que le père Dave et lui avaient eue dans l'après-midi avec le rédacteur d'un journal local. Celui-ci était intéressé par leurs projets, et il avait promis d'envoyer un reporter et un journaliste pour la couverture de l'événement. Si tout allait bien, une photographie de la tête de la manifestation paraîtrait à la une du *Courrier*. Comme Wendy serait vraisemblablement sur cette photo, Brian lui suggérait d'essayer de perdre un ou deux kilos autour de la taille avant le sept mai.

Il avait parlé d'un ton léger ; aussi fut-il surpris de l'entendre lui répondre, d'une voix étranglée, qu'elle ne pouvait pas perdre de kilos. « Pourquoi pas ? » demanda-t-il, peut-être un peu vivement, mais toujours avec le sourire. « Tu n'as qu'à manger un peu moins, tout simplement – cesse de manger tant de petites choses tard le soir, et tu maigriras un peu !

– Je ne peux pas maigrir, répéta Wendy avec un rire bizarre. Tout ce que je peux faire maintenant, c'est grossir, grossir et encore grossir. » Et avec des sanglots hystériques, elle s'effondra sur le lit à moitié dévêtue.

Brian était habitué désormais aux larmes de Wendy ; il savait que le moyen le plus rapide de les sécher était de faire un pas en avant et de la prendre dans ses bras. Mais au lieu de cela, il fit un pas en arrière. Il la regarda bien droit, et il vit qu'elle avait épaissi de la taille, pas parce qu'elle mangeait trop, mais parce qu'elle était enceinte de quatre mois au moins.

C'était la première d'une série d'explosions mentales catastrophiques. Comme si le plâtre blanc et lisse des murs et la belle moquette brune de son appartement étaient mitraillés par un avion de chasse et se pulvérisaient en une rangée de trous hideux, Brian comprit soudain : premièrement sa propre stupidité – comment n'avait-il rien vu plus tôt ? et deuxièmement la traîtrise de Wendy. Cette fille simple et ingénue, qu'il avait crue si candide, si loyale, l'avait trompé sordidement et systématiquement.

En l'interrogeant, il lui tira la vérité. Wendy savait que Brian ne lui faisait pas confiance pour prendre régulièrement ses pilules contraceptives (quoi de plus naturel, après ce qui s'était passé à l'automne dernier) ; elle savait qu'il lui arrivait de les compter. Alors, vingt-cinq jours par mois pendant ces quatre derniers mois, elle avait jeté une pilule dans les toilettes ; et les cinq autres jours, elle avait mis inutilement un certain nombre de Tampax, qu'elle retirait sans qu'ils aient servi, enveloppait dans du papier et jetait dans la poubelle de la cuisine. Sa seule excuse étant qu'elle avait eu peur de lui dire la vérité. Elle s'était peut-être imaginé, lui dit Brian fou de rage, qu'en ne lui disant rien, ça passerait tout seul ?

Wendy, en sanglotant, avoua que cette idée lui était venue ; qu'elle avait espéré faire une fausse couche. « Mais plus maintenant, tu comprends, ajouta-t-elle en se redressant un peu. Pas depuis la semaine dernière, c'était jeudi. Jeudi, j'ai senti La Vie. » Sa voix a mis des majuscules, comme si elle parlait d'un magazine, et elle a posé la main avec vénération sur sa taille épaissie. Son visage baigné de larmes a pris un air d'extase, borné et stupide ; un air que Brian avait vu sur le visage de nombreuses femmes dans les tableaux du Frick Museum. « Ça m'a fait l'effet d'une bombe : il y a un être qui grossit là.

Franchement, qui irait penser ça ? » Elle a ricané bêtement de son astuce.

Brian n'a rien dit. La bombe avait explosé ; un grand découragement s'est mis à ruisseler sur lui comme une pluie drue, sale et pleine de cailloux. A la pensée de sa vaine et stupide vigilance d'autrefois, il est parti d'un rire grinçant, et puis il s'est arrêté net en songeant à l'avenir qui l'attendait. Il y a deux semaines seulement une loi pour la libéralisation de l'avortement avait été votée dans l'Etat, mais d'ici qu'elle entre en vigueur, il serait trop tard pour Wendy ; même maintenant c'était déjà trop tard.

Il faudrait qu'il l'épouse. Et cela très vite, dès que ce serait légalement possible ; avant que sa grossesse ne se voie trop et qu'ils deviennent la risée de tous.

Mais, si elle avait été aussi peu discrète que la dernière fois, ils étaient déjà la risée de tous. Il serait obligé de se lever à ses côtés au palais de justice du comté devant des témoins souriants qui ricaneraient malgré leurs sourires. Et puis il serait obligé de la ramener chez lui et de vivre avec elle jusqu'à la fin de ses jours. Le découragement continuait à pleuvoir sur lui très fort ; Brian se sentait meurtri, abattu, il étouffait et s'embourbait dans un avenir pesant.

Cependant, encouragée par son silence peut-être, Wendy a continué à jacasser avec de plus en plus d'assurance. « C'est vraiment un trip extraordinaire d'avoir quelqu'un qui grandit à l'intérieur de soi – de le trimbaler partout où on va. Et de savoir qu'il est sensible à tout ce qu'on fait. Par exemple si je fume un joint, le bébé se défonce, ou si je bois une ou deux bières, tu savais ça ? Enfin, je veux dire, c'est une grosse responsabilité. »

La responsabilité était grande non seulement en général, mais dans ce cas spécifique, a expliqué Wendy, car cet enfant était promis à un grand destin. « Il aura le Soleil en conjonction avec Uranus, ce sera une personnalité puissante et magnétique, très originale ; peut-être un génie, d'après Zed », a-t-elle confié à Brian, lui communiquant ainsi la fâcheuse nouvelle que cet abruti de la Librairie Krishna savait déjà qu'elle était enceinte. En fait, comme il a eu tôt fait de comprendre, c'était une vieille histoire pour presque tous les amis de Wendy – qui, en gardant le secret, avaient eux aussi trompé Brian.

Malgré son enthousiasme concernant le bébé, Wendy a reçu le projet de mariage de Brian avec un calme frisant l'indifférence. Elle a également accepté ses autres projets d'avenir (dans les domaines juridique, économique, et sanitaire) sans beaucoup d'entrain ni de reconnaissance. Il a supposé qu'elle devait concentrer toute son attention sur elle-même, sur ses entrailles et leur contenu, pour avoir si peu envie de savoir quand et comment ils se marieraient, et où ils habiteraient (les Tours de l'Alpe étant interdites aux enfants en bas âge). Pourtant, se rappelant l'ardeur qu'avait mise Erica à la construction du nid dans des circonstances semblables, il est resté perplexe.

Et puis il était absolument furieux de se voir imposer toutes ces responsabilités supplémentaires juste au moment où il récoltait les copies de fin de trimestre et où son téléphone n'arrêtait pas de sonner, aussi bien chez lui qu'à la fac, à cause de la Marche pour la Paix. Il n'avait pas le temps d'appeler des médecins ni de visiter des appartements. Wendy, qui avait le temps, n'en avait apparemment pas le courage. Mais quand il s'en est plaint un soir au dîner, il a reçu encore une fois un coup très dur, presque fatal.

« Faut pas appeler ce type de l'agence si t'en as pas envie », a dit Wendy en mettant les coudes de chaque côté d'une assiette de poivrons trop cuits (l'attente de la maternité avait brouillé son sens du temps, déjà peu développé auparavant). « Faut pas faire les choses si t'en as pas envie. Enfin, merde. (Sa voix tremblait.) T'es pas obligé de m'épouser. »

Maîtrisant sa voix, Brian à répondu qu'elle ne parlait sûrement pas sérieusement.

« Bien sûr que si, lui a-t-elle affirmé. Ça m'est bien égal d'être mère célibataire. Enfin quoi ? Après tout, si ça plaît pas aux gens, qu'ils aillent se faire foutre. »

Brian s'est montré quelque peu exaspéré par ce déballage de contre-culture. Jusqu'à présent, Wendy s'était arrangée pour dissimuler son état en portant des tenues vagues, notamment le vêtement qu'elle avait sur elle en ce moment : un poncho indien énorme, lourd, qui ressemblait à une tente, fabriqué dans une vieille couverture rouge avec des dessins en zigzag orange et noirs. Mais, de semaine en semaine, elle grossissait, et le temps se réchauffait. Bientôt, il faudrait qu'elle retire son wigwam, et le futur bébé peau-rouge serait exposé aux regards de tous. Alors à ce moment-là, lui a-t-il expliquée ça ne lui serait plus égal. Elle se sentirait gênée et souffrirait de la censure de son entourage, y compris celle de sa propre famille d'origine.

Wendy a prétendu que non. « Je suis capable de faire face, a-t-elle affirmé. J'ai un peu les jetons de ce que ma mère va dire, mais je m'en tirerai, avec elle et avec le reste de la famille si nécessaire. Et c'est pas l'opinion de tes voisins et des gens de la fac qui va me faire flipper.

– Tu dis ça maintenant. (Brian a souri, essayant de faire baisser la température de la discussion.) Mais en admettant que ce soit vrai, ce n'est pas la seule chose à prendre en considération. Tu n'es pas la seule personne concernée dans cette affaire. Ni moi non plus. (Il a essayé de sourire encore mieux.) Il faut penser à l'enfant. Aux conséquences pour lui ou pour elle d'être un enfant illégitime.

– Il y a des tas d'enfants bâtards dans ce pays, et c'est pas pour ça qu'ils – j'ai lu un article...

– Sans doute, a-t-il répondu avec impatience. Il y a aussi des tas d'enfants sous-alimentés, délaissés, et mal élevés. Je leur souhaite bonne chance à tous. Mais je n'ai pas l'intention de faire subir un tel handicap à aucun de mes enfants.

– Oui, mais... » Wendy avait cessé de faire semblant de manger : elle a poussé son assiette sur le côté et elle s'est penchée au-dessus de la table. « En fait, tu veux t'aligner avec tout ce qui déconne dans cette société, tu crois pas ? Si c'est juste par peur des préjugés que tu fais ça, je crois pas que ça va aider à les faire disparaître, si ? »

Brian a réprimé son indignation, et il s'en est voulu d'avoir provoqué une discussion théorique avec quelqu'un qui, constitutionnellement (dans les deux sens du terme, désormais), était incapable de toute pensée logique.

« De toute façon, a-t-elle continué, pourquoi ce serait tellement important que ce soit ton enfant ? Tu vois, comme dit Zed : c'est un défaut du karma de considérer que des enfants sont *à soi* ou *aux autres,* comme si c'étaient des biens personnels. Tous les enfants appartiennent à Dieu, en réalité, et nous sommes juste là pour veiller sur eux, comme c'est écrit dans *Le Prophète :*

"Regardez, vos enfants ne sont pas vos enfants, mais les fils et les filles de Dieu."

a-t-elle récité d'une voix vibrante d'émotion. C'est une très belle parole. Et tellement vraie. »

Poésie de bas étage, s'est dit Brian en son for intérieur ; conneries mystiques. Et puis une autre interprétation de ce babillage lui est venue à l'esprit, moins immédiate et encore moins agréable. « Je suppose tout de même qu'il est de moi cet enfant ? a-t-il dit d'un ton qu'il voulait aimable. Techniquement parlant, j'entends. »

La réaction de Wendy à cette question – épaules rentrées comme sur un cliché de la police, visage rouge comme après une gifle – aurait dû lui donner la réponse. Mais Brian, résolu à apprendre le pire, l'a obligée d'abord à avouer, puis à lui donner les ignobles détails.

Elle n'était pas vraiment absolument sûre, a-t-elle fini par dire. Parce que, c'est-à-dire qu'à la fin de l'année dernière, quand Brian était à New York pour ces réunions et qu'elle est revenue à Corinth avant lui pour finir un devoir à remettre, « il y avait ce type que Linda connaît, Ahmed, qui fait des études d'ingénieur. C'est vraiment un mec sympa, le genre timide et sensible, tu vois. Il écrit des poèmes en prose. (Ahmed passait les vacances seul dans son dortoir.) Il pouvait pas aller chez lui pour les fêtes parce qu'il est du Pakistan, et il avait plein de travail à rattraper, avec tous ces problèmes de mécanique à la con. Il se sentait vraiment seul, le moral très bas, il se disait qu'il était idiot, qu'il avait pas d'amis, qu'il allait déshonorer son pays, et qu'il ferait aussi bien de se jeter dans le ravin... Alors disons que je me suis donnée à lui pour Noël. »

La nuit qui a suivi cette révélation a été la pire que Brian ait jamais passée. Au fil des heures, il n'a pas cessé de tourner et virer, tandis que Wendy, qui s'était épuisée à sangloter et à se justifier, dormait d'un sommeil profond à ses côtés.

Il ne voyait pas d'issue : c'était comme un questionnaire à choix multiples dont aucune des réponses n'était juste. Epouser Wendy ? L'abandonner ? Il y avait de fortes chances que l'enfant soit de lui, et la responsabilité morale lui en incombait certainement, car, quant à coucher avec elle, il était à cent contre un avec le Pakistanais. Il n'était pas question que cet individu assume la charge, d'après Wendy. (« Ah, Ahmed ne peut pas m'épouser ; on l'a fiancé à une fille de son pays quand il avait quatorze ans. De toute façon, il faut qu'il épouse une vierge, à cause de sa religion. »)

Pas d'échappatoire. Les forces de l'erreur féminine aveugle et de la nature féminine aveugle lancées à sa poursuite l'avaient finalement rattrapé et vaincu. A cause de sa religion à lui, le devoir, il allait devoir épouser Wendy, en sachant qu'elle l'avait trompé dans tous les sens du terme. Il avait aussi de bonnes chances d'être en butte à cette ironie cruelle qu'ayant payé plus de mille dollars pour supprimer son propre enfant, il allait devoir élever comme étant le sien l'enfant d'un étudiant basané. Très vraisemblablement, l'enfant serait foncé de peau et intéressé par les machines.

Mais dans ce cas, n'aurait-il pas de bonnes raisons de demander le divorce ? Un second divorce : à nouveau les ragots, les honoraires d'avocat, une pension alimentaire et encore un enfant à élever. Car légalement l'enfant serait le sien ; il en serait responsable économiquement jusqu'à son vingt-et-unième anniversaire. Et à ce moment-là, s'il n'avait pas encore succombé à toutes ces contraintes, Brian aurait soixante-huit ans. Comment pourrait-il faire face ? Même s'il donnait des cours pendant l'été tous les ans, même s'il prenait un appartement encore plus petit et encore moins agréable, s'il renonçait à l'idée d'aller à l'étranger, non seulement l'été prochain, mais les autres étés aussi, ou pendant son année sabbatique, si toutefois il pouvait prendre une année sabbatique.

Toute la nuit il a repassé ces idées dans sa tête. Parmi le vrombissement des camions qui remontaient la côte au pied des Tours de l'Alpe, le fracas strident des avions au-dessus de sa tête, le caquetage d'une radio à côté, il entendait des rires – le rire d'un monstrueux régiment de femmes. Il s'est assoupi un court instant et il a été réveillé par des chimères (des mères, a-t-il remarqué avec une lucidité de fou, pas des pères) dans lesquelles le principal phénomène sonore était un rire bruyant.

Quand l'aube, tardive et grise, a blanchi la fenêtre, quittant Wendy à son côté, il s'est levé pour aller se faire une tasse de thé, réconfort habituel des maladies d'enfance et des nuits de veille. En mules et en peignoir, debout devant la cuisinière, attendant que l'eau bouille, pour la première fois de sa vie il s'est senti vieux. Il allait avoir quarante-huit ans à la fin de l'année, il approchait du demi-siècle. Ce n'était plus un âge pour folâtrer avec des étudiantes fêlées, négocier avec des avorteurs, sortir d'un bâtiment universitaire en descendant à la corde et se colleter avec des femmes hystériques, ni pour devenir le père d'un bâtard.

Pourtant, en un sens, toutes ces choses, il avait lui-même choisi de les faire, se disait Brian tandis que les spires électriques rougissaient sous la bouilloire. Ce n'était pas seulement la malchance, mais une ambition irréfléchie, une avidité sensuelle, un orgueil narcissique qui l'avaient mené sur tous ces champs de bataille – pour finir dans un labyrinthe de tranchées dans lequel il allait errer jusqu'au terme de sa vie, ridiculisé et harcelé, livré aux griffes et aux crocs de monstres femelles. Si seulement il était encore temps de trouver une issue ! Il n'en demanderait pas plus ; il était guéri à jamais de désirer la gloire, le pouvoir et l'amour de collégiennes déséquilibrées.

Etonnamment, sa prière a été entendue. Deux jours plus tard, quand il est rentré chez lui après une longue journée, Wendy s'est levée de sa chaise près de la fenêtre et lui a annoncé qu'elle le quittait. Ça n'était pas contre lui, a-t-elle affirmé. Elle l'aimait ; mais elle ne supportait pas l'idée de se marier, ou de vivre à Corinth jusqu'à la fin de ses jours. Et puis, elle ne voulait pas que son enfant y soit élevé. « Tu comprends, a-t-elle expliqué, les étoiles ne peuvent pas tout faire. Il faut que je réfléchisse comment m'y prendre pour que le gosse puisse s'épanouir au mieux. Si je reste ici à vivre comme tous ces universitaires, il héritera forcément de leurs défauts et de leur tournure d'esprit de merde. »

Par conséquent, a poursuivi Wendy, tandis que Brian, abasourdi, restait debout près de la porte, sa serviette et le journal du soir à la main, elle prévoyait de partir après les examens de fin d'année pour une communauté lointaine dont elle avait entendu parler dans une région déserte du Nord de la Californie. Pressée de questions, elle a avoué qu'elle serait accompagnée dans ce voyage par un vieil ami du nom de Ralph. Et que pensait Ralph du fait qu'elle soit enceinte ? D'après Wendy, il le prenait très bien, il était même enthousiaste. « Il veut établir une relation totale. Il aime vraiment les gosses. Peu importe à qui ils sont : c'est pas comme toi, il a pas cette notion de possession. Il vit complètement dans l'Instant. »

Brian est tiré de ses pensées par la vue de quelqu'un qui vient dans sa direction en se frayant un chemin parmi les groupes de manifestants assis et accroupis par terre ; quelqu'un que, pour la première fois depuis plus d'un an, il est très content de voir : Erica Tate.

« Ah, tu es là », dit-elle. Elle a bonne mine, malgré sa minceur excessive, que ses cheveux brossés en arrière accentuent. Elle porte une robe verte sans manches, et son brassard en papier avec le symbole de paix bleu est fixé en haut de son bras nu et gracile. « J'ai laissé le break dans Tioga Street, en face de chez l'orthodontiste. Alors si tu veux je pourrai te ramener ici.

– C'est parfait », répond Brian ; comme sa femme, il parle prudemment, d'une manière presque guindée. « Merci. » Il sourit avec cordialité, comme s'ils étaient en face l'un de l'autre à une table de conférence, en train de négocier un traité important. « Je te retrouverai là-bas quand tout sera terminé.

– J'arriverai sans doute après toi, dit Erica. Je veux dire que si mon groupe part...

– Ça ne fait rien. J'attendrai. (Brian sourit à nouveau de la même façon.) Je n'ai rien de prévu cet après-midi. Les cours ont été supprimés, donc mon séminaire n'aura pas lieu. (Il est conscient d'insister lourdement, comme s'il comptait sur une interprétation simultanée.) Si tu voulais défiler avec nous, on en serait heureux. » En tête de la Marche pour la Paix doivent se trouver d'éminents représentants de l'Université, de l'Eglise et de l'Armée (le vétéran sur la chaise roulante, et deux de ses copains qui porteront une banderole.)

« Non, merci, dit Erica, attentive à rester bienveillante. J'ai promis à Danielle et aux FUINES que je me joindrais à elles.

– Ah bien. » s'efforçant de ne laisser paraître aucun mécontentement, Brian se remet à sourire – mais pas trop, car il ne veut pas non plus avoir l'air soulagé de ne pas avoir à défiler aux côtés d'Erica. En fait, il n'éprouve ni soulagement ni mécontentement – il souhaite seulement ne la blesser ni l'offenser d'aucune manière. Pourtant, une sorte d'émotion, ou de tension du moins, a dû paraître sur son visage, car Erica s'assombrit un peu, puis sourit un peu, et finalement fait cette proposition :

« Si tu veux – voyons, est-ce que tu veux revenir à la maison après pour déjeuner ?

– Volontiers merci ; ça m'arrangerait. A cette heure-là, le Club sera bondé.

– Oui. (Elle ouvre la bouche comme pour ajouter autre chose, puis la referme.) Bien, à tout à l'heure, dit-elle. Je ferais bien d'aller retrouver les Fouines. »

Erica s'en va en direction du groupe de Danielle, mais avant de le rejoindre elle regarde sa montre et, voyant qu'il reste un quart d'heure avant le départ de la manifestation, elle se dirige vers les toilettes – pas par nécessité, mais pour réfléchir à ce qui vient de se passer et mettre de l'ordre dans son esprit. En l'invitant à défiler avec lui, Brian, en fait, a proposé, pour la première fois depuis plus de six mois, qu'ils se montrent ensemble en public. Elle a refusé, non pas par rejet de tout ce que cela pouvait impliquer, mais juste par surprise et désarroi. Quand quelque chose lui arrive brusquement, son premier réflexe est toujours de se retirer pour examiner la situation et rassembler ses forces.

En un sens, évidemment, elle n'est pas surprise, se dit Erica en poussant la porte d'une grande salle nue pleine de monde aux murs peints en gris cuirassé où règne une odeur de désinfectant à la pomme de pin. Elle a perçu des signes avant-coureurs quand elle a parlé à Brian il y a deux jours – et même dimanche soir dernier quand, après avoir ramené les enfants, il est entré dans la maison et est monté la voir au premier dans le bureau où Erica était en train de travailler à ses dessins pour le Festival. Il a refermé la porte derrière lui et il lui a annoncé d'un ton laconique, excédé, et plein d'ironie envers lui-même, que Wendy était sûrement enceinte ; pas de lui, mais d'un Pakistanais qui faisait des études d'ingénieur, et qu'elle venait de le quitter pour un cinéaste de Chicago au chômage.

La première réaction d'Erica à cette accablante nouvelle a été de plaindre Wendy : pauvre petite sotte, a-t-elle pensé, pauvre enfant désemparée. Mais au cours des jours suivants, sa bienveillance a commencé à la lâcher. Que Wendy ait perdu ses illusions sur Brian, c'était normal. Qu'elle soit à nouveau enceinte, c'était pardonnable, encore que très négligent de sa part. Mais qu'elle lui ait été infidèle avec tant de désinvolture ; qu'elle ait prévu avec un tel sang-froid de donner à Brian le fils d'un autre – voilà qui était plus difficile à comprendre. S'était-elle donc menti à elle-même, ou avait-elle menti à Brian et à Erica quand, à l'automne dernier, elle avait dit qu'elle voulait « lui appartenir complètement pour toujours » ?

Pour Erica, la chose a été encore plus difficile à comprendre lorsque, trois jours plus tard, Wendy a fait irruption dans son bureau sur le campus un après-midi où elle s'activait à mettre de l'ordre dans le fichier pour son successeur. Elle quitte son emploi la semaine prochaine pour quelque chose de plus intéressant avec un salaire presque double dans le département d'horticulture, où elle doit travailler au journal et – mieux encore – illustrer un livre sur les herbes d'ornement. Est-ce qu'elles ne pouvaient pas se voir plus tard ? a-t-elle proposé.

« Mais il faut que je te parle tout de suite », a protesté Wendy en s'agrippant au bureau d'Erica et en bousculant une pile de fiches dix/dix-huit. « Il faut que je te demande – que je t'explique – je veux dire, t'es au courant pour le bébé et tout ?

– Oui, je crois », a avoué Erica en ramassant ses fiches et en recommençant à les classer.

« D'après ce que je comprends, t'as réagi négativement vis-à-vis de moi, a dit Wendy.

– Eh bien, je...

– Brian m'a raconté », a interrompu Wendy, renvoyant en arrière les mèches de cheveux clairs qui lui tombaient devant les yeux. « Il m'a dit que tu me trouvais irresponsable. Je sais, il y a eu des ondes mauvaises, mais maintenant j'ai la tête en place et tout va bien marcher. » Elle a fait un sourire enthousiaste et s'est assise sur le coin du bureau, bousculant à nouveau les fiches avec la frange de son poncho de laine rouge.

« Tu vois, je suis vraiment bien contente de pas avoir épousé Brian, a-t-elle continué. Ça aurait été une grave erreur : on n'a pas des potentiels qui s'actualisent mutuellement. Par exemple, cette attitude qu'il a vis-à-vis de la psychologie sociale. D'accord, par certains côtés il a raison, y a des tas de profs dans mon département qui sont givrés, mais n'empêche qu'il faut bien que je décroche mes U. V. » Relevant les jambes, elle s'est assise en tailleur sur le bureau, prenant, dans son poncho, une forme pyramidale.

« Mais le pire, c'est que je ne lui servais à rien dans son travail, or c'était ça l'idée, tu comprends. J'ai vraiment essayé, mais tout ce que j'ai réussi à faire c'est de le mettre en rogne. Comme quand il me lisait des parties de son livre, il était pas content parce que je lui faisais jamais de critiques. Ça me semblait toujours très bien. Des fois j'essayais d'inventer des critiques, mais ça le rendait encore plus furieux vu qu'elles étaient idiotes. Une fois, il était tellement furibard que j'aie jamais entendu parler du Pacte nazi-soviétique qu'il s'est mis à jeter ses livres par terre. J'aurais dû être au courant, je suppose ; maintenant je comprends que c'était un truc important, mais j'étais même pas née à cette époque-là. » La voix de Wendy avait pris un ton récriminateur.

« Brian prend ce genre de choses très au sérieux », a répliqué Erica sans se commettre, obscurément réticente à entamer une critique des défauts de son ex-mari avec l'ex-maîtresse de celui-ci.

« Ouais. (Wendy a eu un soupir démesuré.) C'est sûr. Ralph, le type avec qui je pars en Californie, il dit qu'il y a des maladies professionnelles qui se contractent quand on est professeur, c'est comme les ouvriers dans les usines d'amiante qui finissent par avoir les poumons fibreux. D'après lui, les professeurs attrapent cette espèce de manière de faire cours en permanence, tu sais, comme Brian, à force de trop parler en public. Et, pour tout et n'importe quoi, ils se mettent à vous faire un plan. Comme un jour il m'a dit : « Tu pourrais m'apporter le journal ? il est soit, petit a, sur mon bureau, soit, petit b, dans la salle de bains. » Je lui ai dit : "Je te prierais de ne pas me faire un plan, d'accord ? On n'est pas en cours." Seulement il m'a pas entendue.

– Oui. » Erica n'a pas pu s'empêcher de sourire.

« C'était comme ça tout le temps, tu vois, en réalité. C'est pour ça que j'ai décidé qu'il fallait que je sorte de ce milieu avant que mon gosse attrape la même maladie. »

Cette fois, Erica a froncé le sourcil. C'est ce projet-là qui l'avait fait traiter Wendy d'« irresponsable » ; car à coup sûr, il valait mieux, pour quelque enfant que ce soit, être élevé comme un enfant légitime à Corinth, plutôt que sans père dans une cabane de montagne sordide, à des kilomètres du médecin ou de l'école les plus proches. Avec autant de modération que possible, elle a exprimé ce point de vue, insinuant, pour conclure, qu'il n'était pas vraiment nécessaire d'aller aussi loin que la Californie du nord. Qu'il devait bien exister dans les environs une communauté qui accueillerait des jeunes mariés et leur bébé.

Mais Wendy a secoué la tête en faisant flotter ses mèches blondes. Cet endroit en Californie était exceptionnel ; et de toute façon elle n'avait pas l'intention de se marier.

« Maintenant j'ai compris, j'ai pas envie de me marier, jamais, avec personne, a-t-elle expliqué. J'ai compris que c'est de la foutaise. Disons que si t'as juste une relation avec un type, c'est cool ; y a pas d'embrouilles. Comme Ralph, on sait que l'un comme l'autre on peut se tirer n'importe quand, alors si on reste ensemble c'est qu'on s'aime vraiment. Y a personne pour te dire que tu dois rester avec ce mec, que t'en aies envie ou pas ; c'est sans doute un peu angoissant en fait.

– Mais c'est bien pour ça que... », a lancé Erica en commençant à se faire de Ralph une opinion douteuse et défavorable. « Si tu l'épousais, tu aurais une certaine sécurité... »

Wendy a secoué la tête encore plus vigoureusement. « Je serais encore moins sécurisée. Une fois qu'on est mariée, on peut jamais savoir si le mec rentre à la maison parce qu'il en a envie ou parce qu'il est obligé. Est-ce qu'on a envie de se faire sauter par quelqu'un juste parce qu'il est là pour ça ?

– Je comprends ton argument », a répondu Erica avec douceur, mais avec quelque réserve, se disant qu'une fois de plus – et ce n'était sans doute pas la dernière – Wendy ne faisait que répéter, comme si c'était son point de vue personnel, en toute sincérité, des choses qui lui avaient été dites par un homme à des fins ultérieures avantageuses pour lui. « Mais le mariage, ça n'est pas juste faire l'amour ; c'est un contrat au sein de la société. Si tout le monde pensait comme tes amis, les familles partiraient à vau-l'eau ; les parents abandonneraient leurs enfants...

– Ça c'est autre chose, a coupé Wendy. Je ne pourrais jamais abandonner un môme. Comme cet enfant. (Elle a posé sa main rose et dodue, tachée d'encre, sur le devant de son poncho.) Ça compte vraiment ; c'est pas comme un type auquel on est même pas lié. Je sais déjà que je le laisserai jamais tomber ; je lui appartiendrai toujours complètement. » Et, en écartant quelques mèches folles, elle a regardé Erica avec une expression de sincérité fervente.

Des pieds sont visibles sous la porte, indiquant que quelqu'un attend pour utiliser les toilettes ; alors Erica se lève, faisant tomber dans la cuvette les deux bandes de papier perforé sur lesquelles elle s'est assise. Elle va se laver les mains, jetant un simple coup d'œil dans le miroir au-dessus de la rangée de lavabos, à l'endroit où une femme mince d'une quarantaine d'années se reflète entre deux jeunes filles au visage lisse.

En sortant des toilettes, Erica retrouve la grande salle de Norton Hall pleine de bruit et d'effervescence ; c'est l'heure du départ de la manifestation. Aussi vite que possible, elle se fraye un chemin à travers la foule.

« Erica, nous sommes là ! » lui crie Danielle, en lui faisant signe depuis la tribune d'honneur. Elle est à peu près à mi-hauteur, et elle tient au bout d'un bâton une grande pancarte appuyée à un banc en contrebas et sur lequel on voit, à l'envers, le symbole astrologique de Vénus et la devise LES FEMMES LUTTENT POUR LA PAIX. A côté d'elle se trouve le docteur Bernard Kotelchuk, en chemise écossaise d'un rouge criard et en nœud papillon.

« Ah bonjour », lui dit Erica avec un enthousiasme très mitigé en montant parmi la foule de femmes. « Vous venez avec nous ?

– Je voudrais bien. Mais les amies d'Ellie ne veulent pas de moi.

– Joanne veut qu'on présente un front homogène. (Danielle hausse les épaules.) Elle a soulevé le problème de la présence des hommes hier soir à la réunion, et elles ont voté contre. C'est idiot, en fait.

– Ça ne fait rien ; je vais aller avec le contingent de l'école vétérinaire. (Le docteur Kotelchuk fait un large sourire.) A tout à l'heure, Ellie. » Il se penche et donne à Danielle, avec une ardeur vulgaire, un gros baiser claquant.

« Il a l'air réjoui », dit Erica, en le regardant descendre dans la foule. « L'air de s'être fait une raison, même. Est-ce qu'il a fini par renoncer à te demander en mariage ?

– Pas exactement. (Danielle se penche sur sa pancarte.) Il en a reparlé hier soir. Je venais de lire un article sur les contrats de mariage dans *Sororité,* alors je lui ai dit que je voulais bien l'épouser mais à certaines conditions. (Elle a un grand sourire.) J'ai commencé par dire que je voulais continuer à travailler. Que je voulais des comptes en banque séparés, que je paierais la moitié des dépenses de la maison, et je ferais la cuisine, mais je ne mettrais pas la main au ménage ni à la lessive – il faudrait qu'il fasse ça lui-même ou qu'il engage quelqu'un. Et j'ai dit qu'il me fallait trois semaines de vacances par an toute seule, sans qu'on me pose de questions au retour.

– Et qu'est-ce qu'il a dit ? » Soulagée, Erica sourit, elle rit presque d'avance.

« Il a été d'accord sur tout. Il m'a dit que ça ne lui semblait pas un mauvais marché ; après tout, ça fait deux ans qu'il fait sa cuisine et son ménage. Il a seulement eu peur que j'exige de faire chambre à part.

– Alors, qu'est-ce que tu vas faire ?

– Je vais être obligée de l'épouser, je suppose. (Danielle hausse les épaules, et arbore soudain un sourire radieux.) Ça ne sera pas si mal que ça. Il est vraiment très efficace dans la maison, il sait réparer n'importe quoi. Hier, dans le grenier, il a fixé cette moustiquaire triangulaire que Leonard n'est jamais arrivé à mettre en place, tu sais ? »

Erica fait signe qu'elle sait.

« Et puis il est très bien pour mon ego, continue Danielle. Il trouve tout ce que je fais formidable, et tout ce que je dis génial. Et puis, tu sais, de mon côté, il ne me déplaît pas finalement. Je crois que je l'aime vraiment. » De façon inattendue, elle rougit et baisse les yeux.

En bas des gradins, la foule commence à s'éclaircir ; les autres Femmes Unies pour l'Indépendance, la Non-Discrimination et l'Egalité des Sexes se mettent debout. Danielle lève sa pancarte et les suit, et Erica suit Danielle. Elle n'arrive pas à mettre les mots en place dans sa bouche. « Mais comment se fait-il que tu l'aimes ? a-t-elle envie de demander. Personne d'autre ne l'aime – pas une de toutes ces centaines de personnes qui sont ici. Moi je ne l'aime pas ; même pas un petit peu. »

« Je ne comprends pas pourquoi je n'ai pas dit oui plus tôt, poursuit Danielle en descendant de la tribune. A cause d'une certaine tournure d'esprit, sans doute. On prend le pli d'être toujours en révolte et meurtri par la vie, alors quand il arrive quelque chose de bon, on ne sait pas l'accepter parce que ça n'est pas conforme au schéma. Il faut vraiment se forcer pour oublier le passé et ne pas ressasser tous les outrages. »

Erica se dit que ce sont des propos qu'elle-même a tenus à Danielle il y a bien longtemps. Mais maintenant...

« Ce qui a dû m'arrêter aussi, c'est Lennie. Mes parents, non, pas tellement : Maman va pleurer parce que Bernie n'est pas juif, et Dieu merci Grand-père n'est plus là pour voir ça ; mais ils finiront par s'y faire. Tandis que Lennie va encore dire une vacherie, et après il se fichera de nous jusqu'à la fin de ses jours. » Danielle a pris un ton grinçant.

« Mais de quel droit se croit-il tellement au-dessus des autres, bon Dieu ? » poursuit-elle en se tournant vers Erica au moment où elles arrivent en bas de la tribune. « Bernie gagne plus d'argent que lui et ce qu'il fait est plus utile que de démolir les livres des autres. De toute façon, il devrait être ravi. Il va pouvoir vendre la maison maintenant, puisque c'est ce qu'il voulait, et il pourra s'acheter une résidence d'été à Martha's Vineyard ou à Sag Harbor, ou dans un lieu fréquenté par les intellectuels dans le vent. »

Danielle va quitter Corinth, se dit Erica tandis que, poussée par les féministes à l'extérieur de Norton Hall, elle se trouve propulsée dans cette nuageuse mi-journée de printemps. Danielle va s'installer à Brookdale, et je ne la verrai sans doute plus très souvent. Tout le monde s'en va : Danielle et ses enfants, mon patron, Wendy ; Sandy est déjà parti. Il n'a même pas voulu rester quelques jours de plus pour la manifestation.

« Tu pars le quatre mai ! » s'est-elle écriée alors qu'ils prenaient une tasse de thé à la Librairie Krishna pour la dernière fois, en fait. « Mais c'est après-demain. »

Sandy hoche la tête lentement.

« Alors tu vas manquer la grande manifestation pour la paix. Rien que pour ça, il faut que tu restes.

– Inutile. De toute façon, je n'y serais pas allé.

– Comment ça ? (Elle pose sa tasse.) Tu n'es donc pas contre cette guerre ?

– Je suis contre toutes les guerres. » Il sourit de ce sourire vague, agaçant, qui, pour Erica, est lié à sa manie mystique. Interrogé plus avant, il s'avère qu'il n'a jamais participé à aucune marche pour la paix, ni à aucune manifestation politique ; qu'il n'a jamais écrit à son député, ni signé aucune pétition ; et même qu'il n'a pas voté depuis 1954. « J'essaie de me détacher de tout cela », explique-t-il, le visage appuyé sur ses mains osseuses et le regard fixé sur elle. « Ça n'a pas d'importance, tu sais. Ça ne sert à rien.

– C'est une attitude défaitiste », réplique Erica, en se disant qu'elle a raison depuis le début : Sandy est bien une autruche qui se cache la tête dans les sables du mysticisme pour ne pas voir le monde – exactement comme le héros de ses livres, qui a son propre seau marqué SABLE, à utiliser en cas d'urgence. « Si tout le monde pensait comme toi... » Elle ne poursuit pas, se rappelant que c'est la dernière fois qu'ils se voient. Elle ne veut pas se disputer avec lui ; elle lui est reconnaissante de tous ces derniers mois ; mais aussi d'une chose plus importante.

Le trip qu'elle a fait avec lui, comme elle l'espérait, a été très positif pour son travail. Il l'a inspirée – mais pas en lui apportant des images et des motifs nouveaux et exotiques. Au contraire, elle a eu la révélation que tous les objets les plus ordinaires sont rares et étranges ; splendides, et chargés de sens. Cette manière inattendue de voir les choses a duré bien au-delà de son trip. Erica continue à voir les choses ainsi chaque fois qu'elle le souhaite ; en ce moment même, là, sur le comptoir de la librairie, la grosse tasse de faïence blanche avec sa bande verte et son bord ébréché ; le crayon hexagonal en bois, les piles de petite monnaie – des pièces d'un, de cinq, et de dix cents ; le coupe-papier en laiton en forme de poignard – tous ces objets sont touchés par cette grâce. Elle pourrait tous les ajouter, si elle en avait le temps, à la série de dessins d'objets simples et importants à laquelle elle travaille pour l'instant.

« Si, la Marche pour la Paix a de l'importance », dit-elle à Sandy ; c'est ce qu'elle a essayé de lui faire comprendre depuis toujours : ce qui importe, c'est le monde réel et ce qu'on y fait.

« On ne peut pas dire que tu aies vraiment réussi, observe-t-il. Pas plus que moi en voulant apprendre à mes étudiants à se détacher du monde. (Sandy remplit leur tasse.) Ils se croient libres parce qu'ils ont abandonné leurs études ou qu'ils sont partis de chez leurs parents.

Mais généralement, ils remettent les pieds dans les mêmes sabots : règles, astreintes, obligations. Est-ce que je t'ai montré le règlement que Tim et Danny ont établi pour les membres de la librairie ? Enfin, dit-il avec un soupir, c'est un principe en astrologie : on ne peut pas apprendre pour les autres. Ce qu'il faut c'est continuer à apprendre pour soi, éternellement.

– Mais c'est impossible de rester indifférent aux autres », dit Erica. Elle hésite, se rappelant que, la semaine dernière, Sandy a soudain montré beaucoup de froideur et de réserve quand elle s'est avouée soucieuse pour son avenir.

« Wendy, par exemple, dit-elle pour déplacer le sujet. Certes, elle n'a pas très bien agi. Mais maintenant, la voilà qui s'en va, enceinte, avec quelqu'un qui n'a aucunement l'intention de l'épouser. Elle ne sait pas comment ils vont arriver jusqu'à cette communauté, elle ne sait même pas exactement où c'est, ni de quoi ils vont vivre. Brian a voulu lui donner de l'argent, mais elle n'a pas accepté... sous prétexte qu'il avait un mauvais karma. Tout cela est tellement flou, tellement incertain. Ça m'inquiète terriblement.

– Tu es bien une Vierge. Il te faut tout bien en ordre.

– C'est vrai, admet-elle en riant. Je n'arrête pas de me dire que si je connaissais quelqu'un en Californie, je pourrais au moins lui donner des noms et des adresses. J'ai vraiment envie de faire quelque chose pour elle. Tu ne connaîtrais pas...

– Tu ne crois pas que tu en as fait assez ?

– J'ai... qu'est-ce que tu veux dire ? (Erica est frappée par une note ambiguë et glacée dans sa voix.) J'ai voulu faire quelque chose à l'automne dernier. Mais tu sais bien que ça n'a pas marché.

– Oui. (Sandy ricane.) Dieu est bon envers nous. Il ne nous accorde pas toujours ce que nous voulons.

– Tu as sans doute raison. Ça aurait été une erreur qu'elle épouse Brian.

– Un désastre. Mais c'est peut-être ce que tu cherchais.

– Pas du tout, dit Erica blessée. Je voulais leur bonheur à tous les deux. C'était très dur pour moi, mais il me semblait que je devais... C'est vraiment méchant de dire ça. »

Sandy, d'un air provocateur, continue à sourire. « Tu vois, Erica, c'est toujours la même chose avec toi. Quand tu as envie de faire quelque chose, tu te persuades que c'est un devoir qui exige de toi un grand sacrifice personnel. Comme quand tu as laissé tomber le grec. Ou en ce qui me concerne », ajoute-t-il de façon à peine audible.

Alors, furieuse, en plus d'être blessée, elle contre-attaque. « Si tu trouvais que c'était une telle erreur que Wendy épouse Brian, pourquoi n'as-tu rien dit ? Pourquoi n'as-tu rien fait pour l'éviter ? »

Sandy hausse les épaules. « Je pense qu'il ne faut pas se mêler de la vie des autres. Arrive ce qui doit arriver. »

Ça aussi c'était méchant, se dit Erica tout en progressant à côté de Danielle le long des courts de squash sous des arbres en fleurs roses. On aurait cru qu'il le faisait exprès, comme s'il avait voulu se fâcher avec elle pour ces derniers moments qu'ils passaient ensemble, afin d'être bien sûr que ce seraient les derniers ; ainsi il pourrait être complètement dégagé et libre de toute attache humaine. Mais c'était méchant tout de même. Et faux, qui plus est – elle s'en est aperçue après son départ.

La vérité s'est fait jour par hasard au cours d'une conversation avec Brian dimanche dernier. La soirée était douce, et ils étaient restés à parler dehors, une fois Jeffrey et Matilda rentrés dans la maison.

« Alors Wendy est venue te donner sa version des faits, dit Brian. Depuis quand savais-tu qu'elle était enceinte au fait ?

– Depuis une quinzaine de jours, répond Erica, étonnée de la question. Depuis que tu me l'as dit.

– Je ne voulais pas... Enfin, je me demandais simplement si peut-être tu en avais entendu parler avant. Tout le monde ici semble au courant depuis des mois : Linda Sliski et toute cette équipe de femmes, et le type de cette librairie ésotérique – tous ses copains en somme.

– Le type de la librairie ? dit Erica en élevant la voix. Sandy Finkelstein tu veux dire ? Qu'est-ce que tu dis ? Sandy savait que Wendy était enceinte, depuis le début ?

– Il semble, oui.

– Mais il n'...a rien dit à personne, s'écrie-t-elle, en pensant : "il ne m'a rien dit."

– Crois-tu ? Que je sache, il en a parlé à tous ceux qui ont mis les pieds dans sa librairie.

– Quelle horreur ! (Erica serre les dents ; elle a la tête dans un étau, comme une migraine qui vient.) Tu sais quoi ? dit-elle au bout d'un instant. Sandy n'a rien dit à personne, parce qu'il aurait voulu que tu épouses Wendy. C'est pour ça qu'il est allé lui raconter que tous les enfants sont les enfants de Dieu, pour qu'elle n'ait pas de scrupule à te donner un enfant qui n'était pas de toi.

– Oh ! non, je ne pense pas », répond Brian qui, maintenant que Zed a quitté Corinth, préfère considérer celui-ci comme un imbécile inoffensif. « Quelle raison aurait-il eu de vouloir ça ? »

Erica, qui connaît la raison, ne dit rien. Elle ne dira sans doute jamais rien. Ce sera déjà assez difficile comme ça, s'ils décident finalement de...

Dimanche déjà, pendant qu'ils parlaient sur la pelouse dans la douceur du soir, elle a pensé que Brian aurait peut-être envie de revenir. Cela se confirme maintenant. Il n'en a pas encore parlé, mais elle sait qu'il va le faire ; aujourd'hui probablement ; dans l'heure qui vient peut-être. Il va peut-être dire qu'il veut revenir à cause d'elle, mais ce n'est qu'une partie de la vérité. Il y a aussi les ennuis et la fatigue dus à l'affaire des féministes et à celle de Wendy, et il en a assez de vivre seul. Et puis il trouve que les enfants s'améliorent ; et d'une certaine manière il a raison.

Evidemment, ils sont plus âgés – Jeffrey a seize ans maintenant, et Matilda quatorze – et donc ils passent plus de temps à l'extérieur. Ils sont aussi un tout petit peu plus soignés et plus polis quand ils sont là. En fait Erica a très peu affaire à eux ; elle essaie de maintenir certaines règles et certains horaires, mais elle a plus ou moins renoncé à surveiller leur façon de s'habiller, ce qu'ils mangent, ce qu'ils lisent et ce qu'ils regardent à la télé. En retour, ils ne sont pas trop désagréables avec elle, comme des gens qu'une guerre, une inondation ou quelque autre catastrophe naturelle oblige à partager les mêmes quartiers d'habitation. Ils ont même fait quelques gestes de bonne volonté gratuits : Jeffrey, de lui-même, a retiré toutes les doubles-fenêtres le mois dernier ; et Matilda a redescendu la chaîne stéréo d'Erica.

Mais le véritable changement, c'est qu'ils sont devenus des étrangers. Leur nom, leur visage, leur corps, leur voix, leurs gestes, leurs goûts et leurs opinions – rien n'est plus familier. Ils ne sont plus ces avatars démesurés et monstrueux de ses propres enfants, mais deux jeunes personnes qu'Erica connaît à peine. En un sens c'est aussi bien qu'il ne reste plus rien pour lui rappeler Jeffo et Mouflette, ses deux bien-aimés à jamais perdus.

Mais Mouflette et Jeffo ne sont pas les seuls à avoir disparu, ou à disparaître. Désormais, tout et tout le monde change, tout est embrouillé, tout se désintègre dans le temps et dans l'espace. Sur le campus, les ormes meurent et on les abat ; on démolit l'ancien palais de justice ; Jones Creek devient les *Hauts de Glenvue*, et Danielle Zimmern Ellie Kotelchuk. Son mari aimant, sérieux et responsable s'est métamorphosé en mari adultère et indigne de foi, et en antiféministe notoire ; et elle-même est devenue la femme qu'elle a vue dans le miroir des toilettes.

De ce point de vue-là, Brian a changé moins qu'elle. Il

est toujours le plus bel homme qu'elle ait jamais rencontré, malgré l'air tendu et fatigué qu'il avait tout à l'heure. Ça ne peut pas être bon pour sa santé de vivre dans cet appartement tout fermé et mal ventilé, sans même un balcon où il pourrait prendre un peu l'air et le soleil. Il brunit facilement et, généralement, à cette époque de l'année, avec le jardinage, il est déjà bien bronzé ; mais à présent le jardin est mal entretenu et en mauvais état, et Brian a mauvaise mine, comme quelqu'un qui dort mal et mange des surgelés. Sans doute ne prend-il pas soin de lui par dégoût de lui-même, syndrome qu'Erica connait bien. Il est gêné et honteux de la façon dont il s'est comporté depuis un an, et il est persuadé que tout le monde s'amuse et ricane à ses dépens parce que Wendy est enceinte, et à cause de ces articles de journaux imbéciles. Certains le sont, à n'en pas douter.

Si elle ne l'écoute pas sérieusement aujourd'hui quand il proposera de revenir à Jones Creek, autant dire qu'elle a envie qu'il continue à se détériorer la santé aux Tours de l'Alpe ; autant dire qu'elle aussi se moque de lui et profite de ce qu'il est à terre pour le piétiner, au lieu de se montrer magnanime et de l'aider à se relever.

Par contre, s'il revient vraiment, il faudra qu'elle fasse preuve à l'avenir d'une magnanimité encore plus grande. Il faudra qu'elle décide de ne jamais mentionner quoi que ce soit qui puisse rappeler à Brian combien il s'est montré égoïste, irresponsable et ridicule ; combien il a mortifié et fait souffrir sa famille, sans parler de Wendy Gahaghan, de Donald Dibble et du Département de Sciences Politiques. Ce sera très difficile.

Mais elle en est capable, si elle le veut vraiment. Et Brian lui sera reconnaissant – assez, par exemple, pour ne pas s'opposer à ce qu'elle continue à travailler. Et ce contrat de mariage de Danielle, ça n'est peut-être pas une mauvaise idée. Un compte en banque séparé. – Une dame pour le ménage une fois pas semaine. – Trois semaines de vacances ; et la même chose pour Brian, il mériterait bien cela...

Après avoir traversé le campus, Erica descend maintenant dans Collegetown. Là aussi les rues sont fermées à la circulation et les gens sont sur le seuil des magasins et sur les trottoirs des deux côtés pour voir passer la Marche pour la Paix. Comme la plupart des sympathisants sont en train de défiler, peu de ces spectateurs applaudissent ou encouragent les manifestants. La plupart regardent en silence, ou bien ils sifflent et crient des insanités au passage du groupe des FUINES : « Brûlez vos soutiens-gorge ! » « La chatte au pouvoir ! » L'un fait un geste obscène, l'autre une proposition obscène.

Ils n'oseraient pas faire ça si Brian était là, se dit Erica ; ou si Bernie Kotelchuk était là. Les Fouines ont eu tort d'exclure les hommes ; nous avons parfois besoin d'eux, ne serait-ce que pour nous protéger des autres hommes. C'est encore une preuve de notre oppression, diraient les amies de Danielle – quand on arrivera à la véritable égalité, les hommes ne seront plus nécessaires. Les deux sexes devront-ils donc vivre à jamais séparés dans des camps ennemis ?

Au centre ville, la tête de la manifestation a atteint son but, un petit jardin public près du palais de justice. Au milieu, près de la fontaine, les organisateurs sont rassemblés sous une banderole de trois mètres qui porte l'inscription MARCHE POUR LA PAIX DU COMTÉ DE HOPKINS, et ils regardent le jardin se remplir de tous ceux qui les ont suivis. Brian est étonné et satisfait de leur nombre et de leur enthousiasme, ainsi que du nombre de leurs pancartes et de l'imagination qu'ils ont déployée.

POURQUOI VOUDRIEZ-VOUS LUI ACHETER SA VIEILLE GUERRE,
QU'EST-CE QUE THIEU A FAIT POUR VOUS ?

Il voit beaucoup de visages connus : des amis, des étudiants, des collègues, des voisins ; son ex-avocat, Jack Lucas, l'ex-coturne de Wendy, Linda Sliski. – Et, mais oui, voici Wendy en personne, accompagnée d'un homme jeune, grand, avec une barbe rousse, qui, à n'en pas douter, est son coturne actuel, Ralph. Elle porte des mocassins brodés de perles et une longue robe jaune bouffante faite dans un dessus-de-lit indien et, pour un œil averti, elle est manifestement enceinte.

Apercevant Brian, qu'elle n'a pas vu depuis bientôt quinze jours, Wendy lui fait signe et lui sourit – mais sans y mettre ni défi, ni excuse, ni intention particulière. Exactement comme elle l'aurait fait, se dit-il, s'ils n'avaient eu d'autres rapports que ceux de professeur à étudiante. Ce qui est passé est passé, proclame ce sourire ; Wendy, comme dit Ralph, vit complètement dans l'Instant.

Plus haut dans la rue, et pas encore dans le champ de vision de Brian, apparaissent de nouvelles pancartes, qui fui feraient moins plaisir.

ARRETEZ LA GUERRE
VENEZ CHEZ ELAINE - CUISINE CAMPAGNARDE

NE FAITES PAS CETTE GUERRE
SOLDES MONSTRES
COLLEGE TOWN - DISQUES

NOEL LEE ET LES GNOMES
EN CONCERT
LE 15 MAI, NORTON HALL

Plusieurs autres entreprises locales ont saisi cette occasion de publicité gratuite et il y a aussi un certain nombre de placards politiques, les uns locaux et régionaux (GEORGE BROMPTON A LA COMMISSION SCOLAIRE ; VOTEZ

NON A L'IMPOSITION SUR LES VENTES), d'autres nationaux ou internationaux (BOYCOTTEZ LE RAISIN ; DONNEZ POUR LE SECOURS INDIEN).

Plus haut, dans Collegetown, la Marche pour la Paix commence à se diviser en factions dissidentes et incongrues, suggérant physiquement aux spectateurs la conclusion que Brian a précisément tant cherché à éviter, à savoir qu'une manifestation libérale et respectable contre la guerre est dangereuse parce qu'elle entraîne à sa suite des éléments marginaux, violents et perturbateurs. Des étudiants des beaux-arts font crever des ballons ou les laissent partir en l'air ; les Comédiens de la Rampe, un groupe d'art dramatique local, bloquent le cortège par leurs improvisations de théâtre de guérilla. Deux jeunes femmes du contingent des FUINES, juste devant Erica, brandissent maintenant des pancartes qui disent NIXON EST UN SALE PHALLOCRATE QUI AIME LA GUERRE et EMPECHEZ LES HOMMES DE TUER LES FEMMES ET LES ENFANTS. Un peu plus loin derrière elles, le Centre de Libération des Homosexuels, qui n'était pas invité à se joindre à la manifestation, est venu tout de même avec des costumes extraordinairement colorés et une grande banderole pailletée :

FAITES L'AMOUR PAS LA GUERRE
LE POUVOIR HOMOSEXUEL POUR LA PAIX

Enfin, en queue du cortège, est apparu un groupe important de maoïstes, que Brian n'avait pas invité non plus, sciemment. Vêtus de salopettes, d'uniformes militaires de rebut, et de guenilles variées, les cheveux en bataille et l'œil farouche, ils portent des drapeaux rouges de confection artisanale dont les teintes vont du vermillon au bordeaux sale. Ils défilent à l'unisson, mais pas en rang, et, en débouchant dans Collegetown à la sortie du campus, ils scandent :

Ho, Ho, Ho Chi Min !
Le FLN vaincra !

Dans quelques instants, quand ils vont passer devant le bar *La Vieille Bavière,* tout va se déchaîner dans la fureur. Des bouteilles de bière vides et autres objets à jeter vont voler, des pugilats vont éclater ; le bruit de glaces brisées va retentir, le crépitement des flashes, les sirènes de police.

Brian ne soupçonne encore rien de tout cela. Il pense à l'événement tout autre qui l'attend ; son déjeuner avec Erica. Il considère cette invitation comme un signe favorable ; à moins qu'il ne s'abuse, Erica va sans doute accepter qu'il revienne vivre à la maison. Après tout, il y a de bonnes raisons à ce retour : ce sera mieux pour les enfants du point de vue psychologique, et mieux pour eux tous du point de vue économique, et social aussi. Les conflits de famille chez les Tate et les événements s'y rapportant ont suscité de nombreux ragots et commentaires défavorables. Maintenant que les choses sont plus calmes, Erica et lui peuvent serrer les rangs et présenter un front uni.

Mais surtout, c'est ce qu'ils souhaitent et ce dont ils ont besoin l'un et l'autre. Leur réputation mise à part, le conflit leur a causé des dommages moraux : tous deux ont eu des paroles cruelles et fait de graves erreurs de jugement. Il va falloir qu'ils l'admettent, sans s'accuser mutuellement. Par exemple, Brian devra montrer assez de générosité pour ne pas faire remarquer que tout ce qui est arrivé est la faute d'Erica en un sens, car si elle ne l'avait pas forcé à quitter la maison pour épouser Wendy, toute cette histoire se serait terminée bien plus tôt, et il n'aurait pas eu tous ces démêlés avec des féministes hystériques. Erica, en retour, se montrera généreuse envers lui.

Après déjeuner, ils vont avoir une longue conversation, imagine Brian. Ils vont passer au salon – Erica lovée sur le canapé bleu comme d'habitude, et lui dans son fauteuil à oreillettes – ils vont reparler de ce qui s'est passé et s'expliquer. Ils vont rire, et peut-être pleurer par moments. Ils vont s'encourager l'un l'autre, se consoler, et se pardonner. Enfin, comme l'après-midi se prolongera et que l'ombre des arbres en bourgeons s'étirera vers la maison, ils viendront dans les bras l'un de l'autre et ils oublieront quelques instants qu'ils furent dans leur jeunesse des gens beaux, intelligents, vertueux et couronnés de succès ; ils oublieront qu'ils sont laids, insensés, coupables, et moribonds.

Des manifestants de plus en plus nombreux se rassemblent dans le parc. Un groupe de mères avec de jeunes enfants vient de s'approcher de la fontaine. Une jeune femme se penche au-dessus du bassin à côté de Brian pour mouiller une couche pliée et laver le visage poisseux et barbouillé de rouge d'un bambin dans sa poussette, tandis qu'un petit garçon à peine plus âgé tire sur la manche de son pull pour attirer son attention.

« Maman ? demande-t-il. Maman, est-ce que la guerre va finir tout de suite ? »

Rivages/poche

Bibliothèque étrangère

Reinaldo Arenas
Le Portier (n° 26)
Ambrose Bierce
Le Dictionnaire du Diable (n° 11)
Paul Bowles
Le Scorpion (n° 3)
L'Echo (n° 23)
Un thé sur la montagne (n° 30)
Truman Capote
Un été indien (n° 9)
Fausta Cialente
Les Quatre Filles Wieselberger (n° 10)
Alfred Döblin
L'Assassinat d'une renoncule (n° 25)
Heimito von Doderer
Un meurtre que tout le monde commet (n° 14)
Eva Figes
Lumière (n° 5)
Kaye Gibbons
Ellen Foster (n° 4)
Une femme vertueuse (n° 31)
Christopher Isherwood
Le Condor (n° 28)

Henry James

Mémoires d'un jeune garçon (n° 27)

Owen Wingrave (n° 36)

David Lodge

Jeu de société (n° 44)

Alison Lurie

Les Amours d'Emily Turner (n° 7)

La Ville de nulle part (n° 21)

La Vérité sur Lorin Jones (n° 32)

Des gens comme les autres (n° 38)

Conflits de famille (n° 46)

Javier Marías

L'Homme sentimental (n° 24)

Steven Millhauser

La Galerie des jeux (n° 37)

Lorrie Moore

Des histoires pour rien (n° 8)

Cynthia Ozick

Le Rabbi païen (n° 29)

Grace Paley

Les Petits Riens de la vie (n° 1)

Plus tard le même jour (n° 13)

Victor Paskov

Ballade pour Georg Henig (n° 33)

Walker Percy

Le Cinéphile (n° 18)

Barbara Pym

Adam et Cassandra (n° 15)

Secret, très secret (n° 35)

Lorsqu'un matin d'orage (n° 47)

Umberto Saba
Couleur du temps (n° 6)
Comme un vieillard qui rêve (n° 17)
Natsumé Sôseki
Oreiller d'herbes (n° 2)
Clair-obscur (n° 22)
Robert Louis Stevenson
Fables (n° 20)
La Magicienne (n° 34)
Elizabeth Taylor
Angel (n° 41)
Italo Svevo
Le Destin des souvenirs (n° 12)
Evguéni Zamiatine
Seul (n° 16)
Le Pêcheur d'hommes (n° 19)

Petite bibliothèque

Aristote
L'Homme de génie et la Mélancolie (n° 39)
Rhétorique des passions (n° 40)
Hippocrate
Sur le rire et la folie (n° 49)
Fernando Pessoa
Fragments d'un voyage immobile (n° 42)
Lettres à la fiancée (n° 43)

Arthur Schnitzler
Lettres aux amis (n° 45)
Sénèque
De la tranquillité de l'âme (n° 48)

Achevé d'Imprimer
le 3 mai 1991
sur les presses de
l'Imprimerie A. Robert
116, bd de la Pomme - 13011 Marseille
pour le compte
des Editions Rivages
27, rue de Fleurus - 75006 Paris
10, rue Fortia - 13001 Marseille

Dépôt légal : mai 1991